香爐峰
匡廬山
雙劍峯
天池寺
淵明寺
圓通寺
大林峯
東林寺
西林寺
濂溪祠
山川壇
接官亭
龍池寺
能仁寺
縣學
德化縣
府學
演武廳
潯陽驛
九江府
協鎮
城隍廟
琵琶亭
鎖江樓
九江關
德安縣
河泊所
瑞昌縣
縣學

ATLAS DE LA
CHINE

L'édition originale de cet ouvrage a paru
sous le titre *Cultural Atlas of China* chez
Phaidon Press Ltd., Oxford.

AN EQUINOX BOOK

N° d'éditeur: K 37 362.

Les Éditions du Fanal sont une marque déposée
par Time-Life Books, B.V. Ottho Heldringstraat 5, 1066 AZ Amsterdam.

ISBN 2-7344-0362-5

Photocomposition Coupé S.A. — Sautron
Imprimé en Espagne par Fournier A. Gráficas S.A., Vitoria
Dépôt légal: février 1987.

30 29 28 27 26 25 24 23 22 21 20 19 18 17 16 15 14 13

C. Blunden et M. Elvin

ATLAS DE LA CHINE

Adaptation de Pierre-Étienne Will
Maître de conférences
à l'École des Hautes Études
en Sciences sociales

ÉDITIONS DU FANAL

SOMMAIRE

Liste des cartes

Liste des tableaux

TABLEAU CHRONOLOGIQUE

– 2000 | – 1600 | – 1200 | – 1000 | – 800 | – 600 | – 400 | – 200 av. J.-C. | 0 | apr. J.-C. | 200 | 400 | 600 | 800

(DYNASTIE DES XIA ?) — DYNASTIE DES SHANG (Chine du Nord) — DYNASTIE DES ZHOU (Chine du Nord) : Période des Printemps et des Automnes ; Période des Royaumes combattants — DYNASTIE DES QIN — DYNASTIE DES HAN ANTÉRIEURS — WANG MANG — DYNASTIE DES HAN POSTÉRIEURS — TROIS ROYAUMES — DYNASTIES DU NORD ET DU SUD — DYNASTIE DES SUI — DYNASTIE DES TANG

Hache de bronze d'époque Shang (province du Shandong).

Guerrier grandeur nature en terre cuite (tombeau de Qin Shihuangdi).

Cheval au galop (bronze), dynastie des Han postérieurs, IIe s. apr. J.-C.

Bouddha V… grottes de … dynastie de…

PHILOSOPHIE ET RELIGION

- Confucius
- Confucianisme
- Bouddhisme
- Taoïsme philosophique
- Taoïsme populaire
- Alchimie taoïste, recherche de l'immortalité
- Mozi
- Zhuangzi
- Réalistes

POLITIQUE

- Roi Wen des Zhou
- Duc de Zhou
- Qin Shihuangdi (unifie l'Empire)

ARTS

- fonte du bronze
- fonte du fer
- *le Livre des odes (Shijing)*
- logiciens et sophistes
- première histoire générale
- apparition de la poésie naturaliste
- forte influence des musiques du Nord-Ou…
- Wang Xizhi (calligraphe)
- Du Fu (poète…
- *les Élégies de Chu (Chuci)*

AGRICULTURE

- agriculture itinérante
- agriculture sédentaire (millet, chanvre)
- riziculture
- culture du blé
- alcool
- thé
- Jia Sixie
- *les Arts essentiels à la prospérité du peuple (Qimin yaoshu)*

MONNAIE

- cauris (coquillages)
- monnaie de cuivre

CROISSANCE DÉMOGRAPHIQUE

? ? population ? ? ? ? ? population

ÉCRITURE

- écritures multiples
- inscriptions oraculaires sur os
- écriture au pinceau sur bois ou sur soie
- uniformisation de l'écriture
- écriture au pinceau sur papier

1000 | 1200 | 1400 | 1600 | 1800 | 2000

DYNASTIE DES JIN (JÜRČEN)

DYNASTIE DES YUAN (MONGOLS)

DYNASTIE DES MING

DYNASTIE DES QING (MANDCHOUS)

RÉPUBLIQUE DE CHINE

RÉPUBLIQUE POPULAIRE DE CHINE

DYNASTIE DES SONG

(Taiwan)

JMES

Vase de porcelaine avec décor sous couverte, dynastie des Yuan.

La Grande Muraille.

Bateau de marbre, Palais d'été, Beijing.

Le président Mao, Grand Timonier du peuple chinois.

millions

1 000

Néoconfucianisme — Néoconfucianisme — Marxisme

Bouddhisme

Taoïsme populaire — Taoïsme populaire

Nestorianisme

Catholicisme — et protestantisme

● Wang Anshi (réformes politiques)

● Zhu Xi (synthèse du néoconfucianisme)

● Wang Yangming

Kang Youwei ● (philosophe et homme d'État)

● Mao Zedong

…ens réguliers pour l'entrée dans la fonction publique

Prohibition du commerce maritime

Ouverture de la Chine

750

…pparition de la peinture …e paysage

armes à feu

…remière version imprimée …es classiques …onfucéens

apparition du théâtre

apparition du roman

création d'une « langue nationale »

● Shen Gua (savant)

Propos décousus de l'Étang aux rêves (Mengqi bitan)

● Cao Xueqin (romancier)

le Rêve dans le pavillon rouge (Hongloumeng)

500

coton

popularisation du thé

tabac, patate, arachide, maïs

opiomanie

250

monnaie de cuivre

hyperinflation

papier-monnaie

importations d'argent du Japon et des Amériques

importations de cuivre

mines de cuivre du Yunnan

population

grandes épidémies

épidémie de choléra

0

…graphie

imprimerie par caractères mobiles

estampe en couleurs

imprimerie moderne, machines à écrire, traitement de texte, romanisation, caractères simplifiés

Note sur la transcription et la prononciation du chinois

Dans ce volume, les mots et les noms chinois sont transcrits conformément au système *pinyin* mis au point en Chine populaire dans les années cinquante, en usage en France dans l'enseignement du chinois depuis 1960 environ, et accepté aujourd'hui comme norme internationale. Il est cependant utile d'avoir une notion des différents systèmes de transcription du chinois.

C'est pourquoi nous avons choisi, dans l'index général et l'index des noms géographiques, d'accompagner les transcriptions *pinyin* de leurs équivalents dans les deux systèmes les plus utilisés par les auteurs cités dans la bibliographie : le système de l'École française d'Extrême-Orient (EFEO) et la transcription anglaise dite Wade-Giles. Ainsi, pour donner l'exemple du célèbre philosophe taoïste :

Zhuangzi/Tchouang-tseu/Chuang-tzu

Dans les cas où existe une autre transcription consacrée par l'usage, nous l'avons également fait figurer. Ainsi, pour la capitale de la Chine :

Beijing/Pei-king/Pei-ching/Pékin

Nous avons conservé dans le texte quelques transcriptions très usuelles ne correspondant à aucun système reconnu : Pékin, Nankin, Canton essentiellement, mais aussi les noms des philosophes Confucius (Kongzi/K'ong-tseu/K'ung-tzu) et Mencius (Mengzi/Meng-tseu/Meng-tzu).

La syllabe chinoise se compose d'une initiale (consonne, semi-voyelle ou zéro) et d'une finale (semi-voyelle + voyelle + semi-voyelle ou -n ou -ng, chacun de ces trois éléments pouvant être au degré zéro).

Les initiales, avec leur prononciation approximative entre parenthèses, sont les suivantes (on notera que pour les occlusives le chinois oppose les sourdes douces et les sourdes aspirées, non les sonores et les sourdes ; l'aspiration est notée par l'apostrophe dans les transcriptions Wade-Giles et EFEO) :

Sourdes douces : b, d, g (à peu près comme en français), *z* (dz), *zh* (dj), *j* (dj, devant *i* et *ü*)

Sourdes aspirées : p, t, k (à peu près comme en français), *c* (ts), *ch* (tch), *q* (tch, devant *i* et *ü*)

Fricatives : f, s (comme en français), *sh* (ch), *h* (comme le j espagnol), *x* (s chuinté, devant *i* et *ü*)

Nasales : n, m (comme en français), *r* (j)

Liquide : l (comme en français)

Semi-voyelles : w (comme en anglais), *y*

Les finales sont les suivantes :

i (comme en français, mais correspond au vocalisme zéro après *z, zh, c, ch, r*), *u* (ou, mais u après *j, q, x*), *ü, a, o* (fermé), *e* (fermé), *ai* (comme dans ail), *ei* (comme dans treille), *ao, ou* (comme dans *bow* en anglais), *ang, eng,* éventuellement précédées de *i* (y), *u* (w anglais) ou *ü*. Après *i* ou *y, an* se prononce « enne ».

Quel que soit le nombre de lettres servant à transcrire une syllabe, celle-ci se prononce toujours d'une seule émission de voix, et non en deux syllabes françaises (on ne parlera pas du président Ma-o). Le *pinyin* accolant parfois les syllabes sans les séparer par un trait d'union, l'apostrophe sert à éviter les ambiguïtés : ainsi la ville de Xi'an/Si-ngan/Hsi-an, mais la syllabe *xian*/hien/hsien ; la ville de Yan'an/Yen-ngan/Yen-an, mais celle de Yanan/Ya-nan/Ya-nan.

Les quatre tons (ou modulations) du mandarin sont le ton plat, le ton montant, le ton plongeant et le ton descendant. Ainsi : *mā* (mère), *má* (chanvre), *mǎ* (cheval) et *mà* (injurier). Nous les avons indiqués dans les cas où leur absence pouvait entraîner une confusion.

UNION DES RÉPUBLIQUES
SOCIALISTES SOVIÉTIQUES
L. Baïkal
MTS YABLONOVY
MTS DA XING'AN
(Grand Khingan)
MTS XIAO XING'AN
(Petit Khingan)
Heilongjiang (Amur)
Ob
L. Uvs
L. Khövsgöl
Selenge
Orkhon
Kerulen
Ergune
Khulun-nör
(L. Hulun)
Nonni (Nen)
Tsitsikhar
(Qiqihaer)
Songhuajiang (Sungari)
Kharbin
(Haerbin)
Mudanjiang
Wusuli (Ussuri)
L. Khanka
(L. Xingkai)
MTS KHANGAI
MTS ALTAÏ
Ulaan-baatar
(Ulān-bātor)
MONGOLIE
Gobi
Changchun
MTS CHANGBAI
Shenyang
Liao
Yalu
Qiefeng
Jinzhou
Luan
CORÉE
DU NORD
Pyongyang
pression
Turfan
Plateau de Mongolie-Intérieure
Baotou
Hohhot
(Huhehaote)
Datong
BEIJING
(Pékin)
Yongding
Tianjin
BOHAI
(GOLFE DU ZHILI)
Lüda
Séoul
CORÉE
DU SUD
GH
MTS QILIAN
Alashan
Ruo
Yinchuan
Huanghe
MTS LÜLIANG
MTS TAIHANG
Taiyuan
Hutuo
Shijiazhuang
Yantai
Bassin du Tsaidam
Koko-nör
(L. Qinghai)
Xining
Yan'an
Fen
Jinan
Da Yunhe
(Grand Canal)
Amdo
Lanzhou
Jing
MER JAUNE
ibétain
MTS AMNYE-MACHEN
MTS BAYAN-QARA
RÉPUBLIQUE POPULAIRE DE CHINE
Huanghe (fleuve Jaune)
Zhengzhou
Xuzhou
Lianyungang
Wei
Xi'an
L. Hongze
MTS
QINLING
Ying
Huai
Bengbu
Kham
MTS DABA
Hefei
Nanjing
Shanghai
L. Tai
30°
AINQENTANGLHA
MTS DAXUE
Xiangfan
Han
Wuhan
Hangzhou
MER DE CHINE
ORIENTALE
Chengdu
Jialing
Yichang
Yangzijiang
(Changjiang)
Bassin du Sichuan
Yangzijiang
L. Dongting
Yueyang
L. Poyang
MTS HENGDUAN
Gongga shan
7 556
Chongqing
Nanchang
Wenzhou
Min
Yalong
Yibin
Yuan
Changsha
Gan
MTS WUYI
Nu
Jinsha
MTS DALOU
Wu
Xiang
Min
Fuzhou
DÉTROIT DE FORMOSE
Taibei
apoutre
Guiyang
Ganzhou
TAIWAN
Guilin
MTS
NANLING
Shaoguan
Xiamen
(Amoy)
Tropique du Cancer
Lancang
Kunming
Nanpan
Hongshui
Liu
Bei
Dong
MTS WULIANG
Wuzhou
Xi
Guangzhou
(Canton)
Shantou
(Swatow)
BIRMANIE
Yuan
Nanning
Zuo
Zhu
MACAO
(Portugal)
HONG KONG
(R.-U.)
20°
CHENAL DE BASHI
Mandalay
Salween
VIETNAM
Zhanjiang
Hanoi
Haikou
GOLFE
DU TONKIN
MER DE CHINE MÉRIDIONALE
Hainan
PHILIPPINES
Irrawaddy
THAÏLANDE
LAOS
Mékong
Vientiane
90°
100°
110°
120°
130°
50°
40°

PRÉFACE

Ce livre est un *Atlas*. Comme tel, il décrit et analyse l'espace chinois ; maintes planches proposent des informations et des corrélations entièrement inédites. Mais c'est aussi beaucoup plus qu'un atlas. Le texte qu'on lira est, pour une large part, une *histoire* du monde chinois — et l'une des meilleures que je connaisse. Il traite donc de la durée ; il plonge aux racines de la civilisation chinoise et s'attarde longuement à montrer comment les « fondations d'une culture », clairement identifiables aujourd'hui encore, se sont constituées dès l'empire proto-historique des Shang, plus nettement encore pendant l'âge féodal des Zhou, des Printemps et des Automnes et des Royaumes combattants.

La connaissance que nous avons aujourd'hui de l'antiquité chinoise est un des triomphes de l'archéologie. Les sources relatives à la plus haute antiquité se sont extraordinairement renouvelées depuis environ deux générations. Alors que pendant des siècles il a fallu se contenter de quelques inscriptions sur bronze et de textes historiques d'authenticité peu sûre, les fouilles nous ont aujourd'hui livré une quantité impressionnante d'inscriptions divinatoires sur os, d'écrits sur planchettes et sur soie, d'artefacts d'une qualité artistique parfois éblouissante. C'est encore peu comparé à la richesse des sources du Moyen-Orient préclassique ; il n'empêche que la Chine archaïque s'offre à nos yeux avec une clarté inconcevable au début de ce siècle. Un des projets du livre est de familiariser le public avec ce monde étrange et récemment redécouvert.

Le chapitre réservé à l'histoire des cent cinquante dernières années est, avec celui qui traite de l'antiquité, le plus « historique » du volume. Confrontés depuis la guerre de l'opium à une série d'événements et de remises en question dramatiques, parfois traumatisants, les Chinois en sont venus à considérer leur passé récent en termes d'agression, d'inégalité et de lutte libératrice. Bien que ces notions ne soient pas à rejeter, elles ont conduit à masquer ou à nier des réalités. Victime des puissances impérialistes et colonisatrices, la Chine d'aujourd'hui a du mal à admettre qu'elle aussi a été et continue d'être à certains égards une puissance impérialiste et colonisatrice. Ses frontières actuelles ont été atteintes par la conquête et dans des conditions en général fort brutales ; ses voisins ont bien souvent vécu sous sa botte (d'où ce ressentiment encore étonnamment vivace au Vietnam, par exemple) ; ses « minorités nationales » ont été « acculturées » par la force plutôt que par la persuasion ; enfin, la présence occidentale a parfois été bénéfique.

Sans doute le sinologue non chinois a-t-il là un rôle à jouer. La sympathie qu'il éprouve pour son objet d'étude, son engagement personnel même, ne devraient pas l'empêcher de considérer les choses avec une distance plus favorable que les mythes militants à l'élaboration d'une image équilibrée de la Chine que nous avons sous les yeux. Il a aussi un rôle à jouer dans la réinterprétation de leur passé par les Chinois eux-mêmes, comme l'atteste d'ailleurs la reprise active des échanges intellectuels entre sinologues occidentaux (ou japonais) et chinois, la traduction en chinois de travaux étrangers, etc.

On a vu le caractère conservateur, à bien des égards, de cette *durée* qui est l'une des données fondamentales du « phénomène chinois ». Certes. Mais les changements ont été tout aussi fondamentaux, et même si personne n'accepte plus la vieille idée hégélienne d'un « pays sans histoire » à l'immobilisme bimillénaire, peut-être les Chinois sont-ils en moins bonne position que nous pour apprécier l'ampleur et la nature de ces transformations.

La Chine n'a pas connu, avant le XXe siècle, de bouleversement comparable à la christianisation de l'Europe, à la chute de l'Empire romain, voire à la Révolution française et à son impact européen ; la tradition textuelle ancienne a été constamment réinterprétée et « actualisée », ce qui permettait en tout contexte de se sentir en communion avec « les anciens » ; enfin la périodisation officiellement adoptée par la République populaire, comprimant 2 500 ans d'histoire en une « période féodale » indifférenciée, n'a pas arrangé les choses. Quand bien même il ne saurait prétendre à l'intime familiarité de ses collègues chinois avec les sources, le sinologue occidental peut se prévaloir d'une fraîcheur de regard, de points de comparaison et, peut-on espérer, d'une absence de préjugés culturels qui lui sont, à bien des égards, des avantages décisifs.

Rien ne l'illustre mieux que le côté « réaliste », démythifiant, ingénieux, enthousiaste et savant de cet *Atlas de la Chine*.

Pierre-Étienne Will

Première partie

L'espace

LA TERRE ET LES HOMMES

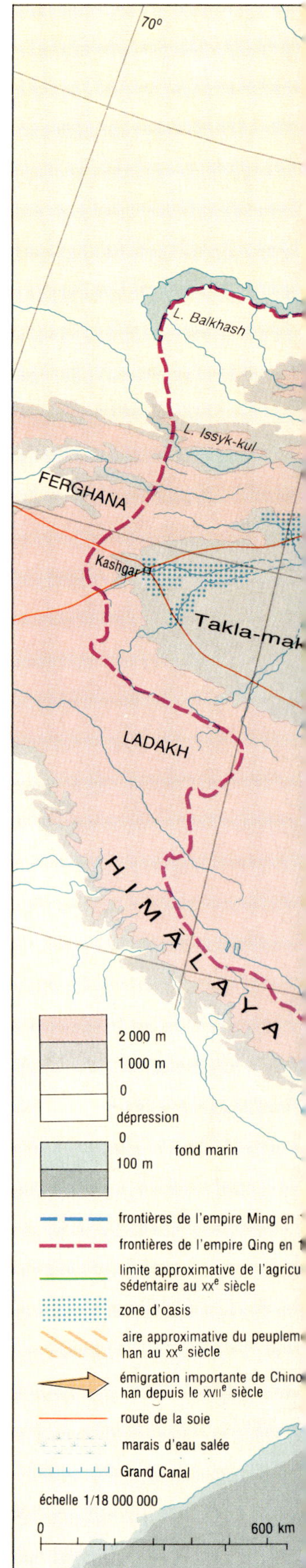

Chine intérieure et Chine extérieure

Le contraste le plus fondamental oppose ce que l'on appellera dans ce livre la Chine intérieure et la Chine extérieure. La première se caractérise par une agriculture sédentaire, intensive, souvent irriguée. La seconde, par une économie pastorale, parfois associée à une agriculture sèche d'importance marginale, ou complétée par des enclaves agricoles, à l'image des oasis qui entourent les déserts du Nord-Ouest. Pendant la presque totalité des temps historiques, la frontière entre ces deux mondes a emprunté un tracé qui est en gros celui de l'actuelle Grande Muraille, suivant une direction est-ouest depuis le golfe du Bohai, avant d'obliquer brusquement vers le sud à l'approche du plateau tibétain. Jusqu'au xxe siècle, la Mandchourie est partie intégrante de la Chine extérieure (le bassin inférieur de la rivière Liao faisant seul exception) ; c'est depuis sept ou huit décennies seulement que l'afflux massif d'immigrants chinois et le développement de l'agriculture en ont fait une extension de la Chine intérieure : la frontière avec la Chine extérieure se prolonge désormais au-delà de la passe de Shanhaiguan — là où la Grande Muraille rejoint la mer — et remonte vers le nord en suivant les contreforts orientaux du Grand Khingan (ou Da Xing'an). Ce changement se retrouve dans le fait que les Chinois d'aujourd'hui préfèrent parler des « trois provinces du Nord-Est », alors qu'historiquement le nom de Mandchourie est plus approprié. L'extrémité sud-ouest de la frontière entre Chine intérieure et Chine extérieure, quant à elle, est longtemps restée mal définie ; ce n'est qu'à la fin du xviiie siècle que la jungle qui domine dans cette région du sous-continent a commencé d'être sérieusement défrichée et transformée en terres agricoles.

Si Chine intérieure et Chine extérieure sont en gros de superficies comparables, la population de la seconde dépasse à peine 5 p. 100 du total, avec des densités qui excèdent rarement un habitant au kilomètre carré, et tendent même vers zéro dans certaines régions : le contraste est total avec la Chine surpeuplée de l'intérieur. Les différences physiques sont tout aussi remarquables. La Chine extérieure abonde en paysages spectaculaires, sinon toujours hospitaliers, au nombre desquels on citera le « toit du monde » — le Qomolangma, autrement dit l'Everest, qui culmine à 8 848 mètres d'altitude —, et la dépression de Turfan, qui descend à 154 mètres au-dessous du niveau de la mer. On y trouve aussi des déserts parmi les plus arides du globe (le Gobi et le Takla Makan), des forêts vierges, et d'interminables steppes. La Chine intérieure présente des formes beaucoup plus amorties, plaines alluviales, vallées fluviales, paysages de collines souvent dénudés par des siècles d'occupation humaine.

La Chine extérieure est en grande partie une région de drainage continental, situation qui résulte du soulèvement de l'Asie centrale provoqué par la collision du socle indien avec le rebord méridional du Tibet. Les rivières de la périphérie coulent en s'éloignant de la Chine. Le Heilongjiang (le « fleuve du Dragon Noir », également appelé Amur) oblique vers le nord pour aller se jeter dans les eaux subarctiques du Pacifique ; le Yarlong Zangbo (Yaluzangbujiang en chinois), qui commence par couler d'ouest en est à proximité de Lhasa, plonge vers le sud à travers des gorges infranchissables pour réapparaître en Inde sous le nom de Brahmapoutre.

La Chine extérieure est par conséquent coupée du vaste réseau fluvial qui a favorisé, bien avant les temps modernes, l'intégration économique de la plus grande partie de la Chine intérieure. Mais elle dispose au moins d'une grande voie de communication, la route de la soie, ainsi dénommée parce que c'est par là que passaient les soies chinoises à destination de l'Empire romain. Son tracé suit d'abord une direction nord-ouest en empruntant le corridor du Gansu ; après la passe de la Porte de Jade — au-delà de laquelle, disait-on, le printemps n'arrive jamais —, elle se scinde en deux routes qui contournent le bassin du Tarim par le nord et par le sud avant de se rejoindre à Kashgar ; de là elles divergent à nouveau pour escalader les montagnes qui séparent la Chine extérieure du Ferghana (aujourd'hui en Union soviétique) au nord, et de la Bactriane (aujourd'hui en Afghanistan) au sud. Jusqu'au ixe siècle, les populations des oasis traversées par la route de la soie ont été le principal point de contact entre la Chine et le monde indo-

Variation séculaire des températures moyennes en Chine. Cette courbe est basée sur les recherches phénologiques de Zhu Kezhen, visant à établir les limites nord et sud d'apparition de divers végétaux. On note un certain degré de coïncidence entre, d'une part, la révolution économique médiévale et la phase de réchauffement de la fin du premier millénaire, et d'autre part, les périodes d'activité maximale des barbares septentrionaux et les phases de refroidissement du climat.

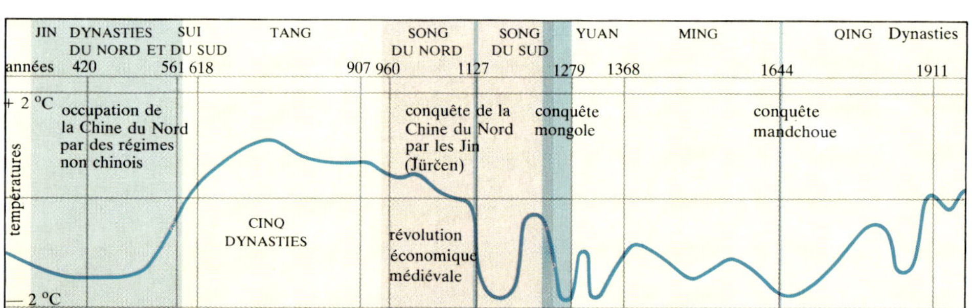

Chine intérieure et Chine extérieure. La Chine d'aujourd'hui se partage en deux grands ensembles, la Chine intérieure et la Chine extérieure. D'altitude relativement basse, la Chine intérieure est à dominante agricole, densément peuplée, et ses habitants sont des Chinois han dans leur écrasante majorité ; c'est, jusqu'à la dynastie des Ming (1368-1644) inclusivement, le cœur de l'Empire. La Chine extérieure est un vaste ensemble de régions plus élevées, faiblement habitées, dont les populations sont mongoles, turques, tibétaines, etc. ; son économie repose avant tout sur l'élevage extensif, l'agriculture n'ayant de fonction dominante que dans les oasis du Nord-Ouest ; les rivières s'écoulent hors du territoire chinois ou vont se perdre dans des bassins de drainage continental. Les rivières de Chine intérieure, par contre, forment avec les routes maritimes côtières un réseau serré de voies navigables. En dehors de quelques épisodes éphémères, la Chine intérieure et la Chine extérieure n'ont été intégrées politiquement que sous la dynastie mandchoue des Qing, essentiellement dans le courant du XVIIIe siècle. L'immensité du territoire contrôlé par la République populaire est un héritage de cette époque. Depuis deux siècles, l'émigration des Chinois han a notablement repoussé les limites de la Chine intérieure, en particulier en Mandchourie, où de vastes étendues de forêts et de pâturages ont été converties en terres agricoles.

européen, auquel les rattachaient les langues qu'elles parlaient.

Il y a environ mille ans, on trouvait encore de vastes zones de pâturage dans le nord de la Chine intérieure ; depuis lors, le grand élevage est devenu une exclusivité de la Chine extérieure. De la même époque date la divergence dans les habitudes culinaires des deux mondes, la cuisine à base de laitages, jusqu'alors assez répandue parmi les populations han, ayant progressivement disparu de Chine intérieure. Jusqu'au début des temps modernes, l'économie de la Mandchourie, de la Mongolie, du Turkestan oriental et du Tibet repose d'abord et avant tout sur l'exploitation des troupeaux de moutons, de chèvres, de bovins, de chevaux, de chameaux et de yaks. En revanche, la Chine intérieure est depuis longtemps déficitaire en énergie et en engrais d'origine animale : le cheptel s'y réduit le plus souvent à la basse-cour et à une population porcine laissée en liberté ; c'est l'homme qui doit fournir lui-même la force de traction et les réserves d'engrais que, dans d'autres environnements, l'on obtient plus facilement et plus économiquement de l'animal.

La population de la Chine intérieure est dans sa presque totalité, et depuis longtemps, d'ethnie chinoise, ou pour user du terme le plus courant, *han*. Par contraste, jusqu'aux migrations récentes en Mandchourie et dans l'extrême Nord-Ouest, la Chine extérieure était peuplée majoritairement de non-Han. La différence est en grande partie culturelle, car les incursions répétées des « barbares » dans la plaine du Nord ont conduit à un degré élevé de métissage. Racialement, l'énorme majorité des habitants des deux Chine se rattachent au groupe « mongoloïde », dont les représentants se signalent par leur faible pilosité faciale et corporelle, leur teint jaune ou brun-jaune, les yeux brun foncé, le repli caractéristique de la paupière supérieure, recouvrant également l'angle interne de l'œil, et la quasi-absence de glandes sudoripares aux aisselles. La distinction entre Han et non-Han recouvre à peu près celle que l'on fait parfois entre le sous-groupe des « Sinides » au sud et celui des « Toungouses », ou Mongols septentrionaux, au nord. Ces derniers ont tendance à avoir le visage plus plat, les yeux plus étroits, la bride palpébrale plus prononcée, et à être de stature plus trapue. En revanche, ni les Tibétains, ni les populations aborigènes des côtes méridionales (aujourd'hui largement métissées), ne se rattachent au groupe mongoloïde.

L'unification politique entre Chine intérieure et Chine extérieure ne date que du XVIIIe siècle ; elle est d'ailleurs l'œuvre d'un régime sino-barbare, celui de la dynastie mandchoue des Qing. Le modèle de gouvernement bureaucratique en vigueur depuis deux mille ans dans l'intérieur n'est cependant pas étendu aux nouveaux territoires : on y conserve au contraire toute une variété de systèmes administratifs de type féodal ou militaire ; le Tibet, quant à lui, n'est soumis qu'à une forme de protectorat très lâche. Le Turkestan oriental ne devient une province, sous le nom de Xinjiang (« nouvelle région »), qu'en 1884.

On retrouve une dualité administrative analogue dans la carte politique de la République populaire : pratiquement tout ce qui correspond historiquement à la Chine extérieure est aujourd'hui constitué en « régions autonomes » (R.A.) — la R.A. de Mongolie-Intérieure, la R.A. musulmane du Ningxia, la R.A. du Xinjiang, la R.A. uigur du Xin-

À droite : Les régions et les districts autonomes. Le gouvernement de la République populaire de Chine a institué des Régions autonomes, ainsi que des Districts autonomes de moindre étendue, dans les zones à population majoritairement non han. En dépit de quelques concessions notoires (par exemple, la politique d'un seul enfant par famille ne leur est pas imposée), les non-Han ne bénéficient pas d'une autonomie réelle. L'hostilité aux cultures non chinoises a parfois pris un tour violent, en particulier au Tibet pendant la Révolution culturelle : la plupart des monastères bouddhistes sont alors démolis, et les moines rendus à la vie laïque. Chez les Khazak, l'art traditionnel de la chasse à l'oiseau (avec des aigles apprivoisés, par exemple) est mis hors-la-loi, sans doute parce qu'il se prête mal à un contrôle économique de type collectiviste. Plus récemment, on a recouru à l'arme pacifique, mais efficace, de l'éducation pour propager les valeurs chinoises et communistes. Des mouvements antichinois de libération ont éclaté périodiquement (dont celui des Kham, au Tibet oriental, en 1959), mais à l'heure actuelle la situation semble s'être considérablement stabilisée.

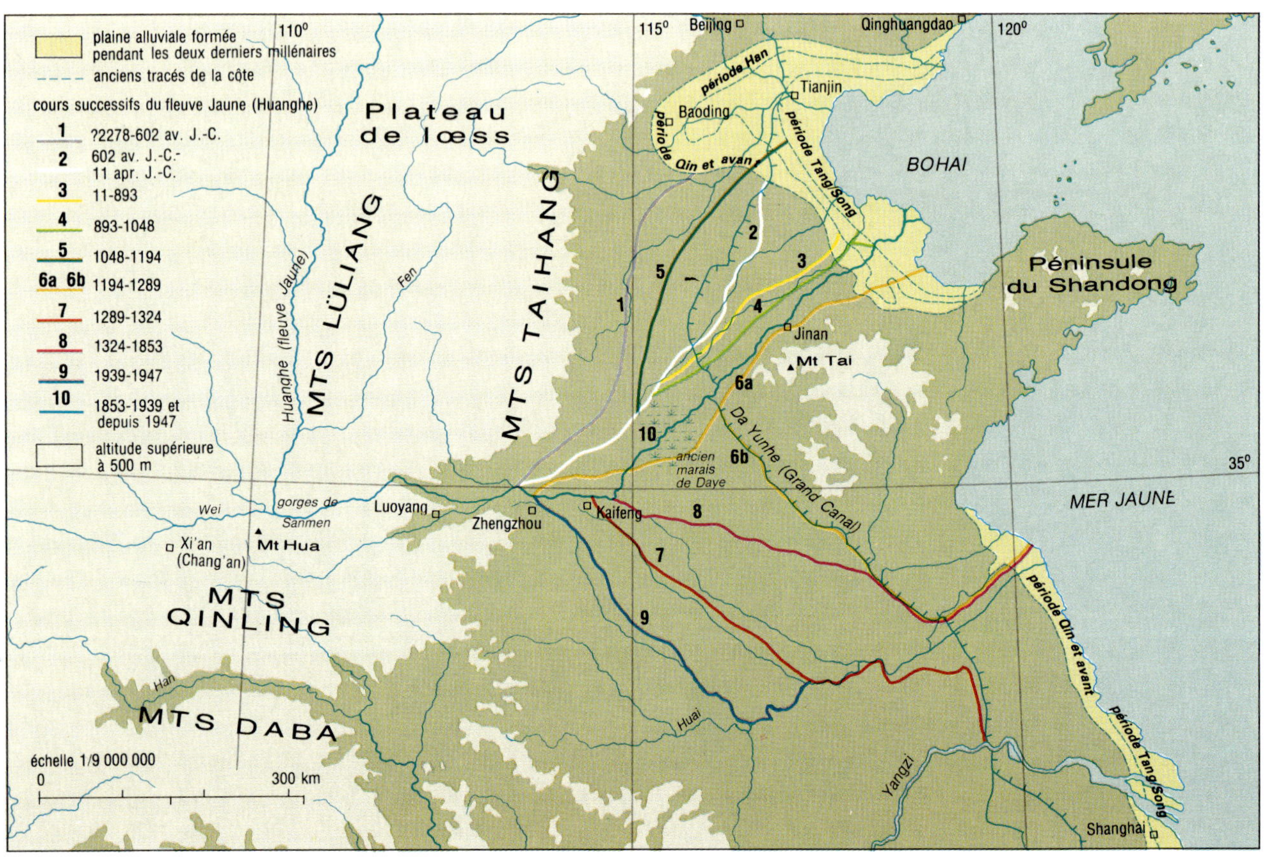

À gauche : Les changements de cours du fleuve Jaune. Malgré quelques modifications de détail, le cours supérieur du fleuve Jaune est resté à peu près stable à l'époque historique. En revanche, le cours inférieur — à l'est du mont Hua et des gorges de Sanmen (les « Trois Portes ») — s'est brutalement déplacé à plusieurs reprises. Au IIe millénaire av. J.-C., il coule suivant une direction pratiquement nord-sud en longeant le pied des monts Taihang. Pendant les deux millénaires suivants, il se déplace peu à peu dans le sens des aiguilles d'une montre, jusqu'à couler vers le sud-est entre 1289 et 1324, se jetant dans le cours moyen de la Huai et de là dans le Yangzi. Le fleuve Jaune change plusieurs fois de direction après 1324, allant se jeter tantôt au nord de la péninsule du Shandong (comme c'est le cas aujourd'hui), tantôt au sud.
La cause première de ces brusques bifurcations est la quantité unique au monde d'alluvions charriées par le courant. Lorsque celui-ci se ralentit à l'approche de la mer, les alluvions se déposent au fond du lit et l'exhaussent jusqu'au point où l'eau doit s'écouler dans une autre direction. Le système actuel ménage plusieurs écoulements, ce qui permet de freiner le processus en recreusant à intervalles réguliers les chenaux temporairement à sec.

jiang, la R.A. Zhuang du Guangxi, et la R.A. du Tibet. En outre, la plus grande partie de la province du Qinghai (le « Lac bleu », nom chinois du Kökönōr), rattachée à la R.A. du Tibet, se compose de « districts autonomes ». On trouve aussi des districts autonomes dans les quelques régions de Chine intérieure habitées par des minorités nationales. Contrairement aux régions autonomes, cependant, ces districts relèvent des gouvernements provinciaux. La République populaire n'a pas pour autant hérité du domaine de la dynastie des Qing dans son entier : les régions les plus septentrionales ont été annexées par la Russie tsariste dès le milieu du XIXe siècle, et la Mongolie-Intérieure, virtuellement indépendante en 1912, est une république populaire et un satellite de l'Union soviétique depuis 1924.

Enfin, la Chine intérieure et la Chine extérieure ont connu des histoires religieuses différentes. Les religions traditionnelles de la Chine intérieure sont le confucianisme, le taoïsme, le bouddhisme du Grand Véhicule, enfin un amalgame complexe de cultes locaux. En revanche, les populations de Chine extérieure adhèrent au bouddhisme lamaïque ou à l'islam, ainsi qu'à divers cultes indigènes plus anciens, tels que le *bon* tibétain.

Le Nord et le Sud

Formant à l'ouest la bordure septentrionale du Tibet, les monts Kunlun se prolongent à l'est par deux chaînes de montagnes, les Qinling et les Dabashan, qui coupent la Chine intérieure en deux à une latitude d'environ 35 degrés nord. La différence moyenne des précipitations annuelles de part et d'autre de cette barrière est de 1 295 millimètres en faveur du Sud. Les écarts par rapport à la normale sont surtout sensibles dans le Nord, où la déviation moyenne est de 30 p. 100. Sécheresses et inondations y sont pour cette raison plus fréquentes. La plus grande stabilité des conditions naturelles au sud s'explique aussi par le contraste entre les deux grands fleuves chinois, le Huanghe (fleuve Jaune) au nord et le Changjiang (« Long Fleuve », ou Yangzi) au sud. Le fleuve Jaune étire son cours supérieur à travers des plateaux recouverts de loess : cette terre, dont les fines particules ont été apportées par le vent, donne sa couleur au Huanghe et en fait le fleuve du globe le plus chargé en alluvions. La majorité de ces alluvions se déposent dans la partie inférieure du cours, beaucoup plus lente, avec pour conséquences l'exhaussement du lit et l'instabilité du tracé. Les digues doivent être sans cesse surélevées, jusqu'au point où le fleuve coule au-dessus du niveau de la plaine environnante, situation particulièrement dangereuse. Si le Yangzi a un débit beaucoup plus important, il est aussi plus stable. Cela tient pour une part à la présence de deux grands lacs sur son cours moyen, le Dongting et le Poyang, qui jouent le rôle de trop-pleins en période de crue et de réservoirs en période d'étiage.

La Chine du Nord a de tout temps été une région d'agriculture sèche, alors que la Chine du Sud est par excellence le pays de la riziculture inondée. Les sols sont également différents, plus alcalins dans le Nord et plus acides dans le Sud. Une grande partie du Sud est parcourue par un réseau serré de rivières et de canaux : la voie d'eau est le principal moyen de transport depuis plus d'un millénaire. Le cabotage s'est également très vite développé le long du littoral sud-est, où il bénéficiait de l'alternance saisonnière des vents de mousson. En revanche, les Chinois du Nord voyageaient à cheval (s'ils voulaient aller vite), dans des chariots à deux roues, ou à pied, en prenant leur parti de la mauvaise qualité des routes, inévitable dans les pays de lœss où la pluie transforme tout en bourbier. L'apparition du chemin de fer à la fin du XIXe siècle a eu un impact limité en Chine du Sud mais considérable en Chine du Nord, notamment en Mandchourie où, avant le rail, les meilleures « routes » étaient encore les rivières gelées pendant les mois d'hiver.

Historiquement, la Chine du Sud est un pays d'immigration han. La topographie compartimentée des zones montagneuses, en fixant les immigrants après leur arrivée et en limitant les contacts, a multiplié les subcultures et les dialectes. Dans le Nord, en revanche, tout le monde ou presque parle une forme ou une autre de « mandarin » (ainsi appelé parce que c'était la *lingua franca* des fonctionnaires impériaux).

Pendant de longs siècles, les variantes successives du Grand Canal ont servi de trait d'union entre le nord et le sud de l'Empire (voir carte p. 105). Le premier Canal, creusé par des armées de corvéables où l'on trouvait une proportion notable de femmes,

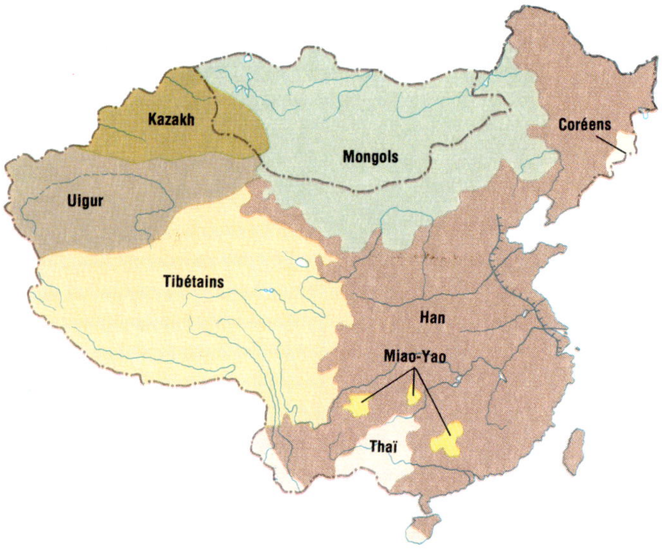

Les Han d'ethnie chinoise représentent approximativement 94 % de la population de la Chine. Le reste se partage entre plus de cinquante groupes, les principaux étant les groupes nippo-coréen, altaïque, indo-européen, tibéto-birman, austro-asiatique, thai, miao-yao, et malayo-polynésien. La majorité de la population (y compris les Han) se rattache au groupe racial mongoloïde. Les variantes les plus notables apparaissent au Xinjiang, où le mélange de traits caucasiens et centre-asiatiques donne des enfants aux cheveux blonds et au faciès mongoloïde. Les principaux caractères du groupe mongoloïde sont le cheveu noir et raide, le visage plat accentué par la racine du nez peu marquée, et un pli cutané à l'extrémité interne de l'œil recouvrant partiellement la paupière supérieure.

En haut : Localisation du groupe han et des principaux groupes non han.

Au-dessous de la carte : L'un des quelque six cents Russes vivant au Xinjiang : type indo-européen, yeux bleus, longue barbe.

Ci-dessus : La minorité miao est principalement originaire du sud du Guangxi, près de la frontière entre la Chine et le Vietnam.

Au centre à droite : Femme et enfants hani. Les Hani sont un petit groupe résidant au Yunnan et rattaché à la famille tibéto-birmane.

À droite : Famille tibétaine à Lhasa.

Au centre à gauche : Chinois han, dans la province du Shanxi. Noter l'aplatissement du visage, le pli de la paupière, et la base du nez peu marquée.

À gauche : Jeune fille appartenant au groupe thai, au sud du Yunnan, non loin de la frontière sino-birmane.

Ci-dessous : Jeune couple mongol portant le costume national.

Ci-dessus : Les Uigur, comme les Khazak, sont musulmans. Ce Kazakh du Xinjiang est un éleveur de chevaux nomade.

À gauche : Uigur du Xinjiang, de religion musulmane et de race turque.

date de la dynastie des Sui, à la fin du VIe siècle. Sa fonction principale est de transporter le riz produit en abondance par le Sud jusqu'à la capitale de l'Empire, à Daxingcheng (ou Chang'an, aujourd'hui Xi'an) dans le Nord-Ouest, et jusqu'aux armées stationnées dans le Nord-Est. La dynastie mongole des Yuan, après avoir établi sa capitale à Dadu (Pékin), opte pour un tracé plus court et plus audacieux faisant franchir au Canal les contreforts occidentaux du Shandong. Mais les difficultés techniques sont telles qu'on est fréquemment obligé d'expédier le grain du tribut par la voie maritime, ou par une voie mixte combinant le transport par mer et le franchissement de la péninsule du Shandong par un canal secondaire, le canal Jiao-Lai.

C'est au XVe siècle seulement, sous les Ming, que l'on parvient à résoudre de façon satisfaisante le problème de la mise en eau des parties les plus élevées du Canal. Bien que l'écluse à sas soit connue en Chine depuis le XIe siècle, on préfère retenir l'eau derrière des barrières inamovibles que l'on contourne en halant les bateaux sur des plans inclinés : le tonnage des péniches s'en trouve nécessairement limité. À terme, l'administration du transport public des grains emploiera jusqu'à 150 000 soldats sur ses flottes, et un nombre plus élevé encore de civils pour draguer et entretenir les voies d'eau. Les embarcations privées sont également admises sur le Canal, qui joue ainsi le rôle d'artère commerciale entre le Nord et le Sud. Les dimensions de l'ouvrage — plus de mille kilomètres de long — sont prodigieuses pour l'époque : il faut attendre le XVIIIe siècle pour que l'on creuse des canaux d'importance comparable en Europe, en France notamment.

Ainsi finit par s'instaurer une sorte de complémentarité entre le Nord et le Sud : le centre de gravité économique est au sud et le centre de gravité politique presque toujours au nord. Pareille division n'existait cependant pas au début de l'Empire. La première capitale impériale, celle des Qin, à la fin du IIIe siècle av. J.-C., est à Xianyang, près de l'actuelle Xi'an, dans la région dite du Guannei (« l'intérieur des passes »). Doté d'un système de canaux d'irrigation et de transport, le Guannei est alors beaucoup plus fertile qu'aujourd'hui. La capitale principale des Han et celle des Tang se trouvent à Chang'an (« Longue Paix »), à peu près sur le même site que Xianyang. Mais, alors même que ces métropoles deviennent de plus en plus énormes, la productivité de l'arrière-pays est en nette diminution — peut-être à cause d'une dessiccation séculaire du climat. Or, si la région est bien protégée sur le plan stratégique, elle est trop excentrique pour qu'il soit facile de l'approvisionner de l'extérieur. Aussi les Han comme les Tang établissent-ils une capitale secondaire à Luoyang, dans la grande plaine du Nord.

C'est sous les Tang que le Sud commence à disputer au Nord sa suprématie économique et que la division mentionnée plus haut se fait jour. La capitale des Song du Nord (960-1127), Kaifeng, est au centre de la grande plaine, non loin du point où le fleuve Jaune a changé de direction plusieurs fois dans l'histoire, coulant tantôt vers le nord, tantôt vers le sud du Shandong. De toutes les capitales septentrionales, Kaifeng est la moins éloignée des greniers à riz du Sud et la plus facile à ravitailler par voie d'eau. À son apogée, le gouvernement y expédie jusqu'à trois millions et demi de quintaux de grain par an.

Au XIIIe siècle, les Mongols établissent leur capitale près de l'actuel Pékin, aux confins de la Chine intérieure et de la Chine extérieure : leur dynastie est en effet la première à régner conjointement sur l'une et sur l'autre. La capitale des Ming est originellement à Nankin (Nanjing, la « Capitale du Sud »), mais, dès le début du XVe siècle, la dynastie installe une seconde capitale à Pékin (Beijing, la « Capitale du Nord »), qui devient le véritable centre administratif de l'Empire, Nankin conservant plutôt une fonction cérémonielle. La décision est apparemment de nature stratégique : comme la Grande Muraille, reconstruite à la même époque, la capitale du Nord doit opposer un obstacle massif aux envahisseurs qui descendraient de Mandchourie ou de Mongolie. Les Mandchous (dynastie des Qing) et le régime populaire ont maintenu leur capitale à Pékin, à la fois par tradition et pour demeurer à proximité du point de contact entre le monde han et le monde non han.

En dehors des premiers Ming, deux autres régimes qui ont gouverné depuis le Sud peuvent se considérer comme représentant l'ensemble des Chinois : les Song du Sud (1127-1279), dont la capitale était à Hangzhou, seul port maritime à atteindre ce statut dans toute l'histoire de l'Empire, et le gouvernement nationaliste dont la capitale est à Nankin (1927-1937). Chongqing, sur le cours supérieur du Yangzi, est la capitale de la « Chine libre » entre 1937 et 1945. C'est le seul exemple de capitale nationale située dans l'Ouest chinois ; il est vrai qu'à ce moment la plus grande partie des provinces de l'Est sont occupées par les Japonais.

Division politique et régionalisation

La bipartition entre Nord et Sud connaît un équivalent politique approximatif aux XIIe et XIIIe siècles. Les provinces du Yangzi et de la côte méridionale forment alors l'empire des Song du Sud, tandis que la plaine du Nord est aux mains de la dynastie Jürčen (Ruzhen en chinois) des Jin, puis des Mongols à partir de 1234 ; ces derniers s'empareront du Sud dans les années 1270.

La période dite des Trois Royaumes, au IIIe siècle apr. J.-C., constitue un modèle original de tripartition politique. Le royaume de Wei domine la vallée du fleuve Jaune, celui de Wu contrôle le Yangzi et quelques régions plus au sud, celui de Shu correspond à la province actuelle du Sichuan. On retrouve, de façon significative, une tripartition économique à peu près équivalente sous les Tang (VIIe-IXe siècle) et sous les Song du Nord (Xe-XIe siècle). La carte de la page 123 révèle en effet trois grandes zones commerciales bien distinctes, reliées entre elles par trois grandes routes, toutes artificielles à un degré ou à un autre. Le trait d'union entre l'Ouest et le Nord est la fameuse

« route suspendue » (ou « en encorbellement »), ainsi dénommée parce qu'elle est en partie faite de galeries de bois accrochées à des parois à pic. L'Ouest et le Sud communiquent par les gorges du Yangzi, que les bateaux ne peuvent remonter qu'en se faisant remorquer depuis un chemin de halage acrobatique, taillé à même la falaise. Enfin, le Sud et le Nord sont reliés par le Grand Canal.

En plusieurs occasions, la Chine s'est trouvée fragmentée de façon bien plus complexe encore. La mosaïque des Royaumes combattants (IVe-IIIe siècle av. J.-C.) garde une certaine actualité dans la mesure où beaucoup de noms d'États ont été conservés comme toponymes littéraires longtemps après la disparition des entités politiques auxquelles ils correspondaient. On notera au passage que les frontières représentées sur la carte de la page 71 ne cessent en fait de changer au gré des guerres et des annexions. Seul fait peut-être exception le noyau central formé par les États de Zhao, Wei et Han, nés de l'éclatement de l'État de Jin au Ve siècle av. J.-C. Située au cœur de la plaine de Chine du Nord, cette zone est entourée d'une couronne d'États plus vastes : le Qin, à l'ouest, basé dans la vallée de la Wei et augmenté de ses conquêtes au sud-ouest, à savoir le Shu, dans la plaine de la rivière Min, berceau de l'agriculture irriguée à grande échelle, et le Ba, en amont des gorges du Yangzi ; immédiatement au sud, le Chu, qui occupe la vallée de la Han et le moyen bassin du Yangzi (ce dernier encore couvert de lacs et de marais inhospitaliers) ; à l'est, le Qi, le plus urbanisé et le plus civilisé de tous les États de l'époque, incorporant le petit État de Lu qui avait vu naître Confucius quelques siècles plus tôt. Au-delà encore, on trouve un certain nombre de principautés périphériques : le Yan dans l'extrême nord-est ; le Yue dans le Yangzi inférieur et le long de la côte sud-est, augmenté de son grand rival le Wu qu'il a absorbé au début du Ve siècle. Le Yue est le berceau de la marine chinoise, alors que les autres États sont entièrement tournés vers le continent.

L'exemple le plus tardif d'éclatement du pays en unités multiples se situe au Xe siècle, pendant la période dite des Cinq Dynasties et des Dix Royaumes. La configuration qui apparaît sur la carte de la page 25 est assez différente de celle des Royaumes combattants. L'ancien noyau central (Zhao, Wei et Han) et ses périphéries de l'ouest (Qin) et de l'est (Qi) forment à présent un État intégré dominant toute la Chine du Nord ; et, parmi les unités plus petites qui l'entourent, certaines seulement correspondent aux principautés des IVe et IIIe siècles av. J.-C. : l'État de Yan au nord-est, celui de Shu au Sichuan (qui englobe le Ba et le Shu de l'Antiquité) ; le Chu, dans le moyen Yangzi, et le Wu (dynastie des Tang méridionaux), se répartissent l'essentiel de l'ancien royaume de Chu ; comme son nom l'indique, le Wu-Yue est le descendant géographique des anciens États de Wu et de Yue. Sont en revanche nouveaux l'État de Min, au sud-est, peuplé d'immigrants récents, célèbre pour ses temples bouddhiques aux toits recouverts d'or qu'on voit briller depuis le large ; et celui des Han méridionaux, dans la région actuelle de Canton. La communauté de culture qui les unit, les rivalités militaires et mercantiles qui les opposent, leur taille même, rapprochent à bien des égards ces États chinois du Xe siècle de leurs homologues européens du début des temps modernes.

Lorsque l'Empire est rassemblé sous une même autorité, l'unité administrative qui évoque le plus, à première vue, les principautés indépendantes dont il vient d'être question, est la province. Il se trouve cependant que la plupart des frontières provinciales ont considérablement changé au fil des siècles, si bien qu'analyser l'espace chinois en termes de provinces ne clarifie pas toujours les choses.

On n'a en Chine de véritables provinces — entendons par là des systèmes administratifs centralisés dépendant directement du gouvernement impérial — qu'à partir du XIIIe siècle, sous la dynastie mongole : on les appelle alors des « chancelleries déléguées » (*xingsheng*, ou simplement *sheng*, le terme moderne pour « province »). Cette situation a cependant un antécédent avec les « circuits » *(dao)* des Tang, délimités pour des raisons militaires et stratégiques (voir carte p. 26), dont la répartition très logique s'est cependant compliquée à la fin de la dynastie, après que le nord de l'Empire fut tombé au pouvoir de gouverneurs militaires en charge de zones plus réduites.

Les « provinces » — faute d'un meilleur terme — des Song du Nord sont appelées « routes » *(lu)*. Celles des Yuan (Mongols), dont il vient d'être question, présentent une configuration très différente et beaucoup plus simple. Mais ce n'est qu'avec les provinces des Ming que l'on voit apparaître un tracé à peu près semblable à celui d'aujourd'hui. Comme le montre la carte de la page 27, les Qing (Mandchous) ont apporté peu de changements à la structure provinciale des Ming. La province métropolitaine du Sud a été partagée entre le Anhui (ainsi nommé par référence aux préfectures de *An*qing et *Hui*zhou) et le Jiangsu (la partie du « pays au sud du Yangzi » [*Jiang*nan], dont la métropole est la préfecture de *Su*zhou) ; le Huguang a été divisé entre le Hubei et le Hunan (respectivement « au nord » et « au sud des lacs ») ; le Gansu réapparaît au nord-ouest, et, à l'extrême fin de la dynastie, le Xinjiang et Taiwan deviennent des provinces de plein droit.

Le puzzle dessiné par les cartes des pages 26 et 27 prouve à lui seul que les frontières des administrations provinciales chinoises n'ont jamais eu de rapports très étroits avec celles des régions naturelles. La carte de la page 24, consacrée à la structure régionale de la Chine aux XIXe et XXe siècles, suggère deux schémas possibles. L'un correspond aux zones de vente du sel dans le cadre du monopole géré par le gouvernement impérial, l'autre est le modèle « macrorégional » élaboré par l'anthropologue et historien G. W. Skinner. Les deux configurations ont beaucoup en commun dans la mesure où elles s'appuient l'une et l'autre sur le compartimentage naturel dessiné par les chaînes de montagnes et les concentrations de population dans

En haut : L'aménagement de champs en terrasses a permis de tirer le maximum des régions montagneuses. On redessine actuellement les terrasses, partout où c'est possible, pour que les machines agricoles puissent y accéder.

En bas : Les reliefs karstiques de la région de Guilin évoquent l'étagement des montagnes dans la peinture chinoise traditionnelle.

les vallées fluviales. À cet égard, certaines différences sont moins importantes qu'il n'y paraît de prime abord. Dans le schéma de la gabelle impériale, le corridor conduisant de la côte est à la zone de vente du Huainan est manifestement un artifice administratif pour faciliter le transport du sel entre les zones de production et l'intérieur. De même, la division de la Chine du Nord en trois zones de vente n'a pas une très grande signification dans la mesure où les frontières extérieures de l'ensemble coïncident de près avec celles de la macrorégion de Chine du Nord définie par Skinner. Enfin, il est aisé de comprendre pourquoi la frontière nord-ouest de la zone de vente du Hedong suit le fleuve Jaune et non une ligne de partage des eaux : il y avait trop de salines naturelles (lacs salés) dans le nord-ouest pour qu'il fût rentable de maintenir un monopole du sel à l'ouest du fleuve.

Envisager l'histoire de la Chine non pas à l'échelle nationale, ni provinciale, mais, comme le propose Skinner, à l'échelle « macrorégionale », se justifie à divers égards. Jusqu'à un certain point au moins, les dix grandes régions qu'il définit sont passées par des phases de développement et de récession suivant des rythmes qui leur étaient propres ; aujourd'hui encore, chacune est un peu un monde à part. D'un autre côté, il ne faut pas oublier que les complexités et les hasards de l'histoire politique ont plus d'une fois conduit à un découpage du domaine chinois ignorant apparemment les frontières régionales, comme l'atteste par exemple la carte (p. 25) des territoires contrôlés par les principaux seigneurs de la guerre au début de l'année 1926. En dépit de son utilité, le modèle macrorégional ne rend pas compte de tous les éléments en jeu.

Lorsqu'elle procède par regroupement de caractéristiques communes, l'analyse spatiale produit d'autres types de découpage. L'exemple le plus significatif est celui des zones climatiques. La carte de la page 28 révèle une progression en trois grandes zones, faisant passer des climats subtropicaux ou tempérés du Sud-Est, caractérisés par des hivers doux et des étés chauds, à une zone intermédiaire plus fraîche, et finalement aux climats arides ou montagnards du Nord-Ouest. Les lignes marquant la limite nord des 200 et des 300 jours sans gel ont respectivement une signification importante : à partir de 200 jours sans gel, on arrive en général à récolter deux produits différents dans l'année ; au-delà de 300 jours, la double récolte de riz devient possible. Les chiffres portés sur la carte montrent aussi que l'année agricole dans l'extrême Sud est plus de deux fois plus longue qu'en Mandchourie. La carte des dates de floraison des pêchers (p. 29), établie par le grand climatologue chinois Zhu Kezhen, illustre joliment le retard progressif du printemps à mesure que l'on monte vers le nord. Les bandes horizontales ainsi obtenues révèlent indirectement la variété des climats hivernaux en Chine ; au milieu de l'été, en revanche, la chaleur devient pratiquement uniforme du Nord au Sud, avec cependant une périphérie plus fraîche sur les côtes et dans les massifs montagneux de l'Ouest.

La complexité de la carte climatique explique l'extrême variété des calendriers agricoles d'une région à l'autre. Les cartes de la page 28 consacrées aux dates de semailles et de moisson du blé en donnent un exemple. On notera la séparation en deux grandes zones, celle du blé de printemps et celle du blé d'hiver, réparties *grosso modo* de part et d'autre de la Grande Muraille. On se souviendra aussi qu'au sud du Yangzi le blé n'est qu'une culture d'appoint.

Au terme d'une vaste enquête sur l'économie rurale du pays à la fin des années vingt et au début des années trente, John Lossing Buck a été conduit à définir huit grandes régions agricoles en Chine intérieure (la Mandchourie et l'île de Taiwan non comprises), les associations caractéristiques de plantes alimentaires fournissant le principal critère. Les quatre cartes de la page 29 montrent ces régions en combinaison avec des données sur l'intensité de la mise en valeur du sol, sur la productivité par travailleur, sur les chiffres de population rurale et sur la densité de population par unité de surface cultivée. En gros, le tableau ainsi dressé doit être encore valable aujourd'hui, en dépit d'inévitables changements, et bien que la population rurale ait approximativement doublé. La mise en valeur apparaît la plus dense dans la zone « blé d'hiver et gaoliang » et au centre de la zone « riz du Sichuan ». La première porte également, et de loin, la population la plus nombreuse. En revanche, la productivité du travail agricole dans la zone « riz du Sud-Ouest » est plus de deux fois celle de la zone « blé de printemps ». Et le kilomètre carré cultivé nourrit plus de trois fois autant de paysans dans le Sud-Ouest que dans le Nord-Ouest. Comme le fait apparaître la carte de la page 22, les régions définies par Buck concernent aussi les variations d'incidence du métayage (antérieurement à l'époque communiste). Le taux de propriété foncière affermée est à son maximum dans la zone « riz du Sichuan », dans la zone « riz et blé du Yangzi », dans la zone « riz et thé », et dans la zone de « double récolte du riz ». Cela confirmerait que le principal déterminant du taux de métayage est la productivité du sol, et non la quantité de force de travail disponible. La seule exception est le Sud-Ouest, où la productivité du sol est très grande et le taux de métayage modéré ; la cause probable est qu'il s'agit d'une région récemment mise en valeur.

L'expansion géographique de la nation chinoise

L'écrasante domination des Chinois han sur les minorités ethniques, en Chine extérieure aussi bien qu'en Chine intérieure (voir carte p. 15), est la conséquence d'un processus d'expansion coloniale et impériale qui dure depuis plus de trois mille ans et n'est pas encore achevé. Par « coloniale », nous entendons ici le peuplement de territoires vides ou habités par des populations non chinoises, et par « impériale » l'assujettissement de groupes de culture non chinoise au pouvoir politique chinois.

Un coup d'œil à la carte de la population recensée sous la dynastie des Han (p. 30) montre qu'en dehors de la plaine du Nord la Chine « chinoise »

(suite page 37)

Chine du Nord et Chine du Sud 1. Cette carte fait apparaître de façon particulièrement claire le contraste qui séparait le Nord et le Sud à la fin de l'Empire : au Nord, agriculture sèche et prépondérance des petits propriétaires exploitants ; au Sud, riziculture inondée et proportion importante de cultivateurs louant leur terre à des propriétaires. La collectivisation imposée par la République populaire a bien entendu effacé le contraste des régimes fonciers. En outre, les progrès récents de l'irrigation au Nord ont quelque peu modifié les disparités entre les techniques de culture.

Chine du Nord et Chine du Sud 2. La Chine du Nord est le pays du lœss. Cette fine poussière jaune d'origine éolienne s'est déposée sur des épaisseurs considérables ; la couche supérieure est facilement cultivable. C'est là qu'est née l'agriculture chinoise. On notera que la Grande Muraille, du moins dans sa version la plus récente (construite sous les Ming du XIVe au XVIe siècle), suit de près la limite nord du lœss, et marque ainsi la frontière entre monde chinois et monde non chinois. En dehors du Grand Canal, la Chine du Nord n'a pas de système navigable intérieur satisfaisant, et ses côtes sont souvent difficiles, voire dangereuses.
Le Sud, en revanche, bénéficie depuis longtemps d'un réseau de voies navigables interconnectées, et le trafic côtier est facilité par l'alternance des vents de mousson et par la présence de nombreux ports naturels. Le trafic maritime entre le Nord et le Sud n'est devenu régulier et sûr qu'à la fin du XVIIe siècle. Certes, les Mongols et les Ming avaient procédé à plusieurs reprises à des expéditions de grains publics par voie de mer, entre le delta du Yangzi et la région de Tianjin, mais l'entreprise restait passablement hasardeuse.

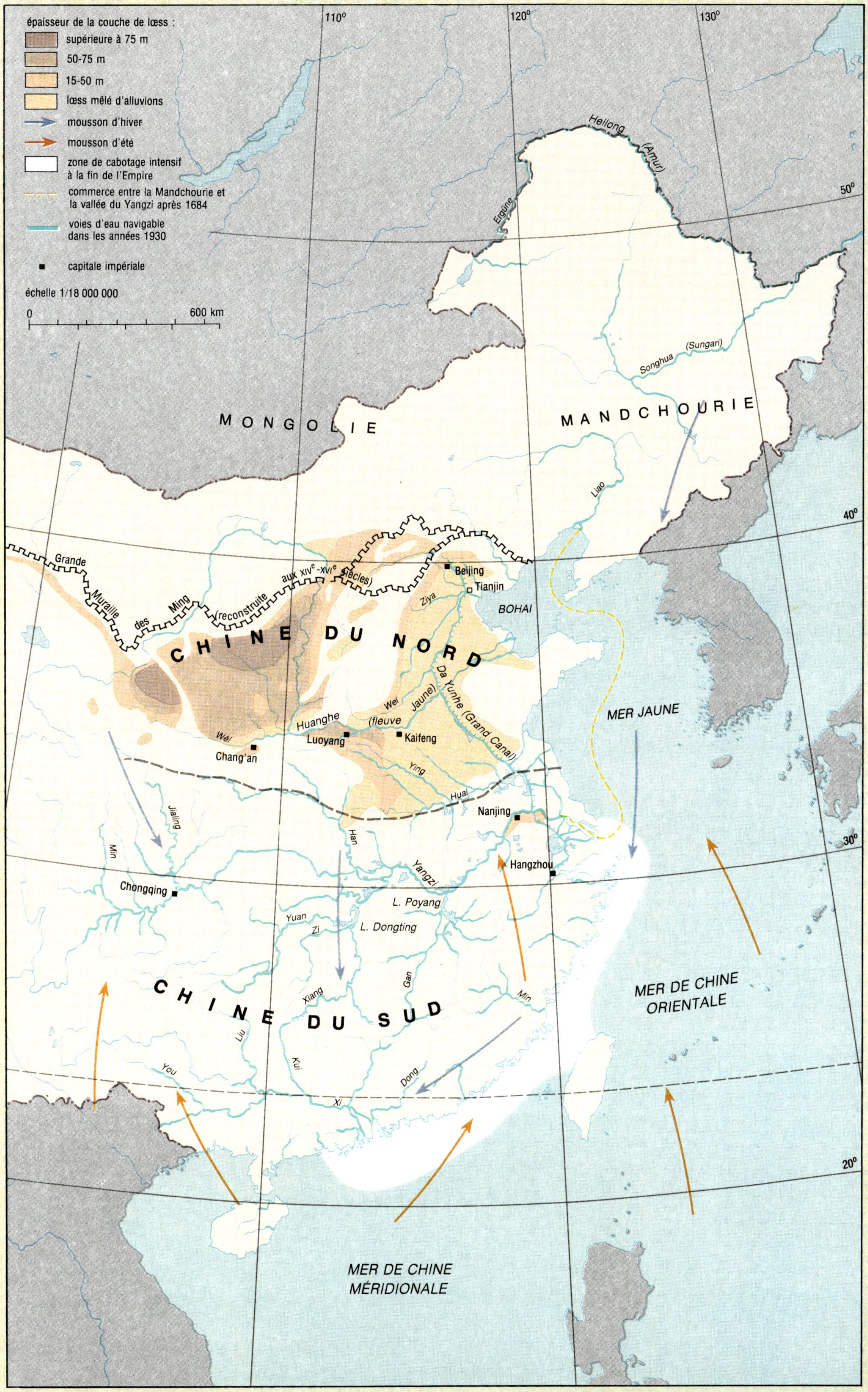

RÉGION DE MANDCHOURIE
CHANGLU
HEDONG
SHANDONG
RÉGION DU NORD-OUEST
RÉGION DE CHINE DU NORD
HUAIBEI
RÉGION DU HAUT YANGZI
SICHUAN
RÉGION DU BAS YANGZI
LIANG-ZHE
HUAINAN
RÉGION DU MOYEN YANGZI
RÉGION DE LA CÔTE SUD-EST
FUJIAN
RÉGION DU SUD-OUEST
YUNNAN
RÉGION DE CHINE MÉRIDIONALE
LIANG-GUANG
RÉGION DE TAIWAN
BOHAI
MER JAUNE
MER DE CHINE ORIENTALE
MER DE CHINE MÉRIDIONALE
LAOS
VIETNAM
GORGES DU YANGZI
GORGES DE SANMEN
lacs salés
lac salé de Xie
Huanghe
Huanghe (fleuve Jaune)
Da Yunhe (Grand Canal)
Yangzi
Anshan
Luda
Beijing
Tangshan
Tianjin
Taiyuan
Dezhou
Jinan
Linqing
Weifang
Qingdao
Lanzhou
Anyang
Jixian
Qinyang
Zhengzhou
Kaifeng
Dali
Qianxian
Xi'an
Shangxian
Xuzhou
Qingjiang
Huaian
Huaiyang
Nanyang
Runan
Hefei
Hexian
Nanjing
Zhenjiang
Wuxi
Suzhou
Shanghai
Wuhu
Guangde
Jiaxing
Hangzhou
Chengdu
Wanxian
Enshi
Hefeng
Yichang
Wuhan
Anqing
Shexian
Ningbo
Chongqing
Luzhou
Yueyang
Jiujiang
L. Poyang
Boyang
Jinhua
Linhai
Changde
L. Dongting
Nanchang
Shangrao
Wenzhou
Changsha
Fuzhou
Hengyang
Nanping
Guiyang
Duyun
Dongchuan
Liping
Qujing
Chenxian
Ganzhou
Nan'an
Guilin
Quanzhou
Xiamen
Taibei
Taizhong
Tainan
Chaozhou
Wuzhou
Guiping
Guangzhou
Nanning
Macao (Port.)
Hong Kong (R.-U.)
Maoming
Hanoi
Qiongshan
105°
110°
115°
120°
125°
40°
35°
30°
25°
20°
limites des régions fonctionnelles (d'après G.W. Skinner)
limites des zones de monopole du sel sous la dynastie mandchoue (Qing)
salines du Liang-Huai
puits d'eau salée au Sichuan
ville de plus de 500 000 hab. v. 1950
autre ville importante
densité de population supérieure à 200 hab./km²
500 m
0
échelle 1/9 000 000
0
400 km

Page de gauche : La structure régionale de la Chine aux XIXe et XXe siècles. La topographie et les densités de population sont les meilleurs critères pour découper la Chine en régions fonctionnelles. Le résultat peut cependant présenter certaines variantes en fonction des critères que l'on choisira de privilégier. La carte combine deux schémas possibles, l'un correspondant à une réalité historique (les zones de vente du sel dans le cadre du monopole d'État sous les Qing), l'autre résultant d'une reconstruction théorique (le modèle « macrorégional » élaboré par G. W. Skinner). Leur similitude est frappante, dès lors que l'on ne tient pas compte de la division de la Chine du Nord en trois zones de vente du sel (le Shandong, le Huaibei et le Changlu). La seule difficulté notable porte sur la région du Sud-Ouest — il est vrai qu'elle a quelque chose de « résiduel » dans le système de Skinner —, coupée en deux par une frontière de l'administration du sel. Le « corridor » conduisant des salines du Lianghuai, sur la côte est, à la zone de vente du Huainan, est visiblement un artifice administratif conçu à des fins de surveillance : ses limites ne sont pas à proprement parler « régionales ». Le caractère transitionnel de certaines zones est visible, en particulier le long de la côte sud-est, où les limites de l'administration du sel et les frontières des régions de Skinner suivent des tracés différents. Les grandes régions naturelles forment, jusqu'à un certain point, des ensembles cohérents, avec leurs développements socio-économiques propres. Il ne faut cependant pas en surestimer l'autonomie.

Ci-dessous : La Chine au début de la période dite « des Cinq Dynasties et des Dix Royaumes ». Pendant les soixante premières années du Xe siècle, la carte politique de la Chine évoque nettement celle de l'Europe au début des temps modernes. Les dix royaumes existant au départ (nombre ensuite ramené à huit) auraient fort bien pu devenir d'authentiques États-nations. Les conflits qui ne cessent de les opposer ne les empêchent pas de partager les mêmes valeurs culturelles. Chacun possède sa monnaie, et les rois n'hésitent pas à se lancer dans une politique de type mercantiliste en cherchant à manipuler le commerce international pour accumuler le plus possible de réserves de cuivre (le principal métal monétaire à l'époque). Pendant la même période, la plaine du Nord voit se succéder cinq dynasties différentes, notamment les Tang postérieurs, qui sont des Turcs Shatuo. Les frontières des États du Sud restent remarquablement stables, si l'on excepte le cas du Min, finalement absorbé par le Wu-Yue et par les Tang méridionaux (ancien État de Wu).

Ci-dessus : Les seigneurs de la guerre en 1926. L'échiquier des territoires contrôlés par les seigneurs de la guerre n'a cessé de changer. Seules exceptions, les domaines d'un ou deux spécialistes de la survie prolongée, tel Yan Xishan, installé au Shanxi de 1912 à 1949 avec une seule et brève interruption. Cette carte, qui correspond à l'année 1926, sert d'abord à rappeler que les régions fonctionnelles ne sont pas nécessairement le meilleur cadre pour interpréter le déroulement historique au-dessous du niveau national. Les affrontements entre seigneurs de la guerre ont eu pour résultat de faire éclater certaines régions naturelles, comme le Sichuan, en unités multiples. À l'inverse, les satrapies les plus importantes débordent sur plusieurs régions : Zhang Zuolin, par exemple, domine la Mandchourie et une partie de la Chine du Nord.

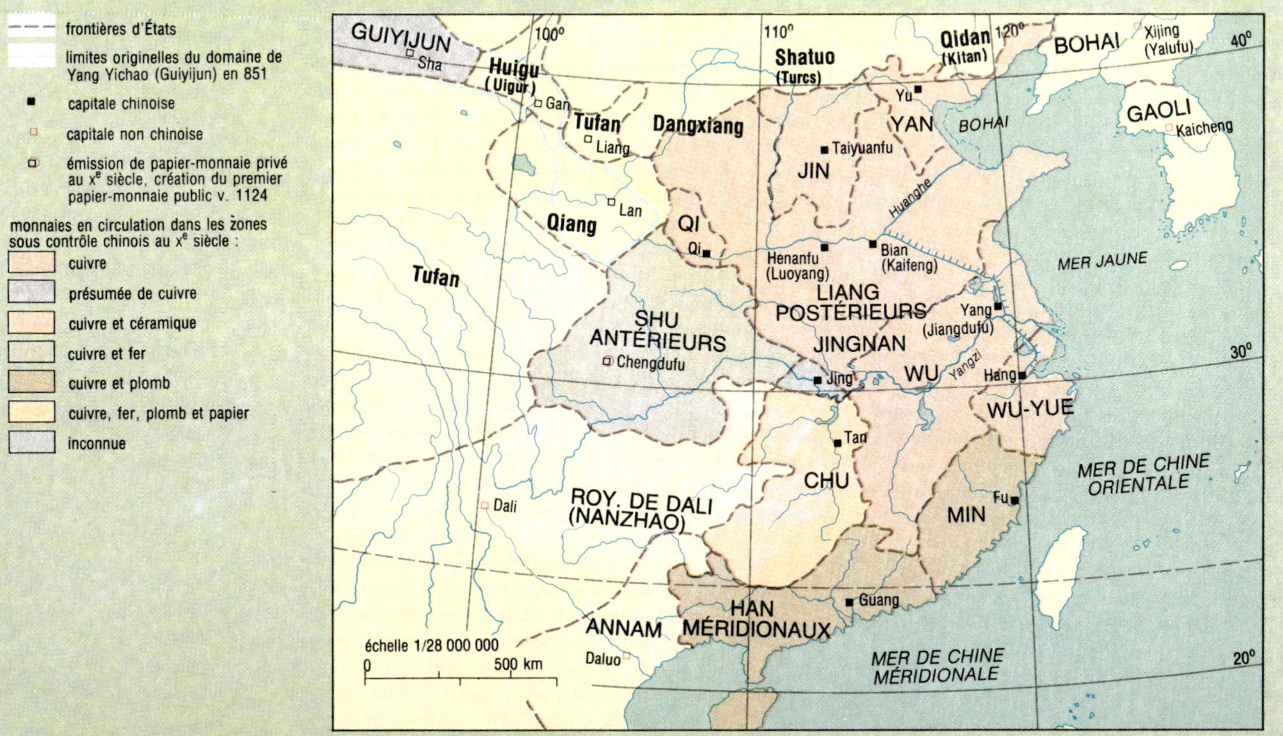

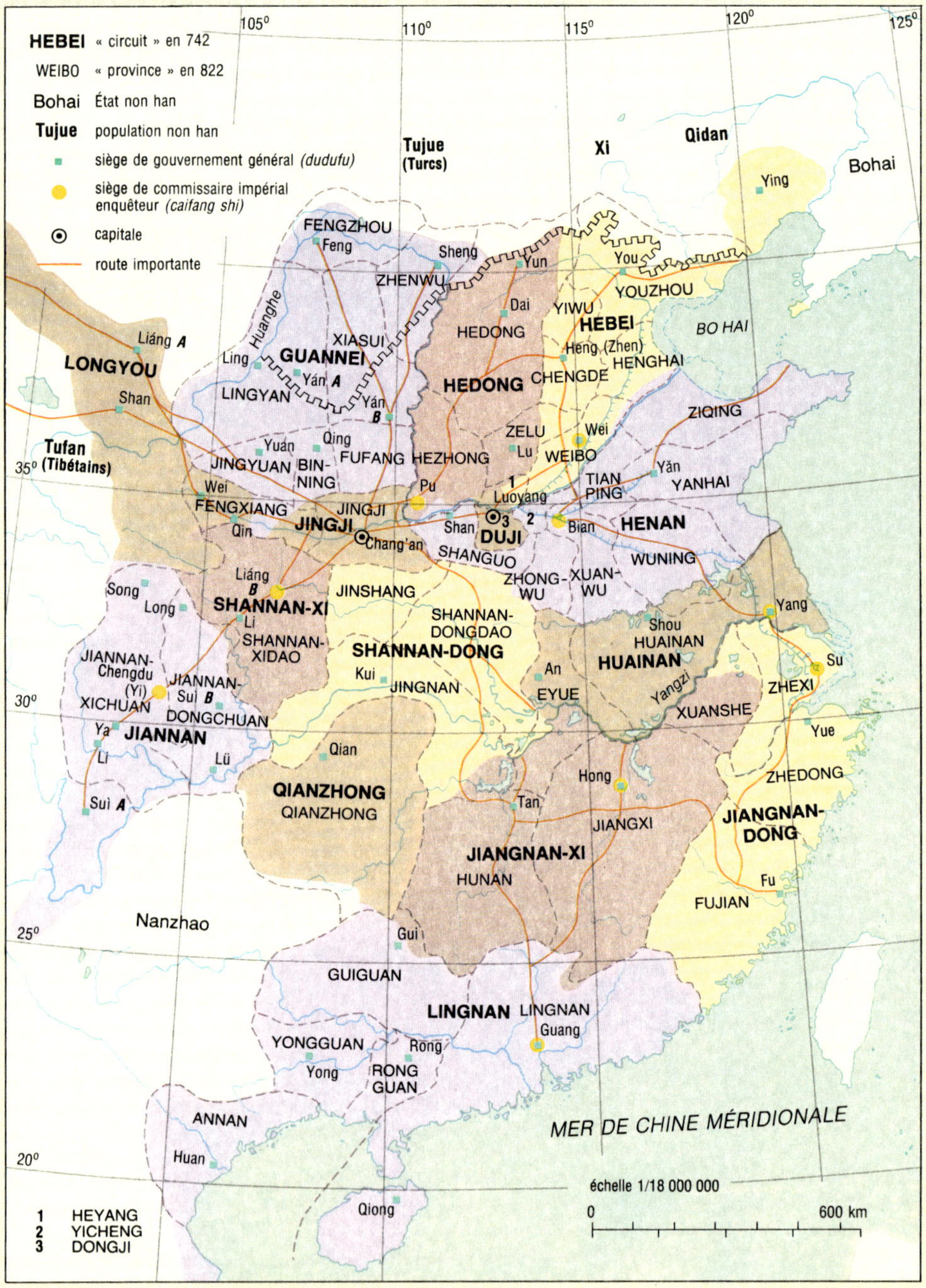

Ci-dessus : Le découpage administratif de la Chine des Tang. Les « circuits » en 742 et les « provinces » en 822. Les circuits *(dao)* du début des Tang n'ont pas de fonction administrative structurelle. Ils correspondent à autant de commissaires-inspecteurs chargés de contrôler l'administration des préfectures. Après la rébellion d'An Lushan en 755, l'Empire se trouve partagé en une quarantaine de domaines placés sous des gouverneurs militaires dont beaucoup sont, en fait, totalement indépendants. Cette fragmentation, qui a des conséquences graves, se lit clairement sur la carte. La Cour cherche à réimposer son contrôle, et y réussit dans une certaine mesure pendant une brève période autour de l'année 820. Après la rébellion de Huang Chao (874-884), en revanche, l'effondrement de l'autorité centrale au niveau des provinces est total.

Jingji	District métropolitain [de Chang'an]
Duji	District métropolitain [de Luoyang]
Guannei	L'intérieur des passes
Hedong	L'est du fleuve Jaune
Hebei	Le nord du fleuve Jaune
Henan	Le sud du fleuve Jaune
Longyou	L'ouest des monts Long
Jiannan	Le sud de la passe Jianmen
Qianzhong	[Nom d'un État de l'époque des Royaumes combattants]
Shannan	Le sud des monts [Qinling]
Huainan	Le sud de la rivière Huai
Jiangnan	Le sud du fleuve Yangzi
Lingnan	Le sud des Montagnes [méridionales]

Le Shannan et le Jiangnan ont été divisés entre une partie orientale et une partie occidentale

À gauche : les « circuits » des Tang vers 742.

Zhongshu	[Province de la] Chancellerie centrale [ou province métropolitaine]
Liaoyang	La rive nord de la rivière Liao [Liaoyang est également le nom de la capitale provinciale]
Gan-Su	[Préfectures de] Ganzhou et Suzhou
Shaanxi	L'ouest de Shaan [l'ancien domaine impérial des Zhou]
Henan	Le sud du fleuve Jaune
Sichuan	Les quatre rivières [le Min, le Luo, le Lu et le Ba]
Yunnan	Le sud des nuages
Hu-Guang	Le pays des lacs et la région de Canton
Jiangxi	L'ouest [des régions au sud] du Yangzi
Jiang-Zhe	La partie [des régions au sud] du Yangzi parcourue par les [deux] rivières Zhe

Les provinces mongoles vers 1300.

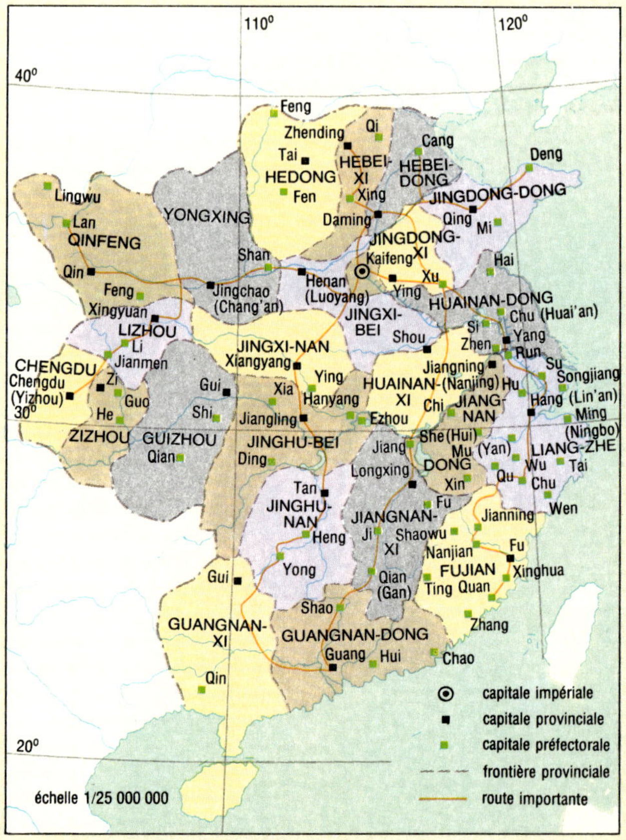

À droite : Les frontières provinciales sous les Ming (v. 1550) et les principales modifications apportées par les Qing. La structure provinciale de l'empire des Ming a été reprise par les Qing avec un nombre limité d'altérations : la province métropolitaine du Sud (Nan Zhili) est partagée entre le Jiangsu et le Anhui ; le Huguang, entre le Hubei et le Hunan ; et la moitié occidentale du Shaanxi devient la province du Gansu. En outre, les provinces de la Chine intérieure s'augmentent d'un certain nombre de territoires, tels que l'île de Taiwan (constituée en préfecture dépendant du Fujian avant d'être érigée en province à l'extrême fin de la dynastie), ou diverses bandes de territoire dans le Nord, le Nord-Ouest et l'Ouest. La carte montre aussi la répartition des administrations militaires sous les Ming : l'importance prépondérante donnée à la frontière nord apparaît clairement. Enfin, l'on a indiqué les sièges des gouverneurs généraux *(zongdu)* sous les Qing, dont la plupart avaient la supervision de deux, voire de trois provinces.

À gauche : Les provinces sous la dynastie mongole des Yuan (v. 1300). Les Mongols sont les premiers à instituer de véritables « provinces » *(sheng)*, entendons par là des administrations reproduisant à plus petite échelle la structure de l'administration centrale. Ces unités sont alors plus vastes que les provinces actuelles, et dans la plupart des cas présentent des contours très différents.

À gauche en bas : Les « routes » sous les Song du Nord (v. 1100). Les « routes » *(lu)* des Song du Nord ont, comme les circuits des Tang, une fonction de supervision plutôt que d'administration effective. Leurs limites présentent des différences frappantes de tracé avec celles des provinces actuelles. On notera en particulier le cas du Liang-Zhe, qui correspond de près à une unité régionale organique, alors que la division introduite à partir des Ming entre le sud du Jiangsu et le Zhejiang est parfaitement artificielle.

À gauche : les « routes » des Song du Nord vers 1100.

Jingdong-xi	La partie occidentale de l'est de la capitale
Jingdong-dong	La partie orientale de l'est de la capitale
Jingxi-bei	La partie septentrionale de l'ouest de la capitale
Jingxi-nan	La partie méridionale de l'ouest de la capitale
Hebei-dong	La partie orientale du nord du fleuve Jaune
Hebei-xi	La partie occidentale du nord du fleuve Jaune
Huainan-dong	La partie orientale du sud de la rivière Huai
Yongxing-jun	District militaire de Yongxing
Qin-Feng	[Préfectures de] Qinzhou et Fengxiang
Lizhou	[Préfecture de] Lizhou
Chengdu	[Préfecture de] Chengdu
Zizhou	[Préfecture de] Zizhou
Guizhou	[Préfecture de] Guizhou
Jinghu-bei	Le nord du lac de Jing [ancien État]
Jinghu-nan	Le sud du lac de Jing
Liang-Zhe	La région des deux rivières Zhe [« zigzagantes » ; celle de l'est et celle de l'ouest, situées respectivement au sud et au nord de la rivière Qiantang]
Jiangnan-dong	La partie orientale du sud du Yangzi
Jiangnan-xi	La partie occidentale du sud du Yangzi
Fu-Jian	[Préfectures de] Fuzhou et Jianzhou
Guangnan-dong	La partie orientale du Sud cantonais
Guangnan-xi	La partie occidentale du Sud cantonais

Les provinces Ming vers 1600.

Jingshi (ou Bei Zhili)	La capitale (ou la province métropolitaine du Nord)
Nanjing (ou Nan Zhili)	La capitale du Sud (ou la province métropolitaine du Sud)
Shandong	L'Est montagneux
Shanxi	L'Ouest montagneux
Shaanxi	L'Ouest de Shaan
Henan	Le sud du fleuve Jaune
Sichuan	Les quatre rivières
Yunnan	Le sud des nuages
Guizhou	[Province probablement nommée d'après la préfecture Yuan du même nom]
Hu-Guang	Le pays des lacs et la région de Canton [cette dernière a en fait été disjointe de la province]
Jiangxi	La partie occidentale [du sud] du Yangzi
Zhe-Jiang	La partie [du Sud] du Yangzi parcourue par les [deux] rivières Zhe
Guangxi	L'ouest de la région cantonaise
Guangdong	L'est de la région cantonaise
Fu-Jian	[Préfectures de] Fuzhou et Jianzhou

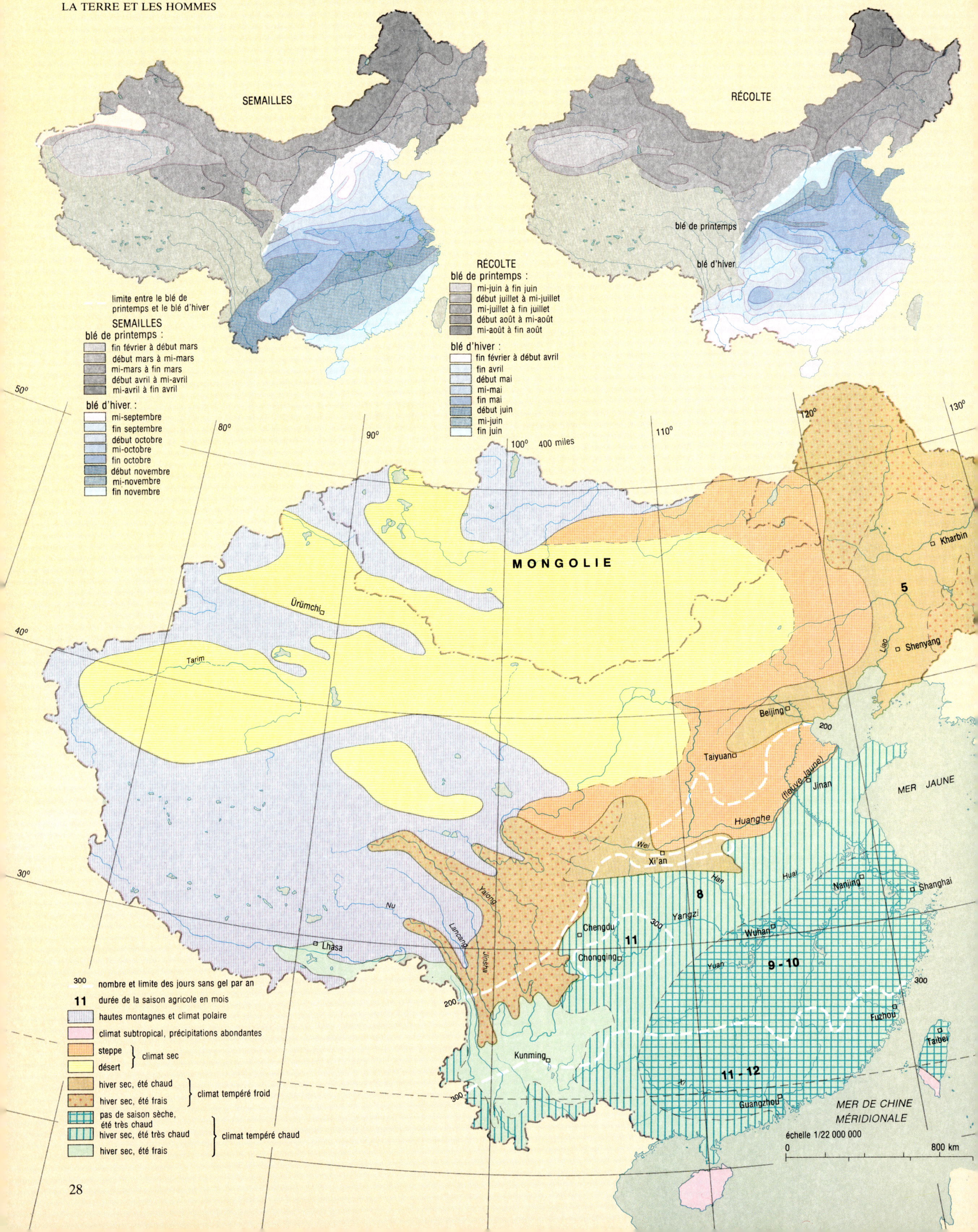
SEMAILLES
limite entre le blé de printemps et le blé d'hiver
SEMAILLES
blé de printemps :
fin février à début mars
début mars à mi-mars
mi-mars à fin mars
début avril à mi-avril
mi-avril à fin avril
blé d'hiver :
mi-septembre
fin septembre
début octobre
mi-octobre
fin octobre
début novembre
mi-novembre
fin novembre
RÉCOLTE
blé de printemps
blé d'hiver
RÉCOLTE
blé de printemps :
mi-juin à fin juin
début juillet à mi-juillet
mi-juillet à fin juillet
début août à mi-août
mi-août à fin août
blé d'hiver :
fin février à début avril
fin avril
début mai
mi-mai
fin mai
début juin
mi-juin
fin juin
50°
40°
30°
80°
90°
100°
110°
120°
130°
400 miles
MONGOLIE
Ürümchi
Tarim
Kharbin
Shenyang
Liao
Beijing
Taiyuan
Jinan
(fleuve Jaune)
Huanghe
Wei
Xi'an
Han
Huai
Nanjing
Shanghai
Yangzi
Wuhan
Chengdu
Chongqing
Yuan
Fuzhou
Taibei
Kunming
Guangzhou
Lhasa
Nu
Lancang
Yalong
Jinsha
Xi
MER JAUNE
MER DE CHINE MÉRIDIONALE
5
8
11
9 - 10
11 - 12
200
300
300 nombre et limite des jours sans gel par an
11 durée de la saison agricole en mois
hautes montagnes et climat polaire
climat subtropical, précipitations abondantes
steppe
désert
climat sec
hiver sec, été chaud
hiver sec, été frais
climat tempéré froid
pas de saison sèche, été très chaud
hiver sec, été très chaud
hiver sec, été frais
climat tempéré chaud
échelle 1/22 000 000
0
800 km

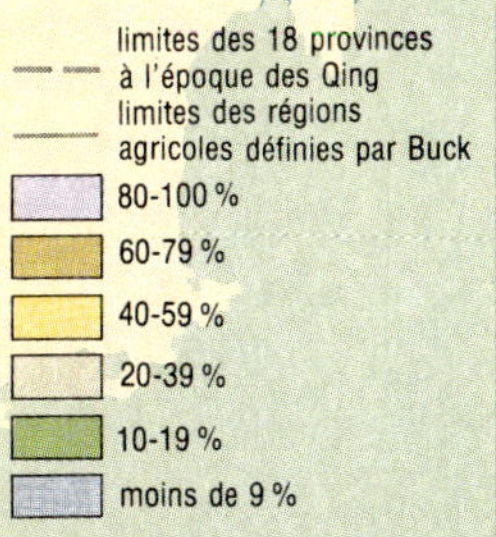

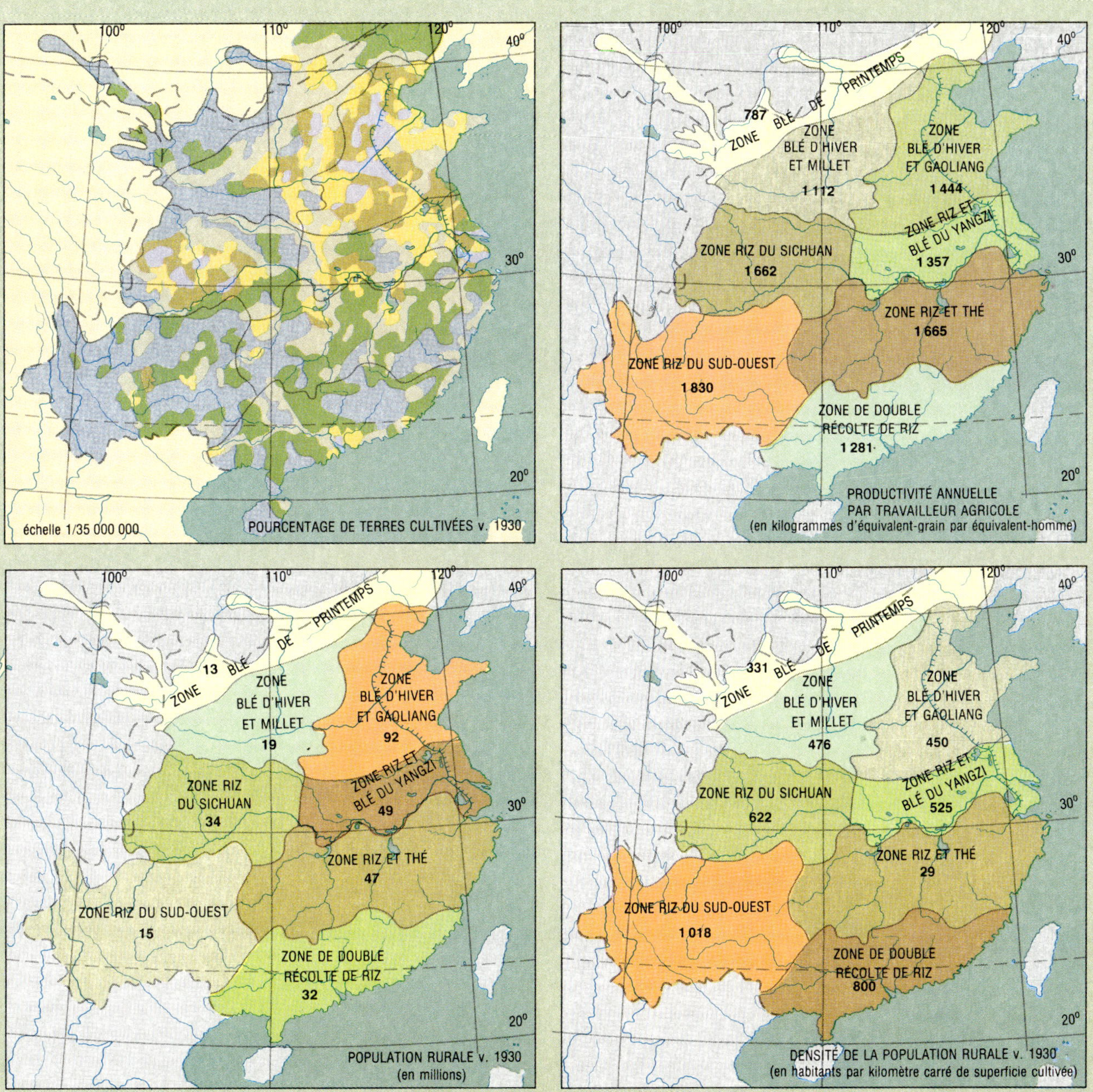

À gauche : Le blé en Chine, périodes de semailles et périodes de moisson. Le blé de printemps et le blé d'hiver, dont les périodes de semailles et de moisson sont représentées sur ces deux cartes, sont en fait deux cultures différentes. Elles se répartissent de part et d'autre d'une frontière correspondant à peu près à la Grande Muraille. En Chine du Sud, le blé n'est qu'une culture d'appoint.
Comme on le constate, le blé de printemps est semé dès la fin de février sur le pourtour du bassin du Tarim, et seulement à la fin d'avril dans le nord de la Mandchourie ; les dates de récolte correspondantes sont la mi-juin et la fin du mois d'août. Pour ce qui concerne le blé d'hiver, les dates de semailles s'échelonnent de la mi-septembre (au Shanxi) à la fin de novembre (dans la région de Canton). La récolte intervient dès le printemps de l'année suivante dans l'extrême Sud, mais seulement à la fin du mois de juin dans le Nord.

À gauche : Les zones climatiques en Chine. Les grandes régions climatiques en Chine s'échelonnent en gros du sud-est au nord-ouest. Les climats subtropicaux, caractérisés par des précipitations abondantes tout le long de l'année, font rapidement place à deux types de climats tempérés : l'un marqué par des étés longs et chauds et des hivers doux, l'autre par des étés courts et des hivers rudes. La zone suivante est celle des climats secs ou arides : elle englobe steppes et déserts. Les périphéries de l'ouest et du nord-ouest forment une dernière zone où les climats dominants sont montagnards ou polaires. La saison agricole dure trois mois seulement dans le nord de la Mandchourie, mais l'année tout entière dans l'extrême Sud.

Ci-dessus : Les régions agricoles dans les années trente d'après l'enquête de J. L. Buck. Les chiffres portés sur ces cartes doivent être considérés avec précaution. Le total de la population rurale chinoise dans les années trente, par exemple, est certainement supérieur aux 301 millions d'habitants indiqués ici. Mais l'ensemble compose un tableau assez exact des variations régionales dans l'agriculture chinoise pendant la dernière période de paix avant la disparition du modèle traditionnel d'exploitation familiale. L'ampleur des différences de niveau de vie et de structure d'occupation du sol, en particulier, ressort clairement de ces diverses données.

Ci-dessous : La variation des dates de floraison du pêcher. Basée sur les travaux de Zhu Kezhen, cette carte poétique indique les dates de floraison du pêcher afin de représenter le retard du printemps à mesure que l'on monte vers le nord. La partie sud du diagramme révèle l'étagement caractéristique des zones de température hivernale.

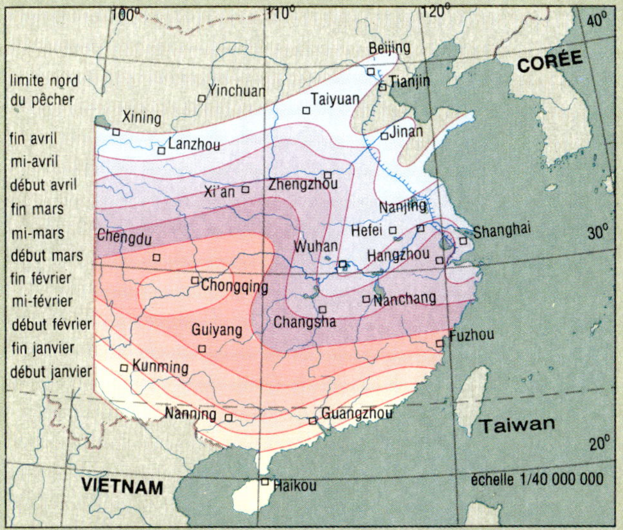

La répartition de la population sous les Han antérieurs (en haut), les Tang (en bas) et les Song du Nord (page de droite). Si l'on excepte la grande plaine du Nord, très densément peuplée, les Chinois Han du début de l'Empire se répartissent surtout le long des vallées fluviales. Les zones plus en hauteur sont, dans leur majorité, laissées à des populations ou à des États non han dont beaucoup reconnaissent la suzeraineté chinoise, et dont certains sont même gouvernés par des réfugiés chinois qui se sont « indigénisés ». La population représentée est celle des citoyens de l'Empire officiellement recensés, dont l'immense majorité sont d'ethnie chinoise (han). Il y a cependant quelques exceptions, notamment dans le nord du Vietnam et de la Corée actuels.

À l'époque des Tang, le Sud a commencé de faire le plein et l'économie du bassin inférieur du Yangzi est en passe de l'emporter sur celle du Nord.

La carte des Song du Nord marque l'aboutissement de ces processus. L'accroissement considérable des densités démographiques et les progrès de l'urbanisation sont manifestes.

L'objet de ces cartes étant d'abord de faire ressortir la structure du peuplement, les frontières des États ont été délibérément omises. On voit sans peine à quel point la Chine « réelle », à chacune de ces époques, diffère de celle des cartes historiques habituelles où seul le découpage politique de l'espace est représenté.

- densité de population élevée
- densité de population modérée
- pas d'information
- route importante
- capitale
- capitale non chinoise
- autre ville importante
- **Sui** tribu barbare

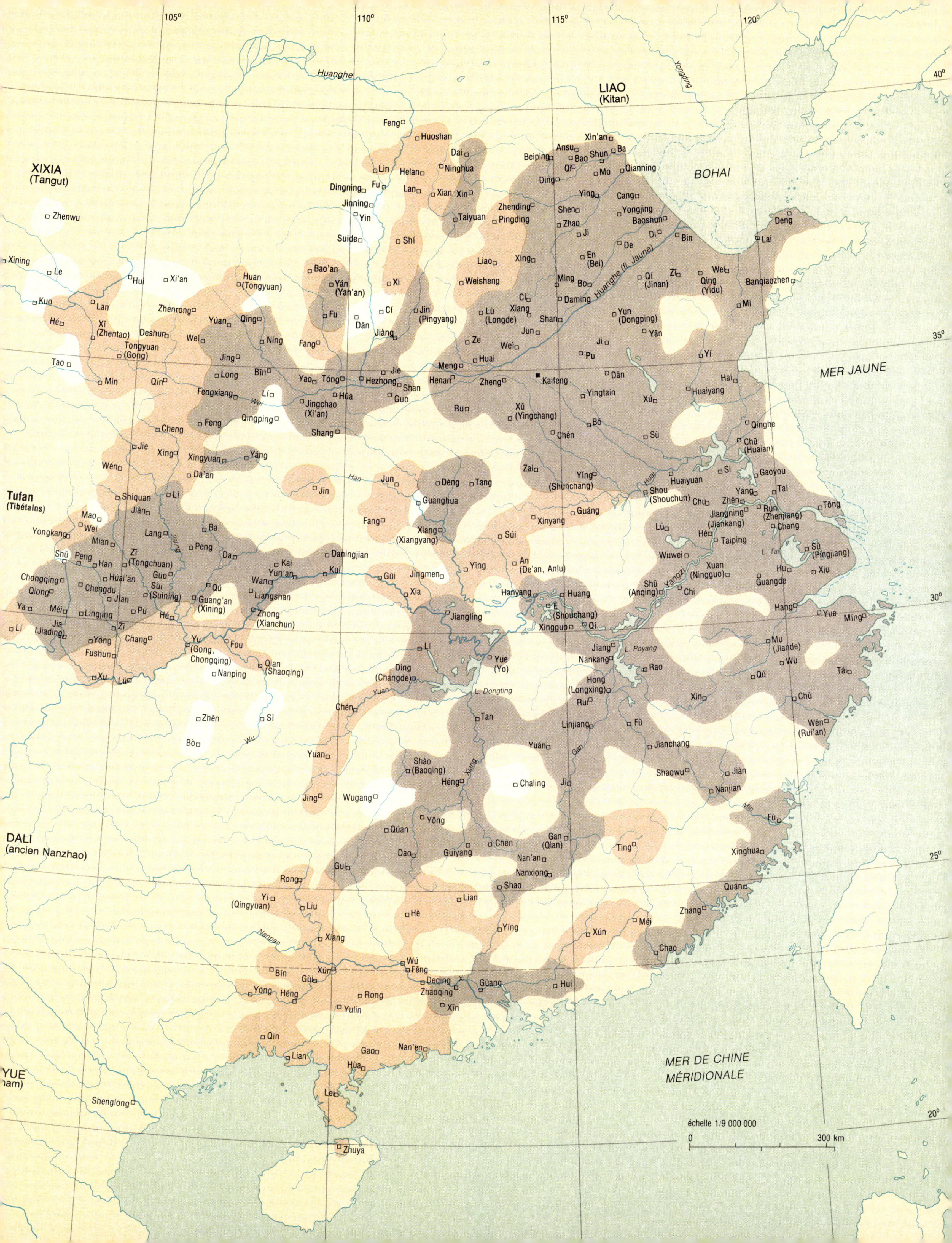

105°
110°
115°
120°
40°
35°
30°
25°
20°
Huanghe
Yongding
LIAO
(Kitan)
XIXIA
(Tangut)
BOHAI
Feng
Huoshan
Dai
Ninghua
Lin
Helan
Fu
Dingning
Jinning
Yin
Lan
Xian
Xin
Taiyuan
Suide
Shi
Zhenwu
Xining
Le
Kuo
Hui
Xi'an
Lan
Hé
Xi
(Zhentao)
Tao
Tongyuan
(Gong)
Min
Deshun
Zhenrong
Huan
(Tongyuan)
Bao'an
Yán
(Yan'an)
Fu
Xi
Cí
Dān
Jin
(Pingyang)
Jiàng
Yúan
Qing
Wei
Ning
Jing
Fang
Long
Bin
Yao
Tóng
Jie
Hezhong
Shan
Guo
Hùa
Jingchao
(Xi'an)
Qin
Fengxiang
Wei
Lí
Feng
Qingping
Shang
Beiping
Ansu
Bao
Xin'an
Shun
Ba
Qí
Mo
Qianning
Ding
Zhending
Pingding
Ying
Cang
Shen
Yongjing
Zhao
Baoshun
Ji
Di
Bin
De
Liao
Xing
En
(Bei)
Weisheng
Ming
Bo
Daming
Huanghe (fl. Jaune)
Qí
(Jinan)
Zī
Qing
(Yidu)
Wei
Lai
Deng
Banqiaozhen
Mi
Ci
Xiang
Lù
(Longde)
Shan
Yun
(Dongping)
Yăn
Jun
Ze
Wei
Ji
Huai
Pu
Meng
Henan
Zheng
Kaifeng
Dān
Yí
Hai
MER JAUNE
Yingtain
Xú
Huaiyang
Ru
Xŭ
(Yingchang)
Bó
Qinghe
Chén
Sù
Chŭ
(Huaian)
Cheng
Jie
Xing
Xingyuan
Yáng
Wén
Da'an
Jin
Han
Jun
Dèng
Tang
Zai
Yíng
(Shunchang)
Huai
Huaiyuan
Sì
Gaoyou
Tufan
(Tibétains)
Shiquan
Lì
Jiān
Guanghua
Shou
(Shouchun)
Chú
Zhēn
Yáng
Tài
Mao
Wei
Yongkang
Fang
Xiang
(Xiangyang)
Xinyang
Guáng
Jiangning
(Jiankang)
Rùn
(Zhenjiang)
Tōng
Mian
Lang
Ba
Jialing
Lú
Hé
Chang
Shŭ
Peng
Peng
Zǐ
(Tongchuan)
Da
Kai
Daningjian
Súi
Taiping
Sū
(Pingjiang)
Han
Huái'an
Yun'an
Kui
Yīng
An
(De'an, Anlu)
Wuwei
L. Tai
Chongqing
Qiong
Chengdu
Guo
Sùi
(Suining)
Wan
Gūi
Jingmen
Xuan
(Ningguo)
Hu
Xiu
Jian
Qú
Liangshan
Xia
Shū
(Anqing)
Yangzi
Chi
Guangde
Ya
Méi
Lingjing
Pu
Guang'an
(Xining)
Hanyang
Huang
Lí
Jia
(Jiading)
Zi
Hé
Zhong
(Xianchun)
Jiangling
E
(Shouchang)
Hang
Yue
Míng
Yóng
Chang
Yu
(Gong,
Chongqing)
Fou
Xingguo
Qí
Jiāng
L. Poyang
Fushun
Lĭ
Yue
(Yo)
Nankang
Rao
Mu
(Jiande)
Xu
Lú
Nanping
Qian
(Shaoqing)
Wù
Ding
(Changde)
Hong
(Longxing)
Qū
Tái
L. Dongting
Yuan
Rui
Xin
Chù
Zhēn
Sī
Chén
Tan
Linjiang
Fŭ
Wēn
(Rui'an)
Bò
Wu
Yuan
Shào
(Baoqing)
Yuán
Gan
Jianchang
Jing
Wugang
Héng
Xiang
Chaling
Jí
Shaowu
Jiàn
Nanjian
Min
Yōng
Fú
Quán
Chēn
Gan
(Qian)
DALI
(ancien Nanzhao)
Dao
Guiyang
Nan'an
Ting
Xinghua
Gui
Nanxiong
Rong
Shao
Quán
Yí
(Qingyuan)
Lian
Liu
Hè
Zhang
Yíng
Xún
Méi
Nanpan
Xiang
Chao
Bin
Wú
Gùi
Xún
Fēng
Dèqing
Xī
Yōng
Héng
Rong
Zhaoqing
Gūang
Hui
Yulin
Xīn
Qīn
Gao
Nan'en
Lian
MER DE CHINE
MÉRIDIONALE
YUE
nam)
Hùa
Lei
Shenglong
Zhuya
échelle 1/9 000 000
0
300 km

Le développement de la Mandchourie au xxe siècle. C'est le chemin de fer qui a désenclavé la Mandchourie et assuré l'essor de son économie, en favorisant l'afflux de nouveaux colons et en exportant la production agricole, largement destinée au marché. Comme le montre la carte, les nouvelles régions agricoles sont parcourues par de nombreuses voies ferrées, dont les principales sont le chemin de fer de l'Est chinois, construit par la Russie, et le chemin de fer sud-mandchourien, construit par le Japon. La navigation à vapeur participe au mouvement des hommes et des denrées entre la péninsule du Shandong et celle du Liaodong (ou Kantō en japonais), et sur l'Amur et la Sungari.

La Mandchourie est, au début du xxe siècle, le territoire le plus convoité pour ses avantages géopolitiques. Witte, l'éminent ministre des Finances de la Russie tsariste, dresse des plans pour en faire une colonie de peuplement ; les troupes russes l'occupent d'ailleurs en 1900, prématurément à son avis car le transsibérien n'est pas encore achevé. Les Japonais, qui chassent les Russes en 1904, s'emparent de la péninsule du Kantō et de la zone du chemin de fer sud-mandchourien. La totalité de la région est entre leurs mains en 1931 ; jusqu'en 1945 ils vont en développer l'infrastructure, l'industrie et l'urbanisation à une allure révolutionnaire pour l'époque. Mais ce sont les Chinois qui recueillent en fin de compte le fruit de ces efforts. Si la cause immédiate est la défaite du Japon face aux États-Unis, à long terme le facteur décisif aura été la masse énorme des immigrants chinois arrivés depuis le début du siècle.

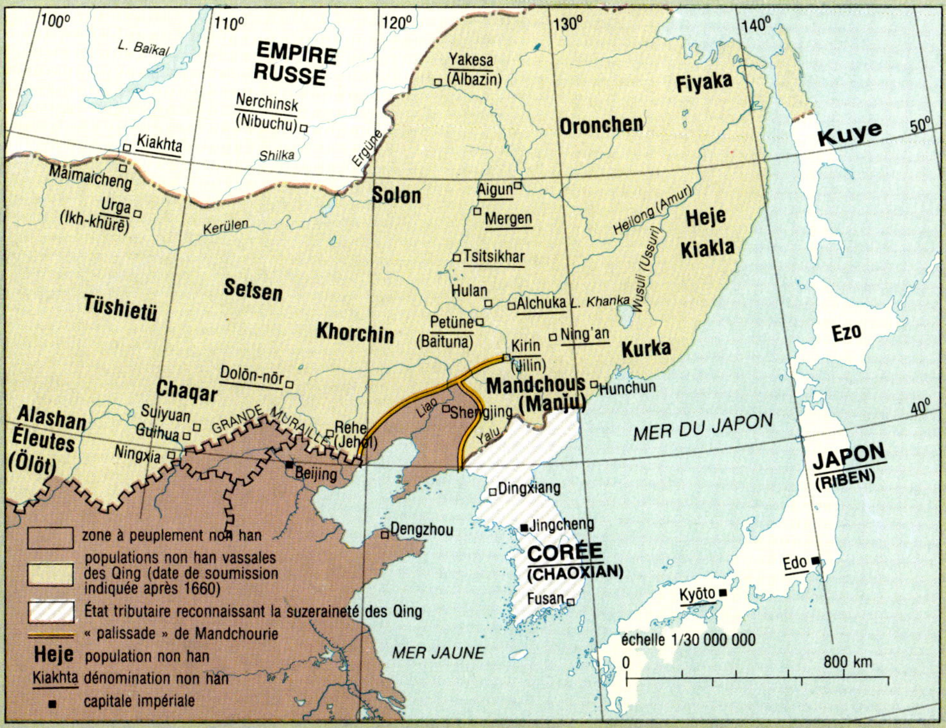

À gauche : La « réserve » chinoise en Mandchourie (v. 1660). Un autre mur prolonge la Grande Muraille sous les dynasties des Ming et des Qing : ce qu'on appelle la « palissade » de Mandchourie. Sous les Ming, cette barrière munie de tours et de portes sert à protéger les Chinois qui colonisent la vallée du Liao. Elle forme une boucle ininterrompue de Shanhaiguan (à l'extrémité orientale de la Grande Muraille) au cours inférieur du Yalu (à la frontière coréenne).

Ci-dessous : La « palissade » de Mandchourie avant 1859. La dynastie mandchoue conserve la « palissade » avec un tracé un peu différent. Mais le but est maintenant de préserver le territoire ancestral des Mandchous, c'est-à-dire *l'extérieur*, des empiétements des Chinois qui se trouvent à l'intérieur. Cette frontière imposée à la colonisation chinoise ne sera jamais très respectée. En 1859 elle est définitivement supprimée, car il apparaît urgent d'occuper le terrain face aux ambitions colonisatrices des Russes.

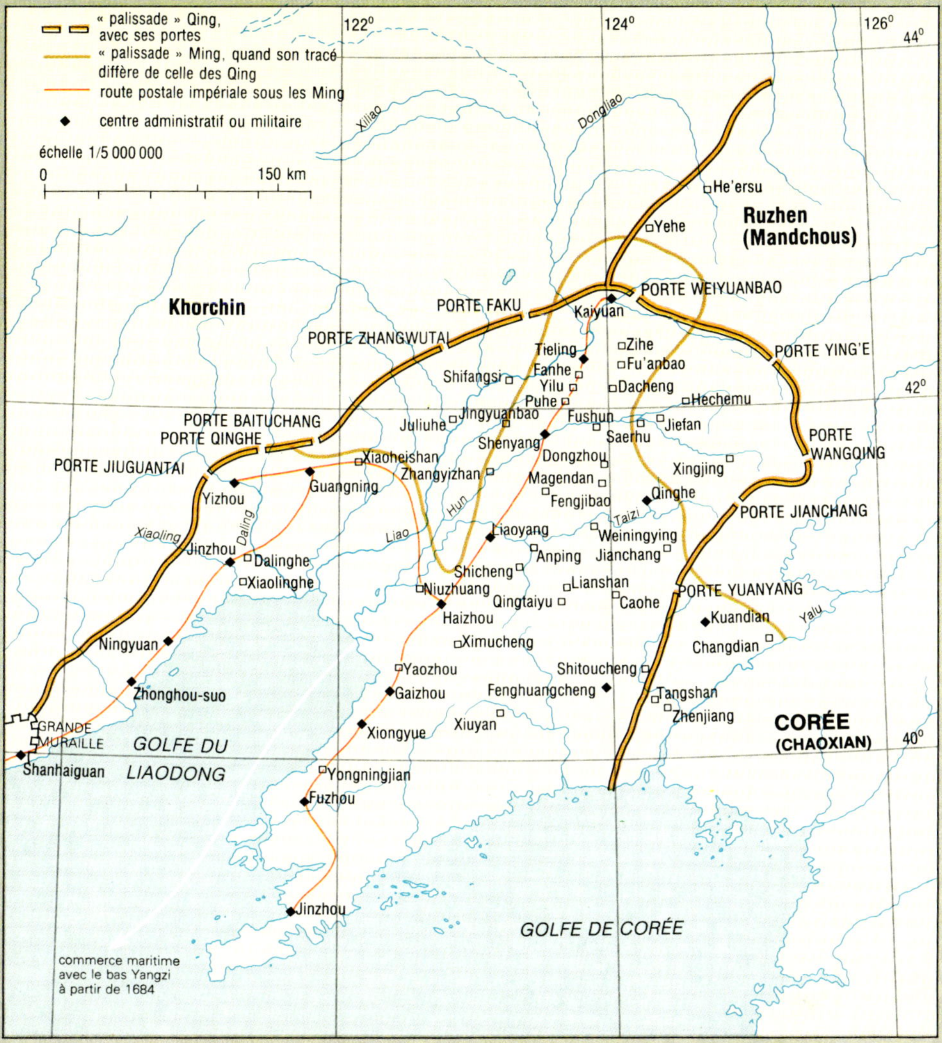

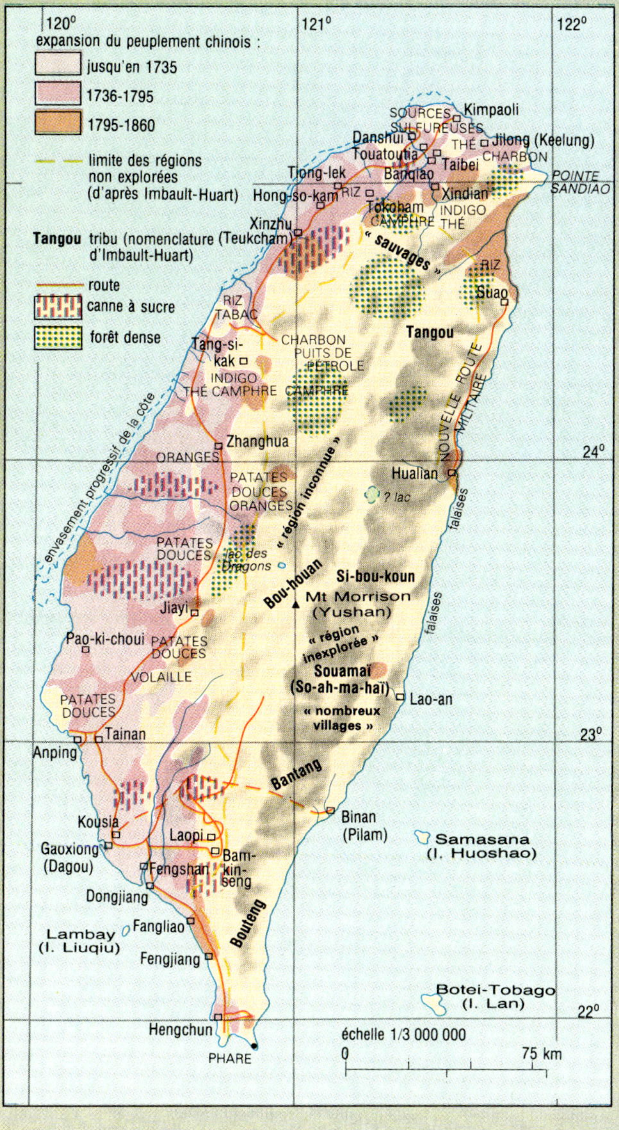

Ci-dessus : Taiwan au XIXe siècle. La colonisation de Taiwan a été un processus long et difficile. La carte fait apparaître la progression de la « frontière » entre le milieu du XVIIe et le milieu du XIXe siècle. Les colons chinois débarquant du Fujian, de l'autre côté du détroit, repoussent peu à peu les aborigènes au-delà des plaines côtières de l'Ouest et dans les montagnes qui occupent la moitié orientale de l'île. À la fin du XIXe siècle encore, l'intérieur contient de vastes zones inexplorées ; c'est ce que montrait le consul français de l'époque dans un ouvrage dont les indications ont été reportées ci-dessus. Sous la domination japonaise, de 1895 à 1945, les Chinois de Taiwan entreprennent la colonisation de la côte orientale. Ce littoral sauvage, où d'innombrables navires sont venus s'abîmer siècle après siècle, n'a pas de port naturel en eau profonde, pas plus d'ailleurs que la côte ouest ; ce qui explique, pour une part, la lenteur du développement économique de l'île avant l'époque moderne.

Helsinki
Arkhangelsk
Saint-Pétersbourg
SIBÉRIE
Varsovie
Moscou
Smolensk
Nijni-Novgorod
Perm
Tiumen
Tomsk
Angara
Danube
Vienne
Budapest
1721
Belgrade
1878
1878
1913
1908
1830
Kiev
Kharkov
Odessa
Omsk
Irtysh
Ob
Ural
EMPIRE TSARISTE DE RUSSIE
Tsaritsyn
Rostov
Volga
Astrakhan
Semipalatinsk
Istanbul
MER NOIRE
Athènes
Ankara
KIRGHIZISTAN
TURKESTAN
KAZAKHSTAN
GÉORGIE
ARMÉNIE
Tbilissi
Ierevan
MER CASPIENNE
MER D'ARAL
L. Balkhash
Crète
MER MÉDITERRANÉE
Chypre
EMPIRE
OTTOMAN
KURDISTĀN
Tabriz
Khiva
Syr Darya
Alma-Ata
Ürümchi
Hami
Tashkent
L. Issyk-kul
Aksu
XINJIANG
(TURKESTAN ORIENTAL)
Tarim
Lop-nör
TURKMENISTAN
Bukhara
Samarkand
Amu Darya
Kashgar
Khotan
Damas
Jérusalem
Amman
Le Caire
Nil
Bagdad
Tigre
Euphrate
Téhéran
PERSE
(Iran)
AFGHĀNISTĀN
Kābul
Islāmābād
Lahore
TIBET
1912-1950
Sutlej
MER ROUGE
Riad
PĀKISTĀN
1947
Indus
Delhi
Lhasa
NÉPAL
Katmāndu
BHUTĀN
Thimbu
Brahmapoutre
La Mecque
ARABIE
Karachi
Gange
BANGLADE
1971
Dacca
INDE
1947
MER D'ARABIE
Calcutta
GOLFE DU BENGALE
Bombay
Hyderābād
EMPIRE BRITANNIQU
DES INDES
ET DE MALAISIE
Aden
1524 Portugal ; 1839 G.-B.
1937 colonie britannique
Socotra
1507-1511 Portugal
1886 G.-B.
1967 Yémen
Goa
1510-1961 Portugal
Madras
Is Laquedives
1956 Inde G.-B.
Calicut
Pondichéry
1738-1954 France
Karikal
1738-1954 France
Is Andaman
1789-1947 G.-B.
Is Nicob
1756 Dane
1869 G.-B.
1947 Inde
Kandy
Colombo
Ceylan
1948
OCÉAN INDIEN
Is Maldives
1815-1965 G.-B.
Seychelles
1794-1976 G.-B.
échelle 1/28 000 000
0
1 000 km
10°
20°
30°
40°
50°
60°
70°
80°
90°
100°
0°

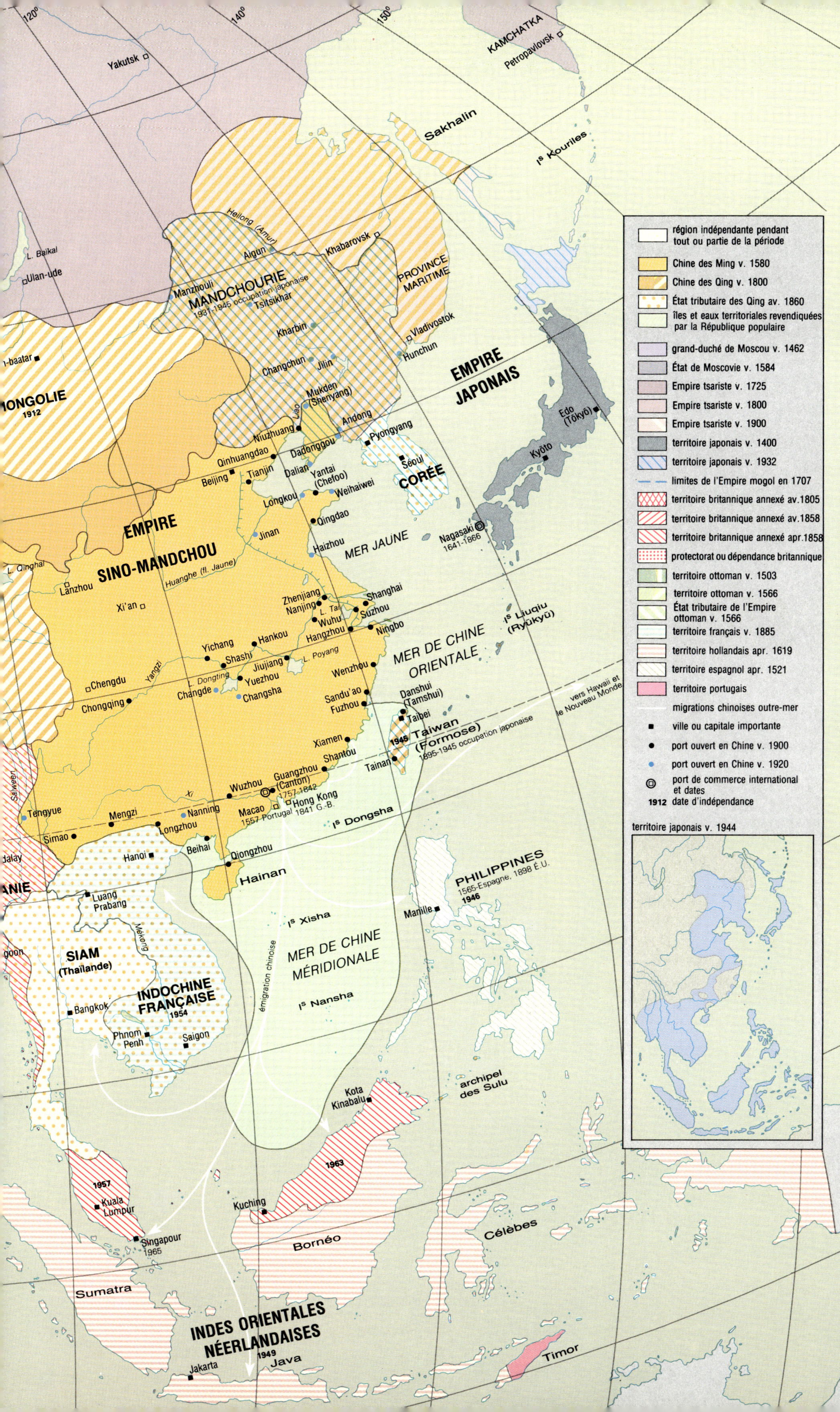

La compétition des impérialismes en Eurasie. La Chine des Mandchous est loin d'être la seule puissance impériale à tenter de se tailler de nouveaux domaines en Asie entre le XVIIe et le XXe siècle. De nombreuses régions (hachurées en plusieurs sens sur la carte) sont passées de main en main au fil des années. Par contraste avec ces conquêtes transitoires, la Sibérie et les vastes étendues annexées par les tsars et les empereurs mandchous en Asie centrale ont été et restent des acquis durables ; les sentiments irrédentistes n'en demeurent pas moins vivaces chez beaucoup d'habitants du Turkestan. Contrairement à l'Inde, la Chine intérieure n'a jamais subi directement le joug d'une puissance extérieure (l'occupation japonaise pendant la Seconde Guerre mondiale, bien que partielle, doit cependant être mentionnée). En revanche, les puissances occidentales lui ont imposé l'existence d'un nombre relativement important de « ports ouverts » le long des côtes et dans plusieurs grandes villes de l'intérieur. Il s'agissait d'enclaves privilégiées où les étrangers pouvaient baser leurs entreprises commerciales et domicilier leurs investissements. Plusieurs de ces ports, à commencer par Shanghai, ont été à l'avant-garde de la croissance économique moderne en Chine avant 1949.

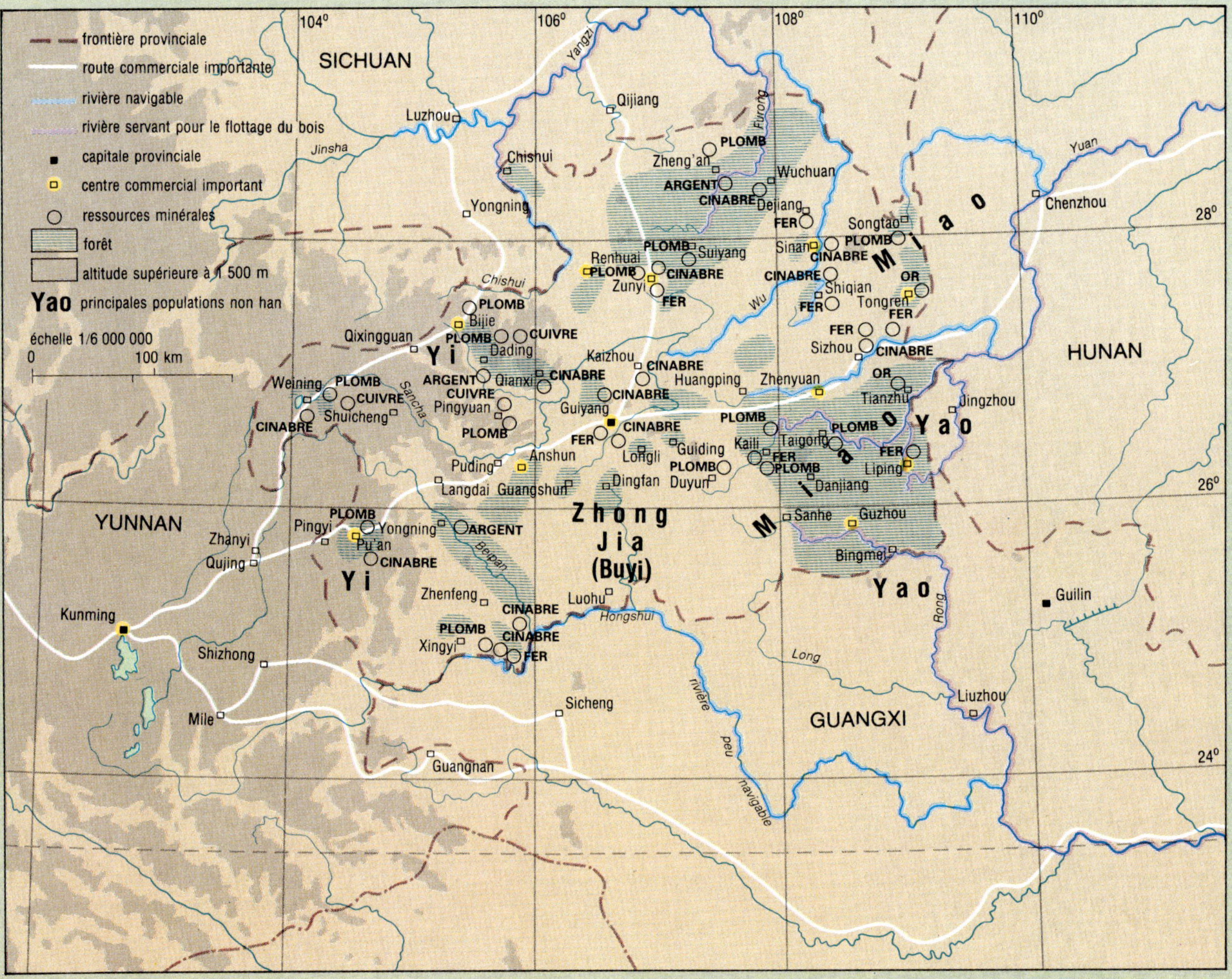

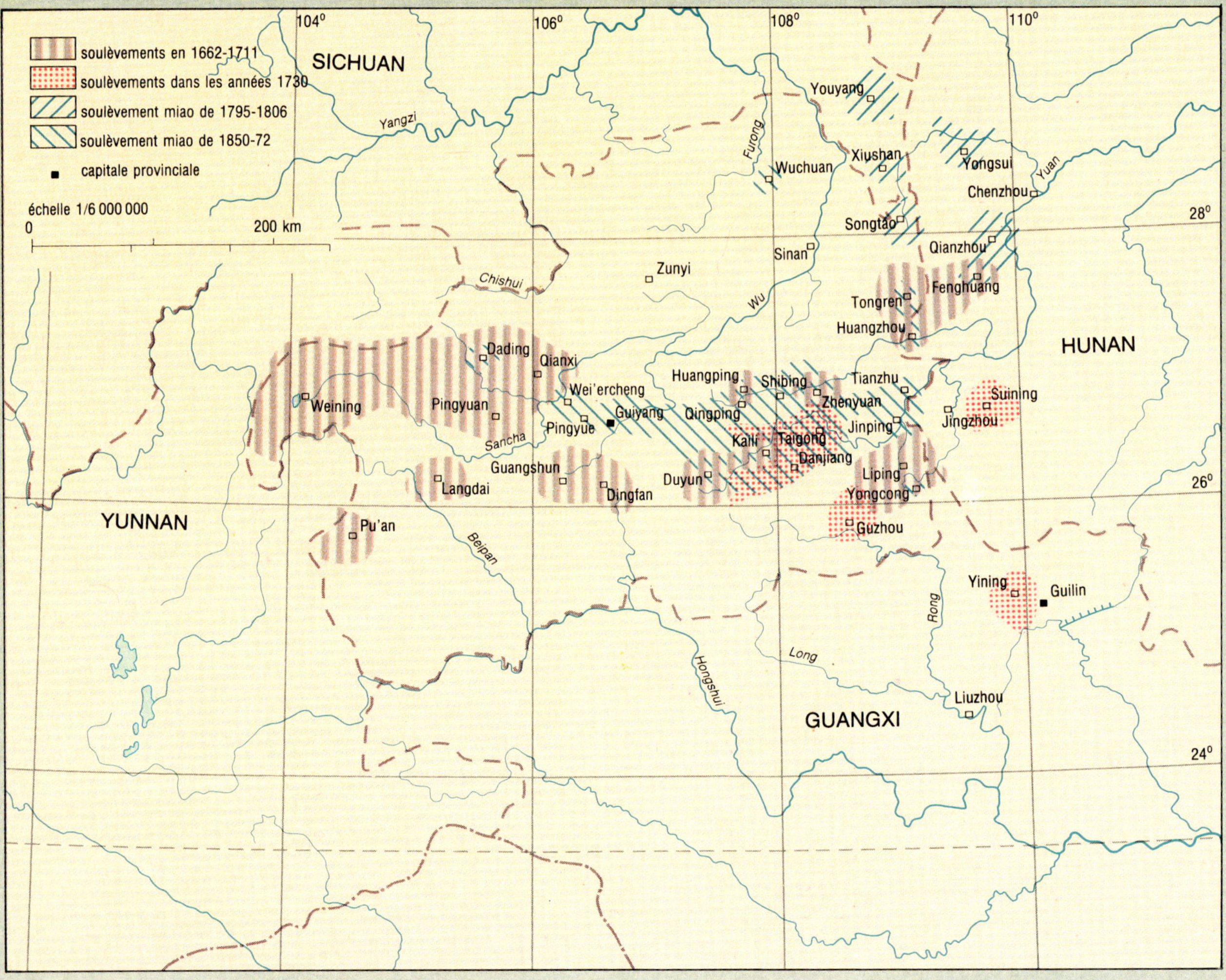

En haut : La province du Guizhou au XVIIIe siècle. Le Guizhou est un exemple significatif du processus d'immigration et de pénétration coloniale chinoise. Ses ressources forestières et minérales exercent un attrait irrésistible que ne viennent guère contrebalancer les manifestations d'hostilité des Miao, des Yi et des autres populations indigènes menacées d'empiétements.

En bas : Les mouvements de résistance antichinoise au Guizhou à l'époque des Qing. La répression politique et culturelle exercée par les Chinois sur les populations Miao est à l'origine d'une longue série de révoltes. La plus importante se situe au milieu du XIXe siècle et dure plus de vingt ans.

À droite : La répartition du peuplement entre le Nord et le Sud de 2 à 1953. La population chinoise au début de l'Empire est presque entièrement concentrée au Nord. Pendant le premier millénaire, cette prépondérance est progressivement remise en cause par la colonisation et le développement économique du Sud, où l'apport des immigrants venus du Nord joue un grand rôle. À la fin du XIIIe siècle, près des neuf dixièmes de la population officiellement recensée vivent au Sud. Il est cependant possible que la mauvaise qualité des statistiques du Nord à l'époque mongole exagère quelque peu cette proportion. Sous les dynasties des Ming et des Qing et au XXe siècle, la tendance s'inverse : aujourd'hui Nord et Sud sont à peu près au même niveau démographique.

d'il y a deux mille ans ne va guère au-delà de minces bandes de peuplement le long des vallées. Les zones plus élevées restent le domaine de populations non han dont les plus évoluées s'organisent en structures étatiques rudimentaires. En outre, dans certaines régions dont la population est régulièrement recensée, les Chinois han ne sont qu'une petite minorité : c'est notamment le cas de ce qui constitue aujourd'hui le nord de la Corée et le nord du Vietnam.

Dans la partie la plus septentrionale de la Chine, la période postérieure à la chute des Han et à celle de leurs successeurs, les Jin occidentaux, est marquée par un déclin absolu *et* relatif de la population chinoise han. La plaine du Nord est en butte aux invasions des Xiongnu (souvent identifiés aux Huns) et des Xianbei (qui sont de race toungouse), avec pour conséquence probable un taux élevé de métissage. À la même époque, la population han poursuit son avancée vers le sud et le sud-est, repoussant ou absorbant les autochtones de race yue (viet), thai (zhuang), etc. Parmi les États non han qui se forment dans le Sud ou le Sud-Ouest pendant et après cette période, plusieurs sont gouvernés par des émigrés chinois qui se sont « indigénisés ».

La carte du recensement de 742 (p. 30) révèle une nouvelle configuration. Le bas Yangzi est désormais une région au peuplement dense et la sinisation de l'actuel Fujian, plus au sud, apparaît bien amorcée. On n'en constate pas moins à quel point le processus d'expansion coloniale et d'assimilation culturelle reste lent. Les progrès révélés par la carte des Song du Nord (p. 30) sont en revanche décisifs. Si l'on excepte le Sud-Ouest et la Mandchourie, la répartition du peuplement en Chine intérieure présente désormais à peu près les mêmes traits qu'aujourd'hui. La population totale (140 millions d'après l'estimation la plus récente) représente au minimum un doublement des niveaux atteints sous les Han et sous les Tang (soit un maximum de 65 millions à chaque fois). L'urbanisation s'est également intensifiée. Chang'an, la capitale des Tang, dépassait peut-être le million d'habitants ; sous les Song, plusieurs métropoles atteignent vraisemblablement ce chiffre ; d'une manière générale, l'expansion urbaine est suggérée par le nombre des villes dont il est dit qu'elles débordent leurs enceintes.

Le déplacement vers le sud du centre de gravité démographique de l'Empire s'accentue apparemment sous les Mongols. La vallée de la Huai a été dépeuplée par les combats incessants opposant les Jin et les Song du Sud, et l'occupation mongole a encore accentué le déclin démographique du Nord. La recolonisation de ces régions entreprise par les Ming, dès la fin du XIVe siècle, amorce le mouvement de longue durée qui finira par redonner au Nord la parité démographique avec le Sud (voir le graphique ci-dessus).

Pour autant, l'essor du Sud ne doit pas faire perdre de vue que la grande plaine du Nord constitue à elle seule une authentique *région,* à laquelle aucune autre ne peut se comparer par la taille ou par la population. Cela signifie que qui

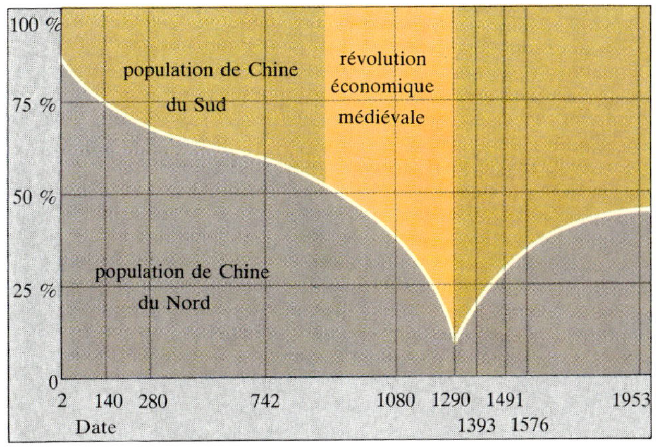

contrôlait la grande plaine restait en position de force face aux rivaux du Sud ou de l'Ouest, dès lors que ces derniers ne disposaient que des ressources d'une ou de deux régions : or, les régions de Chine du Sud sont trop compartimentées géographiquement, et même culturellement, pour qu'il soit aisé de les réunir au sein d'une entité politique capable de défier le Nord. C'est probablement pour cela que l'Empire, par-delà plusieurs périodes d'éclatement, a finalement conservé son unité. L'Empire romain n'avait pas de « super-région » dominant ainsi l'ensemble des autres par ses ressources et par sa cohésion. Comme on le verra dans la deuxième partie de ce livre, les capacités de résistance de l'Empire chinois face aux invasions étrangères ont varié en fonction de facteurs qui n'étaient pas simplement géopolitiques. Il n'en reste pas moins que la prépondérance démographique de la région de Chine du Nord a été le principal obstacle à la fragmentation interne définitive.

À partir des Ming, la poussée coloniale des Han s'exerce essentiellement sur trois axes : l'expansion dans les forêts du Sud-Ouest ; l'émigration outremer en direction de Taiwan, des mers du Sud (Nanyang) et de diverses contrées de l'Ancien et du Nouveau Monde ; enfin, depuis la fin du XIXe siècle, la mise en valeur de la Mandchourie. Dans le premier et le troisième cas, l'expansion s'appuie sur l'ouverture de nouvelles terres à l'agriculture intensive traditionnellement pratiquée par les Chinois ; dans le second, elle est agricole à Taiwan et presque exclusivement commerciale dans les autres pays.

Le processus ne va pas sans violences. Le tableau de la page 38 dénombre les soulèvements tribaux que les Chinois affrontèrent dans le Sud-Ouest entre le VIIe et le XVIIe siècle : l'augmentation de leur fréquence (un tous les quatre ans sous les Tang, plus d'un par an sous les Ming) révèle l'intensité croissante de la résistance indigène aux empiétements et à la domination politique han. Cette résistance continue sous la dynastie des Qing et, dans certains cas, la répression donne lieu à de véritables bains de sang.

Entre autres motifs, la poussée chinoise dans le Sud-Ouest s'explique par l'attrait des ressources naturelles encore inexploitées. Le Guizhou, par exemple, a de vastes réserves forestières dont le produit peut être exporté par flottage, et son sol recèle une considérable quantité de minerais —

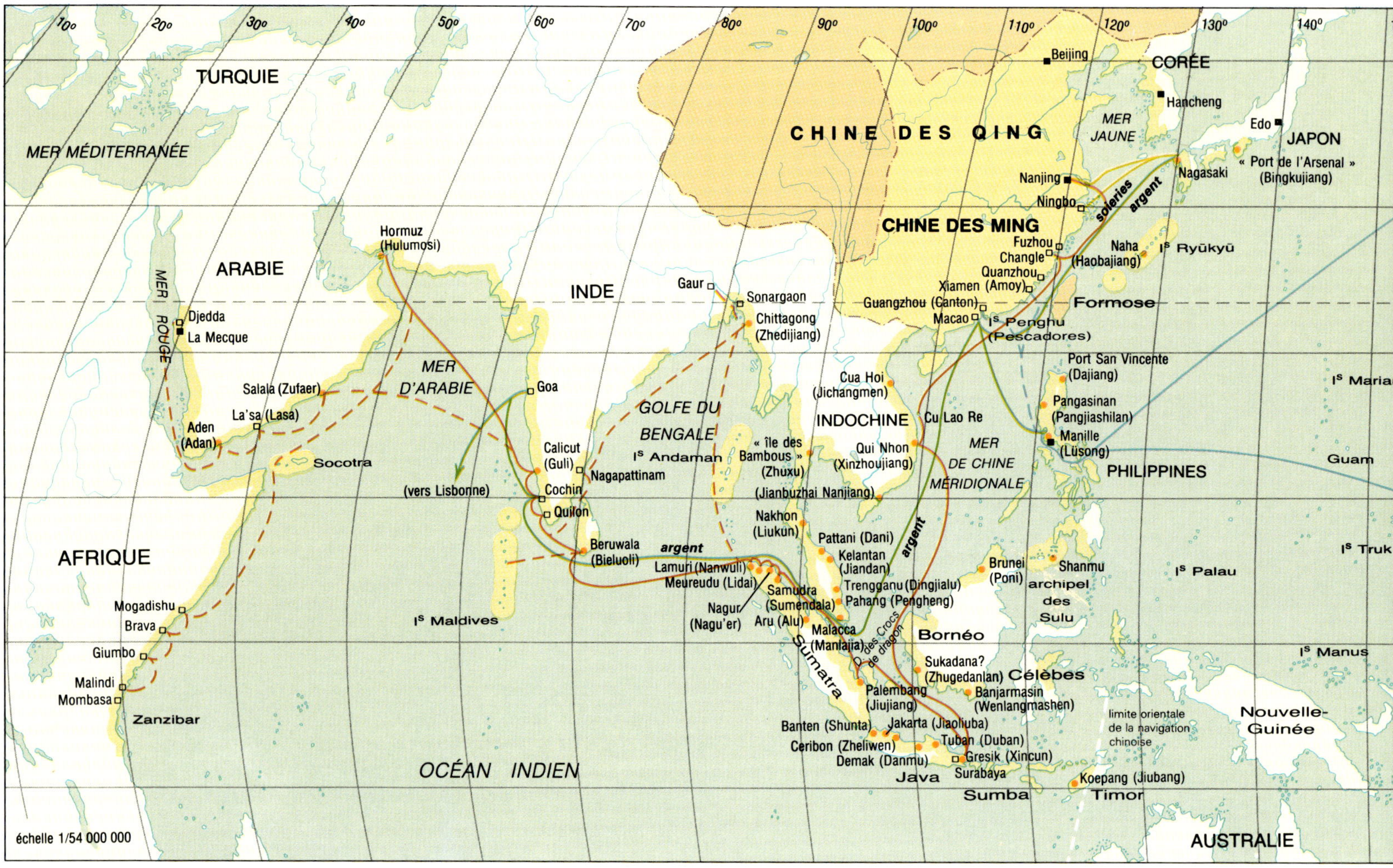

plomb, cuivre, fer, argent, cinabre (pour la fabrication du mercure), or (voir carte p. 36). Pour s'approprier plus facilement ces richesses, le gouvernement Qing n'hésite pas à pratiquer une justice sommaire et à limiter la liberté de mouvement des non-Chinois. Il construit des villes fortifiées, implante des colonies militaires, confisque les terres indigènes pour les redistribuer aux Chinois. Enfin, il s'applique délibérément à détruire les cultures tribales : les fêtes religieuses des populations Miao sont interdites, les hommes doivent abandonner le vêtement et la coiffure traditionnels, et l'enseignement de type chinois est vigoureusement encouragé, en particulier dans les milieux qui acceptent de collaborer. Les guerres de libération des Miao — on en compte deux dans le courant du XVIIIe siècle et une autre au milieu du XIXe — se terminent chaque fois par de sanglantes défaites.

Les musulmans du Yunnan cherchent eux aussi à secouer la tutelle chinoise. L'épisode le plus connu est celui du royaume de Dali fondé en 1855 par Du Wenxiu, le « sultan Suleyman », qui sombrera en 1872 après des années de tueries de part et d'autre, culminant dans le massacre de quelque 30 000 musulmans par les troupes de Cen Yuying. La colonisation de l'île de Taiwan aux XVIIe et XVIIIe siècles se fait dans des conditions semblables. Les colons chinois forment une société frontalière turbulente et sans lois. Le sous-groupe des Kejia (ou Hakkas) est en première ligne face à des populations aborigènes de race malayo-polynésienne qui se livrent à des harcèlements quotidiens pour défendre leur territoire. Celles-ci n'en sont pas moins chassées des terres fertiles de l'Ouest et repoussées dans les montagnes inhospitalières de la moitié orientale de l'île.

Par comparaison, l'immigration chinoise en Mandchourie, au-delà de la « palissade » de la vallée du Liao, est un processus pacifique. L'extrémité sud de cette barrière, faite de pieux fichés en terre, se raccorde à la Grande Muraille (voir cartes p. 32-33). Au milieu et jusqu'à la fin de la période Ming, elle a pour fonction de protéger les Chinois qui se trouvent à l'intérieur. Reconstruite par les Mandchous selon un tracé un peu différent, elle sert au contraire à les contenir : en effet, les Mandchous sont bien au fait des tendances colonisatrices

Ci-dessous : Les soulèvements tribaux contre la domination chinoise du VIIe au XVIIe siècle.

Province	*618-959*	*960-1279*	*1280-1367*	*1368-1644*
Yunnan	53	0	7	2
Guangxi	14	51	5	218
Hunan	10	112	6	16
Sichuan	0	46	0	3
Guangdong	5	23	17	52
Guizhou	0	0	0	91
Total	**82**	**232**	**35**	**382**

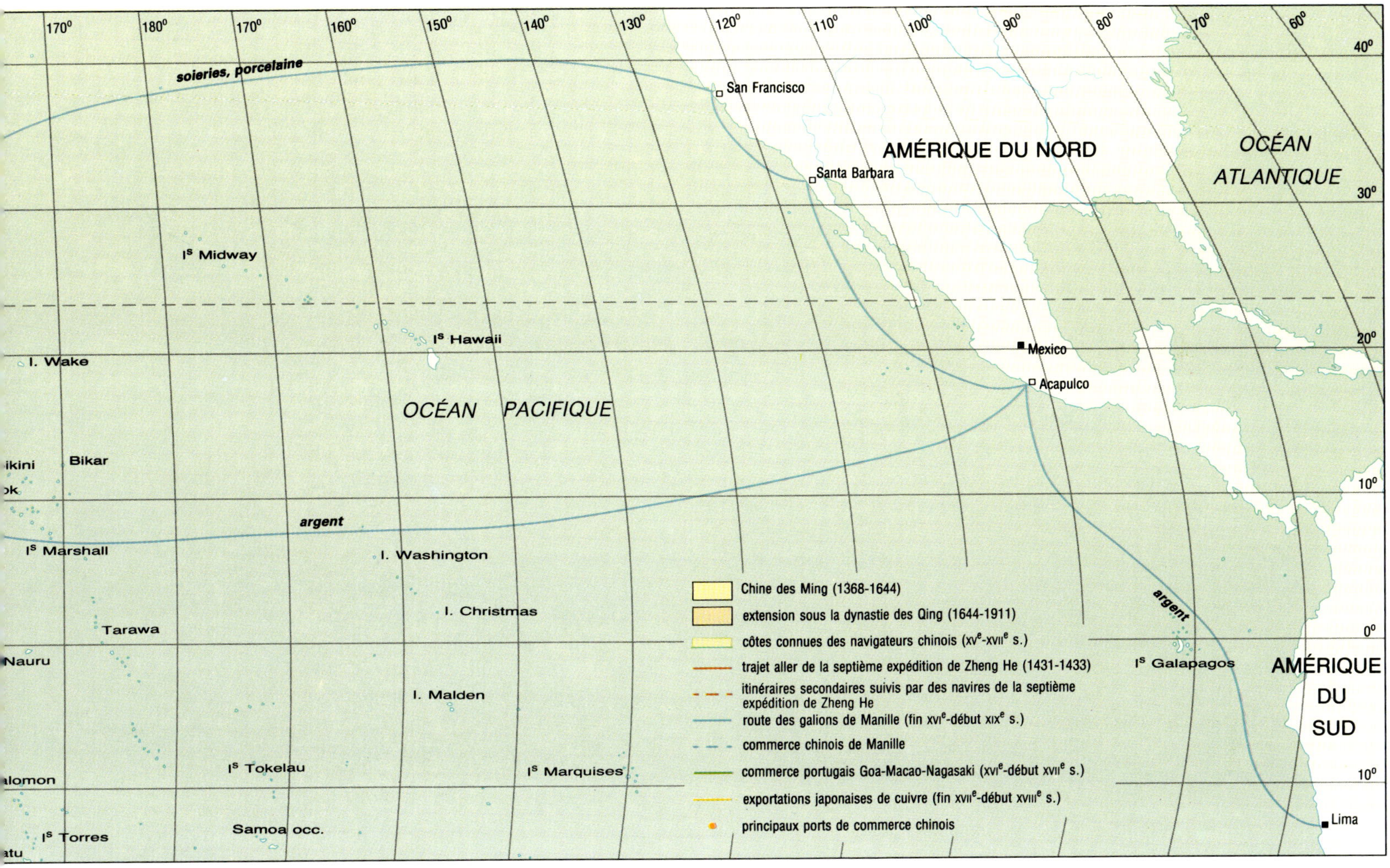

Ci-dessus : Les relations de la Chine avec le monde d'outre-mer. La réputation de fermeture économique et psychologique faite à la Chine ne doit pas faire oublier l'importance de ses relations avec l'outre-mer. Les cartes et les manuels de navigation montrent qu'entre le XVe et le XVIIe siècle les routes maritimes s'étendant de l'Afrique orientale à Timor et du détroit d'Hormuz au Japon étaient parfaitement connues des navigateurs chinois. La marine marchande chinoise était particulièrement active en Asie du Sud-Est. Lorsqu'il entreprend ses célèbres périples, au début du XVe siècle, l'amiral Zheng He ne fait le plus souvent que suivre des routes dont ses compatriotes sont familiers depuis plusieurs siècles.
Il est certain que le commerce d'Asie du Sud-Est et du Japon n'a eu qu'un impact limité sur l'économie du sous-continent chinois. En revanche, les quantités considérables d'argent américain transportées par les galions espagnols entre Acapulco et Manille, où le métal est échangé contre les soieries et les porcelaines de Chine, impulsent de façon décisive le renouveau de l'économie chinoise à la fin des Ming. Sans cet apport — auquel participent aussi le Japon et le Portugal *via* Macao —, le commerce chinois aurait dû se contenter d'un papier-monnaie ne lui inspirant aucune confiance et aurait souffert d'une grave crise de liquidités.

de leurs sujets han, et tiennent à en protéger la Mandchourie pour pouvoir y faire retraite au cas où ils viendraient à perdre l'Empire. Cette politique sera abandonnée au milieu du XIXe siècle, quand il apparaîtra urgent de contenir l'expansion russe dans la vallée de l'Amur. Mais l'immigration chinoise à grande échelle date surtout de la construction des voies ferrées — russes d'abord, puis japonaises et enfin chinoises — à la fin du XIXe et au début du XXe siècle : le chemin de fer prolonge les lignes maritimes qui relient la péninsule du Shandong à la Mandchourie méridionale et disséminent les nouveaux arrivants dans toute la région (voir carte p. 32). Dans les années vingt, l'immigration a pu atteindre le chiffre de un million par an. La population de Mandchourie double entre 1905 et 1940, la superficie cultivée s'accroissant plus vite encore. Les voies ferrées qui pénètrent au cœur des nouvelles régions agricoles en extraient des quantités considérables de denrées destinées à l'exportation, principalement du soja. Après l'occupation de la Mandchourie en 1931, les Japonais imposent des restrictions sévères à l'entrée des Chinois, mais il est trop tard pour modifier la structure démographique de la région.

Les aspects « impérialistes » de l'expansion han — l'imposition du pouvoir politique chinois aux populations non han — restent relativement peu marqués dans l'Antiquité et à l'époque médiévale. Au faîte de sa puissance, l'Empire englobe le plus souvent une frange de populations non chinoises. La carte de la page 30, par exemple, montre que la domination de la dynastie des Han s'étendait à une part non négligeable de la Corée et du Vietnam actuels. Mais, lorsque l'Empire est affaibli, c'est le contraire qui se produit, et les États barbares de la périphérie en viennent à contrôler une proportion notable de la population chinoise. Au début du XIe siècle, par exemple, non seulement l'autorité des Song du Nord se fait très peu sentir au-delà des régions à population han, mais l'Empire est entouré d'États non chinois extrêmement puissants : les Liao (Kitan) dans le sud de la Mandchourie, les Xixia (Tangut) dans le Nord-Ouest, les Tufan (Tibétains) dans l'Ouest, l'État de Dali dans le Sud-Ouest, l'État de Dayue au Vietnam. Un monde polycentrique en quelque sorte, où la diplomatie chinoise est contrainte au pragmatisme, et où il est tacitement admis que les États avec qui elle traite sont des égaux. L'Empire chinois est connu pour la représentation quasi mystique qu'il se faisait de sa suzeraineté politique et culturelle, une suzeraineté qui n'avait d'autres limites que celles de l'univers. En fait, l'exemple des Song montre que cette conception était une arme dont on pouvait se servir en cas de besoin, et lorsqu'on en avait les moyens, plutôt qu'une croyance profondément ancrée dans l'esprit des gouvernants.

Un changement fondamental intervient aux XVIIe et XVIIIe siècles. On l'a vu, les empereurs mandchous réussissent, dans les cent années qui suivent leur mainmise sur la Chine intérieure (en 1644-

1645), à imposer leur domination sur la Mongolie, la Dzoungarie, le Turkestan oriental et le Tibet. Ce faisant, ils mettent un point final à plus de deux mille ans de conflit entre Chine intérieure et Chine extérieure. La principale ligne de fracture était la frontière nord de l'Empire, matérialisée par les tracés successifs de la Grande Muraille (voir cartes p. 26, 27, 71, 123), qui montrent d'ailleurs à quel point les limites de la domination chinoise avaient été repoussées au sud depuis le temps glorieux des Qin et des Han (la muraille actuelle est celle des Ming et date des XIVe et XVIe siècles). Les frontières occidentales de la République populaire sont par conséquent celles de l'Empire mandchou : comme on le voit, un héritage relativement récent.

La carte des pages 34 et 35 replace l'impérialisme sino-mandchou dans le contexte des rivalités entre grandes puissances d'un bout à l'autre du continent eurasien. Au moment où la Chine et la Russie partent à la conquête de l'Asie centrale, les Ottomans viennent d'étendre leur domaine à la Méditerranée orientale et à la Mésopotamie ; les Hollandais se sont déjà lancés dans la conquête des Indes orientales, et les Anglais sont en train de démembrer l'Inde mogole. La rivalité sino-russe aboutira à 5 000 kilomètres de frontière commune, des Pamirs au Pacifique, entre deux empires dont les centres sont éloignés de 5 000 kilomètres également. Les zones portant plusieurs types de hachures sur la carte sont celles où les différentes puissances se sont directement affrontées. La Mandchourie est un cas typique : occupée par la Russie tsariste de 1900 à 1904 et par le Japon de 1931 à 1945, elle retrouve le giron chinois en 1946 après une nouvelle et brève occupation russe. Beaucoup de pays qui livraient le « tribut » à la dynastie des Qing ont également été occupés, pour des durées variables, par les puissances occidentales et le Japon : l'Annam, la Birmanie et la Corée, par exemple. Que signifiait pour eux ce statut de tributaire qui les liait à Pékin ? Pour certains, comme le Sulu, rien de plus qu'une couverture commode pour faire du commerce. Pour d'autres, tels que le Vietnam, les institutions de la vassalité restaient le meilleur moyen de ménager un voisin puissant et susceptible.

La situation de la Chine à l'apogée de l'expansionnisme occidental ne manque pas d'ambiguïté : d'un côté elle est obligée de céder à la force des armes nouvelles qui équipent les nations industrialisées, mais de l'autre elle acquiert, copie ces mêmes armes et s'en sert pour soumettre les populations non han de l'intérieur. De plus, un nombre considérable de Chinois s'embarquent dans les ports du Sud pour s'établir dans les territoires coloniaux de l'Espagne, de la France, de l'Angleterre et de la Hollande. Leurs talents de commerçants et d'entrepreneurs leur valent d'ailleurs l'épithète peu flatteuse d'« impérialistes de seconde classe ». L'intégration est difficile, sauf peut-être en Thaïlande où la société locale est plus ouverte et plus déliée qu'ailleurs. On ne compte pas les occasions et les régions où les Chinois ont été victimes de la violence des populations hôtes ou de communautés rivales. Dès le début du XVIIe siècle, à Manille, les Espagnols massacrent 23 000 Chinois en représailles contre un soulèvement qui avait coûté la vie à la moitié de leur garnison. En 1857, dans l'actuel Sarawak, c'est également une tentative de rébellion qui sert de prétexte à James Brooke, le premier des « rajahs blancs », pour chasser la presque totalité des Chinois hors de son territoire — ils ne tarderont d'ailleurs pas à revenir. Dans les années soixante encore, on mentionnera les massacres et les persécutions dont la communauté chinoise d'Indonésie est victime. Enfin, l'existence même de l'État chinois de Singapour démontre combien la cohabitation politique entre Chinois et Malais est difficile.

Quoique historiquement moins importantes que ses contacts continentaux, les relations de la Chine avec l'outre-mer n'en présentent pas moins des développements remarquables. Vers la fin du premier millénaire, les progrès de la construction navale permettent aux Chinois d'accéder à une position dominante dans le commerce d'Asie du Sud-Est, jusqu'alors aux mains de marchands arabes, persans ou originaires des pays riverains. L'apogée de la marine chinoise se situe au début de la dynastie des Ming. Ceux-ci arment une flotte puissante pour protéger des pirates les convois qui transportent au nord l'impôt en grains produit dans la vallée du Yangzi, et, dans les années 1420 et 1430, les célèbres expéditions de l'eunuque-amiral Zheng He atteignent les côtes de l'Inde occidentale et de l'Afrique orientale.

Pourtant, l'expansion maritime chinoise va être délibérément stoppée dans le courant de ce même XVe siècle. La reconstruction du Grand Canal a rendu la flotte de guerre superflue et les expéditions dans les mers occidentales n'ont apporté que peu de bénéfices stratégiques ou commerciaux. Non seulement les Ming se retirent de la mer, mais ils interdisent le cabotage côtier pendant plus de cent cinquante ans, par peur peut-être de laisser se développer des communautés périphériques vigoureuses et exposées aux influences étrangères. La présence chinoise sur les mers n'en continue pas moins, mais illégalement et le plus souvent sous le couvert de la piraterie, qualifiée (à tort dans la plupart des cas) de « japonaise ». Les interdictions sont, pour l'essentiel, levées dans la seconde moitié du XVIe siècle, et la Chine réapparaît officiellement sur la scène du commerce océanique international. C'est avec Manille que les liens les plus importants se tissent. Les jonques affrétées à Xiamen (Amoy), Ningbo et dans d'autres ports du Sud y exportent soieries et porcelaines, et en reviennent chargées de lingots d'argent américain en provenance d'Acapulco.

À la fin du XVIe siècle, les importations nettes d'argent en Chine dépassent parfois le million d'onces par an. L'expansion de l'économie chinoise à la fin des Ming et sous les Qing bénéficie considérablement de cet apport monétaire, dont les effets sont comparables à ceux de la trésorerie espagnole sur l'économie européenne. À la fin du XVIIe et au début du XVIIIe siècle, la Chine importe

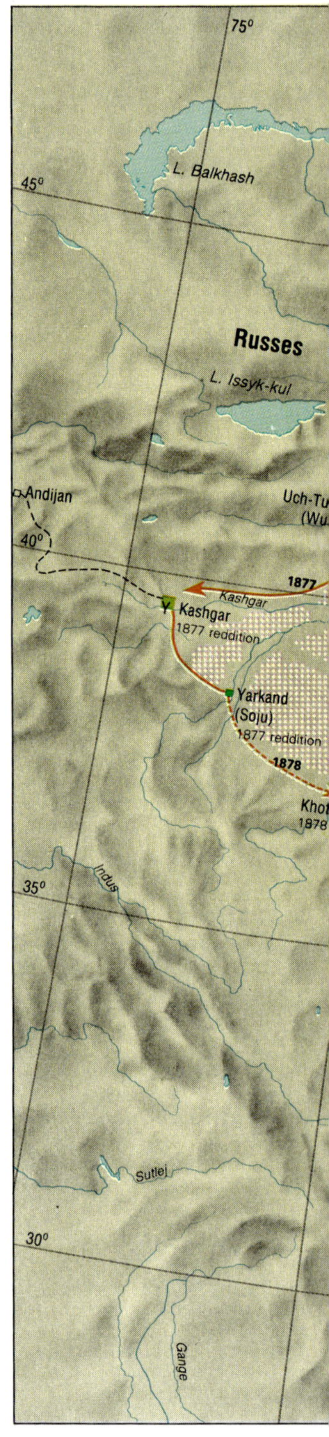

Les mouvements d'indépendance musulmans au XIXe siècle. Les musulmans du Nord-Ouest n'acceptent pas sans difficulté leur assujettissement au pouvoir impérial : beaucoup, en fait, contestent les principes mêmes sur lesquels se fonde l'ordre politique chinois. En cela, notons-le, ils sont différents des rebelles « classiques » de nationalité han. Dans les années 1860, les heurts se multiplient entre communautés musulmanes et non musulmanes au Shaanxi et au Gansu. Des affrontements opposent également les traditionalistes aux tenants d'une « nouvelle doctrine » qui est apparemment une forme de wahabisme. Ces derniers ont pour chef un certain Ma Hualong, basé à Jinjibao près de Ningxia, qui va régner pendant une dizaine d'années sur une petite principauté

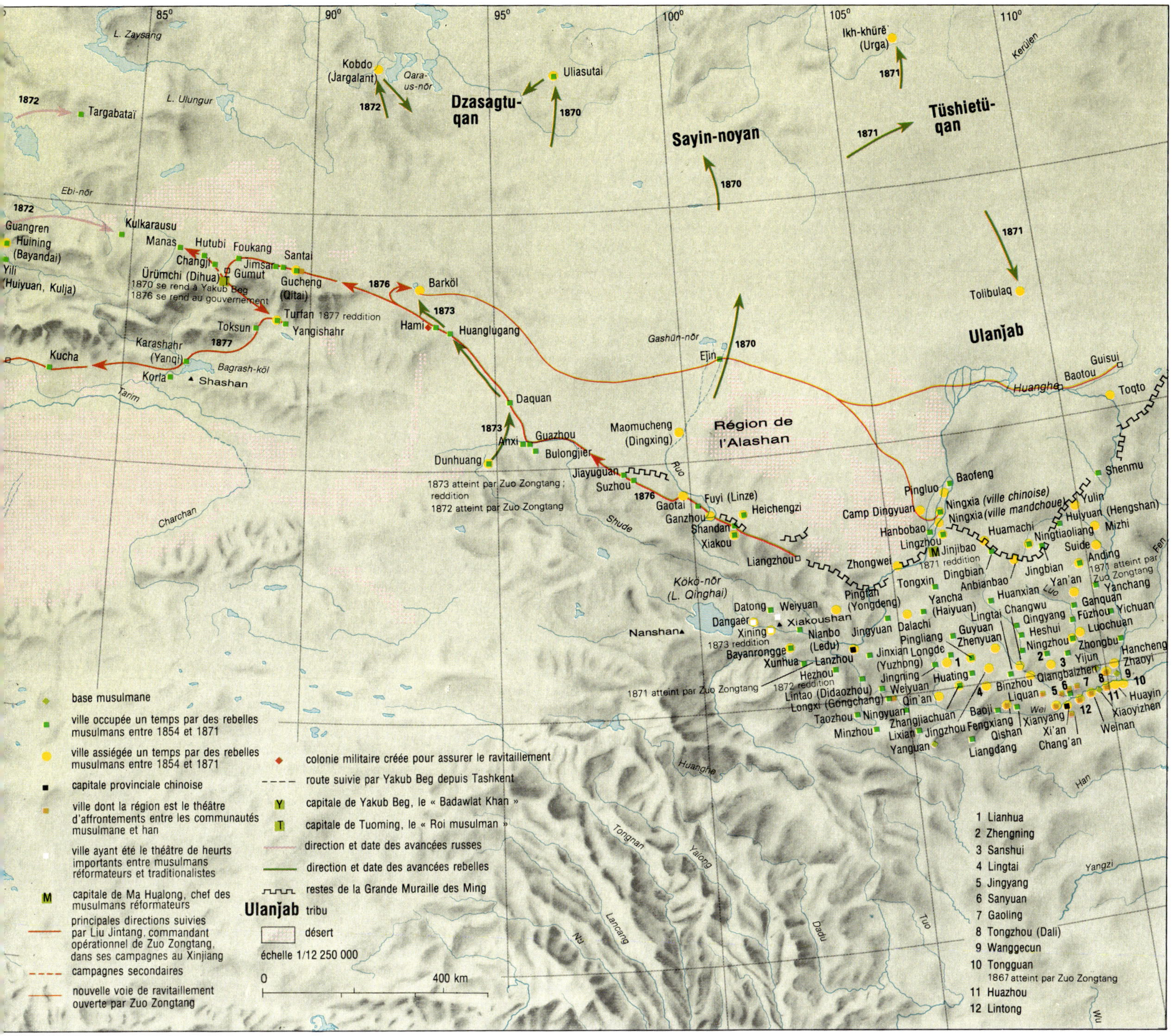

théocratique défendue par une centaine de forts répartis sur tout son territoire.
Un autre mouvement de rébellion éclate à peu près au même moment à Ürümchi. Son chef, Tuoming, assume le titre de « Roi musulman ». Peu après, un troisième régime rebelle apparaît dans l'extrême ouest de la région, dont le fondateur est un aventurier militaire de Tashkent nommé Yakub Beg. Ayant réussi à étendre sa domination aux oasis du bassin du Tarim et à la région d'Ürümchi, Yakub Beg cherche à se faire reconnaître tant par la Russie que — non sans succès — par la Grande-Bretagne. La réduction de ces diverses rébellions est l'œuvre du stratège et homme d'État Zuo Zongtang. C'est grâce à lui que le Xinjiang fait encore partie de la Chine.

également des quantités importantes de cuivre japonais. La piraterie chinoise reste active à cette époque, et peut-être un État maritime chinois eût-il été concevable si les successeurs de Zheng Chenggong — Koxinga pour les Occidentaux —, un flibustier resté loyal aux Ming, avaient réussi à préserver son royaume indépendant de Taiwan. Fondé en 1661, celui-ci est reconquis par les Qing en 1683.

Pour à peu près n'importe quel Chinois d'aujourd'hui, les régions non han gouvernées par la République populaire sont partie inaliénable du territoire national. Pourtant, cette certitude n'a pas toujours été aussi entière. On en a un exemple lorsque, malgré la répression sanglante des mouvements indépendantistes musulmans qui avaient agité le Shaanxi et le Gansu dans les années 1860, de nouvelles insurrections éclatent dans l'ouest de l'actuel Xinjiang, qui conduisent à la création d'un royaume indépendant gouverné par un certain Yakub Beg. Plusieurs dignitaires de la Cour, découragés, suggèrent alors d'abandonner purement et simplement le Xinjiang, et c'est ce que l'on aurait fait, n'eût été l'opposition farouche d'un des hommes d'État les plus en vue de l'époque, Zuo Zongtang. Ce dernier entreprend méthodiquement la reconquête des territoires perdus — ses armées disposent de fusils à l'occidentale fabriqués à Lanzhou, la capitale du Gansu — et en 1878 finit par mettre un terme au règne de Yakub Beg. Au XXe siècle, les nationalistes comme les communistes ont au moins évoqué la possibilité d'accorder l'indépendance aux principales populations non han. Une fois arrivés au pouvoir, il n'en a plus été question.

À gauche : Paysage alpin du Tianshan (« Montagne céleste »). Les pasteurs nomades viennent y installer en été leurs yourtes (tentes) et font paître des troupeaux de chèvres et de moutons.

Ci-dessous : La dépression de Turfan, sur l'ancienne route de la soie, se situe au-dessous du niveau de la mer. Là où l'irrigation est possible, ce paysage aride et sablonneux disparaît au profit de cultures fruitières (raisins, melons) réputées.

À droite : La région centrée autour de la province du Shanxi se définit d'abord comme la Chine du lœss, et a été pendant des siècles un des centres de la civilisation chinoise.

À gauche : Particulièrement fertiles, les bandes de lœss qui bordent le fleuve Jaune dans la province du Gansu sont couvertes de champs de colza. Les sols montagneux et plus pauvres, au nord et au sud, sont plantés en blé.

Ci-dessous : Le mont Everest (Qomolangma Feng) vu du Tibet.

Ci-dessous à droite : Transport de denrées par charrettes attelées de chevaux dans la plaine centrale du Shanxi. Les sols, légers et sablonneux, sont voués aux cultures céréalières.

Ci-dessus : La prairie mongole nourrit des troupeaux de chevaux et de moutons. Le pastoralisme nomade constitue le mode de vie dominant.

À gauche : Les plaines rocailleuses du Gobi s'étendent à perte de vue. La végétation est plus que clairsemée. La faune comporte quelques espèces rares, comme le cheval sauvage dit de Przewalski.

À droite : L'aménagement de chemins de halage le long des gorges du Yangzi date de la dynastie des Tang. Avant cela, les fragiles « routes suspendues » étaient le seul moyen de passage entre le Sichuan et le reste de la Chine.

Page précédente : Reliefs karstiques dans la région de Guilin.

Ci-dessus : Cette vallée fertile et verdoyante se trouve dans la province du Guizhou, où vit une fraction notable des « minorités nationales » de Chine.

À droite : Cette formation rocheuse étrange, que l'on appelle « la forêt de pierre » *(Shilin)*, se trouve aux portes de la ville de Kunming, dans la province du Yunnan.

Ci-dessous : Comme beaucoup d'installations similaires en Mandchourie, le complexe industriel d'Anshan est une création japonaise des années trente. Dans ce domaine au moins, la Chine aura tiré un bénéfice durable des années d'occupation.

Ci-dessous à droite : Le Huangshan (« Montagne jaune ») au Anhui, dont les pics habillés de pins inspirent depuis des siècles les artistes chinois ; on ne peut ici manquer d'évoquer les paysages de montagnes de la peinture traditionnelle.

Deuxième partie

Le temps

LE MONDE ARCHAÏQUE

LES FONDEMENTS D'UNE CULTURE

La préhistoire

La Chine est passée depuis un million d'années par des phases climatiques violemment contrastées. Quatre âges glaciaires se sont succédé, recouvrant les hauteurs de glaciers et faisant régner dans les zones les plus basses un climat froid et humide, avec des moyennes annuelles descendant jusqu'à 8 °C au-dessous des niveaux actuels. Une grande partie des mers chinoises est alors sous la banquise, qui relie par exemple Taiwan et le continent, et l'on rencontre des animaux tels que le rhinocéros laineux dans le Nord ou le mammouth dans le Sud. Les trois phases interglaciaires sont plus tempérées. À l'issue de la dernière glaciation, il y a 10 000 ou 12 000 ans, la température moyenne est même supérieure de 2 °C à celle d'aujourd'hui, ce qui permet à des animaux tels que l'éléphant, le buffle, le porc-épic, le tigre, le rat des bambous et l'hydropote (un petit chevreuil d'eau) de prospérer en Chine du Nord, alors que, à l'exception de ce dernier, ils en ont disparu de nos jours. La majeure partie de la plaine du Nord est un vaste marais, et la péninsule du Shandong probablement une île. Puis les températures baissent à nouveau : le nord de l'Asie orientale se fait plus froid et plus sec, la couverture forestière se rétrécit, les lacs qui parsemaient la Mongolie disparaissent, et le désert s'étend.

Grâce à son adaptabilité, à ce qu'on pourrait appeler son « opportunisme écologique », l'homme est à peu près le seul être vivant à avoir survécu et évolué à travers tous ces changements. Les populations animales, en revanche, se sont profondément modifiées.

On distingue habituellement trois grandes étapes dans la préhistoire de l'homme : le paléolithique, qui prend fin avec la dernière glaciation ; le mésolithique, qui se caractérise par des outils de pierre plus ingénieusement travaillés (ce stade est peu marqué en Chine) ; et le néolithique, qui s'étend de l'apparition de l'agriculture (IVe millénaire av. J.-C.), à celle du bronze (début du IIe millénaire av. J.-C.). Ces trois phases ne se sont pas succédé au même rythme dans les différentes régions du sous-continent chinois.

Au paléolithique, la Chine du Nord est habitée par des grands singes anthropoïdes, tel le *Gigantopithecus blacki,* et par diverses variétés d'*Homo erectus,* dont le plus ancien est l'homme de Lantian et le plus célèbre, l'homme de Pékin ; la capacité crânienne de ce dernier atteignait à peu près les deux tiers de la nôtre. Ces populations chassent un gibier souvent dangereux (smilodon, ours, éléphant...), dont la capture suppose un certain degré d'organisation sociale. Elles connaissent le feu, et semblent avoir été anthropophages. Le début de la dernière glaciation voit apparaître un homme « moderne », *Homo sapiens,* porteur de traits distinctement mongoloïdes, qui supplante peu à peu les populations précédentes.

C'est à l'extrême fin de la période glaciaire que le nord-ouest de la Chine se couvre progressivement d'une poussière fine, jaune, apportée par le vent depuis les déserts d'Asie centrale, qui s'accumule sur des profondeurs atteignant plusieurs dizaines de mètres : le *lœss,* terre facile à travailler, extrêmement fertile quand elle est irriguée, mais capable de se transformer en bourbier infranchissable, et produisant une topographie constamment remodelée par l'érosion et l'alluvionnement fluvial. La grande plaine du Nord est dans une large mesure recouverte de lœss alluvial mêlé de sable et de gravier. Cet environnement, à la fois fertile et fragile, sera plus tard le berceau de la civilisation chinoise.

On ne discerne pas, dans la vallée du fleuve Jaune, de séparation tranchée entre le paléolithique et le néolithique. Les premières poteries connues, fort rudimentaires, et portant des motifs cordés, apparaissent au sud dans un groupe d'habitats entièrement séparé du reste. Le développement sans doute le plus significatif de l'époque est la différenciation progressive de deux aires culturelles : d'un côté, au nord, la steppe et le désert, de l'autre, le sud boisé, qui correspond à ce que nous avons appelé la Chine intérieure. À l'époque impériale, la confrontation de ces deux univers s'exprimera dans un conflit séculaire entre Chinois et barbares septentrionaux.

Le néolithique correspond aux débuts de l'agriculture. La céréale de base est le millet, mais le blé et le riz sont également connus. Les techniques culturales apparaissent rapidement : ont-elles été importées du Proche-Orient, ou inventées de façon autonome ? Les « Chinois » de l'époque élèvent différents animaux (dont, peut-être, le cheval), et vivent dans des huttes robustes, à demi enterrées,

Page précédente : Hache de bronze d'époque Shang, découverte sur la rampe d'accès à une tombe cruciforme contenant 48 victimes sacrificielles, au lieu-dit Sufutun (sous-préfecture de Yidu, Shandong). La figure représentée par évidement et incision possède toute la force requise pour un tel objet. La technique utilisée est celle de la fonte par moule à pièces.

À droite : On peut conclure des fouilles effectuées dans la région de Yangshao que les chefs des villages néolithiques étaient des femmes, et que le système tribal était probablement fondé sur le matriarcat. Les principaux animaux domestiques sont le chien et le porc. Les tombes et les fours à poterie sont à l'écart du village. Hommes et femmes sont inhumés séparément. Les sépultures féminines contiennent un matériel plus riche : objets décoratifs en jade, et même, dans un cas, 8 577 petites billes en os. Celles-ci servaient d'ornement corporel ; la coiffure en chignon était également maintenue par un collier de pièces d'os.
La poterie Yangshao porte des figures de poissons et de cervidés réduites à des éléments géométriques. On trouve sur certaines pièces une bonne vingtaine de signes verticaux différents, en forme de crochets ou de flèches, qui pourraient bien être les premiers caractères d'écriture chinois.
Le sol des huttes est en terre battue, les murs en torchis maintenu par un clayonnage. Le toit de forme conique repose sur des pieux placés à l'intérieur. Les hommes consacrent leur temps à la chasse et à la pêche pendant que les femmes s'occupent du foyer.

couvertes d'un toit de chaume, avec un four, un foyer, et un sol damé. Les habitats se multiplient. La poterie se répand, décorée de motifs géométriques tourbillonnants, avec des formes qui annoncent souvent la tradition chinoise ultérieure ; on s'en sert pour stocker et préparer les aliments, pour transporter l'eau. Les pointes de pierre retrouvées dans les sites néolithiques sont très probablement des fusaïoles, ce qui indiquerait l'existence d'une production textile. Les restes de cocons coupés suggèrent l'apparition de la sériciculture.

On voit aussi apparaître des signes de croyances religieuses : sépultures soigneusement organisées, omoplates de bœufs et de cerfs fissurées à l'aide d'un outil à pointe chauffée, qui servent à la divination. Les premières figurines humaines attestées semblent nous considérer par-delà les siècles avec une expression d'étrange assurance. Les représentations de poissons, d'oiseaux et d'animaux domestiques font également leur apparition.

Cette époque déjà complexe est l'objet d'une controverse majeure entre spécialistes. On admet généralement l'existence de deux grandes cultures néolithiques en Chine du Nord, dites « de Yangshao » et « de Longshan ». Certains en distinguent une troisième, le Xiaotun ancien, qui annoncerait la culture Shang d'avant le bronze. Le principal critère de distinction est la céramique, les poteries rouges étant habituellement considérées comme caractéristiques du Yangshao, les noires du Longshan, et les grises du Xiaotun. Les problèmes tournent autour de l'importance relative qu'il convient d'accorder à la répartition spatiale des différents types et à leur échelonnement chronologique. Le Yangshao apparaît principalement (mais pas exclusivement) dans le nord-ouest de la plaine septentrionale, le Longshan dans l'est et le nord-est. Le Xiaotun est considéré comme caractéristique du bassin inférieur du fleuve Jaune. Dans les sites très nombreux où les trois types apparaissent simultanément, on a généralement une séquence stratigraphique Yangshao-Longshan-Xiaotun. Mais il existe aussi des dépôts où tout est mêlé, et d'autres où la séquence est incomplète. Difficulté supplémentaire, l'évolution des autres artefacts (faucilles en pierre, par exemple) recouvre mal celle de la poterie.

Certaines différences entre le Yangshao et le Longshan vont dans le sens d'un progrès technique : une bonne partie de la poterie Longshan est faite au tour, et les sites, contrairement à ceux du Yangshao, présentent des traces d'élevage de mouton et de gros bétail. Signe d'une différence peut-être plus profonde encore, les morts sont souvent enterrés à distance des maisons dans les habitats Yangshao, alors que dans les villages Longshan les sépultures se trouvent de préférence au milieu de l'agglomération. Peut-être — mais l'explication n'est pas entièrement satisfaisante — les deux cultures ont-elles rayonné à partir d'un foyer unique, mais à des époques et dans des directions différentes.

Ce schéma permettrait d'ailleurs de prendre en compte d'autres cultures, plus périphériques, au Jiangsu et au Hubei notamment.

(suite page 54)

L'art néolithique

Ci-dessus : Cette tête — ou c. masque —, posée sur une corolle, formait le couvercle d'une poterie peinte de la culture de Yangshao. Il s'agit d'une des plus anciennes représentations humaines en argile.

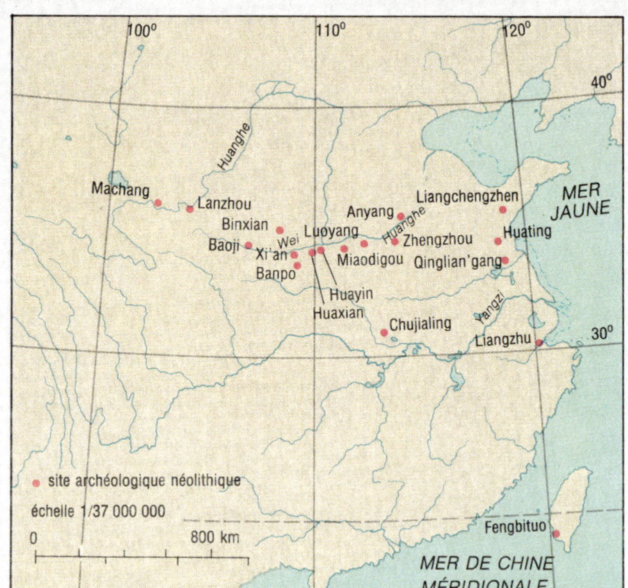

À droite : Les sites Yangshao et Longshan. Les deux principales cultures néolithiques chinoises, situées l'une dans le Nord-Ouest et le Centre, l'autre sur la côte orientale, ont été identifiées à partir des types de poterie qui les caractérisent : il s'agit respectivement de la culture de Yangshao (poterie peinte) et de la culture de Longshan (poterie noire). Les groupes humains ainsi désignés vivaient dans ces régions depuis le Ve millénaire av. J.-C. Le village de Banpo, qui appartient à la culture de Yangshao, est l'un des sites néolithiques les mieux conservés du monde. Les fouilles ont mis au jour des fondations de maisons, des fours, des fosses et des sépultures.

À droite et ci-dessous : On estime généralement que les motifs décorant la poterie de Yangshao sont partis de représentations réalistes pour évoluer vers des formes géométriques, purement abstraites. Le poisson — pêché à l'aide d'hameçons en os — est à l'origine de certains motifs parmi les plus répandus.

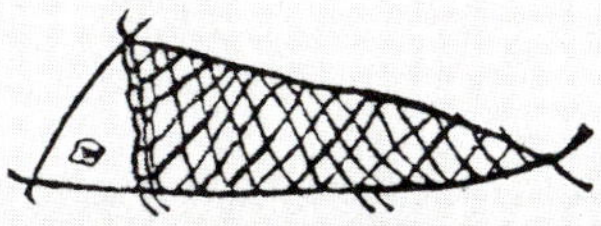

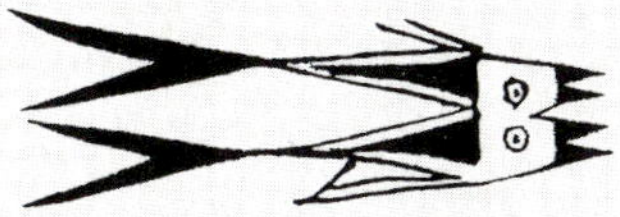

s'agit-il aussi de la plus ancienne représentation connue de cet animal familier de la mythologie chinoise qu'est le dragon.

Ci-dessous : La poterie noire de Longshan (environ 2000-1500 av. J.-C.) était montée au tour et polie. Ses parois, souvent d'une extraordinaire finesse, sont peu ou pas décorées.

En bas à gauche : Le motif serpentiforme qui décore cette amphore du Gansu (IIIe millénaire av. J.-C.) pourrait être lié aux croyances des populations Yangshao. Peut-être

En bas à droite : Ces jarres Yangshao, datant d'entre 4000 et 3500 environ, semblent avoir été d'abord des objets funéraires. La partie supérieure est décorée d'amples courbes ou de motifs géométriques ; la partie inférieure est presque toujours laissée sans décor : peut-être la pièce était-elle à demi enfouie dans le sable pour éviter qu'elle ne tombe pendant qu'on la peignait.

Les populations néolithiques n'ayant pas laissé de noms, ni de textes écrits, nous ne les connaissons que par leurs artefacts : poterie, fours, outils de pierre, habitations. Les innombrables sites qui ont été fouillés se situent approximativement entre 6000 et 1500 avant notre ère. On a retrouvé sur le site d'Anyang (Henan) — la dernière capitale des Shang — des gisements de matériel Longshan recouvrant du matériel Yangshao et eux-mêmes recouverts par du matériel de bronze d'époque Shang. On ne peut pour autant en conclure que la culture de Longshan, dans son ensemble, a succédé à celle de Yangshao.

La *culture de Yangshao* est particulièrement bien représentée par les fouilles de Banpo, au Shaanxi. Les habitations à demi enterrées sont rectangulaires ou rondes, avec des toits de chaume reposant sur des piliers de bois. Le foyer, peu profond et de forme ronde, est creusé au centre. Les parois sont fréquemment creusées d'alvéoles pour le stockage. Les cimetières et les fours à poterie sont situés à l'écart de la zone d'habitation. Les morts sont enterrés sur le dos, la tête placée au nord-ouest.

Il y a deux grands types de poterie Yangshao. Le premier consiste en pièces de couleur grise, relativement grossières, montées à la main à partir de bandes d'argile dont les jointures sont camouflées par polissage ; les parois portent des impressions de corde ou de vannerie. De facture plus raffinée, le second type semble avoir été réservé à des usages funéraires ; le grain est plus fin et les surfaces, légèrement polies, sont décorées en noir, rouge ou marron. Cette décoration, exécutée au pinceau, varie d'une région à l'autre : simples motifs géométriques, poissons, animaux, figures humaines...

La culture Yangshao du Gansu, au nord-ouest, est généralement considérée comme postérieure à celle de la zone centrale, dont le site de Banpo est le plus connu. La poterie est décorée de motifs spiralés ou sinueux exécutés avec beaucoup d'élégance, le plus souvent en noir mais parfois aussi en brun. Dans l'Est, la culture de Yangshao se chevauche avec celle de Longshan. La poterie rouge porte des décors dont les couleurs sont mises en valeur par un fond blanc. L'agencement des motifs n'est pas aussi ingénieux que dans l'Ouest, et les formes sont en général plus étroites à la base.

La *culture de Longshan,* sur la côte orientale, est surtout connue pour sa poterie noire. La finesse du matériau utilisé permet de monter au tour des pièces d'une incroyable finesse. Le tour servait aussi, semble-t-il, pour la finition des pièces montées à la main. Les améliorations apportées aux fours permettent de mieux contrôler les températures de cuisson. La variété des argiles utilisées est plus grande que dans la culture de Yangshao. La poterie d'usage courant est décorée de motifs en impression ou de formes géométriques. En revanche, les minces parois des poteries noires portent peu ou pas de décoration. Mais les formes sont beaucoup plus variées que celles de la poterie de Yangshao. La sveltesse de certaines pièces suggère un usage rituel plutôt que domestique.

L'empire des Shang

Dans l'historiographie chinoise traditionnelle, la plus ancienne dynastie est celle des Xia, dont le fondateur aurait été Yu le Grand (2205-2197), succédant aux empereurs-sages Yao et Shun dont il avait été le ministre. S'il fallait une identification archéologique, les Xia ne pourraient correspondre qu'à l'ensemble Yangshao-Longshan, mais rien pour le moment n'autorise une telle assimilation. Connaissant malgré tout le sérieux de l'annalistique ancienne des Chinois, il serait hâtif de rejeter la dynastie des Xia comme entièrement mythique.

L'émergence de la dynastie des Shang, au XVIIIe siècle av. J.-C., marque la fin des temps préhistoriques en Chine. Le berceau du nouveau royaume se situe dans l'actuel Henan, sur les pentes qui mènent à la plaine inondable du fleuve Jaune. À leur apogée, les Shang feront sentir leur pouvoir jusqu'en Mongolie, au Gansu et dans la vallée du Yangzi, leur sphère commerciale (étain, nacre...) s'étendant plus loin encore.

Aristocratique, brillante, luxueuse et cruelle, la civilisation des Shang repose sur un socle agricole encore largement néolithique. Une nouveauté cependant, la domestication du buffle, qui prospère dans une plaine du Nord beaucoup plus tempérée et inondée qu'elle ne l'est de nos jours. Les vestiges de canaux d'irrigation, et certains comptes rendus de récoltes, suggèrent que le riz a pu avoir son importance. Les chefs de clans passent leur temps à la guerre, à la chasse, en beuveries et à organiser de vastes sacrifices humains et animaux.

Les traits distinctifs de la culture Shang sont la fabrication d'armes et d'ustensiles rituels en bronze ; l'écriture ; le chariot attelé de chevaux ; une administration structurée ; la construction de murailles massives en terre battue et de sépultures monumentales exigeant une énorme main-d'œuvre ; les villes ; un calendrier relativement exact ; l'usage monétaire des cauris enfilés sur une cordelette ; un panthéon ; une structure lignagère complexe ; enfin le culte des ancêtres. Les instruments de musique sont une autre nouveauté : tambours, cloches, lithophones, ocarinas, jouant sur des gammes tritoniques ou pentatoniques. Les décors géométriques d'antan ont disparu au profit d'un art dominé par des motifs

L'empire des Shang vers 1300 av. J.-C. Notre connaissance de la géographie des Shang repose sur trois types de sources : les textes historiques, les sites archéologiques, et les toponymes mentionnés dans les inscriptions divinatoires sur os. Chaque type livre une image légèrement différente. Ainsi, les sites archéologiques forment un ensemble relativement compact, centré sur le cours inférieur du fleuve Jaune et sur l'ouest du Shandong, alors que les lieux indiqués dans les inscriptions divinatoires ont tendance à se regrouper plus loin au sud-est, ce qui tient peut-être à l'importance des campagnes militaires et des chasses royales dans cette région. Seule une minorité de ces toponymes oraculaires ont pu être directement identifiés, et dans la plupart des cas nous ignorons jusqu'à la prononciation des caractères qui les représentent. En revanche, leur position relative et le temps nécessaire pour aller de l'un à l'autre ont été établis avec un degré raisonnable de certitude grâce aux efforts du savant japonais Shima Kunio. De même, rares sont les États vassaux des Shang qui peuvent être localisés. À supposer

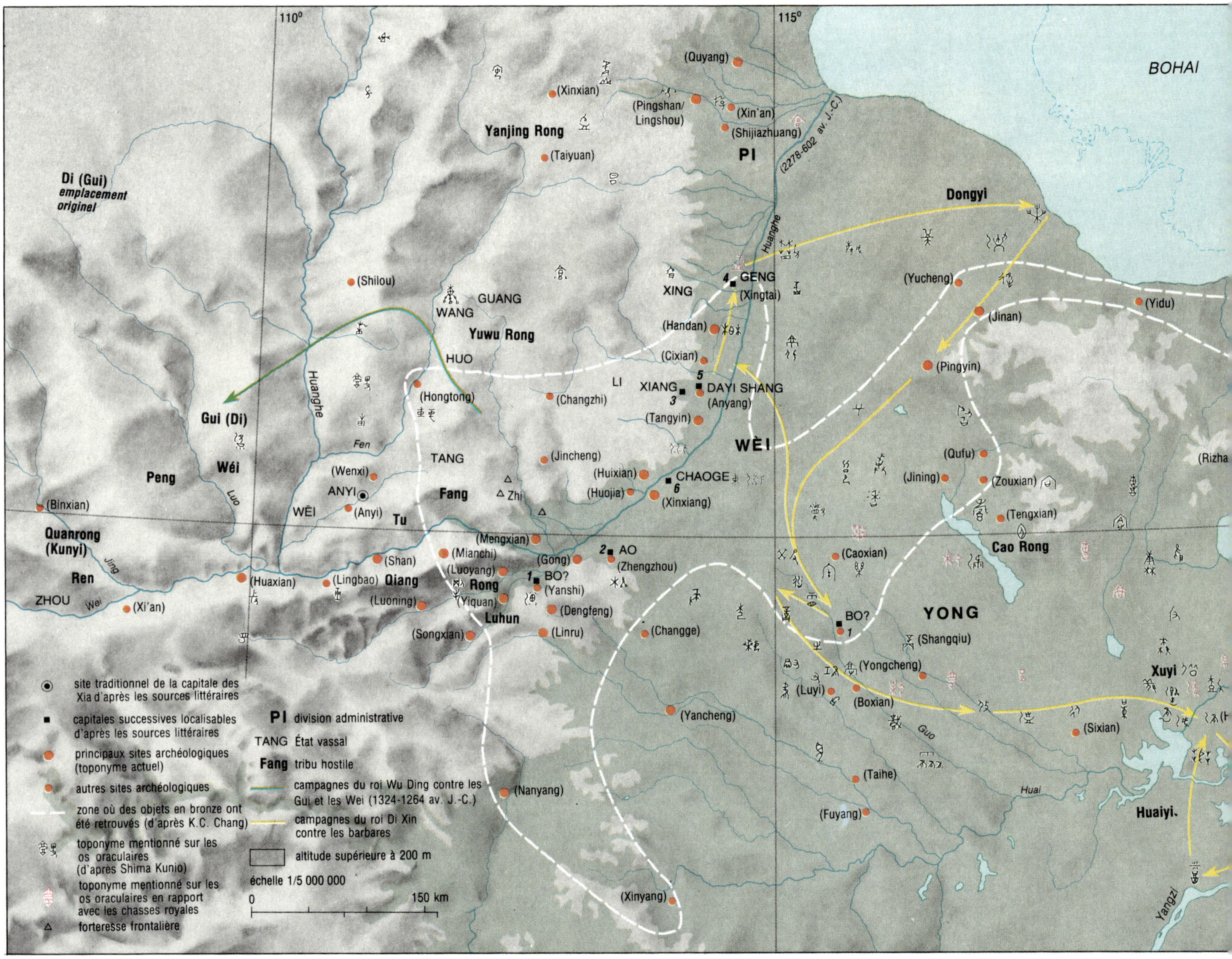

que l'on arrive un jour à dresser la carte définitive de l'empire des Shang, l'aspect de mosaïque, déjà sensible, risque d'y être encore plus prononcé.

En haut à droite : Emblèmes pictographiques d'époque Shang. Les différentes activités quotidiennes sont représentées avec beaucoup de vie. On notera l'usage de la palanche pour transporter des charges, encore courant dans la Chine d'aujourd'hui.

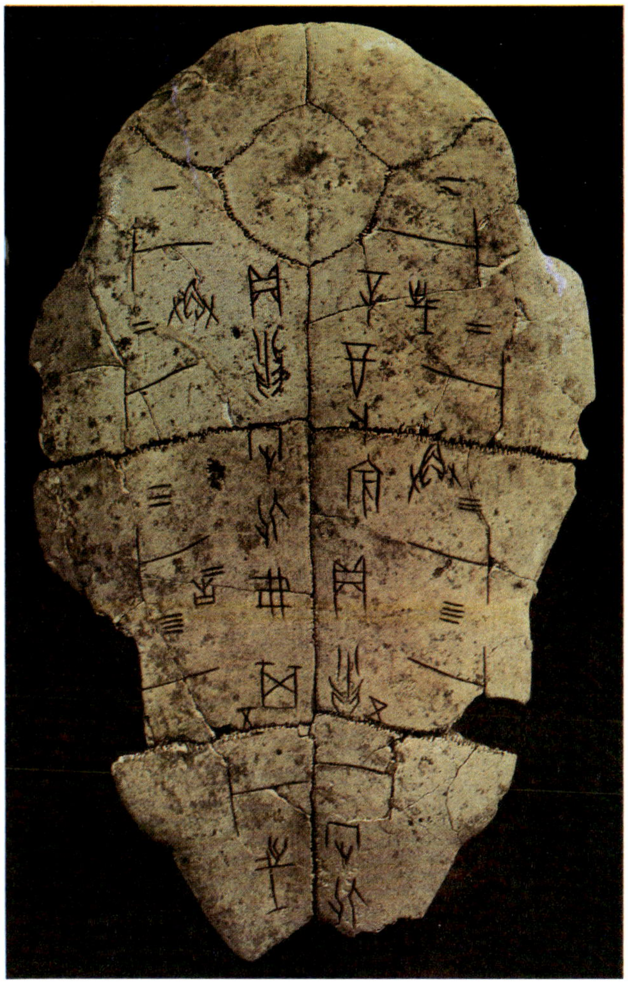

Ci-contre : La divination à l'époque des Shang se base sur les fissures produites par l'application d'une pointe chauffée sur un plastron de tortue (ici), une omoplate de cerf, etc. Les questions et les réponses sont directement gravées sur la pièce à l'aide d'un stylet acéré.

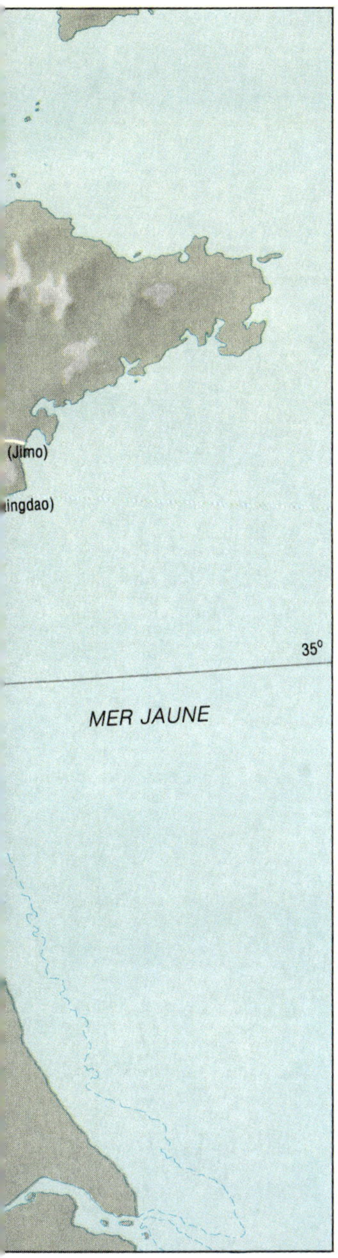

animaliers souvent très stylisés. Les quelques représentations humaines dont on dispose montrent le vêtement caractéristique de la Chine archaïque, sorte de robe au col retourné portée avec une ceinture. On se tient agenouillé ou assis sur les talons, comme aujourd'hui encore au Japon : en Chine, ce sera la façon « convenable » de s'asseoir jusqu'au début du premier millénaire de notre ère. Les bâtiments sont de structure simple, le toit de chaume assez pentu reposant sur une charpente rectangulaire en bois sans contreventements. Ils sont élevés sur des plates-formes auxquelles on accède par des volées de marches, suivant un procédé que l'on retrouvera tout au long de l'histoire dans l'architecture palatiale chinoise — l'exemple le plus récent est le mémorial de Chiang Kai-shek (Jiang Jieshi) à Taibei. Enfin, le caractère indéniablement « chinois » de la culture Shang est manifeste dans le cas de la langue et de l'écriture, ancêtres directs de la langue et de l'écriture modernes.

Bien que les dates des oracles consultés par les rois Shang entre le XIVe et le XIIe siècle aient été rapprochées de la séquence de Scaliger, la chronologie exacte de la dynastie des Shang continue de soulever maints problèmes. En chiffres ronds, il semble raisonnable d'en placer la fondation par le roi Tang vers 1750 av. J.-C. D'après la tradition, Tang aurait limogé le dernier roi des Xia, dont le passe-temps favori était de canoter avec son épouse sur un lac de vin où quelques milliers de couples dévêtus se livraient à l'orgie. Les Shang ont dû s'installer après 1400 dans la dernière de leurs sept capitales, près de la ville actuelle d'Anyang. Et c'est vers 1100 que le dernier des Shang aurait été renversé par le roi des Zhou, un puissant vassal basé à l'ouest, dans la vallée de la Wei.

Les deux grands problèmes que soulève la civilisation des Shang sont la soudaineté de son apparition et la stabilité apparente du pouvoir royal pendant une aussi longue période.

Peut-être la soudaineté n'est-elle qu'une illusion due à notre ignorance de la situation antérieure. La découverte récente de bronzes primitifs datant probablement du XVIIIe siècle va à l'encontre de l'idée reçue jusque très récemment, suivant laquelle la technique du bronze, surgie en Chine sous une forme parfaite, aurait été importée, sans doute du Proche-Orient. De même l'écriture des diverses inscriptions est-elle manifestement la version simplifiée d'une écriture plus ancienne, encore attestée sur certains bronzes Shang. Les partisans d'une origine purement chinoise de la civilisation Shang soulignent aussi la spécificité de la technique de fonte du bronze au moyen de moules à pièces, beaucoup plus répandue en Chine que celle de la fonte à cire perdue pratiquée dans les autres cultures. On a relevé enfin certaines continuités avec la poterie du Xiaotun ancien. Cela dit, les discontinuités sont si manifestes et si groupées qu'il est difficile de rejeter toute idée d'emprunt aux foyers de culture plus anciens du vieux continent. Il est ainsi peu vraisemblable que le chariot ait été inventé deux fois. Et la forme de certains outils et de certaines poteries implique des contacts avec le Proche-Orient et la vallée de l'Indus.

Avant de s'interroger sur la durée exceptionnelle du régime Shang, il faut tenter d'en reconstituer la structure sociale, politique et religieuse. La société repose apparemment sur deux ou trois cents clans, concentrés dans des localités particulières, doté chacun d'un emblème et d'un réseau de loyautés et d'affiliations. Les armes en bronze donnent aux privilégiés qui en disposent une supériorité à peu près décisive dans l'usage de la force. De là découle, à l'évidence, la domination de la noblesse guerrière des chefs de clans sur la masse de leurs sujets, et des populations Shang en général sur les tribus qui les entourent. Les rois Shang sont constamment en expédition, et le pillage comme le tribut font partie intégrante de l'économie royale. Les prisonniers sont immolés en masse ou réduits en esclavage.

Cette nouvelle armurerie explique aussi la passion cynégétique de l'aristocratie Shang. Les rois possèdent une vaste réserve de chasse sur les contreforts occidentaux des monts Tai et Meng, au sud de l'actuel Shandong. Les fouilles ont mis au jour des ossements d'éléphants, de rhinocéros, d'ours, de léopards, de tigres, de cerfs, de singes, de renards et de blaireaux. La chasse constitue en outre l'entraînement à la guerre par excellence. En revanche, le métal est absent de la vie quotidienne : on s'arrange avec la pierre, le bois et l'os.

Le clan royal se situe au centre de la structure politique et administrative appuyée sur ces moyens « modernes » de coercition. Ce clan, apparemment endogame en ce qui concerne les épouses principales, est divisé en dix sous-groupes désignés par des caractères d'écriture correspondant à nos lettres A à J, qui se transmettent le trône suivant des règles aujourd'hui peu claires. Le plus souvent, le trône passe à l'un des frères du roi défunt, puis de son plus jeune frère à son fils (voir le tableau). Les ancêtres sont considérés comme la source ultime du pouvoir politique. Les morts vont au Ciel, où siège le Seigneur d'En Haut *(Shangdi),* et peuvent intercéder en faveur de leurs descendants. Aussi la vie rituelle à la cour des Shang est-elle une suite interminable de sacrifices aux ancêtres. En outre, on n'entreprend rien d'important sans avoir eu recours à la divination. Comme à l'époque Longshan, celle-ci se pratique en fissurant un plastron de tortue ou une omoplate d'animal à l'aide d'une pointe chauffée ; le motif dessiné par les craquelures sert de base à l'interprétation. Les questions les plus courantes portent sur les sacrifices ancestraux, la guerre, la chasse, la pluie, les récoltes, et les événements de mauvais augure. Les questions et réponses sont gravées sur la pièce ; elles forment notre principale source d'information sur la vie au temps des Shang.

La tendance à la standardisation et à la centralisation est déjà manifeste dans l'État Shang. Un système décimal de mesure, basé sur une unité de 1,7 centimètre, est défini à l'usage du public. Le calendrier comporte 12 mois de 29 ou 30 jours, et 7 mois supplémentaires intercalés tous les 19 ans par les astronomes royaux. La mise en valeur du domaine royal est confiée à des surintendants ; l'autorité fournit les outils, et les récoltes sont stockées dans les greniers royaux. Les fiefs qui entouraient apparemment la zone centrale sont concédés à des reines, des princes, des généraux ou des dignitaires méritants ; ils doivent l'assistance militaire, le tribut, et la main-d'œuvre nécessaire pour les travaux publics.

Les Shang ont deux sortes de dieux et d'esprits : ceux qui résident dans le Ciel, auxquels on ne sacrifie pas, et ceux qui résident sous terre, attachés à des lieux particuliers, qui ont droit, comme les ancêtres, à des sacrifices. Selon toute apparence, la vie dans l'au-delà est considérée comme la conti-

À droite : La succession des rois Shang. La reconstitution des règles présidant à la succession des rois Shang est fort débattue. Y a-t-il une ligne principale de succession, ou la fonction était-elle partagée entre plusieurs lignées à l'intérieur du clan royal, chacune étant désignée par l'un des caractères cycliques qui apparaissent en seconde position dans tous les noms posthumes reproduits ici ? Le tableau peut donc s'interpréter de deux façons : suivant le cas, les notions de « père » et de « frère » seront comprises dans l'acception moderne, ou dans un sens purement classificatoire — l'appartenance à la génération précédente ou à la même génération à l'intérieur du clan.
On s'est également interrogé sur la répartition des caractères cycliques à l'intérieur du tableau — aucun de ces caractères (*jia, yi, bing,* etc.), n'apparaît deux fois dans la même génération —, sur le fait que certains sont mieux représentés que d'autres, et sur les raisons pour lesquelles le caractère *da* (« grand ») semble réservé à la ligne principale de succession.

À gauche : Ce bronze zoomorphe est un vase à vin *(you)* muni d'une anse mobile. La scène représentée reste d'interprétation incertaine : tigresse allaitant un enfant, monstre s'apprêtant à dévorer une victime humaine ? La figure humaine apparaît rarement sur les bronzes Shang ; quand c'est le cas, il s'agit probablement de victimes sacrificielles (on trouve un visage similaire sur le flanc d'un vase *ding* découvert en 1965 à Ningxiang au Henan). La décoration très élaborée de la pièce reproduite ici résume l'essentiel du style de la fin des Shang, au XIIe siècle av. J.-C.

À droite en bas : On a retrouvé dans les tombes royales des Shang des conducteurs de chars enfouis avec tout leur attelage. Le char semble inconnu en Chine avant la période d'Anyang.
Les spécimens Shang présentent de nombreuses analogies avec ceux que l'on a découverts dans la région du Caucase dans des tombes de l'âge du bronze : caisse légère à ridelles basses, grandes roues à multiples rayons, jantes faites de deux pièces de bois recourbées.

Page précédente : l'examen des sépultures d'attelages retrouvées dans les tombes royales des Shang montre que la place d'honneur à l'intérieur du char était à gauche ; la droite était occupée par un assistant, et le conducteur se tenait à l'avant. Dans cette reconstitution, la coiffure portée par le roi s'inspire d'une statuette provenant d'une tombe Shang et représentant probablement le souverain céleste. Les casques de bronze des soldats et leurs armures à encolure arrondie s'inspirent également d'originaux d'époque Shang. Le char, attelé de deux ou quatre chevaux, était en bois avec des ferrures et des garnitures en bronze. Les expéditions de chasse étaient conduites de la même façon que les campagnes militaires, et l'on s'y prenait de même pour tuer gibier et ennemis.

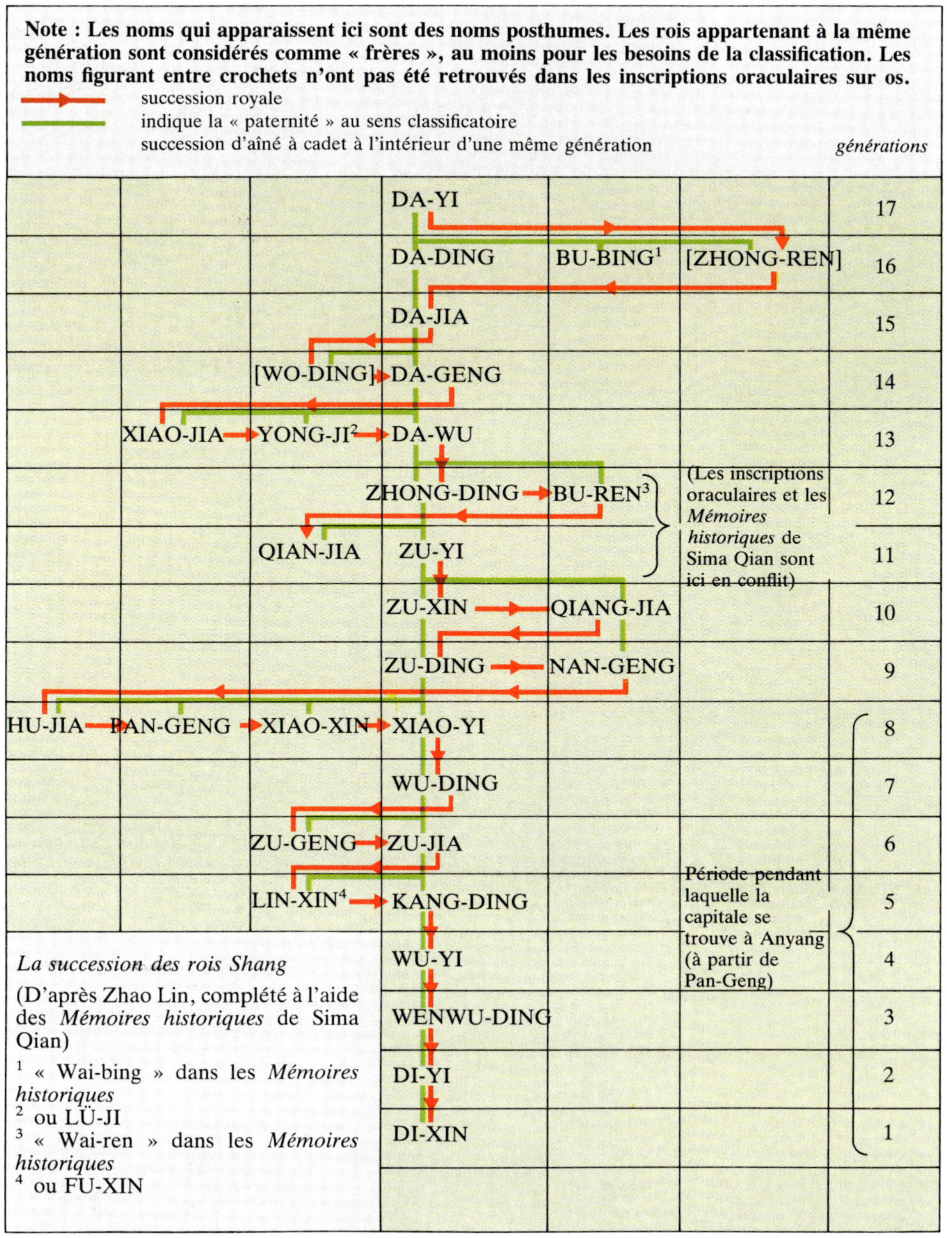

La succession des rois Shang

(D'après Zhao Lin, complété à l'aide des *Mémoires historiques* de Sima Qian)

1 « Wai-bing » dans les *Mémoires historiques*
2 ou LÜ-JI
3 « Wai-ren » dans les *Mémoires historiques*
4 ou FU-XIN

nuation de la vie sur terre, ce qui expliquerait les massacres d'êtres humains accompagnant l'inhumation des rois et des personnages importants. Certains de ces « compagnons » semblent être d'un rang assez élevé (à en juger par les objets retrouvés à leurs côtés) ; d'autres ont été mutilés avant d'être enterrés, d'autres enfin, équipés de hallebardes, sont apparemment les gardes chargés de protéger leur maître contre les esprits infernaux.

L'empire des Zhou

Vers la fin du XIIe siècle av. J.-C., le roi Wu des Zhou entre en rébellion contre les Shang et renverse le roi Di-xin en profitant de l'absence d'une partie de ses forces, envoyées contre les tribus de l'Est. La nouvelle dynastie durera plus qu'aucune autre dans l'histoire de la Chine, et ses deux premiers siècles d'existence sont restés dans la tradition comme un âge d'or de bon gouvernement et de prospérité.

Il est hors de doute que l'ascension des Zhou a été l'œuvre de chefs exceptionnellement doués. Alors qu'il est encore un vassal des Shang, le roi Wen — dont le nom est synonyme de « culture », « civilisation » — fait de sa principauté un État puissant et redouté. Il est resté dans la légende pour sa piété envers les dieux et les ancêtres, pour son souci du bien-être du peuple, et pour son habileté à nouer des alliances. Son fils Wu, le « Roi guerrier », se signale quant à lui par son aversion pour les beuveries des Shang et punit de mort toute libation collective en dehors des sacrifices rituels. Il accorde la plus grande importance à l'impartialité de la justice et à l'observation de règles appropriées dans les relations familiales ; il refuse cependant de favoriser systématiquement les aînés, comme ce sera plus tard le cas. Les pères et les frères aînés qui remplissent mal leurs devoirs familiaux sont menacés de punitions au même titre que les fils et les frères cadets. La consolidation du nouvel État est l'œuvre du duc de Zhou, frère cadet du roi Wu et régent après sa mort. Familier dc l'aristocratie des Shang (dont il a longuement fréquenté la Cour dans sa jeunesse), le duc réprime une contre-rébellion des rescapés de l'ancien régime alliés à des membres de la famille royale Zhou. Confucius en fera plus tard le parangon du ministre loyal.

Si la Chine a indiscutablement joui de la paix civile pendant les premiers siècles des Zhou, le tableau idyllique légué par la tradition laisse malgré tout sceptique à bien des égards. Les Zhou ont été maîtres en propagande politique. Ils ont probablement détruit la littérature d'époque Shang (dont rien de ce qui a survécu ne peut être considéré comme absolument authentique), laquelle aurait pu suggérer une interprétation de l'histoire différente de la leur. En revanche, ils élaborent une doctrine ingénieuse pour faire admettre leur domination aux Shang : c'est la théorie du « Mandat céleste », en vertu de laquelle le roi est « Fils du Ciel » — le Ciel *(Tian)* étant la divinité suprême des Zhou — et tient en sa propriété légitime « tout ce qui est sous le Ciel » *(Tianxia)*. Il est fondé à exercer le pouvoir aussi longtemps que règne la justice et qu'il se

Ci-dessus : le masque de monstre (appelé *taotie*) est l'un des motifs dominants dans la décoration des bronzes de toutes sortes produits sous les Shang et sous les Zhou. Les cornes, les yeux saillants, la mâchoire supérieure d'aspect féroce en sont les traits les plus frappants. Le motif se fond parfois dans l'ensemble de la décoration, jusqu'à n'être plus identifiable que par les yeux. Dans d'autres cas, ses différents éléments sont entièrement dissociés. Considéré comme une protection contre les mauvaises influences, le *taotie* pourrait aussi être un symbole de voracité, ou simplement de terreur.

préoccupe du bien-être de ses sujets. Mais, s'il se montre injuste ou immoral, le Ciel, après l'avoir averti, lui reprendra le Mandat pour le donner à un autre. Ainsi en a-t-il été avec les derniers rois des Xia et des Shang, le Mandat passant respectivement aux Shang et aux Zhou : la victoire de ces derniers avait donc été l'expression d'un jugement divin. On trouve dans le *Livre des odes* des homélies en ce sens destinées aux Shang, où l'on note d'ailleurs l'équivalence entre le Seigneur d'En Haut *(Shangdi)* de ces derniers et le Ciel *(Tian)* des Zhou. La théorie du Mandat céleste apparaît en définitive comme une justification habile, encore que modérément honnête, de ce qui semble bien avoir été une rébellion préparée depuis plusieurs générations.

Il y a peu de ruptures culturelles entre les Shang et les Zhou. On ne recourt plus à la divination sur plastron de tortue que pour résoudre des problèmes particuliers. Les Zhou se transmettent désormais le trône de père en fils. Les chasses et les sacrifices humains continuent, mais sans l'extravagance des Shang. Les motifs des fondeurs de bronze, notamment le masque *taotie,* ne changent pratiquement pas jusqu'au milieu du Xe siècle av. J.-C.

Au départ, le royaume des Zhou est une sorte d'empire familial, décentralisé en fiefs concédés aux parents du roi et à ses lieutenants les plus appréciés. Dans la pratique, la plupart de ces domaines deviennent héréditaires. En revanche, l'administration centrale présente un caractère proto-bureaucratique, car les charges ne sont pas transmises de père en fils. On accorde néanmoins plus d'importance aux hommes qu'aux postes qu'ils occupent, et il n'y a pas de corrélation étroite entre les titres et les fonctions réelles. Les rois disposent de plusieurs armées permanentes placées sous leur contrôle direct, stationnées dans diverses régions, qui font la guerre aux barbares avec l'aide des forces fournies par les fiefs.

Les moyens de base de l'attaque et de la défense restent la hallebarde de bronze et les remparts. Mais, comme les barbares se sont peu à peu initiés à la métallurgie et à la construction des villes, la suprématie des Zhou repose en dernier ressort sur leur organisation. Le pouvoir royal s'exerce sur le Sud-Shaanxi, le Shanxi, le Henan, le Hebei et le Shandong actuels. Mais l'influence de la dynastie s'étend au-delà, comme l'atteste la distribution géographique des bronzes Zhou primitifs : on en trouve depuis le Rehe (Jehol) au nord jusqu'au Jiangsu au sud. Le roi Zhao (1052-1002) conduit plusieurs expéditions jusqu'aux rives de la Han, et y trouvera d'ailleurs la mort. Son successeur, le roi Mu (1001-947), est devenu dans la légende l'archétype du roi voyageur, ce qui symbolise peut-être l'expansion du pouvoir royal à cette époque.

L'accession au trône du roi Yi grâce à une coalition de vassaux, au début du IXe siècle av. J.-C., est le premier signe d'affaiblissement du pouvoir des Zhou. Sous le règne suivant (878-828), la dynastie manque d'être renversée par la révolte du marquis de E, allié à des barbares sinisés. En 771 enfin, le roi You est tué dans l'assaut de sa capitale par les barbares Rong et par une coalition chinoise menée par le marquis de Shen. Les rebelles placent un des princes sur le trône et le font reconnaître par la majorité des seigneurs féodaux. Pour des raisons de sécurité, la capitale est transférée à l'est, près du site actuel de Luoyang. Le pouvoir des monarques Zhou s'amenuisera jusqu'à n'être qu'une suzeraineté rituellement reconnue, mais vide de substance.

On divise habituellement la dynastie en deux périodes, avant et après 770 : sous les Zhou occidentaux, les rois exercent encore un pouvoir effectif ; sous les Zhou orientaux (le terme faisant référence au transfert de la capitale), l'Empire n'est plus que la somme des États rivaux nés des anciens fiefs, et la royauté a perdu toute raison d'être.

Les causes de cette déstabilisation politique sont peu claires. Il y a d'abord, certainement, la diffusion des techniques les plus avancées en matière de guerre et de production. La fabrication et la possession des meilleures armes de bronze n'est plus le monopole d'une poignée d'artisans et de leurs employeurs. Les îlots de développement urbain et agricole qui constituaient au départ le domaine des Zhou, entourés de populations hostiles, se sont peu à peu étendus, et à la fin du règne des Zhou occidentaux, le nombre des villes protégées par des murailles de terre s'est considérablement accru.

À droite : La plupart des bronzes d'époque Shang sont des vases à trois ou quatre pieds. Les formes reproduisent en les élaborant des types caractéristiques de la poterie néolithique. À la légèreté d'allure des tripodes et tétrapodes *(ding)* du début des Shang succèdent des formes plus lourdes et beaucoup plus ornementées. Le *ding* servait à des usages aussi bien rituels que pratiques et pouvait être mis sur le feu.

Ci-dessus : Ce bronze *you* du début des Zhou provient de la province du Anhui. C'est un bon exemple du style relativement sobre et « classique » qui caractérise les bronzes du Xe siècle, par opposition à la décoration très complexe de la pièce zoomorphe reproduite page 58, datant de la fin des Shang.

Début des Shang

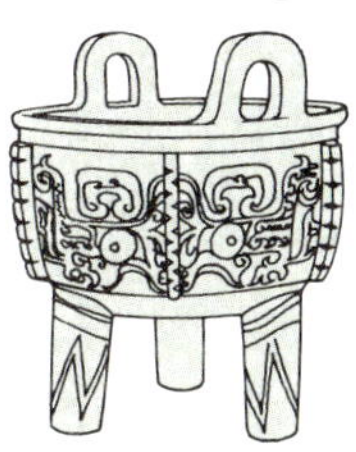

Fin des Shang

Début des Zhou

Fin des Zhou

Alors même que les liens familiaux s'affaiblissent et que l'entraide entre le pouvoir royal et les fiefs devient l'objet d'évocations nostalgiques, la puissance des fiefs ne cesse de s'accroître ; ils sont désormais capables de résister aux barbares sans l'aide du centre, et tout aussi bien de s'opposer au centre lui-même. Par ailleurs, les « barbares » qui résident dans les limites de ce qui est maintenant la Chine intérieure ont profité des mêmes acquis technologiques et sont de plus en plus menaçants. Le fossé entre Chinois et barbares s'est considérablement rétréci ; il n'est pas rare que s'établissent entre les uns et les autres des liens matrimoniaux et des alliances politiques.

Cet environnement nouveau, dominé par la compétition entre États, semble avoir conduit à un effritement de l'ancien système clanique. La haute société se caractérise désormais par une culture aristocratique fondée sur un système de parenté plus étroitement familial et valorisant l'apparat, l'esprit chevaleresque, le haut lignage, et l'observation des rites. L'appellation traditionnelle de la période — les Printemps et les Automnes — est empruntée au titre des annales du pays de Lu ; celles-ci couvrent les années 770 à 481, deux ans avant la mort de Confucius. Trois siècles essentiels au cours desquels s'élabore la culture chinoise classique.

La période des Printemps et des Automnes

On a, au départ, une multiplicité de petites cités. Vers la fin du VIIIe siècle av. J.-C., un ministre déclare que « les villes de plus de trois mille mètres de circonférence sont dangereuses pour l'État » : aux temps fastes, les dimensions des cités vassales n'excédaient jamais le tiers de celles des capitales de fiefs, et les plus petites n'en faisaient que le neuvième ; en d'autres termes, c'étaient de simples châteaux, et la remarque souligne le caractère très modeste de certaines de ces unités.

Celles-ci vont d'ailleurs être rapidement absorbées par des entités plus vastes, que l'on peut appeler « États » sans grand anachronisme : chacune possède une population consciente de son identité et de son unité, et occupe un territoire bien délimité. En cela, la confusion est impossible avec les tribus barbares vivant plus au nord, dont un ministre de l'État de Jin, au VIe siècle av. J.-C., disait : « Ils vivent là où il y a des pâturages ; la possession des richesses les intéresse, mais pas celle de la terre : ils acceptent volontiers de la vendre. »

Ces États possèdent une organisation hiérarchique bien définie, avec rangs, classes et grades, tant militaires que civils. Les rois se tiennent pour responsables du bien-être de leur population, comme l'indiquent les dispositions économiques et fiscales qu'ils prennent, les lois qu'ils promulguent, les rituels qui leur permettent de garantir le succès des récoltes et d'écarter les calamités naturelles. Cette conception « totale » de la souveraineté ressort clairement des mesures édictées par Zimu, premier ministre de Chu au milieu du VIe siècle av. J.-C. : ainsi, le ministre de la guerre devra « porter sur un registre la liste des terres cultivables, inspecter les montagnes et les forêts, regrouper les marais et les fagnes, distinguer entre pics et collines, délimiter les salines, mesurer les frontières et les zones inondées, tracer des digues et diviser en parcelles l'espace qu'elles contiennent, aménager des pâturages sur les berges, près de l'eau, et des champs distribués par groupes de huit familles dans les zones fertiles, calculer les quotas des contributions à payer, le nombre des chevaux et des chariots à fournir, celui des soldats montés sur chariots et celui des fantassins, celui des cuirasses et celui des boucliers... »

Ces États sont souvent le théâtre de luttes féroces pour le pouvoir entre les grandes familles, et le régicide — perpétré par la populace ou par des nobles mécontents — n'est pas exceptionnel...

Au total, trois siècles d'une histoire complexe que l'on divisera, pour la clarté de l'exposé, en neuf phases :

1. Le duc Zhuang de Zheng est, à la fin du VIIIe siècle av. J.-C., le premier des « hégémons » : ainsi désigne-t-on le chef d'une principauté capable momentanément, et théoriquement au nom du roi Zhou, d'imposer sa domination à ses égaux. Le Zheng bénéficie d'une situation centrale, proche du domaine royal ; mais ce qui apparaissait au départ comme un avantage va poser bien des problèmes à partir du moment où la principauté se trouvera menacée de tous côtés par des voisins puissants. Premier en date de ces « nouveaux États » que l'on vient de décrire, le Zheng s'emploie à fédérer ses alliés de Chine du Nord contre l'État méridional de Chu, perçu comme une menace grandissante. Situé dans la plaine centrale du Yangzi, « avec les montagnes pour rempart et la Han pour fossé », le Chu accentue depuis la fin du VIIIe siècle sa pression en direction du nord, détruisant les principautés de second rang qui se trouvent sur son passage. L'antagonisme Nord-Sud qui se développe dès lors va rester au centre de l'histoire diplomatique et militaire des cinq siècles à venir.

2. Dans la première moitié du VIIe siècle av. J.-C., l'hégémonie passe au duc Huan de Qi, secondé par son célèbre ministre Guan Zhong. Situé au nord-est, le Qi doit en particulier sa prééminence à son rôle dirigeant dans la lutte contre les barbares. Sa puissance économique repose sur le monopole du sel, sur la manufacture des outils agricoles en fer, qu'il supervise, sur la frappe de la monnaie et sur le contrôle des prix. Guan Zhong est l'inventeur du « Serment d'alliance » liant les principautés chinoises sous l'égide de l'hégémon. Malgré son exaltation du rituel et de la vertu charismatique comme moyens de rallier les récalcitrants, Guan Zhong n'hésite pas à user de la force contre les principautés qui refusent d'adhérer au Serment.

3. La mort du duc Huan et la lutte pour sa succession conduisent, au milieu du VIIe siècle av. J.-C., à l'effondrement de la puissance du Qi. Le duc Xiang de Song tente alors de reprendre l'hégémonie : il rêve de retrouver la grandeur

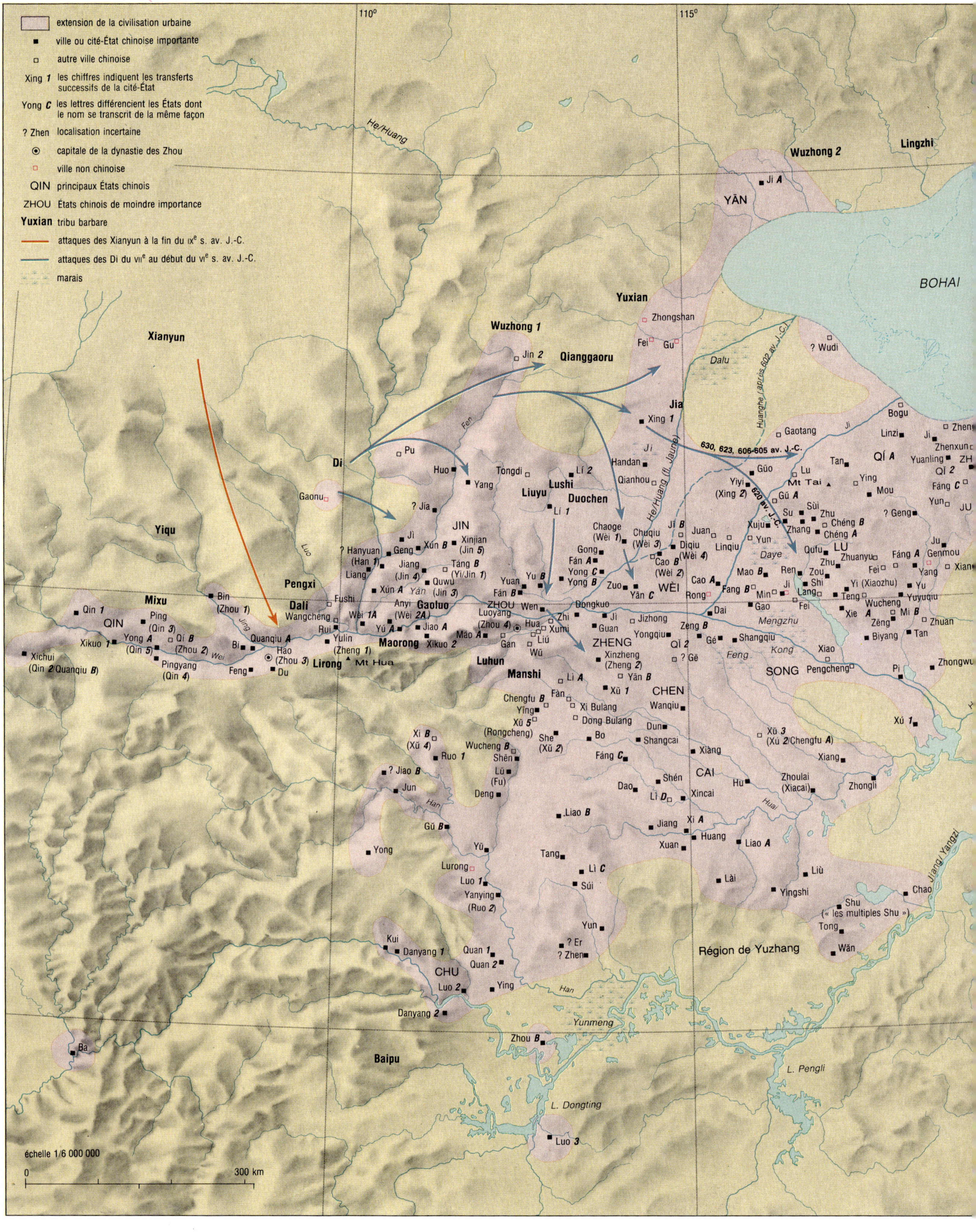
extension de la civilisation urbaine
ville ou cité-État chinoise importante
autre ville chinoise
Xing 1 les chiffres indiquent les transferts successifs de la cité-État
Yong C les lettres différencient les États dont le nom se transcrit de la même façon
? Zhen localisation incertaine
capitale de la dynastie des Zhou
ville non chinoise
QIN principaux États chinois
ZHOU États chinois de moindre importance
Yuxian tribu barbare
attaques des Xianyun à la fin du IXe s. av. J.-C.
attaques des Di du VIIe au début du VIe s. av. J.-C.
marais
110°
115°
He/Huang
Wuzhong 2
Lingzhi
Ji A
YAN
BOHAI
Yuxian
Zhongshan
Fei
Gu
Dalu
? Wudi
Huanghe (après 602 av. J.-C.)
Xianyun
Wuzhong 1
Jin 2
Qianggaoru
Jia
Xing 1
630, 623, 606-605 av. J.-C.
620 av. J.-C.
Gaotang
Bogu
Linzi
Zhen
Zhenxun
Yuanling
QI A
QI 2
Fang C
Yun
JU
Di
Pu
Huo
Yang
Tongdi
Li 2
Handan
Qianhou
Gaonu
Liuyu
Lushi
Duochen
? Jia
Li 1
JIN
Yiqu
Hanyuan (Han 1)
Geng
Xun B
Xinjian (Jin 5)
Jiang (Jin 4)
Tang B (Yi/Jin 1)
Quwu (Jin 3)
Liang
Xun A
Yan
Pengxi
Dali
Fushi
Anyi (Wei 2A)
Gaoluo
Wangcheng
Wei 1A
Yu A
Jiao A
Rui
Yulin (Zheng 1)
Maorong
Xikuo 2
Mao A
Lirong
Mt Hua
Mixu
Bin (Zhou 1)
Qin 1
QIN
Ping (Qin 3)
Qi B (Zhou 2)
Yong A (Qin 5)
Xikuo 1
Bi
Quanqiu A
Hao (Zhou 3)
Du
Feng
Pingyang (Qin 4)
Xichui (Qin 2 Quanqiu B)
Jing
Wei
Luo
Fen
Yuan
Yu B
Fan B
ZHOU
Wen
Luoyang (Zhou 4)
Hua
Xumi
Gan
Liu
Wu
Luhun
Manshi
Zhi
Ji
Guan
Dongkuo
ZHENG
Xinzheng (Zheng 2)
Yan B
Xu 1
Jizhong
Yongqiu
QI 2
? Ge
Zeng B
Ge
Shangqiu
CHEN
Wanqiu
Chaoge (Wei 1)
Chuqiu (Wei 3)
Ji B
Diqiu (Wei 4)
Cao B (Wei 2)
Gong
Fan A
Yong C
Yong B
Zuo
Yan C
WEI
Cao A
Rong
Fang B
Dai
Juan
Linqiu
He/Huang (fl. Jaune)
Yiyi (Xing 2)
Guo
Lu
Mt Tai
Gu A
Tan
Ying
Mou
Xuju
Yun
Daye
Su
Zhang
Zhu
Cheng B
Cheng A
Qufu
LU
Zhu
Zhuanyu
Fang A
Genmou
Xian
? Geng
Ju
Fei
Yang
Mao B
Ren
Zou
Shi
Yi (Xiaozhu)
Yu
Min
Ji
Lang
Teng
Yuyuqiu
Gao
Fei
Mengzhu
Xie A
Wucheng
Zeng
Mi B
Zhuan
Biyang
Tan
Feng
Kong
Xiao
SONG
Pengcheng
Pi
Zhongwu
Xu 1
Chengfu B
Ying
Xu 5
(Rongcheng)
Fan
Xi Bulang
Dong Bulang
She (Xu 2)
Bo
Dun
Shangcai
Xi B (Xu 4)
Ruo 1
Wucheng B
Shen
Lu (Fu)
Deng
Fang C
Xiang
Xu 3 (Xu 2 Chengfu A)
Xiang
? Jiao B
Jun
Han
Shen
CAI
Dao
Li D
Xincai
Hu
Zhoulai (Xiacai)
Zhongli
Huai
Gu B
Liao B
Jiang
Xi A
Xuan
Huang
Liao A
Yong
Yu
Tang
Lurong
Luo 1
Li C
Sui
Lai
Liu
Yingshi
Jiang Yangzi
Chao
Yanying (Ruo 2)
Shu (« les multiples Shu »)
Tong
Wan
Yun
Kui
Danyang 1
Quan 1
Quan 2
? Er
? Zhen
Région de Yuzhang
CHU
Luo 2
Ying
Han
Danyang 2
Yunmeng
Zhou B
Ba
Baipu
L. Pengli
L. Dongting
Luo 3
échelle 1/6 000 000
0
300 km

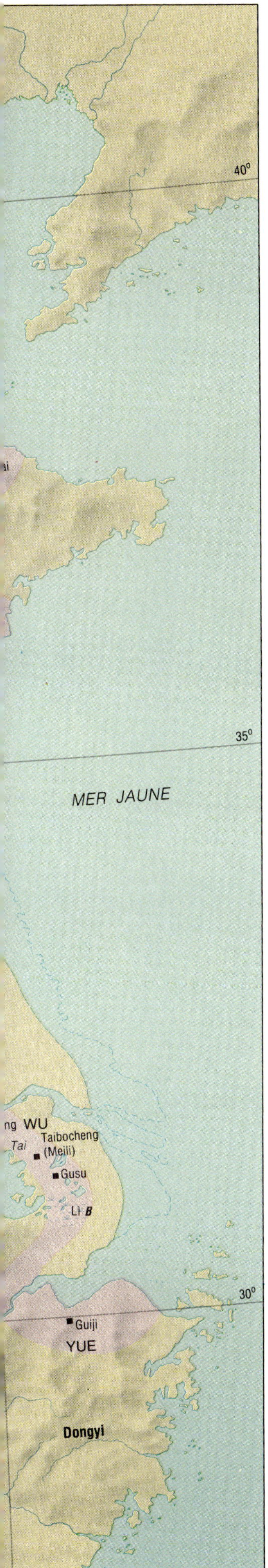

passée de la maison des Shang, dont il est le descendant. Mais le Song est trop petit pour soutenir une telle ambition. En outre, le duc Xiang perd contre le Chu une bataille importante qu'il aurait pu gagner.

4. À la fin du VIIe siècle av. J.-C., c'est au tour du duc Wen de Jin (le Jin occupe le sud de l'actuel Shanxi) d'exercer l'hégémonie. Wen avait erré quinze ans à travers toute la Chine, après avoir refusé de combattre l'armée envoyée contre lui par son propre père. Mais l'une de ses épouses l'avait poussé au retour, lui faisant valoir qu' « éprouver des attachements et vivre en paix revient à abandonner tout espoir de se faire une réputation ». Il accède au pouvoir avec l'aide du Qin, un État situé plus à l'ouest, dans la vallée de la Wei.

Le duc Wen est resté célèbre pour son respect de la parole donnée, pour son souci d'éduquer ses sujets, et pour les châtiments exemplaires qu'il infligeait aux nobles — « après quoi le peuple était rempli de soumission ». Le roi Zhou le reconnaît officiellement comme le premier des seigneurs féodaux. Sa conception de l'hégémonie consiste à « imposer son autorité en rendant les bienfaits et en venant en aide à ceux qui sont menacés ». Il inflige une grave défaite au Chu à la bataille de Chengpu.

À peu près au même moment, le duc Mu de Qin exerce une hégémonie partielle dans l'Ouest, qu'il doit essentiellement à ses campagnes contre les barbares Rong. À la fin de son règne, les diplomates du Zheng réussissent à le persuader de rompre l'alliance avec le Jin, ce qui a pour effet d'amoindrir les capacités de résistance du Nord face au Sud.

5. L'hégémon suivant : le roi Zhuang de Chu (fin du VIIe et début du VIe siècle av. J.-C.). Zhuang conquiert le Zheng, dont le duc se présente à lui vêtu en esclave. Il refuse néanmoins, malgré les objurgations de ses conseillers, d'annexer l'État vaincu. Les auteurs favorables au Chu l'ont décrit comme un pays étroitement contrôlé par son gouvernement. Lorsque l'armée est mobilisée, « les marchands, les artisans, les paysans et les boutiquiers peuvent poursuivre tranquillement leurs occupations ». Les fonctions importantes sont judicieusement réparties entre les membres du clan royal et ceux des vieilles familles. Le roi se montre plein de bienveillance à l'égard des vieillards et des étrangers. Les différences de statut social sont soigneusement observées. Et le fait est que les chefs militaires du Chu manifestent un patriotisme et un esprit de sacrifice peu fréquents.

Le roi Zhuang est un homme prudent : « La victoire n'est jamais garantie », affirme-t-il. « Le dernier roi des Shang a réalisé cent conquêtes, mais il n'a pas eu de successeur. » Autrement dit, il a suffi qu'il fût battu une seule fois : par les Zhou. Une autre de ses maximes favorites assure que « la prospérité du peuple repose sur son ardeur au travail : c'est grâce à cela qu'il ne manquera de rien ». C'est aussi un homme modeste. Un ministre lui propose un jour d'ériger un énorme tumulus sur un amas de cadavres ennemis, « afin que nos fils et nos petits-fils ne puissent oublier nos exploits ». Le roi refuse, car « la vraie valeur militaire, c'est de savoir réprimer la violence et mettre les armes de côté » ; malgré ses prouesses au champ de bataille, il considère qu'il a échoué en ne donnant pas à ses sujets la paix à laquelle ils aspiraient. Et de conclure : « Qu'y a-t-il là de si remarquable à montrer à nos fils et à nos petits-fils ? »

6. Au début du VIe siècle av. J.-C., le Jin réaffirme ses prétentions à l'hégémonie. C'est d'abord le duc Jing qui s'y essaie, mais sans grand succès. La chronique a surtout gardé le souvenir de son échec à imposer ses conditions au Qi, qu'il venait de battre : obliger les paysans à tracer leurs sillons dans le sens est-ouest — sans doute pour faciliter l'accès aux chariots du Jin — et livrer en otage la mère du duc. Les diplomates du Qi lui font valoir que les anciens rois réglaient la disposition des champs en fonction des intérêts des laboureurs, et que donner sa mère en otage est contraire à la piété filiale. « Agir différemment des anciens souverains n'est pas bien ! Comment pourriez-vous devenir le patron du Serment d'alliance ? »

Son successeur, le duc Dao (deuxième quart du VIe siècle av. J.-C.), guidé par les conseils de son ministre Wei Jiang, débute comme un souverain modèle : il abolit les dettes contractées envers l'État, allège les impôts, se montre clément à l'égard des criminels, vient en aide à ceux qui sont dans le malheur, réduit les dépenses du gouvernement, et attend la fin des travaux agricoles pour réquisitionner les corvéables. Il s'arrange aussi pour que tous ceux (à commencer par lui-même) qui ont assumé des richesses s'en défassent, « si bien qu'il n'y a plus d'accumulation improductive dans le royaume, ni de sujets dans le malheur ». Pendant un certain temps au moins, on ne fond plus de nouveaux récipients en bronze, et la réserve de chariots et de vêtements — peut-être cérémoniels — est considérée comme suffisante. Les dignitaires ne sont pas promus au-delà de ce que justifie leur position dans l'ordre des préséances.

La principale faiblesse du duc Dao est son goût pour la chasse, qui lui vaut de la part de Wei Jiang un sermon en forme d'historique sur les dangers que fait courir cette passion aux rois. Il modère aussitôt ses excès.

En tant qu'hégémon, Dao recourt à la force pour obliger le Zheng à rompre son allégeance au Chu en faveur du Jin. L'action est fort critiquée : les

La multiplication des villes en Chine pendant la période des Printemps et des Automnes. L'expansion urbaine en Chine du Nord est un des traits les plus remarquables de la première moitié du premier millénaire av. J.-C. La plupart des villes désignées ici comme « importantes » ont connu une phase d'indépendance, souvent au début de la période, alors que l'hégémonie des Zhou occidentaux commençait à s'effriter. La majorité de ces « cités-États » ont fini par être absorbées par les États plus importants qui se sont progressivement partagé le domaine chinois.
On notera pendant cette période la mobilité géographique des cités indépendantes et des capitales d'États. Ces déplacements se faisaient sous la pression de voisins plus puissants, ou pour se protéger des attaques barbares. Les raids des barbares Di, par exemple, sont à l'origine du transfert de la capitale du Wèi de Chaoge à Cao, plus à l'est.

diplomates du Zheng tiennent qu' « un Serment d'alliance imposé par la force est sans substance, car les esprits ne lui accordent pas leur patronage ». Certains dignitaires du Jin sont d'ailleurs d'un avis semblable.

7. Vers le milieu du VIe siècle av. J.-C., les guerres interminables entre le Jin, le Chu et leurs alliés respectifs ont causé de tels ravages qu'il est désormais clair qu'aucun des deux camps ne pourra l'emporter. Alors que le Jin est déchiré par des conflits entre grandes familles, le Chu doit protéger son flanc oriental contre les attaques portées par un nouveau venu, l'État de Wu, qui est en train d'édifier sa puissance dans le bassin inférieur du Yangzi. Les démarches de paix patronnées par l'État de Song aboutissent dans les faits à une double hégémonie du Chu et du Jin, fort pesante pour les autres États qui leur doivent tribut à l'un et à l'autre.

D'aucuns proposent même ce qui reviendrait à une sorte de désarmement. Mais ils rencontrent un certain scepticisme, comme l'attestent ces propos de Zihan de Song :

> C'est par la force des armes que le Jin et le Chu s'imposent aux grands seigneurs et aux principautés de moindre importance. C'est la peur qui fait régner la bonne volonté et l'harmonie entre supérieurs et inférieurs... Sans la peur, ce serait l'arrogance, et l'arrogance est mère de tous les désordres... Le Ciel a créé les cinq éléments, et le peuple a besoin de tous : on ne saurait se passer de l'un d'eux [c'est-à-dire le métal]. Qui donc pourrait abolir les armes de la guerre ? Il y a longtemps qu'elles existent et c'est grâce à elles que les gens sans loi sont remplis de peur, que la civilisation et la vertu peuvent se manifester... La grandeur et la décadence des États, leur survie, leur disparition, la gloire et l'obscurité, tout repose sur les armes de la guerre !

Ces propos sans concession ne doivent pas surprendre. L'attitude qu'ils expriment — un réalisme froid, dédaigneux du zèle religieux et rituel, un esprit pratique admettant mal les prétentions morales quand elles ne s'appuient pas sur la force — est aussi caractéristique des Printemps et des Automnes que le moralisme affiché par tant de rois et de ministres. Quoi qu'il en soit, le Jin et le Chu réussissent à maintenir une paix précaire pendant la seconde moitié du VIe siècle.

8. Zichan, premier ministre du Zheng, est l'homme d'État le plus remarquable de la fin du VIe siècle av. J.-C., voire de toute la période des Printemps et des Automnes. Confucius, peu enclin à la louange, disait qu'il trouvait encore en lui un peu de cette compassion qui, croyait-il, avait prévalu dans les temps anciens.

Le personnage est un mélange de subtilité et de scepticisme. « Les cœurs, observe-t-il, sont aussi divers que les visages. » Il refuse d'organiser des sacrifices pour mettre fin à une série d'incendies qui ravagent la capitale : « Les voies du Ciel sont lointaines, celles des hommes nous sont proches, et elles ne se rencontrent jamais. Comment pourrions-nous connaître les voies du Ciel ? » Et les incendies s'arrêtent... Même refus d'offrir des sacrifices à des dragons qu'on a observés en train de se combattre : « Nous ne demandons rien aux dragons, et les dragons ne nous demandent rien. » Toute sa philosophie politique tient dans cet avis délivré à son successeur : « Seul celui qui possède la vertu charismatique peut se soumettre le peuple par la bonté. Pour celui qui a moins de dons, la sévérité est préférable. Gouverner par la bonté est difficile. »

Dans le domaine administratif, Zichan innove et systématise. Il organise les familles paysannes en groupes, fait cadastrer les champs et lève l'impôt foncier, à l'exemple de l'État de Lu. Les gens sont tenus de se vêtir en fonction de leur rang. L'impopularité de ces mesures n'entame pas son obstination : « Si mes décisions sont profitables à l'État, je les ferai appliquer, dût-il m'en coûter la vie. » Et d'ajouter : « On ne peut assurer le bonheur des gens dans le laisser-aller. »

Il refuse en revanche d'abolir l'institution des « écoles rurales », où les citoyens du Zheng se rencontraient et critiquaient à l'occasion la politique du gouvernement : « C'est là que nous nous instruisons, pourquoi les supprimer ? » Pour lui, pareille sévérité équivaudrait à construire une digue vouée à se rompre tôt ou tard sous la pression accumulée : mieux vaut laisser l'eau s'échapper par quelques brèches.

Zichan fait graver le code criminel du Zheng sur des chaudrons de bronze. Ce geste suscite les critiques d'un citoyen du Jin, qui fait valoir que les souverains de l'Antiquité ne publiaient pas d'articles de loi spécifiques par crainte de voir leurs sujets verser dans l'esprit de querelle : ils préféraient juger sur la base de principes généraux, et l'existence même de tels textes détourne les gens de la crainte respectueuse que devraient leur inspirer leurs supérieurs. Pourtant le Jin gravera aussi ses lois sur des chaudrons de fer, encourant pour cela la censure de Confucius. Ce que l'on connaît aujourd'hui des effets de l'introduction de tels codes dans diverses cultures tendrait plutôt à donner raison à ceux qui critiquaient Zichan : la loi écrite n'a pas la flexibilité et l'adaptabilité des traditions orales continuellement réinterprétées par les anciens. Elle rend le présent prisonnier du passé, et c'est là une source fréquente d'injustices.

La tâche la plus délicate de Zichan est de préserver l'indépendance et la dignité du Zheng, alors même que celui-ci n'est plus une puissance. Il déploie à cet effet une véritable virtuosité diplomatique, en particulier à l'adresse du Jin : la déférence qu'il affiche ne peut être prise pour de la servilité, ni sa ferme opposition aux exigences inacceptables pour de la déloyauté.

9. La période des Printemps et des Automnes se clôt sur l'ascension de deux nouveaux États dans le sud-est du monde chinois : le Wu, qui domine le bassin inférieur du Yangzi, et le Yue, dans le nord de l'actuel Zhejiang. Ce sont l'un et l'autre des puissances navales. Le Wu va jusqu'à pratiquer la guerre hydraulique en inondant les villes pour les

Animaux et scènes de chasse, d'après un vase *hu* en bronze incrusté datant de la fin des Royaumes combattants. La disparition des incrustations qui les entouraient fait apparaître ces formes en léger relief.

contraindre à la reddition ; son savoir-faire militaire lui vient du Jin, dont les conseils ont pour but de créer des difficultés au Chu. Les assauts contre le Chu rencontrent d'autant plus de succès qu'un transfuge a conseillé aux généraux du Wu de préparer les batailles par une guérilla de harcèlement, laquelle s'avère très efficace. Le souverain du Wu, Fuchai, bat également le Yue, mais commet l'erreur de laisser échapper son roi, Goujian. En 473, les forces de ce dernier annexent le royaume de Wu, affaibli par des guerres incessantes et par le mécontentement d'une population écrasée d'impôts sous un roi qui « regarde son peuple comme un ennemi ».

Considérée dans son ensemble, la période des Printemps et des Automnes semble avoir été de mœurs plutôt barbares. Les vainqueurs coupent les oreilles des vaincus pour en faire don aux temples, et on massacre les prisonniers pour répandre leur sang sur les tambours cérémoniels. La vie humaine ne vaut pas cher. Un seigneur du petit État de Jiu essaie ses nouvelles lames sur des citoyens innocents. Yu Quan, ministre du Chu, oblige son roi à suivre ses conseils à la pointe de l'épée, quitte à se couper ensuite les pieds en signe de loyauté. Au Qin et ailleurs, on voit plus d'une fois les proches partisans du roi se suicider (pas toujours de plein gré) pour le suivre dans la tombe : si l'on critique cette pratique, c'est d'abord parce qu'elle prive le gouvernement d'hommes de valeur.

Beaucoup d'autres exemples de brutalité pourraient être cités, et c'est en fonction de ce contexte qu'il faut apprécier l'énergie dépensée par certains hommes d'État pour faire régner l'ordre, l'harmonie et la stabilité, que ce soit au moyen du rituel, par l'effet de la vertu charismatique ou par l'enrégimentement systématique de la vie civile et militaire. Des notions comme celle de « vertu charismatique » feront plus tard partie du répertoire philosophique le plus rabâché. Mais, au départ, elles ont une valeur réellement pratique, car elles sont un moyen d'affronter les difficultés d'une époque particulièrement violente.

La déclaration suivante, attribuée à Zichan par l'auteur d'une anthologie historique du IVe siècle av. J.-C. peut servir de référence pour saisir la philosophie du temps. Pour Zichan, la morale se fonde sur la nature, et une société moralement parfaite vit en résonance avec le rythme de celle-ci :

> Le mouvement rituel s'observe dans les voies immuables du monde céleste. Il naît de l'adéquation du monde terrestre. Il réside dans les [justes] pratiques des hommes. Ceux-ci ont pour modèle l'intelligence resplendissante du Ciel et se conforment aux qualités inhérentes de la Terre. Que les éthers, les éléments, les parfums, les couleurs ou les sons perdent leurs proportions convenables, et ce sera la confusion et le désordre ; et les hommes perdront leur qualités inhérentes. Voilà pourquoi l'on agit rituellement : pour préserver, avec respect, ces mêmes qualités.

Zichan compare ensuite les relations convenables entre les cadets et le chef de leur clan à la révolution des constellations autour de l'étoile polaire. Il remarque que les règlements gouvernementaux et les travaux varient en fonction des saisons. Les châtiments évoquent le tonnerre et les éclairs. Les émotions résultent des différents « éthers » ou atmosphères. Et il conclut que, « si les hommes éprouvent joie et tristesse aux moments appropriés, alors il leur sera possible d'être en harmonie avec les qualités inhérentes du monde céleste et du monde terrestre ».

Cette conception de l'univers a ceci de spécifique que l'homme, en particulier l'homme qui gouverne, est mis sur un pied d'égalité avec le Ciel et la Terre. Ainsi peut-on dire à Zhao Wenzi, premier ministre du Jin : « C'est grâce à vos efforts que le Ciel n'a causé aucun désastre. » Les actions de ceux qui gouvernent se répercutent sur le fonctionnement du cosmos, et, dans ces conditions, il est facile de comprendre qu'on se soit tant préoccupé des anomalies troublant l'ordre naturel, par exemple l'apparition des comètes. De tels événements sont le signe d'une insuffisance morale ou rituelle des souverains, et présagent par conséquent des catastrophes. On admet parfois, mais plus rarement, que ces anomalies puissent refléter la vertu et être d'heureux augure.

Mais il y a aussi des sceptiques. Un jour de l'an 644 av. J.-C., cinq météorites tombent sur le pays de Song, et l'on aperçoit six oiseaux volant à reculons (probablement à cause du vent). Le duc demande à un annaliste la signification de ces événements, et on lui en fournit une interprétation politique. Mais, en privé, l'annaliste se gausse de ces superstitions : « Ce sont là des phénomènes naturels qui n'ont rien à voir avec la bonne ou la mauvaise fortune. La bonne et la mauvaise fortune découlent du comportement des hommes ! » Ce qui suit offre peut-être le meilleur exemple de l'opposition entre réalisme et ritualisme : en 638, le même duc de Song perd une bataille pour avoir refusé d'attaquer l'armée du Chu avant que celle-ci n'ait fini de franchir la rivière Hong et de se mettre en rangs. Il affirme, en réponse aux critiques, que « l'homme de qualité princière ne blesse pas un adversaire deux fois de suite et ne capture pas un ennemi qui a les cheveux gris. À la guerre, dans l'ancien temps, on ne tendait pas d'embuscades dans les défilés. Je ne suis que le descendant de la dynastie vaincue des Shang, mais je n'ordonnerai pas d'attaquer des troupes qui n'ont pas eu le temps de se mettre en ordre de bataille ! » À quoi son ministre Ziyu rétorque qu'il ne connaît rien à la guerre. Un ennemi piégé dans un défilé, c'est un don du Ciel qu'il convient d'accepter. Un ennemi âgé est toujours un ennemi. Et si le premier coup n'est pas fatal, ne pas frapper une deuxième fois, c'est comme si l'on n'avait pas frappé du tout. Les armées sont faites pour qu'on s'en serve et pour défendre les intérêts de l'État.

Mêmes divergences d'opinions quant au respect de la parole donnée, à une époque où trahir est devenu une banalité. Pour certains, tenir sa parole, notamment en diplomatie, c'est « le trésor de l'État et la sauvegarde du peuple ». D'autres, tel Zimu de Chu, méprisent de telles bigoteries : « Si nous arrivons à obtenir ce que nous voulons, pourquoi nous préoccuper d'être de bonne foi ? »

Il ne faut cependant pas s'exagérer ces conflits. La notion de *rituel (li)* n'a rien de transcendant : elle renvoie plutôt à l'ensemble des principes de hiérarchie et de comportement qui règlent l'ordonnance de la société et de l'État. Un noble qui y contreviendra délibérément et de façon arrogante pourra être exécuté sommairement. La *musique (yue)* — le terme désigne ici des danses figurant des événements historiques et diverses autres cérémonies — est tout à la fois une pratique de magie cosmologique par laquelle le souverain « fait régner l'harmonie parmi les choses », et un exercice de méditation collective pour « faire entrer la paix dans les cœurs » et « affermir la vertu ». La *vertu charismatique (de)* est un atout politique : nul ne résiste au ministre qui en est supérieurement doué. L'*équité (yi)* n'est pas seulement souhaitable pour elle-même, elle offre aussi une protection contre l'hostilité, tant il est vrai que « quiconque use de sa force injustement est promis à une mort rapide ». Le côté « payant » de ces diverses qualités est considéré comme allant de soi. Suivant les termes d'un homme d'État du Jin, « la poursuite de l'avantage se fonde sur la vertu charismatique et la justice ».

Le plus remarquable, par comparaison avec d'autres cultures contemporaines de l'Ancien Monde, est l'accent mis par les Chinois sur l'homme, plutôt que sur les dieux ou sur Dieu. Les textes « sacrés » — tels que le *Livre des odes (Shijing)* ou le *Livre des documents (Shujing)* — sont considérés comme des « trésors de vertu », non comme des recueils d'instructions divines. Le pouvoir ultime est entre les mains du peuple qui offre les sacrifices aux esprits : certains, usant d'une formule frappante, le désignent comme « l'hôte des esprits », tel le ministre Ziyu lorsqu'il s'oppose au duc de Song — un ritualiste — désireux de procéder à un sacrifice humain. « Y aurait-il une seule divinité, ajoute-t-il, pour prendre plaisir à une pareille offrande ? »

Si le Ciel et les esprits peuvent anéantir un État qui encourt leur déplaisir, on n'en estime pas moins que « le Ciel se conforme toujours au désir du peuple », ce qui revient à user d'un argument religieux pour exprimer une réalité politique. Yue Qi, ministre du Song, s'exprime en termes plus laïques : « On n'a jamais vu de roi qui pût réaliser ses ambitions sans avoir le peuple à ses côtés. » Ou encore, selon la formule de Zichan : « Si l'on est seul à désirer une chose, c'est sans espoir. S'opposer à la multitude, c'est courir au désastre. »

Les Royaumes combattants

La dernière phase (480-221 av. J.-C.) avant la fondation de l'Empire est connue dans la tradition historique sous le nom de « période des Royaumes combattants ». Cette appellation vient des luttes incessantes qui opposent les États les plus puissants pour la maîtrise du monde chinois, notamment le Qi dans le Nord-Est, le Chu dans le Sud et le Qin dans le Nord-Ouest. Même s'il n'existe pas de coupure radicale avec les Printemps et les Automnes, les deux périodes n'en offrent pas moins, dans la plupart des domaines, un contraste frappant.

C'est d'abord une question d'échelle. Il existe désormais en Chine des villes peuplées de centaines de milliers d'habitants, telle Linzi, la capitale du Qi : « Linzi est tellement opulente et si bien pourvue que tous ses habitants jouent de la flûte, de la harpe, de la cithare ou de la lyre. Ils organisent des combats de coqs et des courses de chiens, parient et jouent à la balle. Les rues sont si encombrées que les voitures roulent bord à bord ; la population si dense que les gens circulent épaule contre épaule. » Cet accroissement numérique repose sur l'expansion du terroir cultivé. Dans le Wei, dit-on, chaque pouce de terrain est mis en valeur et plus rien n'est laissé en pâture. La conscription permet aux États de lever des armées énormes : les sources parlent couramment de plusieurs centaines de milliers d'hommes ; même en faisant la part de l'exagération littéraire, les effectifs étaient certainement bien plus considérables que partout ailleurs dans l'Ancien Monde.

Les guerres opposent désormais des sociétés tout entières. Voici comment Su Qin (un maître semi-légendaire en rhétorique politique) décrit le fardeau économique de la mobilisation :

> Lorsque le tumulte de la guerre se fait entendre, il faut réduire la richesse des individus pour assurer l'abondance aux soldats. On rationne la nourriture et la boisson pour choyer les combattants-suicide. On démolit les voitures pour faire du combustible. On abat le bétail pour nourrir les armées... Les citoyens récitent des prières. Le roi fait des offrandes. De la ville la plus fréquentée jusqu'au plus petit hameau, partout on dresse des autels. Les cités assez importantes pour avoir un marché cessent leurs activités pour aider le roi... [À la fin des hostilités], les familles des morts s'appauvrissent pour enterrer les leurs. Les familles des blessés se ruinent pour leur trouver des médicaments, tandis que ceux qui ont réchappé se livrent à de telles beuveries et jettent un tel argent par les fenêtres que le gaspillage est aussi grand que dans le cas des morts et des blessés.

Les grandes murailles de terre battue qui, à partir du ve siècle av. J.-C., s'allongent sur des centaines de kilomètres, sont une illustration de cet engagement total de la société. Ces dispositifs, qui ne servent pas seulement à protéger le monde chinois des barbares septentrionaux mais défendent aussi chaque État contre ses voisins, représentent des millions de journées de travail forcé.

L'outillage et l'armement en fer, la cavalerie, le soc de charrue, des méthodes administratives et militaires beaucoup plus efficaces, autant d'innovations qui définissent l'infrastructure technologique de l'époque. Si l'on trouve quelques rares objets en fer forgé dans les sites de la dernière période Shang, la généralisation des outillages en fonte ne date que des VIIe et VIe siècles av. J.-C. C'est au VIe siècle que l'épée en fer remplace la hallebarde à crocs en bronze, et qu'apparaît l'arbalète. L'infanterie est cuirassée de fer. Sous l'influence de la steppe, on utilise désormais le cheval pour la monte, et non

Détail d'un jeu de 64 cloches de bronze *(bian)* datant de l'époque des Royaumes combattants, découvert en 1978 dans la tombe du marquis de Yi, au Hubei. Les cloches ont été retrouvées dans leur disposition originale, suspendues sur trois rangs à un cadre en forme de L. L'ensemble produit une gamme ressemblant à celle de *do* majeur, sur une étendue de cinq octaves. La tombe contenait aussi un carillon de pierres et une quantité d'autres objets funéraires. La musique chinoise de l'Antiquité devait à peu près sonner comme les gamelans balinais d'aujourd'hui, qui utilisent le même type d'instruments.

simplement pour l'attelage. L'État de Zhao, au nord, impose le vêtement « barbare » (notamment le pantalon) parce qu'il est plus pratique pour l'équitation. Le tir à l'arc à cheval, dont la noblesse chinoise fait ses délices, est aussi d'origine barbare. Les techniques de siège mettent en œuvre tours d'assaut et galeries souterraines. Pour Su Qin, « un siège qui aboutit en un mois ou deux peut être considéré comme particulièrement rapide ». Se battre devient une profession, et l'on compose des traités sur l'art de la guerre.

L'agriculture progresse non seulement avec l'outillage en fer et le bœuf de trait (une spécialité du Qin), mais aussi grâce aux systèmes d'irrigation et de drainage. La réalisation de ces derniers suppose une mobilisation massive de main-d'œuvre, ce à quoi, comme on l'a vu, l'époque excelle. La même explication vaut pour le réseau de routes publiques qui commencent à sillonner le monde chinois.

Les réformes dans lesquelles s'engage le Qin au milieu du IVe siècle av. J.-C. sont la manifestation extrême de l'esprit qui préside désormais au gouvernement des États, marqué par la recherche de l'efficacité pure et le dédain des problèmes de vertu et d'honneur. Ces réformes sont inséparables du nom de Shang Yang, un homme de Wei devenu premier ministre du Qin. Shang Yang abolit l'ancienne aristocratie et crée une noblesse militaire dont les rangs sont déterminés par le nombre de têtes ennemies coupées au combat. Le pays est découpé en circonscriptions administratives. Les terres, jusqu'alors cultivées en commun par des groupements de familles livrant le tribut à un seigneur féodal, sont converties en propriétés privées individuelles. Les transactions foncières sont autorisées. Les paysans dont la moisson dépasse un niveau spécifié sont dispensés de corvée. Les familles sont organisées en groupes collectivement responsables de la bonne conduite de chacun. Les déplacements à l'intérieur du pays ne peuvent se faire qu'avec un permis. Les inactifs, les vagabonds et les criminels sont transformés en esclaves d'État. Les poids et mesures sont standardisés. Récompenses et châtiments sont attribués suivant un barême d'une précision mécanique. Enfin, on procède à la destruction des écrits qui constituent, ailleurs en Chine, la base de l'éducation.

L'État Qin né des réformes de Shang Yang semble avoir inspiré au reste des Chinois un sentiment mêlé d'admiration et de terreur. Su Qin n'a pas de termes trop élogieux : « Des campagnes riches, une population prospère, dix mille chariots, un million de soldats, mille kilomètres de friches fertiles, l'abondance répandue à l'intérieur de frontières faciles à défendre : un véritable arsenal naturel, à coup sûr le plus formidable État du monde ! » À la fin du IVe siècle av. J.-C., Zhang Yi, premier ministre du Qin, s'adresse à son roi en ces termes : « Nos citoyens s'arrachent aux bras de leurs parents, et, bien qu'il n'aient pas vu un seul ennemi de leur vie, au seul bruit de la guerre ils se dénudent le poitrail en trépignant, se précipitent sur les lames nues et courent sur les charbons ardents : il n'en est pas un qui ne demande à mourir en première ligne. Voilà la différence entre le Qin et l'Alliance [anti-Qin]. » Mais Lulian de Qi est sans doute plus représentatif de la majorité des Chinois de son temps lorsqu'il fulmine : « L'État de Qin a fait fi de toute morale… Il traite ses officiers comme

L'armure revêtue par les cavaliers différait notablement de celle des fantassins : tunique en lamelles métalliques portée jusqu'à la taille, vastes jambières protégeant les bottes de cuir, vêtement relativement ajusté. Les chevaux étaient harnachés de courroies en cuir maintenues par des boutons et des anneaux de bronze.

des employés et ses citoyens comme des esclaves. » Zhu Ji de Wei est plus violent encore ; d'après lui, « le Qin partage les coutumes des barbares. Sa morale est celle des tigres et des loups. Il se complaît dans la cruauté, il est plein de rapacité et ignore tout de la bonne foi, de la sincérité rituelle et de la vertu active ».

Si le Qin est exceptionnel par son radicalisme, les dirigeants des autres États n'en partagent pas moins le même souci d'efficacité, voire se vantent avec un certain cynisme de leur propre réalisme. Le discours tenu, dit-on, par Su Dai au roi de Yan est à cet égard typique : « Mon but, c'est d'avancer mes affaires et de cultiver mon avantage. Pour moi, l'incorruptibilité ne mène à rien en matière de succès personnel. La sincérité ne m'est d'aucun secours pour soutenir mon train de vie et trouver de l'emploi. Ceux qui pratiquent la bienveillance et l'équité ne cherchent qu'à se faire valoir à leurs propres yeux. » Ainsi voit-on se développer une contradiction qui ne cessera de tourmenter les Chinois : car si, pour l'homme de talent, la politique est à beaucoup d'égards l'état le plus honorable, le plus désirable et socialement le plus gratifiant, on ne l'en considère pas moins comme irrémédiablement corruptrice.

Une autre nouveauté retient l'attention : le développement du commerce. Les informations directes sur le sujet sont peu nombreuses, mais l'abondance, dans la littérature du temps, des métaphores empruntées au monde du négoce montre à l'évidence l'importance du phénomène. Certains marchands accèdent aux plus hautes fonctions politiques, tel Lü Buwei, qui sera ministre du Qin au milieu du IIIe siècle av. J.-C. On crée des péages sur les routes, les négociants doivent payer des taxes, des contrats sont rédigés dont la validité repose sur l'emboîtement parfait des deux exemplaires, et les États font circuler diverses formes de monnaie. Le Nord, l'Ouest et le Centre se servent de pièces de bronze en forme de bêche : 142 ateliers de frappe ont été retrouvés. Dans l'Est, c'est la pièce de bronze en forme de couteau qui domine. Dans le Sud, les petites transactions se font avec des pièces de bronze en forme de cauri, et les paiements importants avec des lingots d'or estampillés. La fin de la période voit apparaître la pièce ronde percée en son centre, ancêtre de la « sapèque » impériale enfilée par ligatures de mille.

L'histoire des Royaumes combattants nous est mal connue dans le détail. Les annales des différents États ont presque toutes été détruites par le premier empereur des Qin, à la fin du IIIe siècle av. J.-C. : elles risquaient à ses yeux de favoriser la résurgence des patriotismes locaux. Les sources sont donc fragmentaires, voire franchement romanesques. On peut néanmoins distinguer trois grandes périodes :

1. La fragmentation du Nord (de 480 à 340 environ avant Jésus-Christ).
Dans le courant du Ve siècle av. J.-C., le Jin se fractionne en trois États distincts : le Zhao, le Wei et le Han, qui portent le nom de trois des six grandes familles qui ont peu à peu usurpé le pouvoir des ducs de Jin. Une autre de ces familles — initialement la plus puissante — est celle du comte de Zhi. En 454, ce dernier conduit ses forces, alliées à celles des Wei et des Han, à l'assaut de Jinyang (l'actuelle Taiyuan), la place forte des Zhao. Le siège dure un an, une rivière qu'on a détournée pour inonder la ville manque, à deux mètres près, d'en submerger les murailles, et, du côté des assiégés, suivant la formule traditionnelle, « les parents échangent leurs enfants pour les dévorer ». Mais les chefs des clans Wei et Han réalisent qu'en cas de victoire ils seront à leur tour victimes du comte de Zhi : ils l'assassinent donc et font la paix avec les Zhao. Le chef des Zhao fait vernir le crâne du comte pour s'en servir comme coupe à boire.

Le Wei connaît un bref moment de gloire sous le règne du duc Wen (424-387) : des hommes de distinction fréquentent sa Cour, tel Zixia, un disciple de Confucius, et le duc leur marque le plus grand respect. De Duangan Mu, un disciple de Zixia qui a refusé de le servir comme fonctionnaire, il reconnaîtra qu' « il occupe le premier rang par la vertu, tout comme j'occupe le premier rang par le pouvoir ». C'est aussi sous son règne que Li Ke rédige le code législatif du Wei, qui servira plus tard de modèle pour le code des Han. Et c'est au même Li Ke que revient l'idée de faire acheter par le gouvernement des réserves de grain en période d'abondance pour les revendre en période de disette.

Après la mort du duc Wen, la guerre civile et les menaces extérieures affaiblissent le royaume. La brève renaissance qui marque le règne du roi Hui, vers 350, tourne court à la suite d'une grave défaite infligée par le Qi, en 341. Bien que le Wei en sorte très diminué, la cour du roi Hui devient le centre intellectuel de l'époque. On y rencontre notamment Zhuangzi, le célèbre taoïste, ainsi que les logiciens Huizi et Gongsun Long. Mencius, le plus fameux des confucéens de la seconde génération, passe en visiteur.

Plus exigu encore, l'État de Han est célèbre pour la qualité exceptionnelle de ses arbalètes (les meilleures de Chine) et de ses épées. Mais c'est un pays « pauvre, étroit et montagneux », suivant la description dédaigneuse de Zhang Yi de Qin à la fin du IVe siècle av. J.-C. Celui-ci ajoute à l'adresse du roi de Han : « Vos sujets se nourrissent de haricots et de brouets de légumes, et, si une seule récolte est manquée, ils sont bien contents de se remplir l'estomac des pires rogatons. » Le principal exploit du Han sera la conquête et l'annexion du Zheng, en 375 av. J.-C.

Le grand État de Qi, dans le Nord-Est, se trouve depuis le début du Ve siècle av. J.-C. sous la domination de la famille Tian, qui ne s'emparera cependant du trône qu'au début du siècle suivant. Le coup d'État monté par Tian Qi en 490 illustre bien le style politique des Tian. S'étant débarrassé d'un duc qui ne lui plaisait pas, Tian Qi exhibe le remplaçant de son choix en le tirant d'un sac au cours d'un banquet offert aux dirigeants du royaume. Son fils, Tian Chang, fait la proposition suivante au successeur du duc : « À quoi aspirent les gens ? Au profit. À vous de vous en charger, mon prince ! De quoi ont-ils peur ? Des châtiments. Permettez que je m'en occupe. » Le duc étant tombé d'accord, la réalité du pouvoir se retrouve entre les mains de Tian Chang, qui consolide ses alliances politiques en ouvrant son harem, célèbre pour la centaine de beautés élancées qui le composent, à ses invités et à ses partisans.

Le roi Wei est le plus remarquable des Tian. Il néglige totalement ses fonctions pendant les neuf premières années de son règne et mène une vie de dissipation, laissant ses ministres gouverner suivant leur bon plaisir. Puis, vers 349, il se lance tout à coup dans l'action politique, fait bouillir vivants toute une série de fonctionnaires incompétents et conduit victorieusement ses troupes contre le Zhao et le Wei. Jusqu'à sa mort (vers 320 av. J.-C.), le Qi est considéré comme l'État le plus puissant du monde chinois et respecté comme tel.

2. L'ascension du Qin et du Chu et l'équilibre triangulaire des pouvoirs (de 340 à 280 environ).
Le renforcement brutal du Qin, dans l'ouest du monde chinois, est le fait essentiel de cette seconde période. Y contribuent non seulement les réformes dont il a déjà été question, mais aussi, à la fin du IVe siècle av. J.-C., la conquête d'un arrière vaste et productif : l'actuelle province du Sichuan. À peu près au même moment, le Chu s'annexe lui ausssi un vaste arrière-pays en détruisant l'État de Yue dans le bas Yangzi. Un équilibre triangulaire des pouvoirs entre le Qi, le Qin et le Chu s'établit donc, qui va durer un certain temps.

Les désastres qui affligent le Qi comme le Chu pendant la deuxième décennie du IIIe siècle en marquent le terme. En 284, le Qin, le Chu, le Yan, le Zhao et le Han s'allient pour attaquer le Qi. Le général Yue Yi de Yan réussit à occuper tout le pays à l'exception de deux villes, et lui impose son

Les cauris sont utilisés comme monnaie à valeur symbolique au IIe millénaire av. J.-C. Le bronze sert ensuite de moyen d'échange à valeur intrinsèque pour les armes et les outils. 7 000 cauris ont été retrouvés dans la tombe de Fuhao, l'une des épouses du roi Wuding des Shang, à Anyang. Au VIIe siècle av. J.-C., l'apparition de pièces de bronze en forme de bêche ou de couteau marque les débuts de la frappe officielle. La pièce ronde percée d'un trou carré, destinée à rester l'espèce monétaire la plus courante pendant plus de deux mille ans, apparaît aux IVe et IIIe siècles av. J.-C.

À droite : Général de l'époque des Zhou (dessin exécuté d'après des documents archéologiques). Les bottes sont en cuir clouté de métal. La cuirasse, décorée d'un masque *taotie,* est en bronze. La forme du casque est très proche de celles des modèles romains.

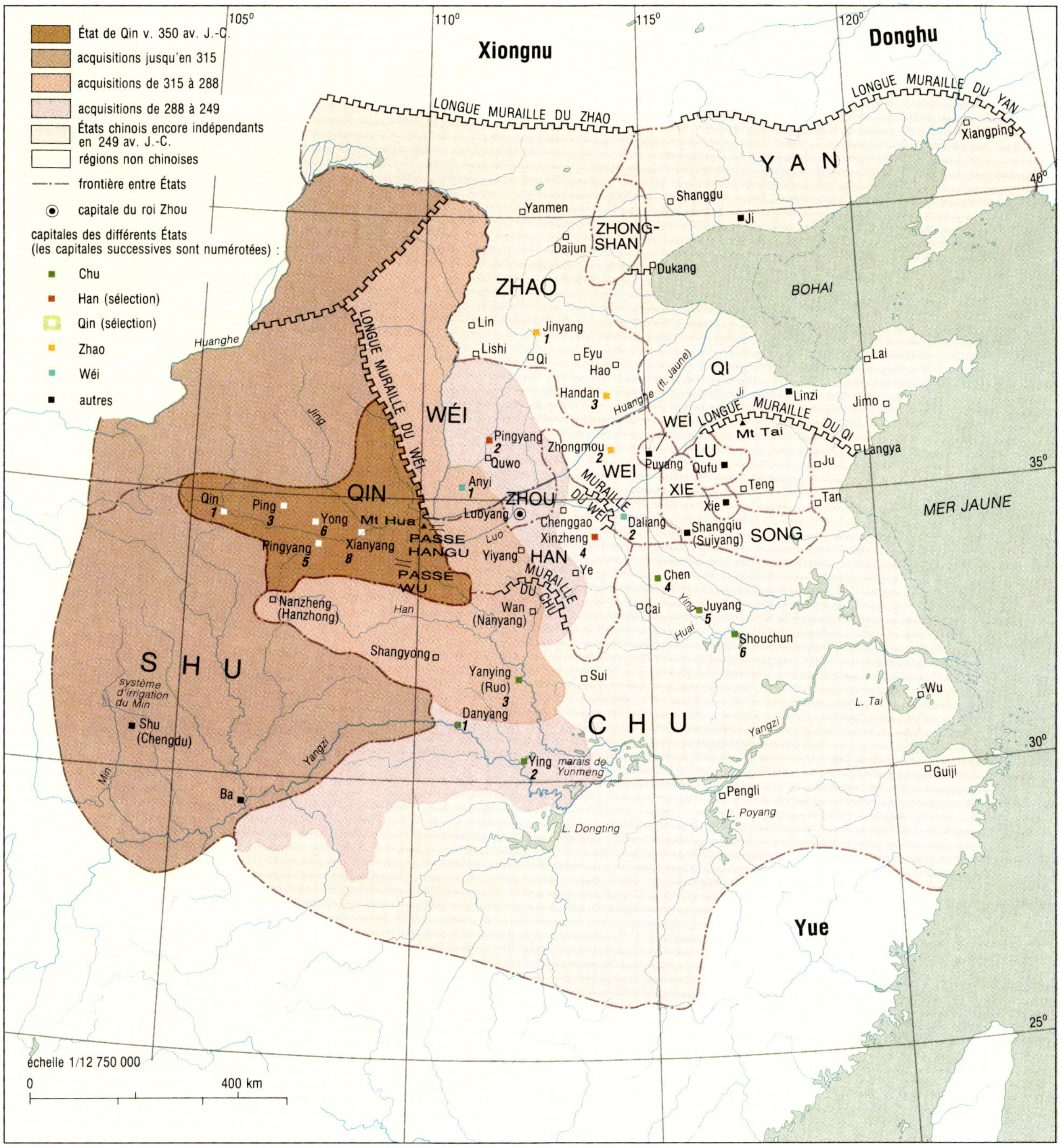

Les Royaumes combattants et l'essor du Qin (350-249 av. J.-C.). Il n'aura pas fallu plus d'un siècle à l'État occidental de Qin pour arriver à dominer le reste du monde chinois. L'incapacité de ses adversaires à s'unir est une première explication. Mais la réussite du Qin tient surtout aux trois facteurs suivants : les réformes administratives et sociales de Shang Yang, qui en font une redoutable machine de guerre ; la conquête du Shu, qui lui fournit un arrière riche et bien protégé ; enfin la capture de positions clés lui donnant directement accès à la vallée de la Han et au bassin inférieur du fleuve Jaune. Grâce à ces acquis, le Premier Empereur réussira à anéantir les États chinois restants en une dizaine d'années (230-221 av. J.-C.).

protectorat pendant six ans. Au Sud, dès la fin du IVe siècle, le Qin inflige de graves défaites au Chu et réussit à faire irruption dans la haute vallée de la Han, ouvrant de la sorte une brèche dans les défenses naturelles de son puissant voisin. L'assaut est renouvelé en 280 et, deux ans plus tard, le général Bo Qi, renommé pour son talent et pour sa cruauté, s'empare de Ying, la capitale du Chu, dont la puissance connaît dès lors un déclin rapide.

Par la suite, le Qi sera remis sur pied grâce à l'action du général Tian Dan, un homme dont le génie en matière de désinformation, de propagande et de guerre psychologique a peu d'égaux dans toute l'histoire de la Chine. Mais, après 249, la volonté politique de résister disparaît ; le Qi n'obtient la paix qu'en renonçant à venir en aide aux autres victimes du Qin. En 221, il ne lui restera plus qu'à se rendre sans combattre.

Les défaites subies aux mains du Qin « réformé » auront aussi un effet de choc sur le roi Wuling de Zhao. On a vu qu'en 307, en quête d'une stratégie de survie, il impose le port du vêtement barbare et fait adopter la technique du tir à l'arc à cheval. Violemment critiqué pour cet abandon des traditions chinoises, Wuling rétorque que « le sage observe l'endroit où il se trouve et se plie aux nécessités ». Et il ajoute : « Quand l'intérêt de l'État est concerné, il n'est pas toujours nécessaire de se modeler sur l'Antiquité. » En 296, le Zhao met à profit ce regain de puissance pour s'emparer du petit État de Zhongshan, qui le sépare du Yan. Mais l'essentiel de ces acquis est dissipé dans les luttes de factions qui suivent l'abdication malheureuse du roi Wuling ; et l'alliance mal venue avec le Qin, vers 280, va conduire le Zhao à combattre ceux qui auraient dû être ses alliés naturels devant la puissance montante du grand voisin occidental.

3. Le triomphe du Qin (280-221).

Dès 288, comme le montre la carte de la page

précédente, le Qin s'est substantiellement étendu au-delà de ses frontières de 316 (incluant l'ancien État de Shu, au Sichuan), et il dispose désormais d'accès bien contrôlés à la grande plaine du Nord et à la vallée de la Han. Les quarante années qui suivent voient se succéder les conquêtes. Les armées du Qin remontent la vallée de la Fen et pénètrent dans l'actuel Shanxi ; la frontière orientale du royaume est repoussée jusqu'au-delà de Luoyang ; enfin, comme on l'a vu, sa poussée au sud conduit le Qin jusqu'à la capitale du Chu, Ying, sur le site de l'actuelle Jiangling. Aux alentours de 249 av. J.-C., plus personne n'est en état de résister à sa supériorité matérielle. Même s'il reste en partie à mettre en valeur, son territoire égale pratiquement celui de l'ensemble des autres États chinois, et sa population est probablement supérieure à celle de n'importe lequel de ses rivaux. On jugera d'ailleurs des ressources dont dispose le Qin au fait que les quelques défaites sérieuses infligées par le Zhao et le Chu pendant les quatorze dernières années du processus d'unification n'interrompent pour ainsi dire pas l'élan de sa machine de guerre. Vers 240, les approvisionnements du royaume se sont encore accrus grâce au rendement de deux immenses programmes d'irrigation : l'aménagement de la rivière Min dans la plaine de Chengdu, au Sichuan ; et le percement du canal Zhengguo, au Shaanxi, qui court parallèlement à la Wei et fait communiquer la Jing et la Luo. En outre, la conquête du Shu, puis de la commanderie de Nanrang juste au sud de Luoyang, a livré au Qin deux des meilleurs centres métallurgiques de Chine. Or, le fer est un produit éminemment stratégique. Quant aux réformes de Shang Yang, qui datent du siècle précédent, elles permettent au royaume de mobiliser proportionnellement plus d'impôts en grain, d'hommes de troupe et de main-d'œuvre corvéable ou servile qu'aucun autre de ses rivaux. Au total, le Qin peut être défini comme une méritocratie agro-militaire, fruste, mais terriblement efficace.

Fait significatif, un bon nombre des meilleurs hommes d'État du royaume — tels Shang Yang, Lü Buwei ou Li Si, ce dernier ayant été l'instrument le plus efficace de l'unification chinoise après la chute de Lü Buwei en 237 — n'en sont pas originaires : l'aristocratie du Qin ne joue qu'un rôle très limité dans le gouvernement. Lorsque le roi Zheng, le futur Premier Empereur, monte sur le trône en 246 av. J.-C., à l'âge de douze ans, il ne fait que poursuivre jusqu'à leur terme des plans mûris de longue date par ses prédécesseurs. L'extraordinaire rapidité de la conquête pendant la décennie finale (de 230 à 221), marquée par l'annexion en série du Han, du Wei, du Chu, du Zhao, du Yan et du Qi, ne doit pas faire oublier que la totalité du processus a occupé près d'un siècle.

Comment résumer les deux mille et quelques années d'histoire retracés dans les pages qui précèdent ? Partant d'une base néolithique commune à une grande partie de l'Ancien Monde, l'aire culturelle chinoise a développé une civilisation bien à elle, avec toutes les spécificités que cela comporte. Cette évolution a associé emprunts et créations originales, encore que la proportion des uns et des autres soit difficile à apprécier. En revanche, la façon dont ces divers éléments ont été combinés est totalement neuve. Certes, le socle culturel ainsi constitué a été soumis, dans les périodes qui ont suivi, à un processus continu d'érosion, voire de totale métamorphose ici et là, sans parler des nouveaux matériaux qui l'ont recouvert. Ce n'en est pas moins là qu'il faut chercher, aujourd'hui encore, et avec une fidélité probablement unique dans l'histoire des civilisations, les fondements du paysage culturel chinois.

Ce manche de poignard en or ajouré a été fondu « à cire perdue ». Cette composition géométrique d'entrelacs où apparaissent des motifs animaliers est typique du style décoratif de la période comprise entre le Ve et le IIIe siècle av. J.-C.

PARENTÉ ET ROYAUTÉ

La société Shang

La société chinoise à l'époque des Shang et des Zhou occidentaux se définit assez bien en combinant les concepts de parenté et de royauté. Les liens de l'une à l'autre sont multiples, et particulièrement manifestes dans le cas du culte des ancêtres. Ainsi, tout membre du peuple (ou de la tribu) des Shang est considéré comme un « cadet » du monarque. Celui-ci, seul ou en compagnie de ses représentants, a le droit de sacrifier à l'ensemble des ancêtres. Les Zhou occidentaux, en revanche, patronnent (ou tout au moins admettent) les multiples cultes ancestraux pratiqués dans les demeures de leurs vassaux, et leurs vassaux dans celles de leurs subordonnés. Contrairement au culte ancestral des Shang, ces cultes s'adressent exclusivement aux ascendants directs de ceux qui les célèbrent. Cette situation reflète une réalité politique, qui est le système féodal décentralisé des Zhou. Parallèlement, les structures de parenté et le système d'attribution des noms se font plus complexes qu'avant.

Les groupes de parenté Shang se distinguent les uns des autres par des emblèmes gravés sur leurs bronzes rituels. À mi-chemin entre des représentations graphiques et des caractères d'écriture, ces emblèmes représentent des êtres humains occupés à diverses activités, des armes, des outils, des bâtiments, des tombes, des enclos pour les animaux sacrificiels... Selon toute probabilité, les groupes en question étaient associés à des activités spécifiques, ou à des obligations définies envers la maison royale.

Les Shang ont des généalogies, mais pas de patronymes *(xing)*. On distingue les générations, mais sans insister sur les filiations précises : aussi la piété filiale n'a-t-elle pas encore l'importance prépondérante qui sera plus tard la sienne. Il se peut également que les liens de parenté aient servi à organiser des unités militaires. L'un des mots signifiant « famille » en chinois moderne *(zu),* dont l'idéogramme combine un étendard et une flèche, désignait une unité de ce type à l'époque Shang. Les groupes de parenté sont le plus souvent basés sur des petites cités qui leur appartiennent en propre.

La royauté Shang, c'est la suzeraineté sacrale et religieuse du clan royal. Le roi est l'intermédiaire entre le monde des esprits et celui des hommes. Il passe pour descendre de Dieu *(di),* lequel règne sur les esprits. On notera que ce mot *di* entre dans les dénominations posthumes des deux derniers monarques Shang, qui avaient cherché à se placer au-dessus du clan royal en rejetant la succession collatérale au profit de la succession père-fils. Un millénaire plus tard, le même mot entrera dans le terme qui désigne l'empereur *(huangdi).*

L'importance du rôle religieux assumé par le roi devient évidente quand on se souvient que, pour les Shang, les esprits contrôlent toute espèce d'événement, depuis les migraines de la reine jusqu'à l'issue des batailles, en passant par la qualité des moissons récoltées par les divers clans. C'est donc une tâche vitale, dont on ne voit jamais la fin, que de prévoir leurs intentions et de prévenir leurs souhaits, de se protéger de leur malveillance, de gagner leurs faveurs. Même le temps qu'il fait est soigneusement considéré : l'arc-en-ciel, par exemple, est un serpent à deux têtes qui boit l'eau des rivières, et l'on croit que son apparition annonce le désastre. Les vents sont des oiseaux magiques et des messagers de Dieu. Les mots pour « vent » et pour « phénix » *(feng),* plus tard différenciés, étaient au départ identiques.

Ce sentiment d'un univers totalement investi par le pouvoir des esprits, on en retrouve quelque chose dans l'aura qui émane des ustensiles de bronze utilisés par les Shang dans leurs cérémonies religieuses. Beaucoup affichent le masque de *taotie* (voir p. 60), sorte de monstre effrayant qui pourrait être un gardien des frontières. Certains l'interprètent cependant comme la représentation de la multiplicité des êtres en un seul symbole : on y trouve les cornes du bœuf, les oreilles de l'éléphant, les griffes de l'oiseau, les yeux de l'homme et la crête du dragon. Le motif de la cigale symbolise quant à lui le retour et le renouveau de la vie. Les bronzes du milieu et de la fin des Zhou, par contraste, sont d'inspiration beaucoup plus séculière, même s'ils servaient au culte ancestral. Ce sont des objets décorés, plutôt qu'animés par un unique motif. Ils portent le plus souvent des inscriptions mentionnant des nominations ou des présents royaux.

Lorsque le roi Shang proclame son droit unique à sacrifier dans certains sites sacrés, c'est sa suprématie politique qu'il affirme. Des ambassades sont parfois envoyées sous escorte accomplir de tels rites dans des endroits éloignés de la capitale. Autour de celle-ci se répartissent les villes gouvernées par les parents du roi, ses fils, et parfois ses reines. Au-delà du cercle de ces villes (ou dispersées entre elles) se trouvent des régions contrôlées par d'autres tribus, dont le statut se situe entre la subordination et l'alliance : les Zhou d'avant la conquête en sont un exemple. Au-delà encore, ce sont les non-Chinois, tels les Qiang ou les Nan, considérés comme des démons à forme humaine.

Jusqu'à récemment, l'orthodoxie politique exigeait des archéologues de Chine populaire qu'ils décrivent la société Shang comme « esclavagiste ». Il est probable, certes, qu'une fraction de la population était composée d'esclaves ; mais il est peu vraisemblable que le système de production *dans son ensemble* ait été fondé sur l'esclavage. Rien en effet n'indique l'existence d'un système régulier d' « approvisionnement » en esclaves, et la guerre aurait été une source trop aléatoire pour l'économie tout entière. L'énorme main-d'œuvre nécessaire pour construire les tombeaux Shang était sans doute temporaire, et fournie par les clans subordonnés, qui effectuaient d'ailleurs d'autres corvées ; quant aux victimes des grands sacrifices humains accomplis au moment des funérailles, c'étaient pour la plupart des prisonniers de guerre non chinois, et non des « esclaves ».

On notera aussi que la thèse « esclavagiste » s'appuie à l'occasion sur l'interprétation de textes oraculaires, notamment sur l'occurrence du mot *zhong* qui signifiera plus tard « la multitude », « les masses ». Certains textes s'en servent pour désigner la main-d'œuvre employée à des travaux agricoles ou de construction. Il y a toutefois bien des raisons de penser qu'il ne s'agissait pas d'esclaves, mais plutôt d'une sorte de garde militaire convoquée à intervalles irréguliers pour accomplir les tâches les plus variées.

Cela dit, maintes inscriptions sur des bronzes d'époque Zhou mentionnent des présents royaux incluant villes, serviteurs, groupes familiaux, gens du peuple, contremaîtres, esclaves, prisonniers de guerre... Il existe aussi quelques références à des ventes de personnes, ou à des procès perdus entraînant des compensations en terres et en êtres humains. Il semble que la société Zhou ait été le produit de deux éléments superposés : l'ancien ordre social, avec ses tribus et ses groupes familiaux, et l'aristocratie des conquérants, dont le pouvoir reposait sur de vastes fiefs et sur le monopole des charges gouvernementales, transmises le plus souvent de père en fils. Le système qui en est résulté comprenait, en de multiples combinaisons, des principes d'action et d'identification collectives et des principes de subordination et de servage.

On peut se faire quelque idée du monde rural au début du premier millénaire avant notre ère à travers les chansons recueillies dans le *Livre des odes*. Il y est question de paysans en train de sarcler « par milliers de couples », « en longues, longues files », pour faire pousser le grain destiné à la fabrication de l'alcool offert aux ancêtres. On discerne clairement l'existence d'une autorité hiérarchisée dominée par l' « héritier », probablement le chef du clan. Dans certaines chansons, il est question d'un « inspecteur des champs », les travailleurs étant désignés comme « ouvriers agricoles », comme « nos gens », voire (si la traduction est exacte) comme des « domestiques ». Un poème met en parallèle la possession, ou au moins l'utilisation, des êtres humains et celle de la terre :

> Ils possèdent leurs terres et leurs champs,
> *Ils possèdent leurs gens...*

Mais il est peu probable que cette subordination ait été de l'esclavage, comme l'atteste une autre chanson, un calendrier des activités annuelles :

> Le deuxième mois est celui des réunions de chasse
> Où nous entretenons *nos aptitudes à la guerre*.
> Les plus jeunes sangliers, nous les gardons pour nous,
> Mais les adultes nous les offrons *à notre seigneur...*

Or, il n'est guère fréquent que des esclaves soient aussi des combattants.

L'existence d'un mode de vie collectif est également attestée par la fête communautaire célébrée à la fin de l'année agricole en l'honneur des ancêtres, ou encore par les concours communautaires de tir à l'arc. Les Chinois ont toujours considéré cette façon de vivre ensemble comme moralement supérieure, même si dans les faits ils l'ont de moins en moins pratiquée. Au XIIIe siècle encore, le pouvoir récompense les lignages qui s'obstinent à vivre collectivement génération après génération, partagent leurs repas, et refusent de diviser leur propriété. Ira-t-on jusqu'à parler de la pérennité d'un idéal qui relierait les temps archaïques aux tentatives communistes de collectivisation ? Il est vrai que le communisme est, par définition, hostile aux liens familiaux.

Ce mode de vie disparaît largement au milieu du premier millénaire avant notre ère. La cellule sociale de base est désormais la famille à trois générations, dont le principe est que les fils, même adultes et ayant des enfants, continuent de vivre auprès de leur père jusqu'à sa mort. Ce développement est de toute évidence lié à l'apparition de la propriété privée du sol, héritée et partagée à la disparition du titulaire, et à l'importance croissante accordée à la piété et à l'obéissance filiales.

Au milieu du IVe siècle av. J.-C., Shang Yang, ministre du Qin, essaiera même de détruire la famille à trois générations : son idée est de renforcer le pouvoir de l'État en affaiblissant l'autorité paternelle, et d'augmenter le revenu fiscal en favorisant la création d'exploitations plus nombreuses. Ainsi décrète-t-il que quiconque a deux fils adultes ou plus doit remettre aux cadets leur part de propriété afin qu'ils puissent s'établir à leur compte, sous peine d'un doublement de l'impôt. Cette façon de saper l'autorité du père sera très critiquée par la suite, comme l'attestent ces propos de Jia Yi, philosophe et homme d'État du IIe siècle av. J.-C. :

> Le seigneur Shang a abandonné le rituel et l'équité. Il s'est désintéressé de la compassion et des obligations morales. Il a incité les gens à se pousser en avant et à chercher le profit. Au bout de vingt ans, l'effet sur les mœurs du Qin était catastrophique. Un fils qui prêtait à son père ne fût-ce qu'un rateau ou une herse arborait un air de grande vertu. Une mère qui prenait à son fils ne fût-ce qu'un panier ou un balai se faisait aussitôt injurier. Les femmes chérissaient leurs enfants et en prenaient grand soin, mais en présence de leurs beaux-pères elles n'étaient plus qu'arrogance et âpreté. Belles-mères et brus n'éprouvaient aucun plaisir à se fréquenter et se toisaient les lèvres pincées. Cette manière de ne s'intéresser qu'à sa progéniture, de ne se préoccuper que de son avantage personnel, n'était pas très éloignée de celle des animaux.

Ces critiques permettent, par contraste, de se faire une idée de ce qu'est la famille patriarcale dans le reste de la Chine : sa place dans la société est désormais centrale, et elle le restera toujours. La réplique fameuse de Confucius à un seigneur qui se désignait comme duc de She en est la meilleure illustration : le « duc » s'était vanté d'avoir dans

Motifs humains et animaliers gravés sur un instrument de musique en bois provenant d'une tombe du royaume de Chu à Xinyang, Henan (IVe ou IIIe siècle av. J.-C.). Les arts du Chu offrent un contraste marqué avec ceux des royaumes de Chine du Nord. Les *Élégies de Chu (Chuci)* sont une source précieuse

sur les croyances locales ; on y rencontre maints esprits chthoniens et célestes inaccoutumés dans la mythologie chinoise.

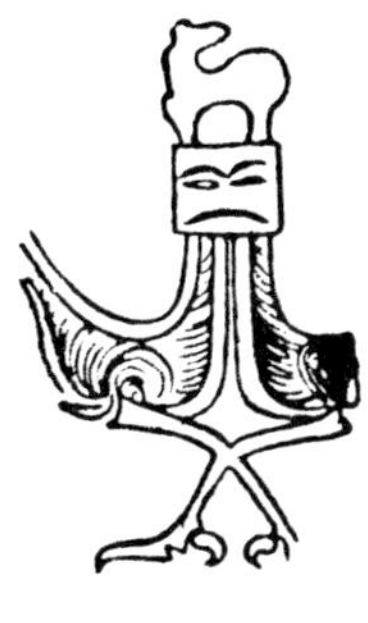

son domaine un certain Gong l'Intègre qui était tellement honnête qu'il avait témoigné contre son propre père pour le vol d'un mouton. À quoi le Sage rétorqua : « Dans mon pays, les hommes intègres sont tout différents. Un père protégera son fils et un fils protégera son père. »

La royauté sous les Zhou : du rituel au réalisme

La dynastie des Zhou s'étant établie par la conquête, on conçoit qu'il lui ait fallu à la fois se montrer plus accommodante que les Shang envers ses sujets, justifier ses actions de façon plus explicite, et organiser son gouvernement de façon plus consciente et délibérée. Les caractères de la féodalité Zhou se distinguent clairement à travers les nombreuses inscriptions sur bronze établissant la relation entre le roi et le possesseur de l'objet. Le grand tétrapode de Yu, qui commémore les présents en terres, hommes et insignes royaux offerts par le roi Kang à un certain Yu lors de sa désignation comme suzerain des barbares Rong, porte l'exhortation suivante :

> O Yu ! L'illustre et grand roi Wen a reçu l'auguste Mandat céleste. Le roi Wu lui a succédé et a créé notre État. Il a chassé le mal, pris pleine et entière possession des quatre orients, et éduqué leurs populations... Le Ciel l'avait en sa garde et le protégeait... La vertu intègre du roi Wen est mon modèle, et je désire me conformer aux principes qu'il a établis. Je t'ordonne aujourd'hui, Yu, de m'assister. Renforce respectueusement ma vertu et corrige mes actions. Sois présent matin et soir, inlassablement, pour m'offrir tes critiques. Sers-moi loyalement et sois rempli de la crainte du Ciel !

Précisons qu'à ces éléments féodaux s'ajoute une certaine dose de bureaucratie, comme l'atteste la nomination de fonctionnaires dont les titres, au moins, suggèrent des responsabilités tout à fait spécialisées, tel le « ministre des forêts ».

Dans le système de pensée des Zhou occidentaux, le roi est le « double » du Ciel et de Dieu. Pour les populations et les principautés d'ici-bas, il est la « loi », le « modèle » ; il est l'exemple et l'éducateur dont la vertu manifeste appelle la réponse de ses sujets. Mais il se doit aussi d'être « accommodant » envers ces derniers, « en harmonie » avec eux ; comme le dit encore le *Livre des odes,* il doit « répondre au monde ». Il lui faut « tenir ses engagements envers le peuple » et être « celui sur qui le peuple peut se reposer ». Avec ses vassaux, il instaure l'ordre dans le monde, édifiant les murailles, délimitant et répartissant les champs. Il est également « l'hôte des cent esprits », à qui il est tenu de faire des offrandes, et « obéit aux anciens princes du clan » — autrement dit, aux ancêtres qui descendent du Ciel pour veiller sur lui, recevoir ses sacrifices et écouter les concerts qu'il ordonne. Malheureusement, la nature exacte des nombreux rituels dont s'entourait la monarchie reste largement obscure.

C'est dans le courant du IXe siècle av. J.-C. que les rois Zhou commencent à éprouver de sérieuses difficultés à contrôler leur aristocratie. Les désordres et les calamités naturelles qui se multiplient alors donnent l'impression que l'ancienne société est en train de s'effondrer ; les rois ont, de plus en plus, le sentiment de leur propre échec, et l'on craint de toutes parts la colère du Ciel. Cette sombre ambiance s'exprime bien dans les bronzes et les poèmes de l'époque :

> Il n'est d'esprit à qui nous n'ayons sacrifié,
> Nous n'avons pas mesuré le nombre des victimes,
> Nous avons offert tous nos jades rituels.
> Pourquoi donc aucun esprit ne daigne-t-il nous écouter ?

Alors que depuis le VIIIe siècle av. J.-C., la maison des Zhou ne cesse de s'affaiblir, l'idéologie qui s'exprimait sur les flancs des bronzes rituels décline elle aussi, et finit par virtuellement disparaître. Les hauts dignitaires, puis les chefs des États indépendants de la période des Printemps et des Automnes récupèrent les cérémonies royales pour leur propre profit. Un bronze Qin de la fin du VIe siècle av. J.-C. montre comment un État théoriquement subordonné arrive à s'approprier la doctrine des rois Zhou :

> Le duc de Qin dit : grands et illustres sont nos augustes ancêtres ! Ils ont reçu le Mandat céleste et marchent dans les traces de Yu [le Grand, fondateur des Xia]. Mes douze prédécesseurs résident auprès de Dieu. Ils veillent jalousement sur le Mandat céleste et protègent leur maison de Qin, laquelle règne glorieusement sur les barbares comme sur les Chinois. Même si Nous ne sommes qu'un enfant [par comparaison], Notre brillante vertu rayonne glorieusement... et Nous éduquons le peuple innombrable. Nous formons des générations successives de chevaliers... Nous subjuguons les États qui ne viennent pas à Notre Cour. Nous sommes respectueux dans nos sacrifices, fabriquons des vases rituels pour nos ancêtres, et marchons dans les traces de nos augustes ascendants.

À cette époque pourtant, la conception Zhou d'une royauté fondée sur le rituel n'est guère plus qu'un vénérable souvenir : le pragmatisme brutal des Royaumes combattants est proche.

Il n'empêche que l'idéal du souverain véritable régnant non par la force, mais par la vertu et par l'exemple, est resté profondément ancré dans la mentalité chinoise. Tandis que les réalités complexes de l'histoire des anciens Zhou s'effaçaient du souvenir, on en est venu à invoquer la théorie de la royauté rituelle pour se persuader qu'un jour des rois-sages avaient effectivement gouverné la Chine, et qu'un jour d'autres peut-être leur succéderaient.

Les arts de l'âge du bronze

L'âge du bronze

Les plus anciens bronzes attribuables aux Shang viennent du site de Erlitou au Henan, que l'on peut dater du XIXe siècle av. J.-C. Les parois sont minces ; l'ornementation peu abondante, faite de filets en relief, est disposée en bandeaux étroits ; la technique est celle du moule à pièces. Les Shang ont eu plusieurs capitales dont la dernière est Anyang, aux XIIIe et XIIe siècles av. J.-C. Les murs d'Anyang ont été mis au jour près du village de Xiaotun, sur la rive sud d'une rivière au nord de laquelle ont été retrouvés un espace cultuel et de nombreuses tombes. Celle de la reine Fu Hao (début du XIIe siècle), récemment fouillée et retrouvée intacte, contenait plus de 4 000 bronzes, des armes, de nombreux jades, des sculptures sur pierre ou sur ivoire incrustées de turquoise, et 7 000 cauris servant probablement de monnaie. Les vases de bronze étaient utilisés pour les offrandes faites aux ancêtres. Les caractères « Fu Hao » apparaissent sur une série de chaudrons dont on peut penser, étant donné les traces de suie qu'ils portaient, qu'ils servaient à la préparation quotidienne des aliments. La tombe contenait aussi seize victimes humaines.

La décoration des bronzes Shang utilise des motifs géométriques ou spiralés, ainsi qu'un bestiaire fantastique auquel appartiennent notamment le masque de monstre *taotie* et le dragon *kui* ; le décor est réparti suivant des zones bien définies. Les éléments constitutifs du *taotie* et du dragon sont fréquemment « éclatés » et disposés sur un fond de spirales carrées baptisées « motif de foudre » *(leiwen)* par les amateurs d'antiquités de l'époque des Song. Les arêtes laissées par les joints entre les différentes pièces du moule sont exploitées à des fins décoratives, et d'une manière particulièrement élaborée à l'époque des Zhou. Un petit nombre de pièces représentent des animaux plus réalistes ; la figure humaine fait son apparition.

Les premiers bronzes des Zhou occidentaux sont semblables à ceux de la fin des Shang, même si certaines formes nouvelles apparaissent (comme le vase *gui*), et si d'autres disparaissent. L'allure se fait progressivement plus trapue. Les formes restent simples, ou, au contraire, se compliquent à l'excès. Les vases en forme d'oiseau semblent extrêmement populaires. À la fin du Xe siècle, le masque de *taotie* est dissocié en motifs géométriques indépendants, seuls les yeux indiquant encore l'origine zoomorphe ; il perd en outre sa prépondérance dans l'ensemble du décor, laissant la place à des motifs non figuratifs qui supplantent également oiseaux et dragons et tendent à s'organiser en fonction d'une conception décorative intégrée. Le mouvement échappe à la symétrie rigide des modèles Shang et au compartimentage jusqu'alors imposé par les différentes pièces du moule.

Les dessins ondoyants « en vagues », faisant le tour de la pièce, restent en usage jusqu'au VIIIe siècle. Les entrelacs de rubans laissent la place à des enchevêtrements de dragons ; les pièces, devenues plus petites, forment un ensemble décoratif d'un seul tenant. C'est à ce type que se rattache le style dit de Liyu, du nom d'un village du Shanxi ou a été découverte une resserre de bronzes ; l'endroit contenait notamment des pièces zoomorphes rappelant l'art des steppes, et d'autres portant des dragons entrelacés en haut relief sur un fond lisse. Les fouilles de Houma, dans le sud-ouest du Shanxi, ont également mis au jour des pièces dans le style de Liyu, ainsi que des vases incrustés ; l'incrustation dominera la décoration du bronze pendant la période suivante. La fonderie retrouvée à Houma contenait des poinçons pour l'exécution des motifs répétitifs, alors qu'à l'époque des Shang les moindres spirales étaient faites une à une, à la main.

L'essor des royaumes féodaux a eu pour conséquence une diversité accrue des styles, chaque

Ci-dessus : Le *ding* tient le premier rang parmi les vases sacrificiels de la fin des Shang. Ses pieds passent pour symboliser la puissance, la rectitude et la stabilité de l'État. Ils prennent ici la forme de dragons *kui*. L'exemplaire reproduit porte le nom de Fu Hao, une reine inhumée à Anyang, au Henan, au début du XIIe siècle av. J.-C.

À droite : Les jades étaient hautement appréciés à l'époque des Shang et les aristocrates se faisaient enterrer avec leurs pièces les plus précieuses. L'habitude s'en est perpétuée sous les dynasties suivantes. Ce disque *bi*, symbolisant le Ciel, est un bel exemple du travail ajouré de l'époque des Royaumes combattants.

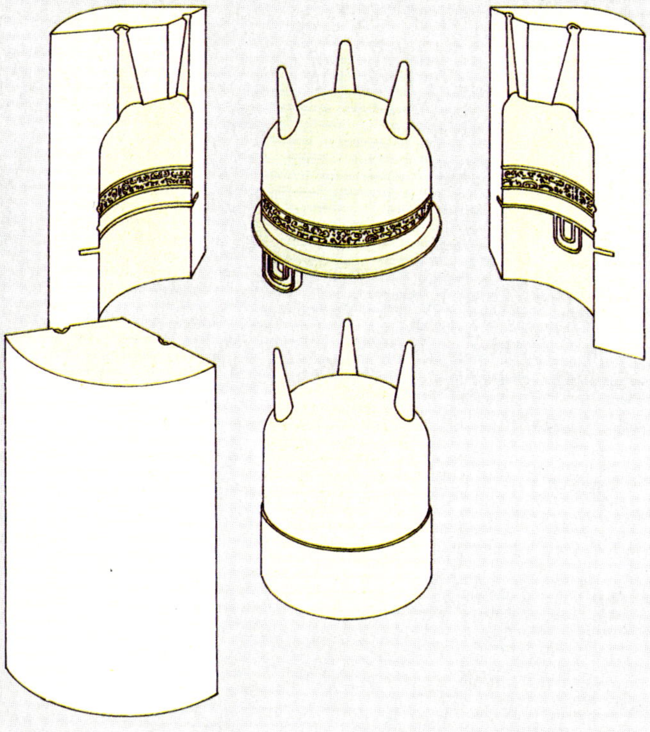

Ci-dessus : Seuls les Chinois ont recouru à la technique du moule à pièces pour fondre des bronzes de grandes dimensions. Cette technique permet d'obtenir une plus grande précision dans le décor. Dans la technique de la fonte à cire perdue, également connue en Chine, le modèle était réalisé en cire et enveloppé d'argile : la cire fondait et s'écoulait à la cuisson, laissant la place libre pour le métal en fusion. le procédé de la cire perdue semble avoir été utilisé — peut-être en combinaison avec celui du moule à pièces — pour la réalisation des décors à entrelacs compliqués et ajourés ornant les bronzes de la période des Zhou orientaux.
La fonte d'un bronze au moyen d'un moule à pièces comportait les étapes suivantes :
1. On appliquait une couche d'argile sur le modèle en terre cuite, lequel ne comportait encore que les principaux éléments du décor.
2. Après séchage, ce moule était découpé en plusieurs pièces et détaché du modèle ; les détails du décor étaient directement gravés dans l'argile.
3. Le moule et sa chape étaient soumis à la cuisson.
4. Les pièces étaient ensuite assemblées dans un cadre, et l'ensemble disposé bas en haut pour recevoir le bronze en fusion.
5. Après refroidissement, le moule était retiré et l'on procédait au polissage, éventuellement à des incrustations.

région développant ses particularités, voire ses excentricités. La vallée du Yangzi voit fleurir une civilisation du bronze originale, avec des vases richement ornementés où la technique du moule à pièces est combinée à celle de la fonte à cire perdue pour l'exécution des décors en haut relief : la maîtrise du procédé est attestée par les vases à vin provenant de la tombe du marquis de Yi à Leigudun (Hubei), qui présentent une masse de formes entrelacées sans aucune trace de joint. L'ensemble des pièces découvertes dans cette tombe témoigne du niveau technique atteint par les bronziers du début des Royaumes combattants — notamment un jeu de 64 cloches offerts au marquis par un prince du Chu en 433 av. J.-C. (voir illustration p. 67).

La popularité des bronzes incrustés pendant la période des Royaumes combattants a ramené un certain degré d'unité stylistique. Quoique déjà attesté sous les Shang, l'art de l'incrustation ne s'est vraiment répandu en Chine qu'au VIe siècle. Les motifs à incruster étaient dessinés en relief sur le moule et les incrustations étaient réalisées en cuivre, en argent ou en or par martelage de plaques ou insertion de fils ; elles représentent des dieux, des hommes, des animaux, des arbres et des bâtiments, disposés en registres. La technique de la patine artificielle du bronze, permettant de faire ressortir les incrustations, était probablement connue. On se servait aussi de malachite ou de turquoise ; la couleur devenait alors le principal élément de la décoration, le vert sombre de la malachite se détachant sur un fond de cuivre rouge. Du milieu du IVe siècle au début des Han (206 av. J.-C.), les bronzes incrustés se répartissent en deux grandes zones : la Chine métropolitaine et le Sud. Les motifs incrustés sont de plus en plus fins et certains dessins réalisés en fils d'or constituent un véritable travail d'orfèvrerie. Les motifs curvilignes caractéristiques de la Chine du Sud sont plus apparentés au style des laques ou des peintures sur soie qu'à celui des bronzes incrustés de Chine métropolitaine, où dominent les motifs géométriques.

Le jade

La solidité du jade et sa pureté en ont fait un matériau hautement apprécié en Chine depuis les temps néolithiques. Le principal gisement se trouvait à Khotan en Asie centrale. Sa dureté rend la pierre si difficile à travailler que les artisans pouvaient, dit-on, passer des années à manipuler et examiner une pièce avant d'en entreprendre le meulage en s'aidant de sable abrasif. Les jades provenant des tombes Shang et Zhou sont blancs ou jaunâtres, plus rarement gris-vert. Ils sont décorés d'incisions superficielles s'inspirant du décor courant dans l'art du bronze. Mais ce sont la forme et la silhouette de l'objet qui comptent avant tout. Les petits animaux de jade retrouvés dans la tombe de la reine Fu Hao (début du XIIe siècle av. J.-C.) sont étonnamment réalistes. À l'époque des Zhou, on raffine encore en réalisant des surfaces texturées, et le travail ajouré de la fin des Royaumes combattants dénote une habileté et un goût qui n'ont jamais été surpassés dans le travail du jade.

La laque

L'arbre à laque pousse dans l'ouest de la Chine, au Sichuan et au Yunnan. Sa résine, après fermentation, oxydation et adjonction de couleur, est appliquée en fines couches sur des supports en bois ou en tissu. Peut-être était-elle déjà utilisée comme adhésif dans les bronzes incrustés de turquoise de l'époque des Shang; on a également trouvé des impressions de laque (dont les supports étaient détruits) dans des tombes Shang. Préservés depuis l'époque des Royaumes combattants, les récipients en bois laqué étaient très estimés. La tombe du marquis de Yi, au Hubei, contenait du mobilier, de la vaisselle zoomorphe et des instruments de musique décorés de laque. Le cercueil interne était peint de motifs abstraits jaunes, noirs et rouges; les panneaux latéraux centraux portaient des monstres cornus armés de hallebardes. Il y avait aussi un cerf revêtu d'un motif ouvré fait de taches et de plumes, et un récipient à nourriture imitant la forme et la décoration des bronzes. L'évolution vers les motifs sinueux qu'appelle le travail au pinceau a influencé, en retour, le décor des bronzes incrustés de la fin des Royaumes combattants.

En haut à droite : Ce bronze du début des Zhou occidentaux (XIe siècle av. J.-C. environ) porte une inscription mentionnant des opérations militaires menées contre les Shang.

En haut au centre : Vase rituel en bronze du Ve siècle av. J.-C., dans le style dit de Liyu. Les entrelacs de dragons disposés en registres et agrémentés de motifs géométriques sont caractéristiques de ce style.

En haut à gauche : Heurtoir en bronze de l'époque des Royaumes combattants. L'anneau est attaché à un masque de *taotie* surmonté d'un phénix. On retrouve le même assemblage sur des vases de bronze (telle la pièce reproduite à droite de celle-ci) ou des cercueils en bois de la même période. La réapparition du *taotie* à la fin du VIe siècle semble être une allusion aux rituels antiques de l'époque des Shang.

À droite : Vase à vin en forme de rhinocéros (province du Shaanxi, fin du IIIe siècle av. J.-C.). Les incrustations qui recouvraient toute la pièce ont disparu.

Ci-dessous : Laque en forme de cerf provenant de la tombe du marquis de Yi (Ve siècle av. J.-C. environ), dans la province du Hubei.

L'EMPIRE DES QIN

Le Mandat céleste

Les historiens ont coutume de considérer l'unification de la Chine par les Qin, en 221 av. J.-C., comme le début d'une ère nouvelle destinée à durer jusqu'en 1911 : ce qu'on appelle l'Empire. Cela peut se justifier, surtout si l'on considère tout ce qui a fait l'unité de ces deux millénaires. À beaucoup d'égards, pourtant, il est plus éclairant d'interpréter cet événement comme un aboutissement, celui des idées et des institutions développées à la fin de l'Antiquité, autant que comme un nouveau départ.

L'État des Qin existe depuis plus de cinq cents ans au moment de son triomphe final, et il y a beau temps que ses rois se considèrent comme dépositaires du Mandat céleste. Lorsqu'il rendra grâce pour la victoire remportée sur ses six rivaux, le roi Zheng — désormais l'Empereur *(huangdi)*, avant d'être à titre posthume le Premier Empereur *(Shihuangdi)* — affirmera s'être « appuyé sur les pouvoirs magiques de ses ancêtres ». Il leur décernera le titre de Souverains augustes et très hauts *(taishanghuang)*. Les empereurs Han, eux, ne pourront se prévaloir d'une aussi prestigieuse généalogie : ils invoqueront à la place les « pouvoirs magiques du Ciel et de la Terre ».

Les historiens de l'époque des Han ont prétendu après coup que Zheng, au moment de fonder l'Empire, avait revendiqué un nouveau Mandat céleste. En réalité, une telle prétention eût été un affront pour ses illustres ancêtres. De même est-il peu vraisemblable que Qin Shihuangdi ait considéré — à en croire les mêmes historiens — son accession au pouvoir universel comme un épisode du cycle constitué par l'alternance des cinq éléments (ou « cinq phases », *wu xing*). Cela aussi aurait été diminuer la gloire de ses ancêtres, et, plus grave encore, aurait impliqué que la maison des Qin devait disparaître à son tour : or le Premier Empereur affirmera explicitement que sa lignée est appelée à régner à jamais.

Événement formidable que l'unification de la Chine, mais qui est loin de susciter l'enthousiasme général. C'est pourquoi l'empereur et son ministre Li Si s'emploient à en propager l'interprétation officielle dans une série d'inscriptions placées, pour la plupart, au sommet des montagnes visitées par l'empereur au cours de ses tournées aux quatre coins de son nouveau domaine. La plus ancienne, celle du mont Yi, justifie la monarchie universelle en insistant sur la paix dont bénéficie désormais l'Empire :

L'État institué par l'empereur
Est sans pareil depuis l'origine des temps,
Il descend d'une lignée aux multiples rois.

L'empereur a extirpé le désordre et la rébellion,
Son autorité confine aux quatre extrémités du monde,
Sa martiale justice est constante et équitable.

Quand ses soldats et dignitaires eurent reçu le décret [royal,
Il ne fallut qu'un temps infime
Pour écraser les six nations insoumises.

L'an vingt et six de son règne,
Il a proclamé au monde son auguste titre
Et fait resplendir la voie de la piété filiale.

Ayant accompli l'œuvre immense,
Et offert à l'univers le fruit de son dévouement infini,
En personne il a voyagé au loin ;

Il a escaladé le sommet du mont Yi,
Suivi de son escorte de dignitaires,
Et chacun de songer à ce passé déjà lointain, qui [n'avait que trop duré ;

Ils évoquent ce temps de désordre et de confusion.
Le pays divisé entre principautés rivales,
Les voies de l'affrontement largement ouvertes ;

Jour après jour assauts et batailles,
Le sang inondant les plaines,
Sans rémission depuis les temps les plus anciens.

Pendant des générations innombrables
Et jusqu'au temps des Cinq Empereurs,
Nul n'a su s'y opposer et y mettre un terme ;

Nul ne l'a pu avant que notre empereur
Ait fait du monde une seule famille
Et que les armes de la guerre aient été déposées à [jamais.
Oubliées les calamités naturelles, les blessures infligées [par l'homme,
Le peuple aux cheveux noirs vit robuste et paisible,
Jouissant pour toujours de sa richesse et de sa [prospérité.

L'inscription du mont Tai commente les fonctions de législateur et d'éducateur exercées par l'empereur. On y trouve aussi la notion, spécifiquement chinoise, de la royauté fondée sur la vertu charismatique, à la fois présence morale efficiente et pouvoir magique universellement fécond :

La voie du gouvernement suit son cours et dispense ses [bienfaits,
Et tout ce qui naît au monde trouve ce qui lui convient,
Et chaque chose a sa loi et sa forme appropriée...

Les normes qu'il enseigne se propagent au loin ;
Proches et lointains, tous se conforment à l'ordre
Et suivent la volonté du Sage qui les gouverne.

L'inscription de la terrasse du mont Langya, au Shandong, brosse un portrait du souverain idéal où se mêlent éléments confucéens, légistes et même taoïstes. L'empereur est simultanément le dépositaire de pouvoirs éthico-religieux capables d'animer les hommes et la nature, l'éducateur suprême, et le travailleur acharné qui donne une forme explicite et précise à tout ce qu'il institue et entreprend. On notera aussi la passion pour l'uniformité sociale qui se dégage du texte :

Nous savons, grâce aux traces de pigments subsistant sur les soldats en terre cuite enfouis près de la tombe de Qin Shihuangdi, que les armures de l'époque des Qin étaient brillamment colorées. Plusieurs combinaisons de coloris existaient dans l'infanterie. Un premier groupe était revêtu de tuniques vert vif dont le col et les manchettes étaient bordés de pourpre, portées sous une cuirasse faite de lames noires cloutées de blanc et maintenues par des courroies pourpres et des boucles jaunes ; le pantalon était bleu foncé, les chaussures noires avec des lacets orange. Un autre groupe était équipé de courtes casaques rouges, les cols et les manchettes portant des motifs bleu pâle ; les plaques de l'armure, de couleur brun foncé, étaient maintenues par des rivets rouges ou vert clair et des cordelettes orange. La reconstitution proposée ci-dessus met en évidence cette recherche du coloris ; il s'agit d'une armure d'officier d'infanterie.

À droite : La structure du gouvernement sous la dynastie des Qin.

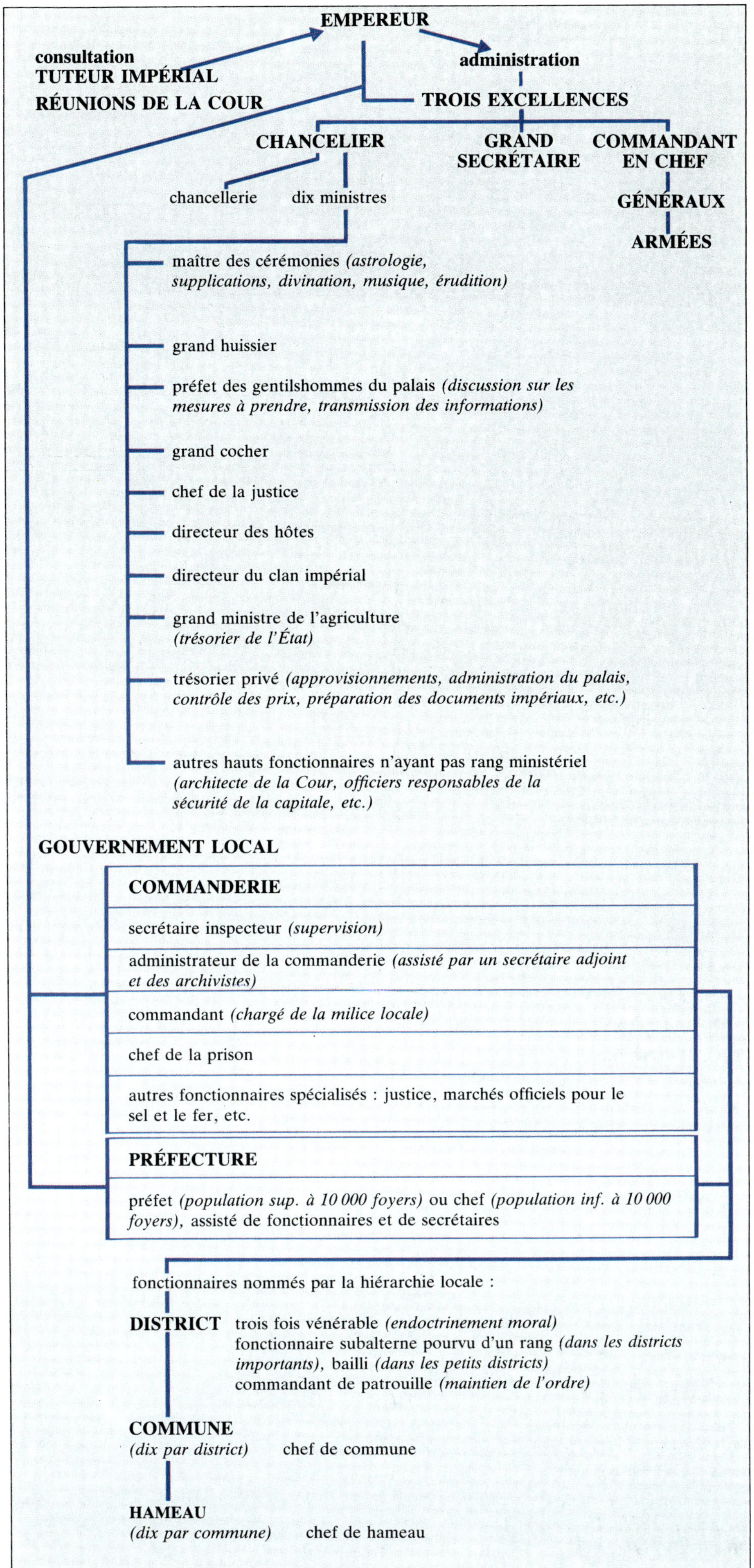

Ses règles et ses mesures sont justes et équitables,
C'est lui le régulateur de tous les êtres.
Il fait régner la clarté dans les affaires des hommes,
Et la concorde entre le fils et le père.
Le savoir, la compassion et la justice du Sage
Illuminent les principes de la Voie.

Infatigable, l'empereur
Consacre ses soins diligents aux affaires essentielles.
Il exalte l'agriculture et décourage les activités [superflues ;
C'est le peuple aux cheveux noirs qu'il enrichit ainsi...

Récipients et outils sont de dimensions identiques,
La même écriture couvre chaque document ;
Partout où le soleil et la lune jettent leurs rayons,
Partout où avancent les bateaux et les chariots,
Il n'est d'être qui ne vive le temps qui lui est imparti,
Il n'est d'être qui ne puisse combler ses désirs.

Les autres inscriptions ajoutent quelques touches au portrait. Le panégyrique du mont Zhifu parle de la « douleur de l'empereur devant [les souffrances] des masses » et évoque le « sauveur du peuple aux cheveux noirs ». Celui gravé sur les portes de la ville de Jieshi montre comment le souverain va jusqu'à remodeler physiquement le monde :

Il a fait abattre les remparts intérieurs et extérieurs,
Il a ouvert les voies d'eau et érigé les digues,
Il a aplani les dangereux défilés.

Une fois fixée la forme de la terre,
La multitude aux cheveux noirs a été déliée des corvées,
Et tout ce qui vit sous le Ciel entouré de sa compassion.

Comme le proclame l'inscription du mont Guiji, dans le Sud-Est, l'empereur a le droit et le devoir de forger des définitions contraignantes :

Quand le Sage de Qin eut recueilli le pouvoir [dynastique,
Il commença par déterminer les châtiments et les [catégories,
Et promulgua clairement les normes anciennes.

Il a dès le départ établi des règles équitables et des [formes modèles,
Précisant, après s'en être enquis, les positions et les [fonctions,
Afin que des normes quotidiennes fussent instaurées.

Il met en mouvement et organise la multitude des [choses ;
Il scrute la substance des événements,
Et fait que chacun possède le nom approprié...

L'image idéale du chef suprême qui se dégage de tous ces textes a dominé l'imaginaire politique chinois, avec des variations qui ne sont que de détail, jusqu'à l'époque du président Mao Zedong incluse.

La voie du gouvernement

Tel est du moins le discours. Restent à considérer les caractéristiques de l'empire des Qin en tant que système de gouvernement.

C'est d'abord et avant tout une bureaucratie. En d'autres termes, une machine politique, administrative et militaire fonctionnant avec des hommes désignés pour exercer des fonctions spécifiques, et choisis pour leur capacité présumée à s'en acquitter.

Le financement provient des impôts et des services fournis par une population dûment recensée. La différence avec le système féodal est donc fondamentale, puisque, par définition, ce dernier repose sur la dévolution du pouvoir de supérieur à inférieur — du suzerain au vassal, par exemple —, et s'appuie sur des réseaux de loyautés et d'obligations liant entre eux des individus pour toute la durée de leur vie, et souvent génération après génération. Désormais le seul pouvoir politique qui se transmette de père en fils est le pouvoir impérial lui-même. La bureaucratie se distingue également des systèmes familiaux de gouvernement dans la mesure où chaque fonction est en principe assignée à un fonctionnaire particulier. Enfin, le travail de la bureaucratie s'effectue sur la base de règles écrites, avec le support de documents écrits.

Le Premier Empereur a explicitement rejeté ce qu'on pourrait appeler le « féodalisme administratif ». Il était arrivé à ses prédécesseurs de conférer des titres nobiliaires aux hauts fonctionnaires ou à leurs propres fils, des « fiefs » auxquels correspondait un revenu « à manger », sinon un territoire à administrer effectivement. Mais l'institution posait des problèmes : au début du règne du roi Zheng, un marquis dont on disait que « toutes les affaires de son fief, grandes et petites, relevaient de sa propre décision » avait fomenté une rébellion que le pouvoir avait eu le plus grand mal à réduire.

La décision d'abandonner ces pratiques intervient dès l'année de la fondation de l'Empire. Plusieurs dignitaires, dont le chancelier Hang Wan, ont proposé que les fils de l'empereur soient établis comme « rois » dans les territoires lointains du Nord-Est, de la côte orientale et du moyen Yangzi : les envoyer là-bas serait le meilleur moyen de les contrôler. Li Si fait rejeter la suggestion après l'avoir attaquée dans un discours fameux :

> Les rois Wen et Wu des Zhou ont donné des fiefs à un nombre considérable de leurs fils, frères cadets et autres parents. Puis les relations se sont distendues et ils ont fini par s'opposer et s'agresser comme des ennemis. Les seigneurs féodaux [des Printemps et des Automnes] étaient plus enclins encore à s'exterminer : le roi des Zhou était incapable de les arrêter. Or, voici que Votre Majesté a consacré ses pouvoirs surnaturels à réunifier les territoires d'entre les quatre mers et les a entièrement convertis en commanderies et en préfectures. Il convient que les princes du sang et les fonctionnaires méritants soient richement récompensés sur les impôts de l'État : ils seront alors faciles à contrôler et l'Empire n'aura pas à souffrir de dissensions. Tel est le moyen de garantir la paix, et ce n'est pas en établissant des seigneuries qu'on y parviendra.

En 213 av. J.-C., un groupe de lettrés confucéens proposent à nouveau de restaurer le féodalisme. Ils font valoir que si les rois des Shang et des Zhou sont restés si longtemps sur le trône, c'est parce qu'ils ont concédé des fiefs à leurs cadets et les ont investis du rôle de « piliers et de supports » du royaume. Or, concluent-ils, « on n'a jamais entendu parler de quoi que ce soit de durable qui n'ait pris exemple sur l'Antiquité ». Là encore, le refus de Li Si est sans appel : les temps n'ont cessé de changer, et « si les lettrés, au lieu de s'instruire du présent, étudient le passé pour critiquer leur époque, ils sèmeront la confusion dans les esprits et précipiteront les masses dans le désordre ». Le débat, en fait, va déboucher sur un de ces actes de barbarie qui ont valu à Li Si et au Premier Empereur la haine éternelle des lettrés : tous les écrits philosophiques, tous les textes historiques portant sur d'autres pays que le Qin sont systématiquement détruits, et la peine de mort est décrétée contre quiconque s'aventurerait à les citer. Seuls échappent à l'holocauste les ouvrages d'agronomie, de médecine et de divination.

Ce n'est pas pour autant la fin des tendances féodales en Chine. Les Han, au départ bien moins solides que les Qin, se sentent obligés de revenir à la pratique des apanages donnés en récompense aux membres de la famille impériale et aux partisans du nouveau régime. Sept des royaumes à demi indépendants ainsi créés entrent en rébellion en 154 av. J.-C. Après leur défaite, l'ensemble des fiefs est rendu à une administration de type bureaucratique. Pendant le millénaire qui suit, l'histoire politique de la Chine va être pour une bonne part celle du conflit, jamais résolu, entre potentats locaux le plus souvent héréditaires et administrateurs civils nommés par le gouvernement, soucieux d'imposer au pays un contrôle réellement centralisé. Non seulement cette lutte multiforme a connu des issues fort variables, mais l'idée même de la supériorité théorique du principe de centralisation n'est pas toujours allée de soi. Au IXe siècle encore, alors qu'une grande partie de l'Empire est précisément aux mains de gouverneurs militaires plus ou moins indépendants, le philosophe Liu Zongyuan éprouve le besoin de rédiger un essai intitulé *Du féodalisme* dans lequel il souligne avec force les mérites de l'État bureaucratique. Même en 1052 — à l'apogée de la bureaucratie civile — il se trouve un haut fonctionnaire influent pour recommander (sans succès, il est vrai) l'octroi de titres officiels aux grands propriétaires qui entretiennent des armées privées.

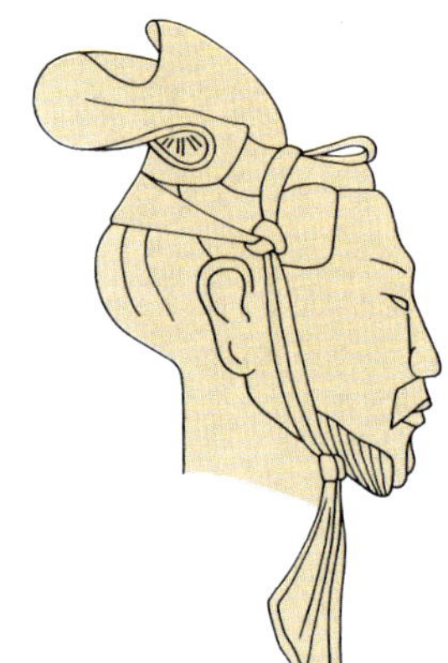

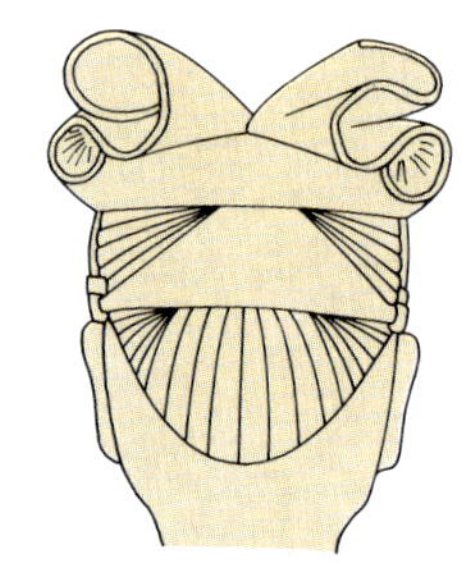

Historiquement, la structure et la terminologie de la bureaucratie des Qin sont une combinaison des pratiques des Zhou et des Royaumes combattants, et d'innovations propres aux Qin eux-mêmes.

L'unité de gouvernement local appelée ici « préfecture » (*xian,* un terme probablement apparenté au mot signifiant « être suspendu à ») est antérieure à l'Empire et semble avoir fait son apparition dans les régions nouvellement conquises au cours de guerres entre États rivaux. De création plus tardive, la « commanderie » (*jun,* mot apparenté à celui qui désigne la seigneurie) pourrait être une innovation destinée aux zones frontalières faisant face aux pays barbares. Les Qin ont systématisé et généralisé ces structures de type bureaucratique. Le nombre des commanderies, qui aurait été de 36 au moment de l'unification, a peut-être atteint 49 dans le courant de la dynastie.

L'empereur meurt en 210 av. J.-C., et il ne faut pas trois ans pour que tout ce bel édifice soit ruiné.

À chaque fonction, à chaque grade correspondait un uniforme différent. La reconstitution proposée à gauche s'inspire d'un officier de la garde impériale des Qin exhumé de la fosse n° 2 (voir p. 85-87). Le bonnet au pliage élaboré est maintenu par un large nœud sous le menton. Le personnage se distingue également par sa taille et par une cuirasse d'assemblage plus complexe que celle des simples soldats, décorée de nœuds sur la poitrine, le dos et les épaules.

Des révoltes éclatent parmi les travailleurs enrôlés de force, et au terme d'une brève guerre civile où s'opposent divers prétendants au pouvoir suprême, la dynastie des Han est fondée en 206 av. J.-C.

Pourquoi le régime des Qin s'est-il aussi rapidement effondré ? L'exploitation excessive des ressources de l'Empire fournit une première réponse. Celles-ci sont en effet insuffisantes au regard des dépenses énormes engagées dans les aventures militaires du Premier Empereur et dans ses programmes de travaux publics : routes stratégiques, Grande Muraille, palais, sans parler du mausolée colossal auquel 700 000 corvéables auraient travaillé, avant d'y être enterrés vivants afin que les secrets n'en soient jamais révélés.

L'autre grande cause de la chute des Qin est l'aspect de plus en plus pathologique de la vie politique à la Cour et la paralysie progressive du gouvernement qui en résulte. La mégalomanie du Premier Empereur, son intolérance croissante à toute critique, la crédulité superstitieuse qui le pousse à rechercher les secrets de l'immortalité physique sont autant de traits qui éclatent dans un discours proféré dans un état de rage à la nouvelle de la fuite d'un certain lettré Lu qui avait été chargé de découvrir des philtres d'immortalité : celui-ci avait décidé — à en croire les *Mémoires historiques* de Sima Qian — que cet empereur-là était indigne d'un tel privilège :

> J'ai détruit tous les livres inutiles de par le monde. J'ai convoqué à la Cour une multitude de lettrés versés dans la littérature et dans la magie. J'espérais ainsi fonder une ère de bien-être suprême, je voulais que les alchimistes se purifient afin de mieux rechercher les drogues magiques. Et j'apprends que Han Zhong et les autres [partis en quête d'élixirs] ont disparu sans revenir rendre compte, et que Xu Fu et son équipe [envoyés en mer pour trouver les îles des immortels] ont gaspillé des sommes énormes sans trouver la moindre drogue miraculeuse. Je n'entends quotidiennement parler que de profits gagnés par escroquerie et de dénonciations mutuelles. J'ai couvert de présents le lettré Lu et ses associés, et voilà qu'ils me diffament. D'après eux, je n'aurais aucune vertu charismatique ! Quant aux lettrés de la capitale, j'ai fait faire une enquête, et il ressort que certains sèment la confusion dans les esprits avec leurs discours bizarres et déplacés.

Une enquête est confiée au Grand Secrétaire, au cours de laquelle les lettrés cherchent à se protéger en s'accusant mutuellement. L'empereur en fait enterrer vivants plus de 460 « à titre d'avertissement pour leurs successeurs ». La destruction des livres et le massacre des lettrés sont les premiers exemples d'une tentation qui refera périodiquement surface en Chine : tuer toute vie culturelle en instaurant un monopole d'État sur la pensée appuyé sur une sorte d'inquisition et conduisant à des purges. Dans l'immédiat, la conséquence la plus grave pour la dynastie est l'envoi en exil de l'héritier du trône : ce prince capable avait eu l'audace de dire qu'infliger un tel traitement à des lettrés qui « honorent Confucius et le prennent pour exemple » n'était pas le meilleur moyen de préserver la paix dans un empire nouvellement conquis. À la mort du Premier Empereur, l'eunuque Zhao Gao contraint le prince héritier au suicide et s'empare du pouvoir. La corruption la plus totale règne à la Cour. Le nouvel empereur est sommé de se suicider à son tour. Son successeur fait assassiner Zhao Gao, mais il ne restera que 46 jours sur le trône avant de voir les rebelles déferler sur Xianyang.

Les réformes des Qin ont élargi considérablement la base fiscale de l'État en suscitant, pour pouvoir la taxer, cette paysannerie libre qui est le pendant indispensable de tout État bureaucratique traditionnel. Les paysans des régions nouvellement conquises sont systématiquement déplacés hors de leurs communautés d'origine et installés comme agriculteurs indépendants, imposables, corvéables et mobilisables par le gouvernement. L'effet, calculé, est de briser le pouvoir des aristocraties locales. Les possibilités d'action sans précédent que cela ouvrait ont certainement été fort excitantes pour les rois Qin, mais tout indique que le Premier Empereur a quelque peu perdu le sens des limites. En particulier, l'entretien des centaines de milliers de soldats envoyés contre les Xiongnu au nord et à l'ouest de la boucle du fleuve Jaune, à l'extrémité de lignes de ravitaillement difficiles, représentait un terrible effort logistique. Suivant les termes de l'*Histoire des Han,* « Les hommes avaient beau s'exténuer dans les champs, il n'y avait jamais assez de grains pour les rations. Les femmes n'arrivaient pas à filer assez de chanvre pour les tentes. La population était ruinée. »

Malgré sa brièveté, l'empire des Qin marque une ligne de partage fondamentale dans l'histoire de la culture chinoise. Conséquence de la destruction des livres et de la réforme de l'écriture, les écrits anciens ont été perdus ou se sont transmis à la postérité sous une forme altérée. D'un autre côté, les Qin ont élaboré un modèle d'administration resté remarquablement stable pendant les deux mille ans qui ont suivi, malgré tous les changements de détail qu'il a subis et quelque imparfaite qu'ait été son application à certaines époques. Sa caractéristique la plus importante peut-être, c'est l'essayiste Liu Zongyuan des Tang, déjà cité, qui nous la résume : le Premier Empereur, dit-il, est « l'homme qui, pour la première fois dans l'histoire, suscita et fit fonctionner un système administratif si juste et si impartial que tout homme en ayant la qualification pouvait y servir ».

L'armée souterraine

L'armée souterraine des Qin a été découverte par hasard, en 1974, par une équipe qui creusait un puits à quelque 1 200 mètres à l'est de l'enceinte extérieure du mausolée du Premier Empereur, lui-même situé à 64 kilomètres de la ville de Xi'an au Shaanxi. Des centaines de travailleurs se trouvaient bientôt rassemblés sur le site, dégageant la terre par pleines brouettes, et mettant au jour des milliers de guerriers en terre cuite dont les têtes émergeaient de la terre rouge comme celles d'enterrés vifs.

Quatre salles souterraines ont été retrouvées, appelées fosses 1 à 4. La fosse 1 contenait plus de 6 000 statues disposées conformément aux prescriptions des traités militaires de l'époque. Écrasés par l'effondrement du toit, la plupart des guerriers ont dû être reconstitués. En outre les fosses avaient été pillées pour les armes qu'elles contenaient : sans doute en 206 av. J.-C., quand le général rebelle Xiang Yu avait rasé les palais de la capitale des Qin et détruit le mausolée du Premier Empereur.

Découverte en 1976, la fosse 2 est en forme de L, de plus petites dimensions que la fosse 1, et contenait plus de 1 400 cavaliers et chars. On y distingue une avant-garde d'archers et de fantassins en marche, sans armure, et trois unités de cavaliers et de chars dont la troisième est disposée le long de huit couloirs. La fosse 3 a été fouillée en 1977. Située au nord de l'extrémité orientale de la fosse 1, beaucoup plus petite, elle abritait apparemment une unité de commandement formée de troupes d'élite. La fosse 4 a été retrouvée vide ; peut-être était-elle inachevée au moment de la mort subite du Premier Empereur et de l'effondrement de la dynastie.

Le plan du mausolée suggère celui d'une capitale idéale, avec sa « cité interdite » et ses quartiers périphériques. Les forces métropolitaines des Qin comportaient une garde impériale, stationnée à la Cour, et des garnisons chargées de protéger la capitale. L'armée souterraine correspond apparemment à l'une de ces dernières : la fosse 1 contiendrait la division d'infanterie de droite, la fosse 2 la division de cavalerie de gauche, la fosse 4 était peut-être prévue pour l'unité centrale, et la fosse 3 pour l'unité de commandement.

Chaque statue était modelée individuellement. Les têtes, les bras et les corps sont assemblés par des bandes de glaise. Les corps sont creux, montés sur des jambes pleines. On assemblait d'abord une forme grossière, recouverte ensuite d'une fine couche de glaise dans laquelle étaient modelés les détails du visage et du vêtement. Les oreilles, la barbe, l'armement étaient rapportés après coup. L'ensemble était cuit à haute température et fixé sur un socle. Coiffures et chignons, finement modelés, sont d'une très grande variété. Les chevaux étaient équipés de brides en bronze.

Ci-dessous : L'armée exhumée en 1976 à Lintong, au Shaanxi, comptait plus de 6 000 soldats et chevaux sculptés dans l'argile en grandeur nature et armés de bronze. Il y a plus de 2 000 ans que cette garde protège dans l'au-delà le Premier Empereur de la dynastie des Qin (221-210 av. J.-C.).

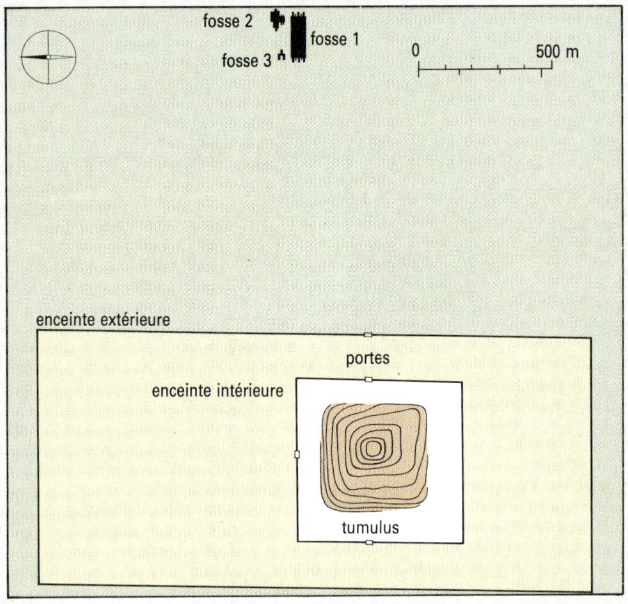

À gauche : Soldat en terre cuite provenant de la fosse 2. Près de la moitié des 252 personnages retrouvés dans cette fosse sont représentés dans la même position. Celle-ci fait penser à une posture du *taijiquan,* l'un des arts martiaux encore pratiqués en Chine.

Ci-dessus : Plan du mausolée du Premier Empereur des Qin (non encore fouillé). On voit comment se situent les fosses abritant l'armée souterraine par rapport au tumulus.

À droite : Plan de la fosse 1. La disposition de l'armée souterraine gardant le tombeau de l'empereur a été reconstituée.

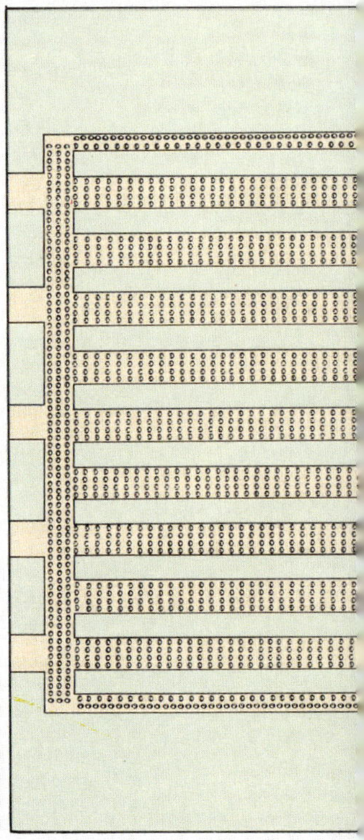

À gauche : La fouille montre que les cavaliers Qin portaient un bonnet serré sur la tête, peint à l'origine en ocre et orné de pois rouges. Les fantassins étaient sans coiffure mais nouaient leurs cheveux en chignons très élaborés, dont on peut voir la reconstitution ci-contre. Le conducteur de char était d'un rang plus élevé que le fantassin ordinaire, comme l'attestent le bonnet et les cordons qui le singularisent. Ceux-ci sont cependant moins élaborés que ceux de l'officier. La conduite du char était l'une des six disciplines pratiquées par la classe dirigeante à l'époque des Zhou.

Ci-dessous : Statues de terre cuite grandeur nature en train d'être exhumées de la fosse 1, près du tombeau de Qin Shihuangdi.

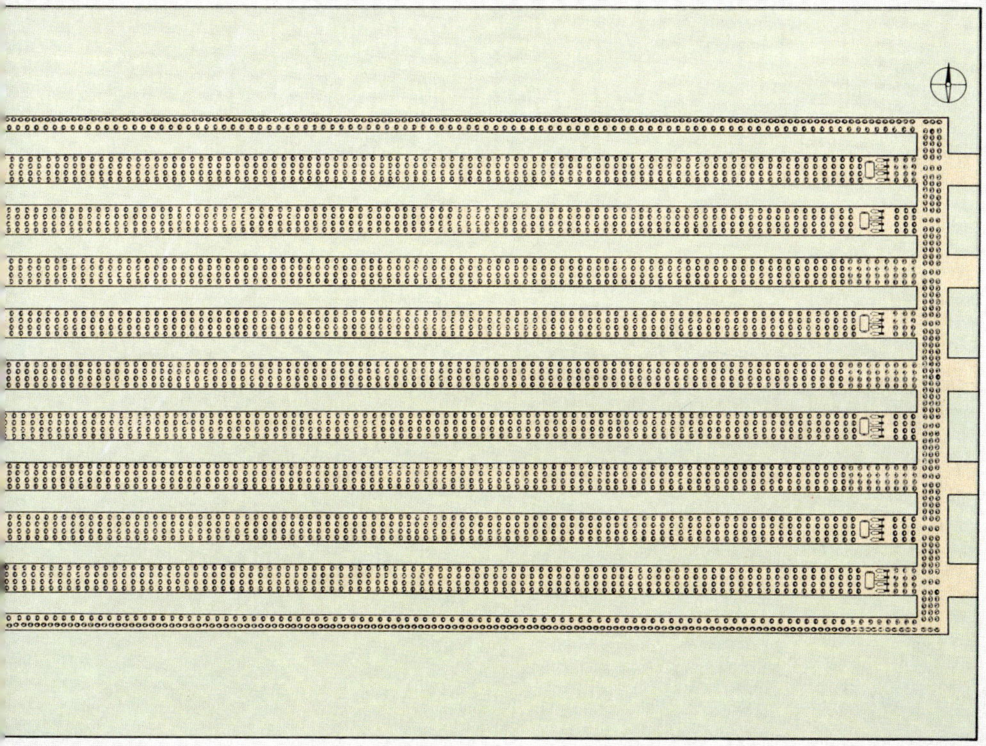

Les couleurs pimpantes qui recouvraient hommes et chevaux ont presque entièrement disparu. Les chevaux étaient apparemment badigeonnés de brun ou de noir, les dents et les sabots de blanc, l'intérieur des oreilles, de la bouche et des naseaux de rouge. En même temps que les uniformes, les combinaisons de couleurs permettaient de connaître le grade et la fonction de chaque homme. La professionnalisation de la guerre, qui ne date que de deux siècles à l'époque des Qin, apparaît bien dans la variété des armures — on en distingue au moins sept types — et des insignes. Les officiers se différenciaient de la troupe par leurs armures plus élaborées, faites d'un assemblage de petites plaques, décorées aux épaules, sur la poitrine et au dos, et par leurs coiffures ornées de nœuds à boucle et de rubans. Les archers formant l'avant-garde de la fosse 1 sont sans armure, ce qui les rendait évidemment plus mobiles. Les chars et leurs attelages étaient protégés par des escadrons de lanciers, eux aussi légèrement équipés. Deux des six chars de la fosse 1 portent des tambours et des cloches, probablement destinés à sonner l'avance ou la retraite.

On ne trouve pas deux visages semblables dans l'armée souterraine : une telle vie, une telle individualité animent chaque personnage qu'on croirait volontiers que l'armée tout entière a posé, évitant du même coup d'être enterrée vivante. L'existence de divers types non chinois montre que le recrutement de l'armée du Premier Empereur s'étendait aux minorités ethniques de tout l'Empire. « Trop de réalisme nuit au réalisme », dit-on en Chine. Malgré le réalisme du détail, les combattants de terre cuite sont des types plutôt que des portraits. Incarnant la puissance militaire des Qin, c'est par l'énergie irradiée qu'ils donnent l'illusion de la réalité, par l'impression d'une force prête à entrer en mouvement, à laquelle concourt l'extraordinaire vitalité des chevaux.

On trouve dès les Zhou des bronzes représentant des sujets tirés de la vie réelle, par exemple des scènes de chasse. C'est dans cette tradition que se situent les sculptures Qin, mais en y ajoutant la monumentalité. La conception grandiose de l'ensemble, l'effet de masse, sont bien à l'image de cet empereur dont on disait qu'il était parti « à la tête d'un million de soldats cuirassés, d'un millier de chars et de dix mille chevaux, conquérir et écraser le monde ».

L'ÈRE IMPÉRIALE

POLITIQUE ET POUVOIR

Unité, fragmentation et conquête

En comparant les empires, on constate que l'Empire chinois est à peu près équivalent en étendue à l'Empire romain, mais qu'il reste bien en-deçà du califat à l'époque où celui-ci exerçait sa suzeraineté sur l'ensemble du monde islamique. Quant aux Mongols, la Chine n'était jamais qu'une de leurs nombreuses possessions d'Eurasie. En termes d'extension des communications, l'Empire colonial espagnol n'a pas eu de rival, sinon l'Empire britannique à son apogée. En termes de population, enfin, la couronne britannique a certainement régné sur un plus grand nombre de sujets qu'aucun empereur chinois. Le classement change toutefois si l'on multiplie la population ou l'étendue par la *durée,* car la Chine laisse alors tous les autres empires loin derrière elle : la pérennité de l'Empire du Milieu est assurément la plus belle démonstration de vitalité politique jamais donnée.

Tentons une chronologie rapide. Pendant la quasi-totalité des cinq siècles qui séparent la fondation de l'Empire en 221 av. J.-C. de l'an 311, les régions clés de la Chine intérieure — la plaine du Nord, la vallée du Yangzi, le bassin du Sichuan — forment une seule entité politique : le bref épisode des Trois Royaumes, au IIIe siècle, est la seule exception. De 311 à 589, la Chine est divisée en deux. Au nord, une multiplicité de dynasties barbares plus ou moins sinisées se battent pour la suprématie. Dans la vallée du Yangzi, les dynasties han qui se succèdent préservent et enrichissent l'héritage chinois, tout en amorçant le développement économique de cette région encore arriérée et faiblement peuplée. Hormis l'interlude des Cinq Dynasties et des Dix Royaumes de 906 à 960, le demi-millénaire qui s'étend entre 589 et 1126 est à nouveau une période d'unification. On retrouve la division entre Nord et Sud de 1126 à 1279 : les pays au nord de la Huai sont aux mains de la dynastie Jürčen des Jin, alors que la Chine centrale et méridionale reste sous le contrôle des Song du Sud. Ayant balayé les Jin en 1234, puis réduit, non sans peine, l'empire des Song en 1279, les Mongols réunifient le pays et l'incorporent à leur vaste empire. Depuis lors, la Chine a à peu près toujours vécu sous un régime unique : l'ère des seigneurs de la guerre (1916-1927) et l'occupation partielle par le Japon (1937-1945) sont les deux principales et brèves exceptions. Le tableau ci-contre confirme la cohésion politique de la nation chinoise pendant près des trois quarts de la période écoulée depuis l'avènement du Premier Empereur. Cette performance étonnante soulève deux questions, d'ailleurs liées : tout d'abord, quelles sont les forces ayant joué pour ou contre la fragmentation de l'Empire ? Ensuite, quels sont les facteurs qui ont pu décourager, ou au contraire faciliter, la conquête étrangère ?

Page précédente : Au total, vingt-quatre empereurs des dynasties Ming et Qing ont résidé dans la Cité interdite de Beijing (Pékin). L'enceinte couvrait une centaine d'hectares, et ils ne la quittaient que rarement. On notera l'admirable impression d'équilibre dégagée par l'alternance des bâtiments et des espaces vides.

À gauche : Chariot roulant à vive allure (estampage d'un bas-relief d'époque Han). On retrouve la même scène et la même vivacité dans une peinture murale à l'intérieur d'une tombe de Liaoyang, en Mandchourie méridionale.

Ci-dessous : Unité et fragmentation en Chine intérieure de 221 av. J.-C. à nos jours.

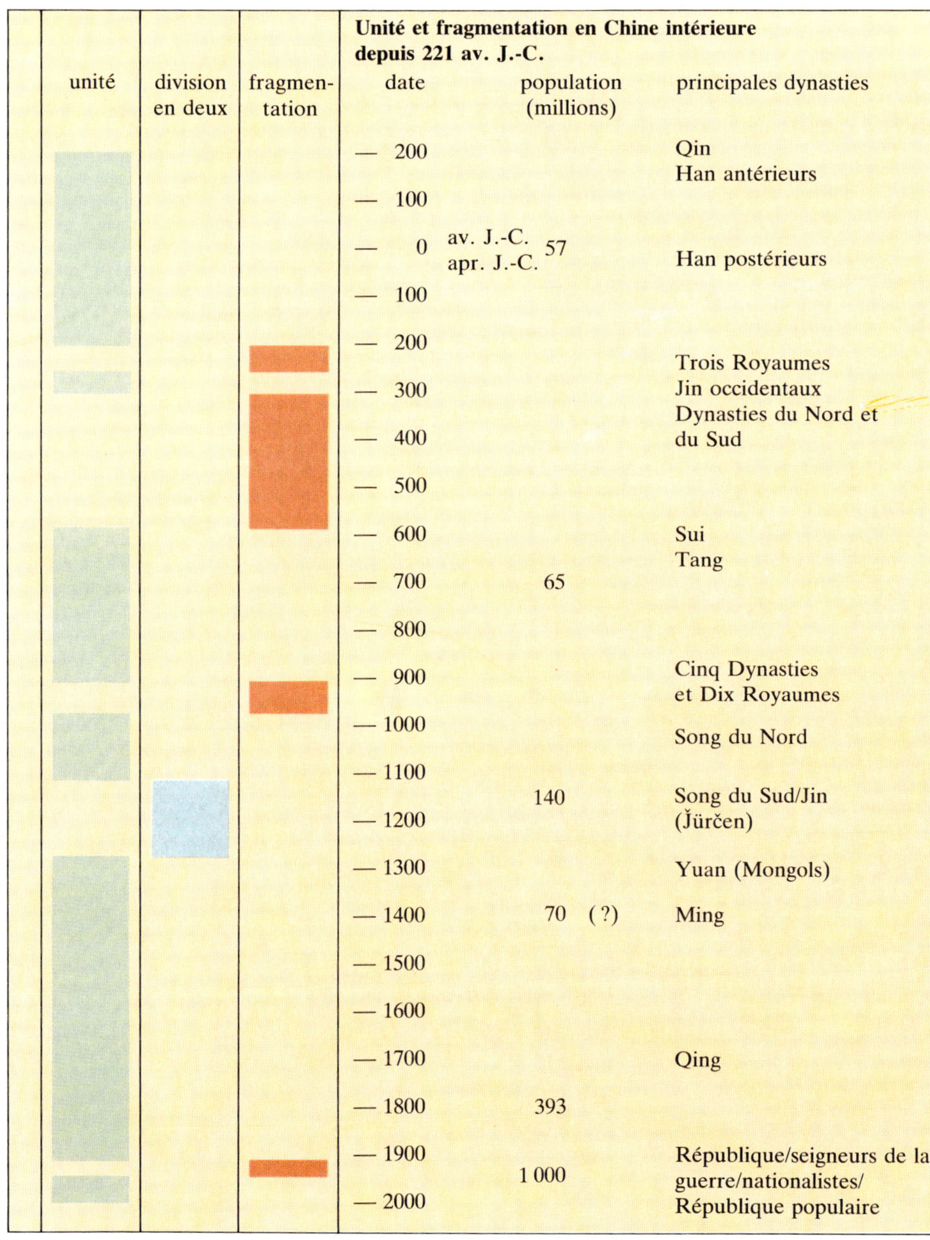

Ci-dessus : Détail du *Voyage de l'empereur Minghuang au pays de Shu* (anonyme, encre et couleurs sur soie). Ce rouleau, probablement la copie Song d'un original datant du VIIIe siècle, décrit l'odyssée de l'empereur Minghuang (ou Xuanzong) des Tang après la rébellion d'An Lushan (755). Un temps favori de la Cour, ce général d'origine sogdienne s'était retourné contre son souverain et avait failli s'emparer de l'Empire. Ayant fui la capitale pour se réfugier au Sichuan (le pays de Shu), l'empereur dut faire face à une mutinerie de son escorte ; celle-ci exigea l'exécution de sa favorite Yang Guifei, l'une des beautés les plus fameuses de toute l'histoire de Chine, tenue pour responsable des intrigues qui avaient mené à la rébellion. L'épisode est à l'origine de maintes adaptations littéraires et dramatiques.

Admettons déjà la possibilité d'un facteur aléatoire : la conquête soudaine du Nord par les Jǔrčen, en 1126, est totalement inattendue, car les Song paraissent plus puissants et plus sûrs d'eux que jamais. Il est vrai que leurs faiblesses stratégiques sont inscrites dès le départ : cavalerie insuffisante (les meilleures pâtures ont été abandonnées aux empires barbares du Nord-Est et du Nord-Ouest), capitale située en terrain découvert et exposée aux attaques par surprise.

Cela étant, les probabilités de conquête ou de fragmentation restent le plus souvent fonction d'un équilibre variable entre, d'abord, les capacités relatives des Chinois et des barbares au combat ; ensuite, l'aptitude des gouvernements impériaux à mobiliser les ressources humaines et matérielles et à les transférer sur de longues distances ; enfin, le type de terrain et les difficultés de communications avec lesquels généraux et administrateurs doivent se mesurer. Voyons de plus près l'imbrication de ces trois facteurs.

Administration et logistique

Gouverner et défendre un vaste empire coûte cher. Les bureaucrates et les soldats de métier doivent être payés sur le produit de l'impôt, ce qui suppose une économie assez avancée pour dégager les surplus nécessaires, et une administration capable de les mobiliser à bon escient. Admettons que le surplus économique soit juste suffisant : on risquera la crise fiscale si le coût de la guerre ou celui de l'administration augmente, quelles qu'en soient les causes : efficacité accrue des forces adverses, mise en œuvre de politiques plus ambitieuses, extravagance des dépenses de la Cour. Plusieurs fois dans l'histoire, on a vu une sorte de cercle vicieux s'enclencher à partir du moment où les paysans commençaient à rechercher la protection des grands propriétaires pour échapper à l'impôt, augmentant d'autant le fardeau de ceux qui restaient et les poussant à déserter à leur tour. Position ambiguë que celle de ces notables ruraux : intéressés, en tant que membres de la classe dirigeante, à une administration efficace et bien financée, ils sont, à titre privé, tentés de profiter de leur pouvoir pour attirer les paysans en difficulté et en faire leurs métayers ou leurs serfs. Le processus est caractéristique, par exemple, de la dynastie des Han postérieurs, arrivée au pouvoir avec l'appui de cette classe de potentats locaux qu'on ne pouvait, dès lors, que laisser agir à leur guise.

À l'inverse, toute amélioration décisive de la productivité facilite la contribution des populations au financement de l'État et de l'armée. Au début du VIIe siècle, la réunification de la Chine par les Sui et les Tang s'appuie, entre autres choses, sur la construction du Grand Canal, lequel réduit le coût du transfert au nord des céréales bon marché du Yangzi. De même, la révolution économique amorcée peu avant l'an mille, qui intéresse notamment l'agriculture en Chine du Sud, permet aux Song de financer une armée permanente qui dépassera, à certaines époques, le million d'hommes.

Qu'ils jouent en termes de population ou de superficie, les effets d'échelle sur les empires traditionnels sont difficiles à évaluer. Le coût des communications entre le centre et les frontières est évidemment fonction des distances à parcourir. Toutes les dynasties chinoises ont entretenu à grands frais un réseau de relais postaux entre lesquels circulaient chevaux, bateaux et courriers à pied. Il est probable que les délais maximaux de transmission autorisés sous les Ming (voir carte p. 94) étaient à peu près les mêmes mille ans plus tôt ; ils pouvaient atteindre cinq ou six semaines sans que l'on sorte des limites de la Chine intérieure. On aurait eu des ordres de grandeur comparables, au XVIIIe siècle, dans un empire européen s'étendant de Lisbonne à Moscou, avec Venise pour capitale.

Quant aux transports, en l'absence de voies d'eau adéquates, l'approvisionnement des armées s'éloignant du centre risque de coûter plusieurs fois le prix des produits transportés, surtout aux époques les plus anciennes. La fin du VIIe siècle, alors que la domination des Tang s'étend brusquement au-delà

Les limites de l'expansionnisme chinois. Sous l'empereur Gaozong des Tang, à la fin du VIIe siècle, l'Empire chinois atteint son extension maximale à l'ouest. Les protectorats des Tang s'étendent au-delà des Pamirs, sur la Sogdiane et le Tokharestan, et jusqu'aux frontières de l'Iran moderne. Pareille hégémonie se révèle très vite impossible à maintenir. L'Empire doit faire face à l'essor de l'Islam à l'ouest — symbolisé par la victoire des Arabes sur les armées des Tang à Talas, en 751 —, à celui de la puissance tibétaine, et à la consolidation du royaume de Nanzhao au sud-ouest. Affaiblie par la rébellion d'An Lushan, à partir de 755, la dynastie n'est plus en mesure de contenir les pressions qui s'exercent sur ses frontières. Au terme de plusieurs décennies d'attaques contre le corridor du Gansu, les Tibétains finissent en 791 par l'emporter, près de Beshbaliq (Beiting), sur les Chinois et sur leurs alliés uigur. C'en est fini pour plus d'un millénaire de la domination chinoise sur l'Asie centrale. Quelques années plus tard, cependant, les contre-attaques des Tang mettent un terme à l'expansion militaire du Tibet : dès le milieu du IXe siècle, en fait, l'État tibétain apparaît en pleine désagrégation.

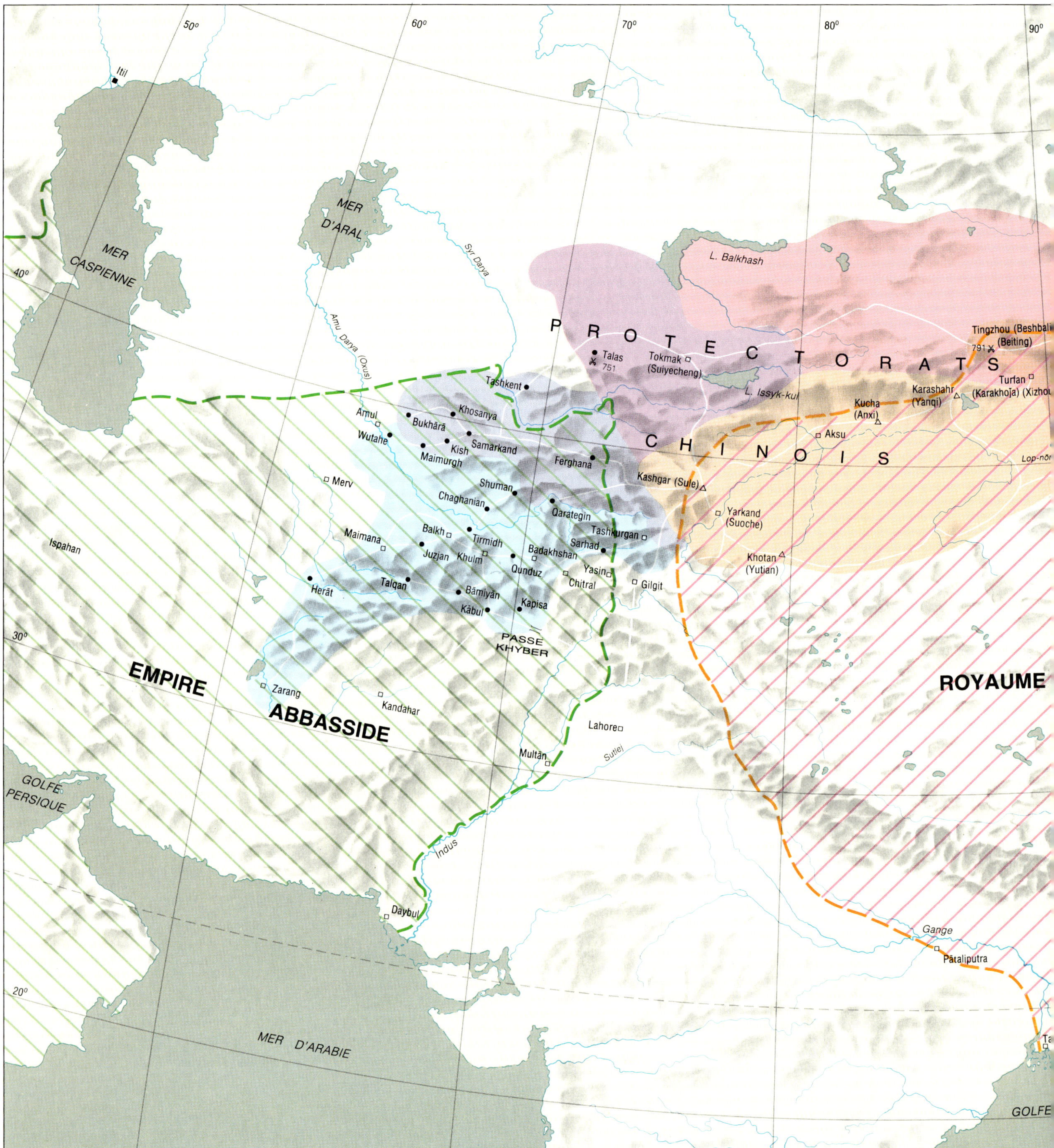

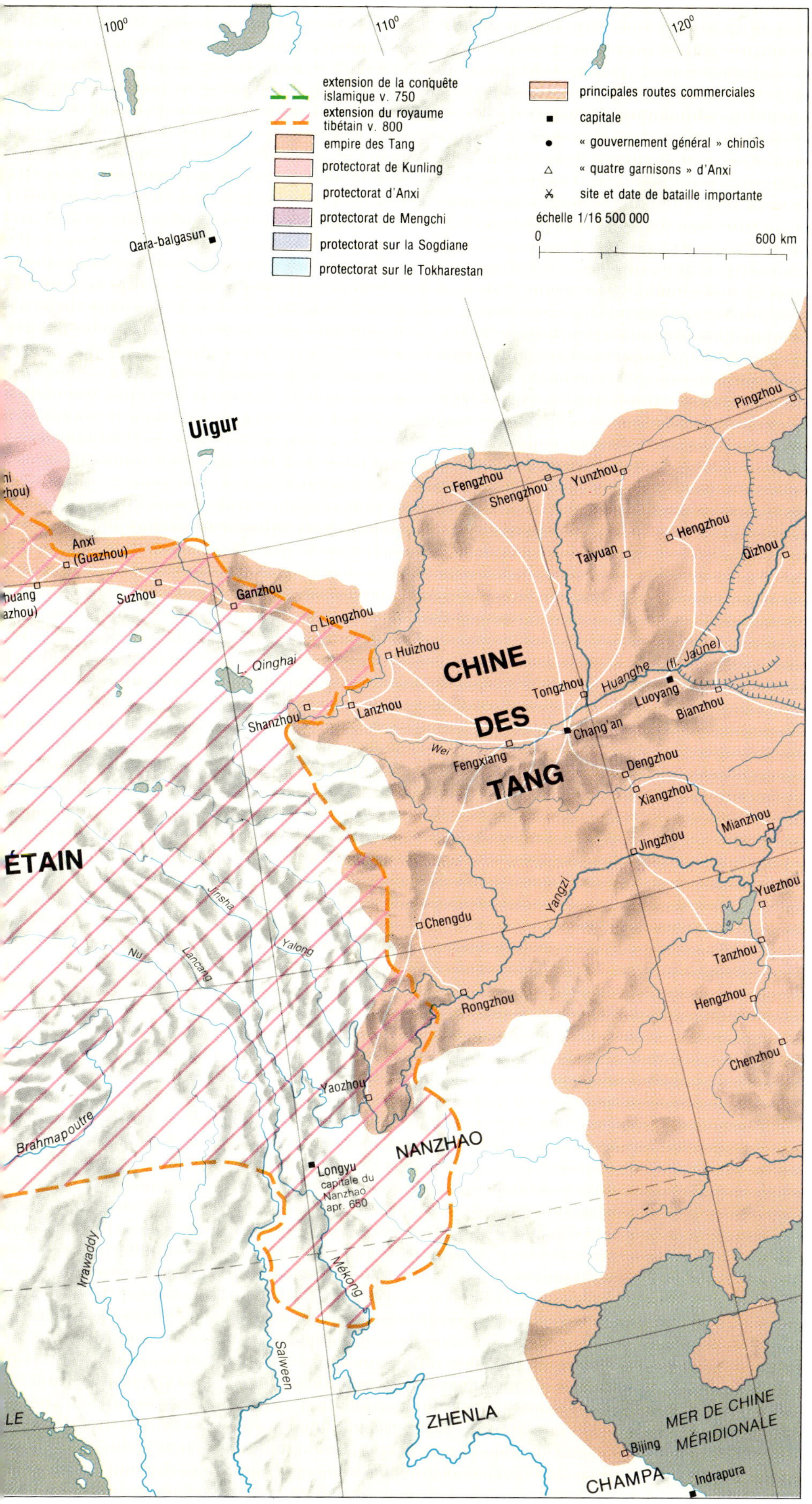

des Pamirs, en direction du golfe Persique, et touche pratiquement aux frontières de l'Inde, offre un exemple remarquable de dépassement des capacités logistiques chinoises. La carte ci-contre illustre ce qu'on peut à ce moment appeler la « surextension » de l'Empire : on imagine par exemple les difficultés rencontrées pour maintenir la ligne de ravitaillement empruntant le corridor Lanzhou-Anxi, coincé entre le désert au nord et les montagnes au sud. Cette suzeraineté n'a d'ailleurs pas duré longtemps. En 751, la victoire des armées islamiques à Talas — une des batailles décisives du monde médiéval —, et, après 755, le chaos entraîné par la rébellion d'An Lushan, sonnent à jamais le glas des ambitions chinoises dans ces lointaines contrées. Comme on le voit sur la carte, l'accès des Tang au Turkestan est, peu après, définitivement coupé par le débordement du royaume tibétain sur le corridor du Gansu.

Une des options envisageables pour réduire les problèmes logistiques de l'Empire est de rendre les armées autosuffisantes, au moins en partie. Les « colonies militaires », peuplées de soldats-paysans, ont souvent été un élément clé de la consolidation du pouvoir dynastique. À la fin du IIe siècle av. J.-C. l'empereur Wudi des Han transfère quelque 700 000 colons dans le corridor du Gansu et implante des garnisons capables de produire elles-mêmes leur ravitaillement dans les régions semi-désertiques situées plus à l'ouest. Un vaste ensemble de documents administratifs rédigés sur planchettes, et préservés grâce à la sécheresse du climat, permet de se figurer en détail la vie des colons dans des endroits tels que Juyan (Etsin-gol). Il y avait là un mélange complexe de populations : immigrants civils (leur voyage avait été payé par le gouvernement), troupes des garnisons, soldats-paysans travaillant sous le contrôle de l'autorité, bergers, familles de soldats, serviteurs, condamnés, esclaves, visiteurs de passage, barbares ralliés... La défense était assurée par un réseau de villes murées, de forteresses et de tours de guet. La « milice divisionnaire » *(fubing),* sous les Sui et au début des Tang (fin du VIe siècle et VIIe siècle), évoque par certains aspects le système des colonies militaires, bien que ce ne soit pas une institution frontalière et qu'on n'y trouve pas la même intégration agro-militaire ; elle est constituée de paysans sélectionnés recevant une formation de soldats. Le système des colonies militaires connaît sa forme la plus développée avec les « garnisons et postes » *(weisuo)* des Ming. À la fin du XIVe siècle, la nouvelle dynastie y verse plus de deux millions d'hommes, sur une armée de conquête qui en compte trois, avec une proportion variable de paysans et de combattants. Dans les années 1870 encore, Zuo Zongtang reconquiert le Turkestan oriental en faisant de ses soldats des paysans à temps partiel et en accumulant soigneusement le ravitaillement (voir carte p. 41).

Cela dit, l'échelle même peut être une source d'économie. Le risque d'attaque par surprise s'est trouvé considérablement diminué quand l'Empire a pu s'étendre jusqu'à des frontières « naturelles » (la côte orientale, les forêts du Sud-Ouest, les massifs montagneux de l'Ouest). Le coût de la défense par habitant diminue également avec l'accroissement de la population, dès lors que celle-ci est abritée derrière une barrière stratégique unique et bien située. Tel est bien entendu le cas de la Grande Muraille, qu'il convient d'ailleurs de voir comme un ensemble complexe de défenses, incluant campements et routes de ravitaillement, plutôt que comme un simple obstacle linéaire. Les Song, qui n'ont pas de muraille, cherchent à gêner les cavaleries adverses par des voies d'eau creusées dans cette intention et avec des plantations de saules. Les Ming ont reconstruit la muraille qu'on peut encore admirer, entièrement revêtue de maçonnerie et équipée d'ouvertures pour les canons. Enfin, il va de soi que l'accroissement d'échelle se traduit aussi par un accroissement des ressources disponibles.

Chinois et « barbares »

L'équilibre des forces est toujours resté précaire, dans la mesure où les capacités de combat des peuples non han auxquels étaient confrontés les Chinois n'ont jamais cessé de progresser. Bien avant la fondation de l'Empire, la maîtrise du combat à cheval acquise par les nomades oblige déjà les Chinois à de coûteux efforts pour rester à la hauteur et développer leur propre cavalerie. Cette dernière sera parfois d'une efficacité remarquable, par exemple au début des Tang. Mais la Chine intérieure se prête mal à l'élevage des chevaux : toutes les dynasties sont obligées de réserver des pâturages ou d'aller acheter des montures au-delà des frontières. Wang Anshi, le réformateur du XIe siècle (voir p. 130-131), met à l'essai un système où l'État confie aux paysans des chevaux utilisables par l'armée en temps de guerre. Mais c'est un échec, pour des raisons de coût et parce que les chevaux sont rendus à l'armée en piteuse condition. En revanche, certains types d'armes ont prouvé leur efficacité contre les archers montés et les troupes de choc barbares : arbalètes, « chars d'assaut » sous les Song (des chariots caparaçonnés de cuir et reliés par des chaînes de fer), artillerie de campagne depuis le XIVe siècle... Les techniques de cavalerie progressent aussi : l'étrier apparaît dans le monde chinois vers le Ve siècle av. J.-C. (encore qu'il y ait controverse sur le lieu et la date précise) ; beaucoup plus tard, les charges de cavalerie cuirassée des Tangut (Xixia) et des Jŭrčen (Jin) s'avéreront particulièrement redoutables.

Autre source tout aussi importante de progrès chez les non-Han : la diffusion du savoir-faire chinois, souvent le fait de réfugiés ou d'aventuriers han. L'aptitude croissante des barbares à s'organiser, et finalement à créer des États partiellement fondés sur l'agriculture et sur les villes, n'a fait qu'aggraver la menace pesant sur les Chinois. Ceux-ci n'avaient d'autre choix que de dépenser plus en équipant des armées plus nombreuses, ou d'améliorer leur propre technologie militaire, leur fiscalité et leur diplomatie. La conquête de la Chine et de la Russie par les Mongols est l'exemple type des

Estampages de bas-reliefs d'époque Han provenant des tombes de la famille Wen, au Shandong. Ces scènes de bataille nous renseignent sur le vêtement et l'armement de l'époque.

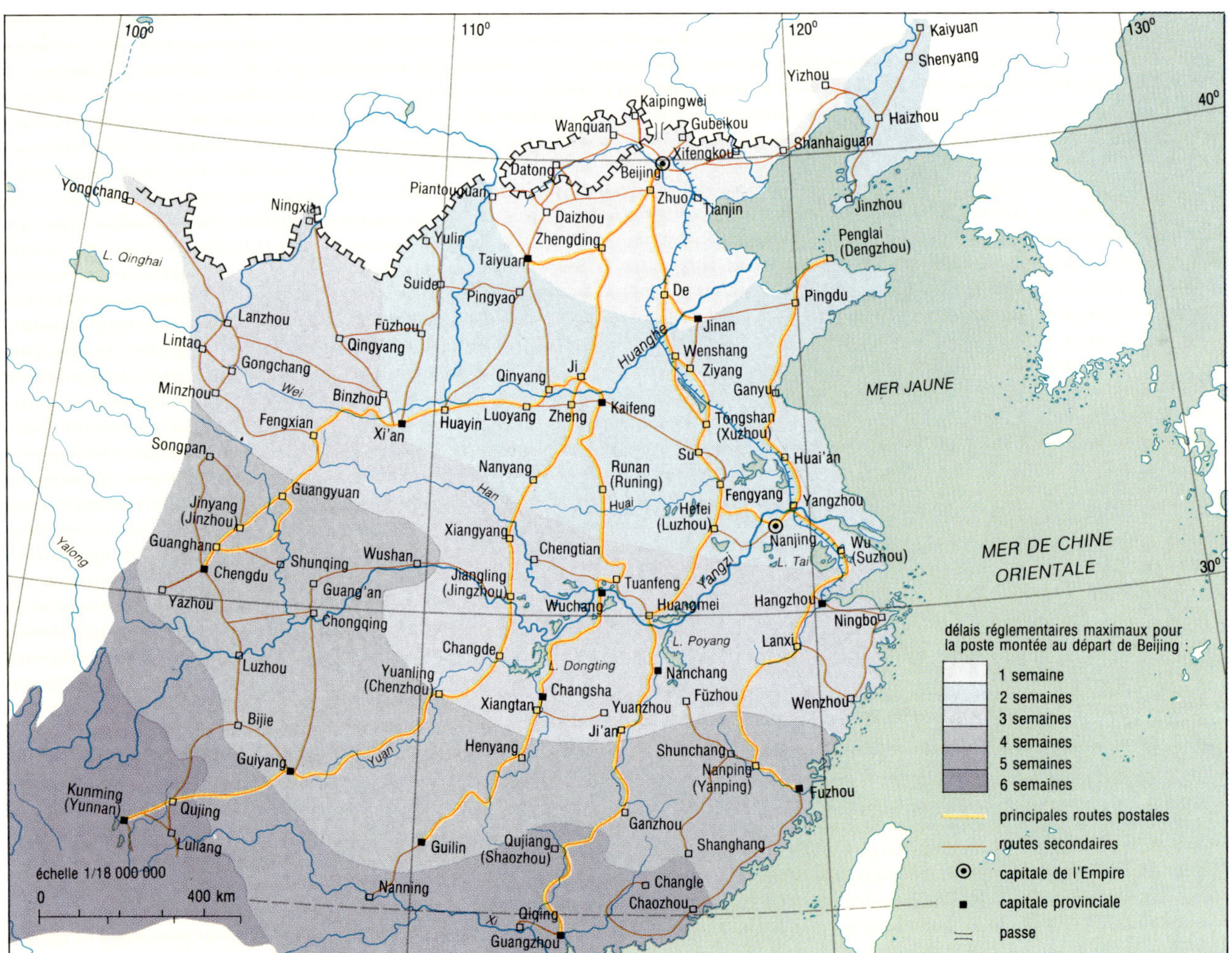

À gauche : **Le service de la poste impériale sous la dynastie des Ming.** Le service postal officiel est un peu le système nerveux de l'Empire. Cette carte indique les grands axes, les routes secondaires, et les principales villes desservies à l'époque des Ming. Les délais maximaux autorisés pour la poste montée au départ de Pékin ont été fixés par les Qing, un peu plus tard. Les zones reportées sur la carte correspondent aux principaux centres, et peuvent comporter quelques inexactitudes en ce qui concerne les villes situées à l'écart des grands axes. Comme on le constate, les moyens traditionnels de transport les plus rapides mettaient la capitale à six ou sept semaines des régions les plus éloignées de l'Empire.

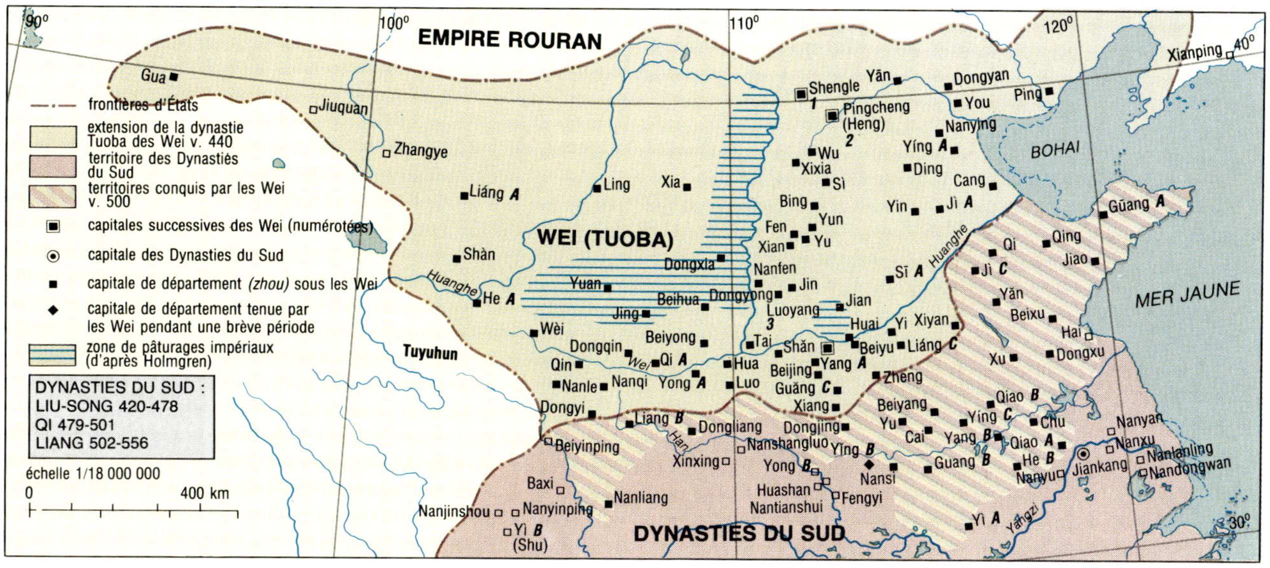

L'État des Tuoba Wei. Fondée par les Turcs Tabgač (Tuoba) à la fin du IVe siècle, la dynastie des Wei est au départ un régime de conquête. Mais, avec le temps, le régime des Wei s'est progressivement sinisé et bureaucratisé, en même temps qu'il tirait de l'agriculture une part croissante de son revenu. Cette évolution aboutit au transfert de la capitale, en 494, depuis Pingcheng, dans le nord de l'actuel Shanxi, jusqu'à Luoyang, au cœur de la vallée du fleuve Jaune. L'événement contribuera à cristalliser le mécontentement des garnisons tribales restées au nord, dont le soulèvement en 524 conduit à la division de la dynastie en deux régimes concurrents, les Wei occidentaux et les Wei orientaux.

Autres désignations des capitales de départements sous les Tuoba Wei

Beihua	Fucheng
Beijing	Yiyang
Beixu	Langya
Beiyang	Beidu
Beiyong	Danyang
Beiyu	Chenggao
Bing	Taiyuan
Cai	Xincai
Chu	Chenliu
Ding	Zhongshan
Dongjing	Huaian
Dongliang	Ankang
Dongqin	Longdong
Dongxia	Biancheng
Dongxu	Xiapi
Dongyan	Changping
Dongyi	Wuxing
Dongyong	Zhengping
Fen	Xihe
Gua	Dunhuang
Guang A	Donglai
Guang B	Beiguang
Guang C	Xiangcheng
He A	Baohan (ou Fuhan)
He B	Ruyin/Nanruyin
Hua	Huashan
Huai	Henei
Ji A	Changle
Ji C	Jibei
Jian	Gaodu
Jiao	Dongwu
Jin	Pingyang
Jing	Anding
Liang A	Wuwei
Liang B	Hanzhong
Liang C	Chenliu
Ling	Baogulüzhen
Luo	Shangluo
Nanfen	Dingyang
Nanle	Chouchi
Nanliang	Longzhou
Nanqi	Gudao
Nansi	Yiyang D/Si B
Ping	Liaoxi
Qi A	Pingqin
Qiao A	Xinchang
Qin	Tianshui
Qing	Dongyang
Shăn	Hengnong
Shàn	Xidu
Sì	Jiuyuan
Si A	Weiyin
Tai	Hedong
Wei	Longxi
Wu	Qi B
Xia	Huacheng
Xian	Jianping/Liubicheng
Xiang	Beinanyang
Xixia	Taian
Yan	Guangning
Yang A	Yiyang A
Yang B	Liang/Nanliang
Yin	Nanzhao
Ying A	Zhaodu
Ying B	Helong
Yĭng C	Ruyin/Yiyang B
Yíng C	Yiyang C (Sizhou sous les dynasties du Sud)
Yong A	Chang'an
Yong B	Xiangyang
You	Yan
Yu	Runan
Yuan	Gaoping
Zheng	Yingchuan

conséquences malheureuses d'un transfert direct de technologie. Une sorte d'embargo médiéval sur les armes stratégiques prévalait à l'époque où la dynastie Kitan des Liao dominait l'actuelle Mandchourie, les exportations de fer en direction de la Mongolie étant strictement interdites. Les Jürčen (Jin), qui renversent les Liao et chassent les Song de Chine du Nord au début du XIIe siècle, ne sont pas si prudents : les Mongols n'ont aucune difficulté à importer pointes de flèches, fers de lance et épées. Cela, conjugué au génie de Čінggis-qan (Gengis Khan), va faire d'eux un danger mortel, alors qu'ils n'étaient jusque-là que de simples trublions. En 1234, ils s'emparent de Kaifeng, la capitale des Jin, et s'empressent de réquisitionner tous les forgerons chinois qu'ils peuvent trouver pour équiper l'expédition qui ira détruire le royaume de Kiev quelques années plus tard. En revanche, il leur faudra près de quarante ans pour venir à bout des grandes villes murées des Song du Sud, de leurs catapultes et de leurs armes pyrotechniques, sans parler du réseau hydrographique très dense qui gêne leur avance dans la vallée du Yangzi. Il leur sera indispensable, pour réussir, de commencer par s'initier à la guerre navale et aux techniques de siège les plus avancées. Cela se fera essentiellement avec les conseils de transfuges chinois.

L'apprentissage des techniques politiques et l'acquisition d'un certain degré de culture chinoise ont également aidé Coréens et Vietnamiens à se libérer de la domination de leur grand voisin. Peu avant la fin du IIe siècle av. J.-C., les armées de Wudi des Han incorporent à l'Empire le nord du Vietnam et l'ouest de la Corée. Pendant le millénaire qui suit, des combats intermittents vont opposer les Chinois et les divers États indigènes apparus dans l'une et l'autre péninsule. En 668, après plusieurs guerres difficiles, les Tang unifient la Corée sous l'autorité de leur protégé, l'État de Silla (Xinluo). Mais, à peine ont-ils été détrônés que la dynastie coréenne de Koryo proclame son indépendance (935), annexe le Silla et reprend le contrôle de toute la péninsule. Elle adopte peu après le système chinois d'examens pour recruter sa propre bureaucratie. À peu près à la même époque, les Vietnamiens se libèrent du joug des Han méridionaux, qui contrôlent alors le Guangdong ; en 1009, la dynastie vietnamienne des Ly fonde l'État de Dayue (Dai Viet), qui durera jusqu'en 1225.

Pendant le deuxième millénaire, la Corée et le Vietnam réussissent à maintenir une indépendance de fait en combinant diplomatie et résistance armée. Bien qu'ils reconnaissent comme il se doit la suzeraineté de quiconque règne en Chine, ils se battent contre toute tentative d'occupation directe. En 1425, les Vietnamiens chassent les forces Ming qui, en 1406, les avaient de nouveau réduits à l'état de province, et ils défont de la même façon une expédition Qing en 1787. Même s'ils ont adopté les examens à la chinoise en 1554, la sinisation reste limitée. Comme en Corée, la tension subsiste entre traditions indigènes et superstructure chinoise. Des tensions raciales risquent aussi de se faire jour : pendant la guerre civile de 1782 au Vietnam, par exemple, on massacre de nombreux colons chinois. Quoi qu'il en soit, ces exemples montrent que l'expansion de l'Empire rencontre aussi ses limites lorsque ceux qu'elle menace savent emprunter à la culture chinoise et l'adapter efficacement.

D'autres États partiellement sinisés se sont imposés à l'intérieur et sur les pourtours de la sphère d'influence chinoise, mais moins durablement que la Corée et le Vietnam. Dès la fin du IVe siècle et jusqu'au début du VIe, la dynastie Wei des Tabgač (Tuoba) domine la Mongolie-Intérieure actuelle et la plus grande partie de la Chine du Nord. Pingcheng, la première capitale des Wei, établie après la dissolution de l'ancienne organisation tribale, se situe à la limite des pâtures et des terres cultivées. Mais le style de l'administration se sinise peu à peu, tandis que l'existence économique du régime repose pour une part croissante sur la taxation de l'agriculture. En 494, la capitale est transférée au sud, dans l'antique métropole chinoise de Luoyang, ce qui a pour effet de précipiter une crise qui n'est pas particulière aux Wei et dont on retrouve l'équivalent dans l'histoire de tous ces régimes mixtes : il s'agit de l'affrontement culturel entre ceux qui se sentent attirés par le mode de vie chinois et ceux qui souhaitent au contraire préserver l'héritage non han.

D'une manière générale, les tribus septentrionales se distinguent des Chinois par la plus grande

liberté et le plus grand respect qu'elles accordent aux femmes, par un système de gouvernement valorisant la concertation à l'intérieur du groupe dirigeant, et par le sentiment, justifié ou non, de posséder à un bien plus haut point ces vertus typiquement martiales que sont la loyauté et la franchise. Les barbares craignent d'être amollis par les coutumes chinoises et d'y perdre leurs qualités guerrières. Voici ce qu'un général Xianbei déclare au IVe siècle : « Nous devrions installer les Chinois dans les villes et leur confier l'agriculture et la sériciculture, afin qu'ils subviennent aux besoins de notre armée et de notre administration. Quant à nous, nous continuerions de nous exercer aux arts de la guerre afin d'exterminer ceux qui refusent de se soumettre. » Les plus extrémistes sont cependant les généraux de Gengis Khan, près d'un millénaire plus tard, qui préconisent simplement de raser les villes chinoises, car ils ne comprennent pas que des hommes dignes de ce nom puissent vivre dans de pareils clapiers ! Mais les impératifs logistiques sont inexorables : c'est avec les ressources de la Chine du Nord et bientôt du Sud que Qubilai-qan (Khubilaï Khan, l'empereur Chengzu des Yuan) réussit, d'abord, à empêcher son frère cadet d'instaurer un régime indépendant dans la steppe mongole, puis repousse une coalition de chefs qui avaient juré, sur les bords du fleuve Talas, de préserver le style de vie de leurs ancêtres nomades. Les mêmes tensions culturelles étaient déjà à l'œuvre en 524 lorsque les Wei avaient dû mater une rébellion de garnisons frontalières non sinisées, hostiles à leur régime.

Plusieurs autres États du même type méritent d'être mentionnés : les Liao, d'ethnie kitan, qui règnent sur la plus grande partie de la Mandchourie de 916 à 1124 ; les Jin (Jürčen), qui leur succèdent et s'emparent de la Chine du Nord ; le royaume Tangut des Xixia (Xia occidentaux), qui occupe les régions situées à l'ouest de la boucle du fleuve Jaune de 1032 jusqu'à sa destruction par les Mongols en 1227. Les Liao et les Xixia ont une double administration, comprenant un secteur calqué sur le modèle bureaucratique chinois et un secteur dérivé de l'ancienne structure tribale. Les Xixia et les J̌ürčen ont créé des systèmes d'écriture inspirés du chinois, qu'on sait aujourd'hui déchiffrer. L'État Xixia est particulièrement intéressant du fait que son économie repose à la fois sur l'agriculture irriguée, dans la plaine du Ningxia, et sur ses exportations de laine, de poil de chameau, de produits médicinaux et de minerais variés en direc-

Ci-dessus : Détail d'un rouleau dans le style de la fin des Tang, représentant des nomades voyageant à cheval (encre et couleurs sur soie). La rébellion d'An Lushan, au milieu du VIIIe siècle, contraint les Tang à retirer leurs garnisons des régions du Nord-Ouest. Pendant la période des Cinq Dynasties et sous les Song (Xe-XIIIe siècles), celles-ci sont la plupart du temps sous le contrôle d'aristocrates tel celui que l'on voit ici, à la tête de ses gens, vêtu d'une robe chinoise richement brodée. Après leur retrait, les Tang conservent malgré tout des relations commerciales avec leurs voisins du Nord-Ouest. Ces derniers contrôlent le commerce des chevaux et en tirent des profits exorbitants.

tion de la Chine. Les souverains Xixia, notamment Yuanhao, le fondateur de la dynastie, recourent largement aux conseillers chinois et encouragent les lettrés confucéens ; en même temps, ils cherchent à promouvoir leur propre littérature en faisant traduire des textes chinois et bouddhiques : il semble qu'on ait continué assez longtemps à lire les textes en langue xixia dans le nord-ouest de la Chine. Il est remarquable que ce royaume dont la population n'excédait guère celle d'un « circuit » (province) des Song ait été capable d'entretenir des armées assez fortes pour que les Song n'aient jamais réussi à l'inquiéter. L'explication pourrait être que tout homme d'âge adulte est aussi (ou entretient directement) un combattant ; en outre, la cavalerie cuirassée des Xixia est mobile, redoutable, et commandée par des généraux rompus aux tactiques de harcèlement et de retardement face à un ennemi qui se trouve au bout de ses lignes de ravitaillement.

Plus près de nous, le cas le plus remarquable de sinisation politique et culturelle d'une peuplade non han menaçante pour la Chine est celui des Mandchous — descendant des Jürčen — au début du XVIIe siècle. Le principal architecte de la future dynastie des Qing, Abahai, réussit dans les années 1620 et 1630 à attirer conseillers et généraux chinois, ces derniers l'initiant à l'artillerie de type européen. Comme dans le cas des Xixia, l'essor de la nation mandchoue s'accompagne de l'adoption d'une écriture originale, dérivée cette fois du mongol. Le décollage économique a lieu grâce à l'apprentissage de l'agriculture et de la métallurgie auprès des Chinois et des Coréens. L'armée mandchoue, composée de fantassins lourdement cuirassés, soutenus par des archers et par une réserve mobile de cavalerie fonctionnant comme force de frappe, reste cependant vulnérable face aux armes à feu des Ming. En fait, les Mandchous n'ont pas vraiment « conquis » la Chine : la conquête est d'abord l'œuvre de généraux chinois des marches qui ont fait défection à un moment où le gouvernement chinois s'avérait incapable de combattre la rébellion sur son propre territoire. Pendant le premier siècle de leur existence, la survie politique des Qing a reposé de façon critique sur les chefs militaires chinois qui les servaient. Quoique loin d'être entière, la sinisation des Mandchous était suffisante pour qu'ils se fassent généralement accepter de leurs nouveaux sujets.

Les Chinois ont souvent recouru aux barbares comme auxiliaires militaires, quitte à les installer en grand nombre à l'intérieur même des frontières.

Jin (Jurčen)
Song du Sud
Xixia (Minyak)
frontière septentrionale des Jin au début du XIIIe s.
« fossé » marquant la frontière nord des Jin
capitales des Jin, des Song du Sud et des Xixia (les chiffres indiquent la succession des capitales)
capitales secondaires des Jin
capitale des Liao (Kitan) avant leur destruction par les Jin
pays non han placé sous une autorité centrale effective
pays non han ne dépendant pas d'une autorité centrale effective
MIAN État non han
Oirat population non han
capitale d'État non han
bataille navale
Xìn A les lettres distinguent les toponymes transcrits de la même façon
95° 100° 105° 110° 115° 120° 125° 130°
40° 35° 30° 25° 20°
L. Baïkal
Oirat
Merkit
Selenge
Orkhon
Kerülen
Mongols
Tatars
Kerait
Uigur
vassaux des Kara-Khitai
XIXIA (MINYAK)
Öngüt
Heishuicheng
Sha
Gua
Sù A
Gān
Yongning
Xingqing
Xiliang
Jingbian
Ling
Zhongning
Yán A
Yán B
Sui
Xià
Jìng
Lin
Qing
Feng
Sheng
Ta
Hei
Ruo
Kökö-nōr
He
Dingxi
Jīng
Lóng B
Min
Qin A
Wei
Fengxiang
Chang'an
Cheng
Yang
Jie
Xingyuan
Wen
Han
Puyuluchen
Wuguocheng
Huining 1
Tai
Ningjiang
Chao
Lóng A
Xìn B
Han
Xianping
Linhuang
Qúan
Huang (Xilao)
Dading 2
Huan
Xingzhong
Zede
Jian
Guangning
Lì
Liaoyang
Gai
Fù A
Fu
Ji
Datong
Zhongdu
Huacheng
Dingzhou
Pingrang
GAOLI
Kaicheng
Hanyang
BOHAI
Dai
Zhending
Hejian
cours av. 1194
Cang
Taiyuan
Qingyuan
Daming
cours nord apr. 1194
Dēng
Lai
Yidu
Huanghe
Pingyang
Gaoping
Huai
Xiang
Yan
Cao
cours sud apr. 1194
Yi
Hai
MER JAUNE
Tong
Hezhong
Henan
Bian 3
Xu
Ru
Guide
Shang
Yancheng
Sù B
Chǔ
Dèng
Tang
Cai
Huai
Si
Yang
Zhenjiang
Tong
Chú
Jiankang
Lú A
Chang
Pingjiang
Taiping
Hu
Xiu
Guāng
Jin
Jun
Fang
Súi
TIBET (BOD)
Tufan
Yalong
Lhasa (Ra-sa)
Mao
Jian
Ba
Da
Wei
Mian
Kui
Gūi
Xiá
Jingmen
Huang
Yangzi
Chi
Lin'an
Chengdu
Dongchuan
Wan
Mei
Hé
Jiande
Ming
Jiading
Chongqing
Fou
Shaoqing
Lǐ
Yue
Lú B
MER DE CHINE ORIENTALE
Bo
Chen
Tai
Chu
Wen
Rui
Xìn A
Tan
Gan
Sī
Yúan A
Yúan B
Ji
Jianning
Xiang
Jing
Heng
Nanjian
Fù B
NANZHAO (DALI)
Dali
Quán B
Yǒng
Chen
Gàn
Ting
Gùi
Quán A
Nanpan
Shao
Liu
Hè
Qingyuan
Yingde
Xun
Zháng
Zhao
Xiàng
Wu
Chao
LIUQIU
Xi
Guǎng
Hui
MIAN
Salween
Mekong
Yuan
Yǒng
Pagan
Qin B
Yaishan 1279
DAYUE
Shenglong
Lei
Qiong
Huan
Wan'an
MER DE CHINE MÉRIDIONALE
échelle 1/18 000 000
0
600 km

Les Liao, les Xixia et la partition de la Chine entre les Jin et les Song du Sud. Conséquence de la révolution économique médiévale, la richesse et la productivité du Sud lui permettent pour la première fois d'équilibrer la puissance militaire du Nord. Contrairement à ce qui se serait passé quelques siècles plus tôt, la prise inopinée de Kaifeng, la capitale des Song du Nord, par les Jin (Jürčen) en 1126 ne leur confère pas une supériorité logistique telle que la conquête du reste de l'Empire ne soit plus qu'une question de temps. Pendant un siècle et demi, la Chine reste coupée en deux à hauteur de la vallée de la Huai, qui correspond approximativement à la limite entre l'agriculture sèche et la riziculture inondée.
Les Song du Sud établissent leur capitale à Hangzhou, rebaptisée Lin'an (« Paix temporaire »), le seul port de mer qui ait servi de capitale nationale dans toute l'histoire de la Chine. Aucune autre dynastie n'a autant dépendu des revenus du commerce, en particulier maritime.
La partition politique de la Chine intérieure à cette époque se complique de la présence, au nord-ouest, de l'État Tangut des Xixia (Xia occidentaux, ou Minyak comme ils se désignaient eux-mêmes). La Chine profite en revanche de la désintégration du pouvoir au Tibet (Bod, en tibétain), redoutable voisin jusqu'il y a peu. La société tibétaine est alors en train de se convertir au régime théocratique qui restera le sien jusqu'à l'époque moderne. Au début du XIIIe siècle, l'émergence de la puissance mongole, dont Gengis Khan est l'artisan, prive les Jin de la partie septentrionale de leur domaine. Ils transfèrent leur capitale au Sud, à Bian (Kaifeng), mais la ville tombera en 1234 au terme de deux longs sièges.

C'est là un aspect des relations entre les deux mondes qui mérite d'être examiné en détail. Dès 27, les Han postérieurs trouvent avantage à faire appel à la cavalerie barbare pour écraser des rébellions internes. L'armée du général Du Xian, qui, peu après, s'illustre brillamment contre les Xiongnu, est composée en majorité de cavaliers non chinois. Les troupes d'élite du poète et homme d'État Cao Cao, fondateur *de facto* des Wei au IIIe siècle, comptent également une large proportion d'archers montés barbares. Encore que la question soit complexe, cette utilisation apparemment risquée de l'ennemi héréditaire pour défendre l'Empire peut être considérée comme une division logique des tâches. Les Han antérieurs, comme les Sui et les Tang, ont créé des systèmes de conscription — universelle sous les Han, sélective sous les Sui et les Tang — qui faisaient de la population paysanne une vaste réserve de soldats entraînés, peu intéressés à suivre les officiers trop ambitieux tentés par les coups d'État, et assez largement capables — du moins sous les Tang — de s'équiper eux-mêmes. Mais ces systèmes sont loin d'être l'idéal pour garder les frontières d'un très vaste empire : il est plus logique d'employer des soldats professionnels, qui n'ont ni la nostalgie du village ni le souci des travaux agricoles, et de les payer avec l'impôt prélevé sur les paysans. Or, dans les faits, beaucoup de ces professionnels ne sont pas des Chinois, et le procédé est dangereux pour la paix même de l'Empire. La rébellion lancée en 755 par An Lushan, un général sogdien qui avait édifié sa réputation et affûté ses ambitions dans divers commandements frontaliers, est l'illustration la plus fameuse des risques encourus dans de pareilles circonstances.

L'installation de nombreux non-Han à l'intérieur des frontières, allant de pair avec leur utilisation militaire, commence au IIIe siècle de notre ère. Elle concerne surtout le Nord et le Nord-Ouest et aura des implications importantes à long terme ; en effet, ces éléments jouent un grand rôle dans la mosaïque d'États non chinois qui se partagent la grande plaine du Nord à partir de 311 en profitant du désordre interne de l'Empire. Du coup, toute réunification rapide de la Chine intérieure, et sous contrôle chinois, s'avère impossible.

Le développement des militarismes régionaux représente un autre facteur décisif de fragmentation. À l'issue de la rébellion d'An Lushan, une grande partie de l'empire des Tang se retrouve aux mains de gouvernements militaires semi-indépendants ; le phénomène est plus affirmé encore sous les Cinq Dynasties. Arrivés au pouvoir en 960, les Song sont décidés à mettre un terme à cette situation, et c'est en partie pour cela qu'ils affirmeront, comme jamais on ne l'avait fait jusque-là, la prééminence des représentants civils du pouvoir impérial. Les Song entretiennent une armée professionnelle énorme, mais ils font tourner les unités d'une région à l'autre et cherchent à empêcher les généraux d'établir des liens personnels durables avec leurs troupes. L'efficacité militaire en souffre inévitablement, et il n'est pas exagéré de dire que, dans leur souci d'éviter la fragmentation de l'Empire, les Song auront facilité les choses aux envahisseurs.

Conquête et réunification

Dans la première partie de cet ouvrage, il était suggéré que le poids relatif de la grande plaine du Nord, comparée à chacune des autres régions, a pu contribuer à préserver la cohésion de l'Empire. À dire vrai, l'idée ne vaut pas pour toutes les époques, et, dans certains cas, elle peut même induire en erreur. Considérons malgré tout les deux plus beaux exemples de réunification réussie à partir du Nord à l'issue d'une phase de division. Les auteurs en sont respectivement Wendi des Sui (de 581 à 589), Taizu et Taizong des Song (de 960 à 979). Les choses ne se sont pas passées de la même façon dans les deux cas. Après son coup d'État, Wendi

À droite : La cavalerie cuirassée barbare — dont ces figurines en terre cuite du VIe siècle nous donnent une idée — était occasionnellement appelée à la rescousse pour écraser les rébellions internes.

recueille une Chine du Nord unifiée depuis peu grâce aux efforts des Zhou septentrionaux (dont il était un des généraux), à quoi s'ajoute le Sichuan. Son seul opposant sérieux est l'État des Chen, au sud du Yangzi, dont il va venir à bout au prix d'une mobilisation logistique massive : extension des canaux de transport, mise en place d'un système de greniers, armement d'une flotte, tout cela lui permettant de lancer contre les Chen un demi-million d'hommes répartis en sept forces d'assaut.

Taizu des Song, en revanche, doit affronter sept régimes indépendants dans une Chine du Sud dont l'économie est bien plus développée qu'elle ne l'était au temps de Wendi. Il procède en s'attaquant d'abord aux plus faibles. Le premier conquis est le Jingnan, dans la plaine centrale du Yangzi, qui ne comprend que 16 districts. C'est ensuite le tour du Hunan, plus au sud, qui en comprend 66. L'un et l'autre étaient déjà affaiblis par des désordres intérieurs. Deux offensives simultanées sont ensuite lancées contre le Shu (au Sichuan), l'une depuis le nord et l'autre en remontant le Yangzi ; 198 districts sont pris en 44 jours, mais les exactions des armées Song sont telles qu'elles provoquent une révolte qui sera longue à réprimer. Après cinq années de consolidation interne, Taizu se tourne vers les Han méridionaux, basés à Canton, dont le souverain passe pour un sadique et un dépensier qui ne se fie qu'à ses eunuques. C'est cette fois la qualité des troupes Song, probablement inférieures en nombre, qui est décisive : 240 nouveaux districts sont ainsi annexés. La victime suivante est la dynastie des Tang méridionaux, au sud du Yangzi, qui a pourtant essayé d'apaiser la susceptibilité impériale en échangeant son nom contre celui, moins provocant, de Jiangnan (« Sud du Fleuve »). L'effectif envoyé par Taizu ne représente que le cinquième des armées dépêchées par Wendi des Sui contre les Chen. Apparemment en état d'infériorité numérique, l'armée Song dispose cependant de moyens matériels considérables, comme l'atteste cette grande première qu'est l'assemblage d'un pont de bateaux sur le Yangzi. La victoire, acquise par l'intrigue et par l'attaque séparée des différentes forces adverses, ajoute 180 districts au domaine impérial. Quant à l'État voisin de Wu-Yue, il ne lui reste qu'à se rendre sans combattre. Subsistent les Han septentrionaux, dont la capitale est à Taiyuan, dans l'actuel Shanxi. Ce sera la campagne la plus dure, à cause notamment de l'aide apportée aux Han par les barbares kitan : ce n'est qu'après avoir défait les renforts dépêchés par ces derniers que Taizong, le successeur de Taizu, finit par l'emporter (voir carte p. 102).

Le plus frappant dans ce processus est que les défenseurs n'ont jamais cherché à s'unir. Or, ce

La reconstitution proposée ci-dessus montre l'empereur Taizu des Song en campagne contre les Tang méridionaux. La décision finale est emportée grâce à un pont de bateaux jeté sur le Yangzi suivant les plans d'un certain Fan Ruoshui. Candidat malheureux aux examens, ce dernier avait consacré toute son énergie à la mise au point de ce projet particulièrement audacieux, passant de longs mois sur le fleuve pour en déterminer la largeur exacte et la vitesse du courant. Son plan prévoyait d'aligner plusieurs milliers de barques (des « bateaux-dragons ») maintenues ensemble par des assemblages de bambou et formant une sorte de chaussée flottante. Ayant reçu l'accord de l'empereur, Fan Ruoshui, nommé gouverneur de Cizhou, réalise le pont en trois jours : ses calculs se sont avérés parfaitement exacts. Nous voyons ici le général Pan Mei et le gouverneur Fan Ruoshui en train de surveiller l'arrivée des troupes Song sur la rive sud du Yangzi.

faisant, ils auraient fort bien pu bloquer l'avance des Song, comme le prouve l'efficacité du concours apporté par les Kitan aux Han septentrionaux. La réunification Song illustre moins la supériorité logistique et matérielle du Nord — encore que Taizu ait été progressivement en position d'en tirer parti —, que la façon dont le contrôle de la plaine centrale permettait d'attaquer séparément, et l'un après l'autre, différents adversaires.

Les Ming sont la seule dynastie impériale à avoir réunifié la Chine en progressant vers le nord à partir d'une base située dans la vallée du Yangzi. Cette inversion du mouvement habituel s'explique à la fois par l'état de déréliction où se trouvait alors le Nord, après plus de deux siècles de règne Jürčen et mongol, et par le décollage économique du Sud, conséquence de l'expansion et du perfectionnement de la riziculture. Au début de la période Ming, la plaine du Nord doit être virtuellement recolonisée.

La campagne entreprise par Xianzong des Tang pour soumettre la province indépendante du Huaixi, en 815-817, est un exemple classique des efforts qu'il fallait parfois déployer pour prévenir le morcellement de l'Empire. Le Huaixi est à ce moment coupé des autres provinces qui ont réussi à maintenir leur indépendance face au pouvoir central : celles-ci se situent en effet loin au nord-est. Peu étendu, il ne rassemble guère plus d'un million d'habitants, mais le patriotisme local y est fort. Le gouvernement des Tang, soucieux d'éviter qu'aucun de ses généraux ne devienne trop puissant, lève une armée composite recrutée dans le plus grand nombre possible de régions. Les soldats sont des professionnels, mais le commandement est fractionné et l'intégration insuffisante. La défense du Huaixi, en revanche, est mieux coordonnée et peut s'appuyer sur les milices civiles. La supériorité numérique des gouvernementaux excède à peine deux contre un, car on n'a pas voulu dégarnir les frontières et les zones stratégiques. La défense en profondeur du Huaixi s'appuie sur un réseau de forts et de villes fortifiées difficiles à prendre, et la province dispose de réserves de chevaux, ce qui est exceptionnel ; enfin elle opte pour une stratégie de contre-attaque systématique. Les gouvernementaux, de leur côté, ne peuvent que pratiquer une guerre d'usure et tenter de mettre l'économie du Huaixi à genoux en lui imposant le blocus. Étant donné le coût difficilement supportable de la guerre pour le gouvernement central, étant donné aussi les difficultés croissantes d'approvisionnement pour la population du Huaixi, on se serait probablement acheminé vers quelque forme de compromis sans la présence, dans les rangs des forces Tang, d'un stratège exceptionnel en la personne de Li Su. Celui-ci combine avec bonheur l'utilisation de la cavalerie barbare, l'es-

À gauche : Les campagnes des empereurs Taizu et Taizong des Song. Entre 963 et 979, l'empereur Taizu, fondateur de la dynastie des Song, et son frère et successeur Taizong, lancent une série de campagnes pour s'emparer des divers États situés à la périphérie de la grande plaine du Nord. La carte représente les principaux axes de progression et met en évidence deux faits majeurs :
1) les Song ont pu s'attaquer à leurs adversaires l'un après l'autre sans que ces derniers cherchent à coordonner leur défense (le Wu-Yue est même venu en aide aux Song contre le Jiangnan, et s'en est trouvé tellement affaibli qu'il n'a pu offrir la moindre résistance une fois son tour venu) ;
2) la prise d'une capitale ennemie était en général décisive : après cela, le reste du pays se soumettait sans difficulté. La seule exception est le Shu (au Sichuan), où le comportement barbare de certaines unités Song a provoqué un soulèvement quasi général après la reddition de la capitale.

pionnage et la propagande diplomatique ; il finit par emporter brillamment la décision en lançant une attaque par surprise pendant une tempête de neige, et en profitant des effectifs insuffisants du Huaixi pour s'emparer de sa capitale. Quoi qu'il en soit, la prépondérance des facteurs logistiques reste clairement en arrière-plan de l'épisode, comme de beaucoup d'autres similaires.

La raison essentielle pour laquelle les Jŭrčen, maîtres de la Chine du Nord depuis 1127, n'ont pas réussi à s'imposer aux Song du Sud, réside dans la puissance économique de ces derniers : pour la première fois, le Sud est suffisamment développé pour financer une résistance prolongée contre le Nord. Les effets de ce renversement d'équilibre se retrouvent après la dislocation du pouvoir mongol, datable de 1355. Plusieurs régimes indépendants font surface à ce moment, mais c'est Zhu Yuanzhang, basé à Nankin, qui finit par s'imposer. Comme on l'a vu, la conquête du Nord à partir du Sud par le fondateur des Ming est une nouveauté. La fragmentation de l'empire des Yuan (Mongols) est l'effet de deux grandes causes. Tout d'abord, l'agitation sociale résultant des conditions très dures faites aux serfs et aux métayers de condition servile qui travaillaient sur les grands domaines de l'époque ; avec l'affaiblissement du contrôle politique, cette agitation débouche, dans les années 1330 et à nouveau après 1350, sur de véritables rébellions, qu'inspire en particulier la secte bouddhique millénariste du Lotus blanc. Le deuxième facteur est l'incapacité du régime mongol à mettre sur pied un système politique stable, à la fois acceptable par toutes les élites (mongole, centre-asiatique, chinoise) et capable de les tenir en main. En 1328, la tradition confucéenne bureaucratique semble l'avoir définitivement emporté sur l'héritage mongol des steppes, mais le racisme anti-chinois reste capable d'empoisonner l'atmosphère politique. D'un autre côté, il est significatif qu'un chancelier anti-chinois

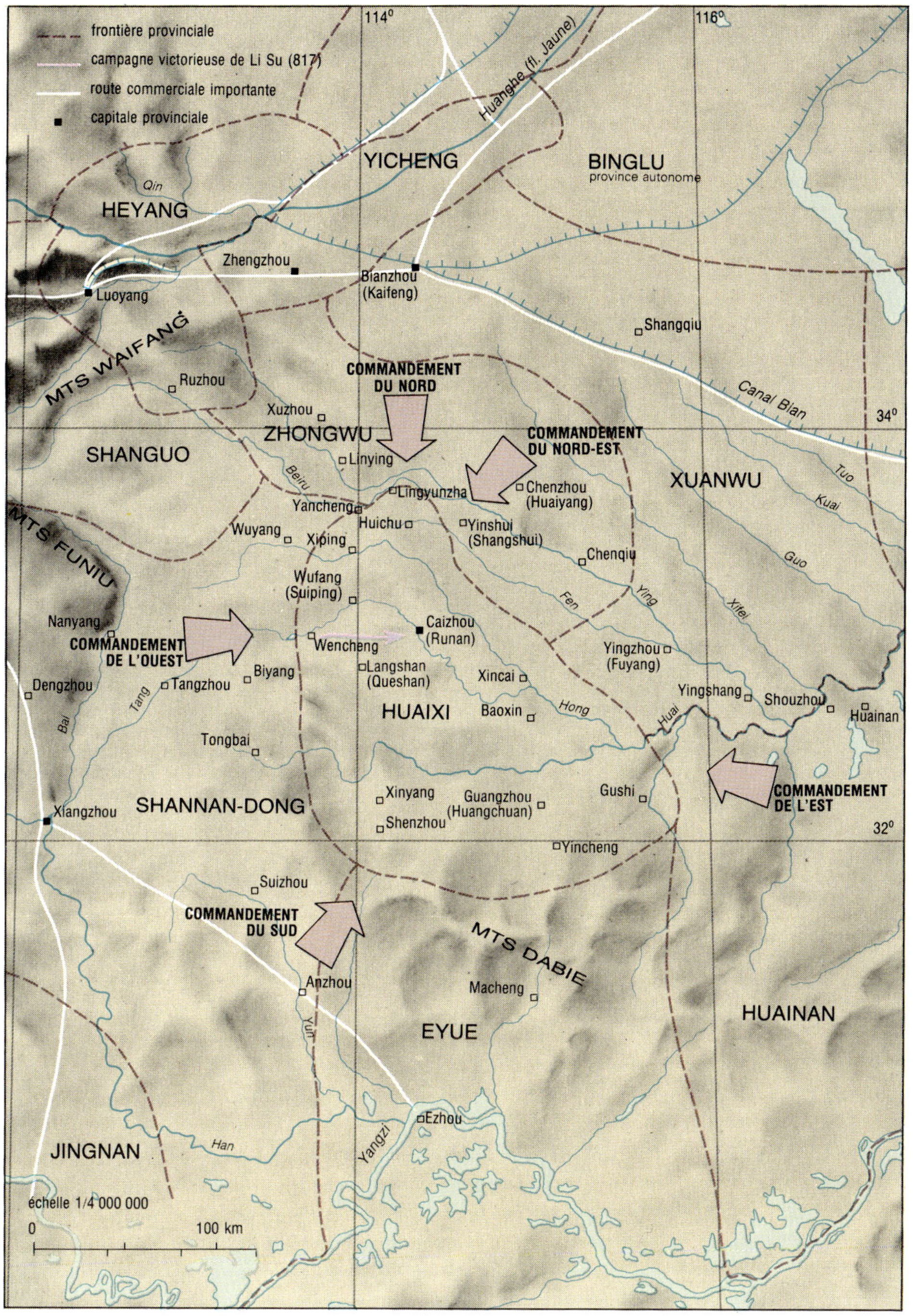

La reconquête du Huaixi par les Tang. Quoique finalement vaincue, la rébellion d'An Lushan, au milieu du VIIIe siècle, a ruiné l'édifice du pouvoir impérial. Hors de la capitale, l'essentiel du pouvoir est entre les mains de gouverneurs provinciaux puissants, appuyés sur des armées qui leur sont personnellement dévouées. Néanmoins, le gouvernement central parvient, non sans mal, à rétablir son autorité, sauf sur le Nord-Est et sur la petite province du Huaixi (correspondant au coin sud-est du Henan actuel). La carte montre l'organisation de la campagne ordonnée par l'empereur Xianzong contre le Huaixi, dont la résistance va durer de 815 à 817. Bien que conclue spectaculairement par l'assaut lancé par Li Su au milieu d'une tempête de neige, l'opération aura surtout été un affrontement logistique : ressources supérieures et stratégie de blocus du côté des gouvernementaux, patriotisme local et guerre de mouvement du côté des assiégés.

tel que Bayan se soit aliéné la loyauté d'une bonne partie des élites non chinoises : lorsqu'il abolit les examens d'État en 1335, il mécontente non seulement les Chinois, mais encore beaucoup de Mongols et de Centre-Asiatiques qui bénéficiaient de quotas d'examens favorables, adhéraient aux valeurs confucéennes, et nouaient même des alliances matrimoniales avec les élites chinoises. Sous la chancellerie de Toghto (1340-1344 et 1349-1355), les luttes de factions privent l'action gouvernementale de toute cohérence. Quand les rébellions reprennent dans les provinces, après 1350, tout repose sur la machine politique du seul chancelier, mais la dynastie redoute tellement ses ambitions qu'elle le congédie, se condamnant par là-même à l'impuissance et à l'effondrement. Ces événements montrent *a contrario* que le maintien de l'unité impériale, sous les Ming et sous les Qing, pendant plus de deux siècles à chaque fois, n'allait pas de soi et qu'il y fallait une belle habileté politique.

On dit parfois que l'invention des armes à feu par les Chinois a contribué à saper la structure sociomilitaire de l'Europe médiévale, mais qu'elle n'a pas eu d'effet comparable en Chine même. Ce n'est vrai qu'en partie. D'un côté, il est clair que l'artillerie de campagne (les fameux « canons au mécanisme surnaturel ») permet aux Ming de résister à la cavalerie des Mongols Oirat au début du XVe siècle, et les canons qui défendent les villes et garnissent la Grande Muraille — à laquelle les Ming ont travaillé un siècle et demi — sont d'une aide considérable pour résister aux invasions venues du Nord. On citera, dans le même registre, la grave défaite essuyée par Nurhaci, le fondateur du royaume Jürčen-mandchou, devant Ningyuan en 1626. Il se trouve en outre que le système de ravitaillement axé sur un Grand Canal retracé et remis en état a été vital pour la protection de l'empire des Ming. On peut donc dire qu'entre 1368 et 1644 la défense de l'Empire aura été une question d'organisation logistique et de poudre à canon.

Les Mandchous (Qing) réussissent à annexer la Chine extérieure en combinant leur propre valeur militaire aux ressources et au savoir-faire des Chinois, leurs armes à feu notamment, sans parler de leurs généraux. L'amiral Shi Lang s'empare de Taiwan en 1683. Au nord-ouest, l'essentiel du Turkestan et de la Mongolie passent entre les mains des Qing en 1696 après la défaite de Galdan, le chef des Mongols Dzoungars. Ces derniers conservent néanmoins leur base, qui sera conquise au prix d'une guerre sanglante, avec ce qui restait du Turkestan, que dans les années 1750. Entre-temps, les Dzoungars se sont emparés du Tibet, dont ils sont délogés par les Qing en 1720. Cette expansion colossale laisse les Mandchous sans rivaux sérieux : désormais, la seule puissance directement à leur contact est la Russie, dont la présence à l'est de l'Ural demeure des plus modestes.

La contribution de l'artillerie à la défense de l'Empire sous les Ming contraste avec la relative dissémination des armes à feu portatives au sein de la population civile à partir de la fin du XVIIe siècle. Bien que le gouvernement des Qing soit par principe hostile à la manufacture et à la détention des divers types de mousquets par des personnes privées, il est obligé de reconnaître l'extention du phénomène dans certaines régions, et même de le légaliser : agir autrement avantagerait les bandits au détriment des honnêtes citoyens. Il est certain que la banalisation de ces armements, dont le maniement s'acquiert beaucoup plus facilement que celui de l'arc et des autres armes traditionnelles, a contribué à l'aggravation de l'instabilité intérieure à partir du tournant du XIXe siècle. Or, ces développements interviennent alors même que l'Empire va se trouver confronté à un défi culturel et militaire entièrement nouveau et autrement redoutable : celui que lui opposent les nations récemment industrialisées de l'Europe occidentale.

Le Grand Canal et ses tracés successifs

C'est par le Grand Canal des Song *(page ci-contre)* qu'ont transité les quantités les plus considérables d'approvisionnements destinés à la capitale de l'Empire : plus de six millions de *shi* de grains par an, soit largement plus de trois cent mille tonnes. Le Grand Canal des Song est également le seul, semble-t-il, qui ait été muni d'écluses à sas, lesquelles permettaient le passage de bateaux plus importants que les écluses à rampe. Après l'installation de la capitale sur le site de Pékin, à l'époque mongole, il a fallu creuser une nouvelle extension franchissant les contreforts occidentaux des collines du Shandong. Les problèmes techniques pour maintenir en eau cet « escalier » n'ont été vraiment résolus qu'au début des Ming. Aussi les Mongols ont-ils dû faire passer une partie de leur tribut en grains par la voie maritime. L'une des routes suivies coupait la péninsule du Shandong par un canal creusé entre la baie de Jiaozhou et le golfe du Bohai.

Encart à droite : Les premiers canaux de transport. De part leur faible altitude, la vallée de la Huai et celles de ses affluents se prêtent aisément à la construction de canaux. Elles relient en effet les deux grands systèmes fluviaux chinois, celui du fleuve Jaune et celui du Yangzi ; leur pente est si modérée qu'un minimum d'ouvrages d'art relativement simples suffisent à maintenir à niveau les voies d'eau artificielles. Les premiers éléments d'un système de canaux reliant le Nord et le Sud remontent au ve siècle av. J.-C. ; l'objectif était, semble-t-il, de faire circuler les approvisionnements militaires.

À droite : Le Grand Canal et le transport du « tribut » en grains à Pékin au XVIIIe siècle. L'approvisionnement de la capitale en grains d'origine fiscale incombait à un nombre limité de préfectures, dont la majorité se trouvait dans la vallée inférieure du Yangzi. La carte indique les quotas à l'époque des Qing, ainsi que l'emplacement des garnisons qui assuraient l'essentiel du transport. Il n'est cependant pas sûr que celles qui se trouvaient en dehors des zones pourvoyeuses de grain aient été opérationnelles.

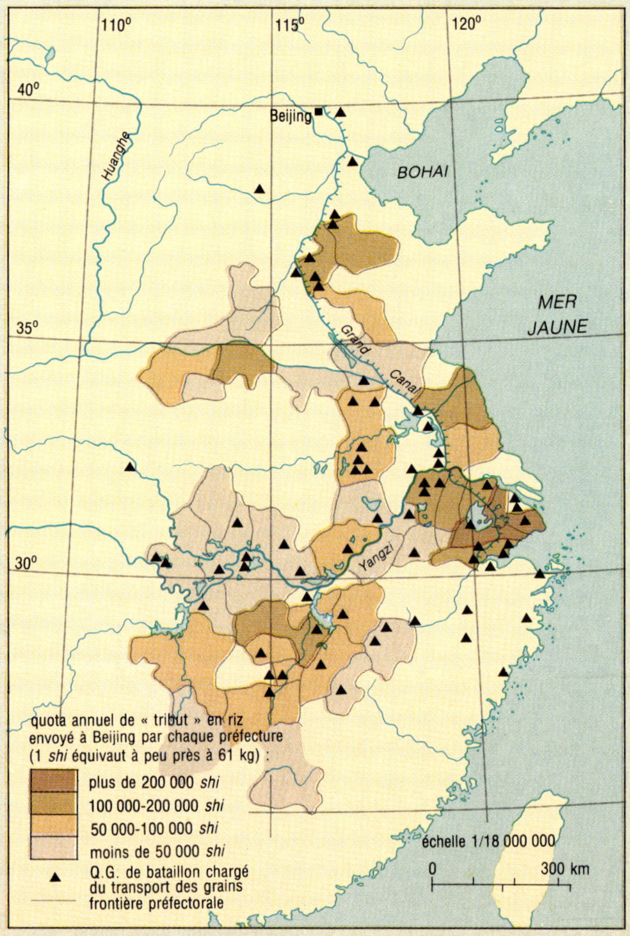

Ci-dessous : Vue du trafic fluvial sur la section méridionale du Grand Canal, au passage de Suzhou, ville par ailleurs fameuse pour le réseau de canaux secondaires qui la parcourt. Avant l'époque moderne, le halage, la manœuvre à la perche et la godille étaient les moyens de propulsion les plus répandus. Le moteur est aujourd'hui d'usage quasiment universel, et l'on voit couramment de longues files de bateaux tractées par un remorqueur. Une population importante vivait naguère sur l'eau ; il semble que, durant les années récentes, on l'ait progressivement relogée à terre.

Encart à droite : Les canaux à l'époque des Sui. Le premier ensemble de voies d'eau artificielles considéré par les historiens comme constituant un authentique « Grand Canal » a été creusé au début du VIIe siècle sur ordre de l'empereur Yangdi des Sui. Outre le franchissement de la vallée de la Huai, le canal des Sui comportait une extension méridionale donnant accès au delta fertile qui s'étend au sud de l'estuaire du Yangzi, ainsi qu'une extension nord permettant d'approvisionner les garnisons frontalières. En revanche, les gorges de Sanmen, situées immédiatement en aval du point où le fleuve Jaune oblique à l'est pour entrer dans la grande plaine du Nord, rendaient la capitale de l'Empire inaccessible aux bateaux circulant sur le reste du système. Ce problème explique en partie les difficultés rencontrées par les Tang pour maintenir une capitale à l'ouest des gorges.

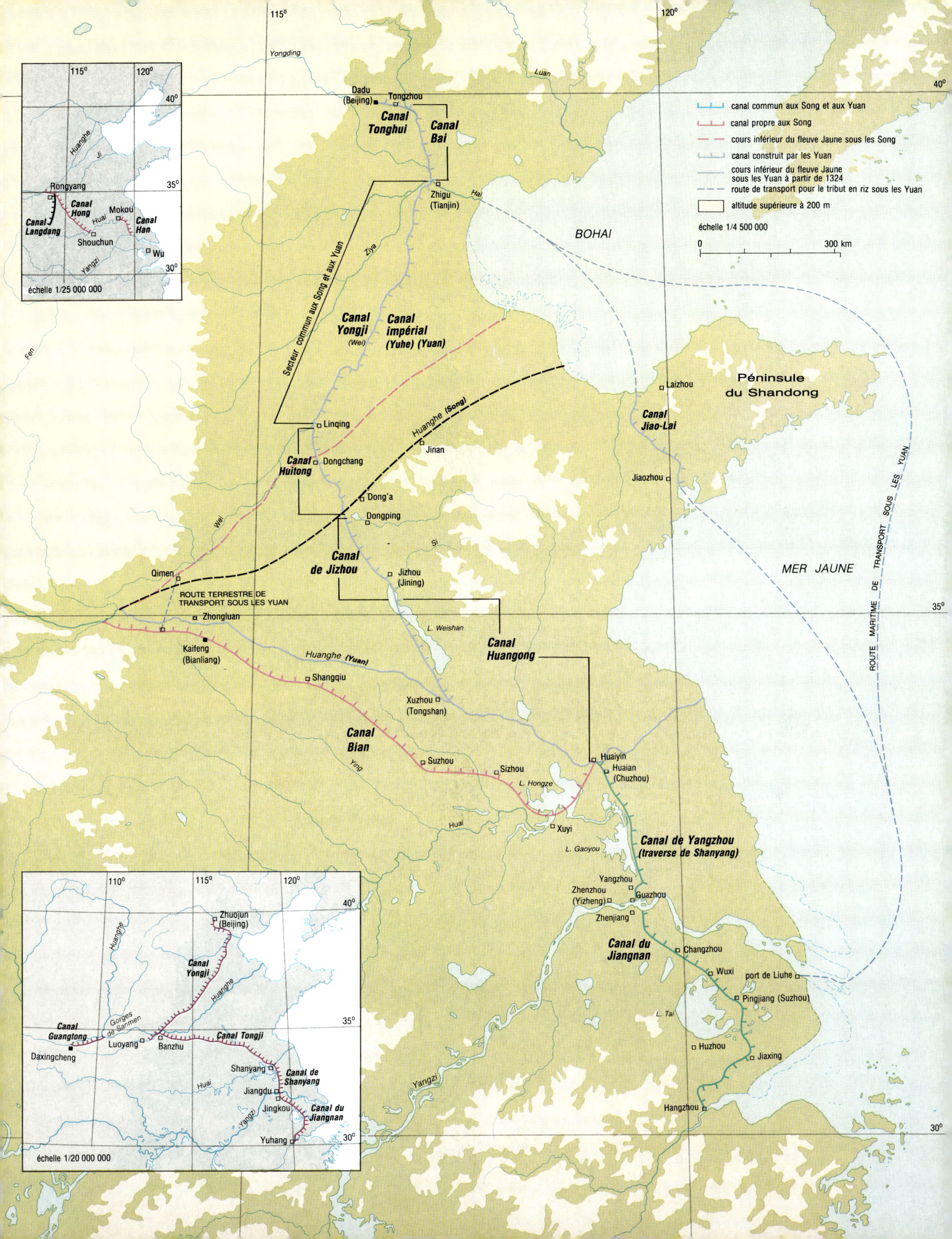

canal commun aux Song et aux Yuan
canal propre aux Song
cours inférieur du fleuve Jaune sous les Song
canal construit par les Yuan
cours inférieur du fleuve Jaune sous les Yuan à partir de 1324
route de transport pour le tribut en riz sous les Yuan
altitude supérieure à 200 m
échelle 1/4 500 000
0
300 km
BOHAI
MER JAUNE
Péninsule du Shandong
Dadu (Beijing)
Tongzhou
Canal Tonghui
Canal Bai
Zhigu (Tianjin)
Hai
Canal Yongji
(Wei)
Canal impérial (Yuhe) (Yuan)
Secteur commun aux Song et aux Yuan
Linqing
Canal Huitong
Dongchang
Huanghe (Song)
Jinan
Dong'a
Dongping
Canal de Jizhou
Jizhou (Jining)
Canal Huangong
L. Weishan
Laizhou
Canal Jiao-Lai
Jiaozhou
ROUTE MARITIME DE TRANSPORT SOUS LES YUAN
Qimen
ROUTE TERRESTRE DE TRANSPORT SOUS LES YUAN
Zhongluan
Kaifeng (Bianliang)
Huanghe (Yuan)
Shangqiu
Xuzhou (Tongshan)
Canal Bian
Suzhou
Sizhou
L. Hongze
Huaiyin
Huaian (Chuzhou)
Xuyi
Huai
Ying
Canal de Yangzhou (traverse de Shanyang)
L. Gaoyou
Yangzhou
Zhenzhou (Yizheng)
Guazhou
Zhenjiang
Canal du Jiangnan
Changzhou
Wuxi
port de Liuhe
Pingjiang (Suzhou)
L. Tai
Huzhou
Jiaxing
Hangzhou
Yangzi
Yongding
Luan
Ziya
Wei
Si
Fen
115°
120°
40°
35°
30°
Huanghe
Ji
Rongyang
Canal Langdang
Canal Hong
Huai
Mokou
Canal Han
Shouchun
Wu
Yangzi
échelle 1/25 000 000
110°
Zhuojun (Beijing)
Canal Yongji
Huanghe
Canal Guangtong
Gorges de Sanmen
Daxingcheng
Luoyang
Banzhu
Canal Tongji
Shanyang
Canal de Shanyang
Jiangdu
Jingkou
Canal du Jiangnan
Yuhang
échelle 1/20 000 000

LES ARTS DE L'ÈRE IMPÉRIALE

Les tombes des Qin et des Han

En dehors de l'armée de terre cuite décrite plus haut, la dynastie des Qin a laissé peu de vestiges. Le tombeau fabuleux du Premier Empereur reste entouré de légende. Si l'on en croit les *Mémoires historiques* de Sima Qian, ses accès étaient défendus par des arbalètes à déclenchement automatique ; il contenait d'innombrables objets précieux et singuliers ; le sol était recouvert d'une carte du monde dont les rivières étaient emplies de mercure, et le plafond reproduisait la voûte céleste.

Les tombes d'époque Han, en revanche, sont une source inépuisable d'objets de toute nature : jades, bronzes et laques, mais aussi figurines de terre cuite représentant des bâtiments, des personnages, des scènes de la ferme, grâce auxquelles on dispose de précieux aperçus sur la vie quotidienne d'il y a deux mille ans. Les tombes et les sanctuaires étaient à l'occasion décorés de dalles gravées représentant, selon les cas, des sujets historiques et mythologiques, ou des scènes de chasse et de la vie rurale. Ce mélange de réel et d'imaginaire est caractéristique de l'art des débuts de l'Empire.

Nos connaissances sur l'architecture des Han viennent pour beaucoup des bas-reliefs et des dalles gravées : les lourds toits de tuiles reposaient sur des piliers reliés par des lintaux ; des panneaux de torchis ou des nattes de bambou tenaient lieu de murs. L'ampleur était obtenue par la multiplication horizontale des mêmes structures, plutôt que par l'élévation. Les maquettes de céramique peinte et vernissée reproduisent des tours de guet, des fermes, des greniers, des porcheries, et l'on peut y distinguer plusieurs styles régionaux. Les personnages et les animaux sont modelés avec un réalisme extrême, ou moulés en série.

La sculpture Han est inséparable de l'art funéraire. La « voie des esprits », dont l'entrée était parfois marquée par deux piliers, était bordée d'animaux de pierre monumentaux ; elle conduisait au tombeau. Mais le véritable essor de la grande statuaire chinoise date du milieu du ve siècle et du soutien accordé au bouddhisme par la dynastie des Wei du Nord. Les lions et les félins ailés du ve et du vi^{e} siècle gardant les tombes impériales des Qi et des Liang sont les spécimens les plus remarquables de l'art funéraire animalier.

Les dalles gravées ou incisées qui décorent les parois des sanctuaires familiaux des Wu, près de Jiaxiang au Shandong, construits de 145 à 168 apr. J.-C., sont un bon exemple de ce type de décor. Les figures y apparaissent en silhouette à la manière d'ombres chinoises ; le récit se déroule en une série de scènes disposées en bandes horizontales. Le tout se lit, de bas en haut, comme une bande dessinée. Par contraste, la tombe de Guanghan au Sichuan, elle aussi des Han postérieurs, est tapissée de

briques de terre moulées dont la décoration, exécutée de manière cursive, représente des scènes de chasse et de moisson pleines de vie. Il arrive aussi que la décoration soit exécutée à l'encre et au pinceau, comme c'est le cas pour les peintures de chars et de chevaux retrouvées sur les murs de la tombe de Horinger, en Mongolie-Intérieure, construite entre 140 et 177. On y voit aussi des troupeaux de moutons et un spectacle d'acrobates ; l'absence de fond laisse une impression d'illimité que l'on retrouvera, plus tard, dans les peintures sur rouleau. Mentionnons enfin les tuiles peintes provenant de tombes des Han postérieurs, conservées au musée des Beaux-Arts de Boston, grâce auxquelles on peut se faire une idée des peintures de personnages qui ornaient les murs des palais des Han, aujourd'hui disparus : le pinceau rend l'expressivité particulière de chaque visage en une série de traits « calligraphiques » rapides, ignorant le détail superflu.

Le plan des tombes Han varie. Les tombes de la famille du marquis de Dai (env. 160-150 av. J.-C.) découvertes à Mawangdui, près de Changsha au Hunan, sont un exemple du type « en puits ». La tombe n° 1, dont l'occupante était probablement l'épouse du marquis, est parfaitement préservée : on y a trouvé trois cercueils emboîtés — les cercueils intérieurs peints de couleurs vives — contenus dans une structure en bois équipée de compartiments où étaient déposés les objets person-

Ci-dessus à gauche : Lampe provenant de la tombe de Dou Wan (fin du iie siècle av. J.-C.), l'épouse d'un prince Han, dont la dépouille a été retrouvée, comme celle de son mari, revêtue d'une tunique en plaques de jade, à Mancheng (Hebei). Le cylindre qui entoure la mèche est mobile : on règle la lumière en le faisant pivoter à l'aide de la poignée fixée à la base. Haute d'environ 60 cm, la statuette est creuse : la fumée de la lampe est canalisée à l'intérieur du bras et la pièce n'en est pas envahie.

Ci-dessus : Le célèbre « cheval volant » en bronze, haut de 35 cm environ, posé en équilibre sur une hirondelle elle-même représentée en vol, a été exhumé à Wuwei, province du Gansu, sur la route de la soie. Il résume assez bien l'expression chinoise : « Le corps léger comme une hirondelle. »

À droite : Ces deux léopards de bronze à dorure partielle, avec leurs incrustations d'argent et leurs yeux de grenat, faisaient partie d'un ensemble qui en comptait quatre ; ils étaient utilisés comme poids. Comme la lampe représentée ci-contre, ils ont été retrouvés dans la tombe de la princesse Dou Wan.

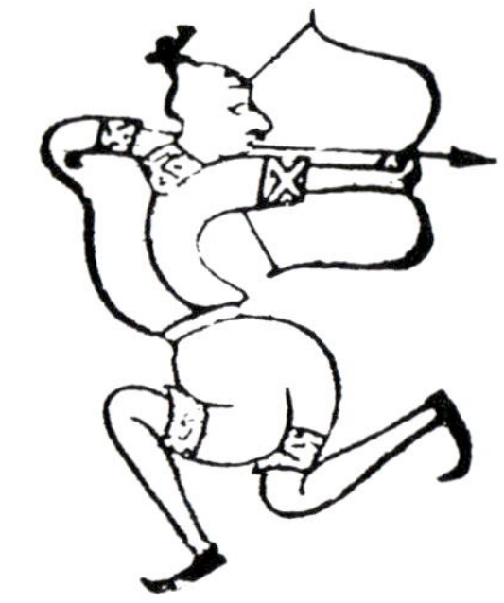

Ci-dessus : Cette maquette en faïence, haute d'environ 60 cm, est une source précieuse sur l'architecture des greniers au IIe siècle apr. J.-C.

À droite : Dalles de pierre gravées et briques moulées décoraient les murs des tombes Han. L'estampage qu'on voit ici, provenant d'une tombe du Sichuan, montre une scène de moisson et de battage datant de la fin du Ier ou du IIe siècle de notre ère.

Ci-dessous : Un exemple des représentations monumentales de félins ailés qui gardaient la « voie des esprits » des tombes des IIIe et IVe siècles. On trouve aussi d'énormes animaux de pierre près des tombes mésopotamiennes, mais la statue reproduite ici est totalement chinoise par son style.

À gauche : Un chien, des poules, une meule de pierre, et un paysan en train de piler du grain avec un marteau à bascule.

Ci-dessus : Archer visant un cerf et une biche. Détail d'une tuile provenant de l'entrée d'une tombe Han.

Ci-dessous : Ce garde du corps, appuyé sur l'antique hallebarde à crocs dite « poignard-hache », est chargé de veiller sur les morts.

Ci-dessus : Les tombes Han contenaient un grand nombre de figurines et de maquettes de bâtiments en terre cuite (vernissée ou non). Le personnage plutôt renfrogné qu'on voit ici est occupé à cuire ou à vendre du poisson.

Ci-dessus à gauche : Maquette du Ier ou du IIe siècle représentant une porcherie et des latrines. Cette disposition se rencontre encore de nos jours.

À gauche : Tour de guet en terre cuite. C'est du haut de tels édifices que l'on surveillait le domaine et ses approches.

nels de la défunte, le tout enfoui au fond d'une fosse profonde de vingt mètres. Le sol était recouvert d'argile blanche, les cercueils enveloppés dans une couche de charbon de bois soigneusement tassé, haute de 4,50 mètres à 5,80 mètres, surmontée d'une autre couche d'argile, elle-même recouverte de terre. Parmi les objets funéraires (aujourd'hui conservés au musée de Changsha), on a retrouvé une remarquable bannière de soie recouvrant le premier cercueil, dont les peintures représentent le monde céleste, le monde des hommes, et le monde souterrain, reliés entre eux par des entrelacs de dragons et d'animaux mythologiques. On a également mis au jour de nombreux objets en laque d'usage quotidien, décorés de voilages ou de volutes en rouge sur fond noir ; une grande variété de soieries imprimées, peintes, ou brodées avec des fils de vingt couleurs différentes (l'utilisation des rouleaux de soie comme monnaie d'échange atteste l'importance du matériau à l'époque) ; et, dans les tombes n° 2 et n° 3, plusieurs ouvrages rédigés à l'encre sur soie, notamment deux versions du *Livre de la voie et de la vertu* (*Daodejing,* également connu comme le *Laozi*), un traité de médecine décrivant les causes et les symptômes des maladies et livrant plusieurs milliers de prescriptions ; enfin, les plus anciennes cartes chinoises.

Deux tombes des Han antérieurs creusées dans les falaises de Mancheng au Hebei, dans le nord de la Chine, illustrent le type « à chambres » ; elles contenaient les dépouilles de Liu Sheng, mort en 113 av. J.-C., et de son épouse Dou Wan, l'un et l'autre revêtus d'une tunique de jade. Le corps du défunt était dans la chambre postérieure, la chambre centrale contenant divers articles de bronze, de fer, de laque, d'or et d'argent, ainsi que des poteries et des statuettes de pierre figurant des serviteurs. La chambre située au nord de l'entrée était réservée aux nourritures et aux vins, celle au sud, aux chars et aux chevaux (au nombre de 6 et 17, respectivement, dans la tombe de Liu Sheng). Les vestiges de laque montrent que les chars étaient peints en rouge et décorés de motifs nuageux en rouge, blanc, vert et brun. On a retrouvé dans la tombe de Dou Wan, entre autres articles, une lampe de bronze doré figurant une servante, et deux petits léopards en bronze à dorure partielle. Cette dernière technique avait peu à peu remplacé l'incrustation : on remplissait le dessin gravé dans le bronze avec un amalgame de mercure et d'or, la figure dorée apparaissant après évaporation du mercure par chauffage. D'une manière générale, les objets en métaux précieux et les jades sont progressivement remplacés, sous les Han postérieurs, par des matériaux de moindre valeur : laques, soies, céramiques.

Le bronze domine néanmoins parmi les quelque deux cents objets retirés d'une tombe du IIe siècle apr. J.-C. découverte par hasard, en 1969, par des habitants du village de Leitai, sous-préfecture de Wuwei, dans la province du Gansu. L'une des figurines équestres — représentation idéale des « coursiers célestes » ramenés en Chine après la campagne du Ferghana, au début du IIe siècle av. J.-C. — porte sur le poitrail une inscription désignant le général Zhang Yechang comme son propriétaire. De la même collection provient le fameux « cheval volant » posé en équilibre sur une hirondelle, allusion possible à Hirondelle volante, l'un des neuf coursiers composant la célèbre écurie de l'empereur Wendi (179-157 av. J.-C.).

L'impact du bouddhisme

Les premiers missionnaires bouddhistes sont arrivés en Chine au premier siècle de notre ère. Ils suivaient les routes commerciales reliant le nord-ouest de l'Inde à Dunhuang, aux portes de l'Empire, et passant par le Xinjiang actuel. Mais le bouddhisme ne s'est vraiment imposé qu'au Ve siècle, bénéficiant en particulier des faveurs de la dynastie Tuoba des Wei (386-535). Les premières grottes bouddhiques sont creusées dans les falaises de Dunhuang à la fin du IVe siècle, et celles du célèbre site de Yungang, à l'ouest de Datong, au Shanxi, au milieu du Ve siècle.

Les grottes de Dunhuang sont ornées de fresques murales et de sculptures d'argile peinte. Les premières étaient de petite taille, contenant simplement une statue de Bouddha entourée de petits bouddhas se déployant en rangs sur toute la surface disponible, peints en noir, blanc, rouge, bleu et vert, sur fond brunâtre. Puis les grottes se sont agrandies, la décoration représentant non seulement des bouddhas mais aussi des musiciens et des *apsaras* volantes, tandis que les murs latéraux (grotte 257) ou les pans obliques du plafond (grotte 428) portaient des « bandes dessinées » retraçant les vies antérieures du Bouddha. Le style est léger, aérien, les corps sont schématisés à grands traits, les robes et les rubans flottent dans l'espace. Dans certaines grottes, les pigments blancs ont été obscurcis par des réactions chimiques.

La majorité des 53 grottes creusées dans les falaises de grès de Yungang étaient achevées lorsque les Wei ont transféré leur capitale à Luoyang, en 494. Les cinq plus anciennes (16 à 20) contiennent des bouddhas géants taillés à même la roche : le plus grand, dont le corps taillé d'un seul bloc atteint 13,70 mètres, est exposé à l'air libre et domine le site. Les personnages des grottes 7 et 8, qui présentent un style plus arrondi, notamment en ce qui concerne le visage, peuplent les niches qui tapissent les murs et sont encadrés de bandes de motifs floraux et géométriques. Le style des grottes 5 et 6 est plus ciselé et « analytique » ; les parois sont divisées en registres contenant des images bouddhistes, des *apsaras* volantes et des musiciens ; les registres inférieurs illustrent les vies du Bouddha. Ces bas-reliefs étaient peints de couleurs vives ; beaucoup ont été repeints au fil des siècles, conservant ainsi leur aspect originel.

Au moment du transfert de la capitale, un nouvel ensemble de grottes est entrepris près de Luoyang, sur les rives de la rivière Feng, au site dit de Longmen (la « Porte du dragon »). Les sculptures de la paroi orientale ont été pour la plupart détruites, mais plus de mille grottes subsistent sur la falaise ouest, qui évoque d'ailleurs celle de Yungang, bien que la roche en soit plus sombre et plus dure. Beaucoup sont de simples niches taillées dans la paroi ; les grottes plus importantes portent souvent des inscriptions datées, et sont connues par les noms de leurs donateurs : ainsi la grotte Guyang, qui poursuit le style « analytique » des grottes 5 et 6 de Yungang. Ce style est caractérisé par des formes allongées et des drapés traités en bandes plates se terminant par des motifs en « queue de poisson » ; on le retrouve dans les figurines de bronze dont l'évolution suivait celle de la grande statuaire. Les styles multiples qui mènent à l'époque des Sui (581-618) ne se succèdent pas de façon linéaire. Les ve et vi^e siècles sont une période expérimentale pour la sculpture bouddhiste, marquée par des contrastes et des changements brusques de style. L'allongement des formes caractérise aussi les figurines funéraires de la fin des Six Dynasties. Les statuettes de chevaux en terre cuite, aux traits légèrement exagérés, n'ont pas la qualité aérienne de leurs prédécesseurs d'époque Han. La même sveltesse anime les figures féminines, en terre cuite ou en faïence.

Tandis qu'en Chine du Nord les arts des Six Dynasties sont dominés par le bouddhisme, le Sud voit se développer la peinture et la calligraphie, deux disciplines que l'usage commun de l'encre et du pinceau rend indissociables. La diffusion rapide du papier à l'époque des Han élargit l'éventail des styles calligraphiques. L' « écriture d'herbe », ou « de brouillon » *(caoshu),* développée à partir de l' « écriture de scribe » *(lishu),* formelle et anguleuse, permet non seulement d'écrire plus vite, mais devient un art de plein droit. Wang Xizhi (v. 303-v. 379), l'un des premiers grands calligraphes, crée une « écriture cursive » *(xingshu)* qui est une simplification de l' « écriture régulière » *(kaishu),* dérivant elle-même de l'écriture de scribe. Les œuvres picturales et calligraphiques des maîtres anciens nous sont surtout connues par les textes qui les mentionnent, mais quelques copies ont été préservées, tels les *Préceptes de l'instructrice* conservés au British Museum, qui passent pour suivre de près l'œuvre du grand peintre Gu Kaizhi (ive siècle). Les sujets se détachent sur la soie brute, silhouettés à l'encre et légèrement coloriés ; chaque scène est séparée de la suivante par un commentaire calligraphié qui révèle, tout comme le dessin, une maîtrise admirable du pinceau. Certaines grandes calligraphies de l'époque (notamment de Wang Xizhi) ont été reportées sur la pierre, et sont restées accessibles grâce aux estampages.

Tradition et innovation

Chang'an (aujourd'hui Xi'an) a été la capitale d'un empire qui, à son apogée, s'étendait de la mer Caspienne à la mer de Chine. Fondée par les Sui, la ville suivait un plan en damier orienté du nord au sud. Il reste peu de bâtiments d'époque Tang (la plupart étaient en bois), mais on peut citer la pagode de la Grande Oie à Xi'an, construite en brique sur les indications du moine Xuanzang au retour de ses voyages en Inde, au milieu du viie siècle, et rebâtie selon le même plan par

Ci-dessus : Ces figures bouddhiques de style tibétain décorent le plafond de la grotte 465, à Dunhuang. Située à l'écart des autres, celle-ci date probablement du xiiie siècle.

Le bouddhisme en Chine du i^er au ve siècle. Le bouddhisme fait son apparition en Chine au i^er siècle de notre ère. La principale route d'infiltration partait de l'Inde du Nord et du Cachemire ; elle aboutissait à Chang'an après avoir traversé les royaumes bouddhistes d'Asie centrale (Khotan, Kucha) et emprunté les différents tronçons de la route de la soie qui convergent vers le corridor du Gansu. D'autres contacts ont aussi pu s'établir par voie maritime, depuis l'Asie du Sud-Est. Si dans un premier temps la nouvelle religion a surtout été une religion d'étrangers, dès la fin du iiie siècle, en revanche, une proportion significative des couches supérieures de la société chinoise y avait adhéré. La carte ci-contre représente essentiellement les centres de ce bouddhisme « élitaire ». Le bouddhisme populaire, qui existait certainement à cette époque, est trop mal documenté pour qu'il soit posssible de le cartographier avec la même précision.
Il semble qu'au départ le bouddhisme chinois ait été un phénomène essentiellement urbain. Mais, sous l'influence du taoïsme, les moines bouddhistes entreprennent bientôt de fonder monastères et ermitages dans les montagnes. Certains sites sont devenus des lieux saints pour l'une et l'autre religion. La période représentée par la carte s'arrête au début du ve siècle : au cours du siècle suivant, en effet, le nombre des fondations bouddhistes s'accroît démesurément, passant d'environ 1 800 à plus de 15 000 au début du vi^e siècle, et à près de 40 000 à la fin du vi^e siècle.

En bas à gauche : Trois des murs de la grotte 465 de Dunhuang sont divisés en trois zones contenant chacune des figures tantriques de style tibétain représentées au stade ultime de l'illumination. Dans la croyance tantrique, l'homme symbolise la compassion ou la méthode, la femme le savoir ou la sagesse : l'union des deux réalise l'état de nirvana. Le lamaïsme (ou tantrisme, suivant l'appellation plus courante en Occident) a été introduit à la cour mongole au XIIIe siècle, époque probable de cette grotte.

En bas à droite : Le canon bouddhiste chinois inclut un certain nombre de codes réglant la vie des moines et des nonnes, par exemple leur façon de se nourrir et de se vêtir. Ce détail d'une fresque de Dunhuang représente des nonnes en train de se faire raser la tête avant leur ordination.

En haut à gauche : Cette tête du moine Kasyapa provient des grottes de Longmen, au Henan, et date des Wei du Nord, probablement du début du VIe siècle. Un *arhat* (*luohan* en chinois) était un moine bouddhiste parvenu à l'état de sainteté en pratiquant une vie religieuse coupée du monde et vouée à la méditation. La représentation de tels personnages devient d'un grand réalisme à la fin des Tang.

À droite : Luohan assis, dynastie des Liao (Kitan), XIe siècle. Le contraste est frappant avec la tête du VIe siècle reproduite en haut à gauche.

En haut à droite : Ces sculptures peintes et ces hauts-reliefs représentant des épisodes de la vie du Bouddha décorent les grottes de Yungang, près de Datong, au Shanxi (v. 470-480).

Ci-dessus : Le Bouddha Sakyamuni, ici accompagné d'un autre bouddha, sculpté dans la falaise de Yungang (fin des Wei du Nord, vers 470-480).

Ci-dessus : Miniature de bronze doré représentant les bouddhas Prabhutaratna et Sakyamuni. Ayant suscité l'apparition de son prédécesseur dans le ciel par la seule force de son prêche, Sakyamuni s'élève dans les airs, s'assied près de lui et poursuit son sermon. Cette pièce très raffinée, datée de 518, est conservée au musée Guimet.

460-480

495-530

550-580

580-620

620-750

Ci-dessus : Les étapes successives de la représentation du Bouddha (dates approximatives)

À droite : Puissance et rusticité caractérisent cette représentation monumentale du Bouddha, haute d'environ 70 mètres, taillée dans le roc à Leshan au Sichuan (VIIIe siècle apr. J.-C.).

l'impératrice Wu Zetian au début du VIIIe siècle. L'architecture religieuse du temps peut encore être admirée au Japon : le Hōryūji de Nara est une imitation des temples du VIIe siècle à Chang'an. La courbure des toits reste peu marquée, et la charpente est soutenue par un système complexe d'éléments empilés.

La « voie des esprits » qui mène au tombeau de l'empereur Gaozong (mort en 684), à l'extérieur de Chang'an, est bordée de guerriers et de chevaux monumentaux, solidement campés, mais sans l'élan des animaux ailés d'époques plus anciennes. On peut en dire autant des six chevaux favoris de l'empereur Taizong, sculptés sur des dalles monumentales au milieu du VIIe siècle.

La sculpture bouddhique du début des Tang est d'un naturalisme et d'une rondeur de formes très différents du style géométrique de la fin du VIe siècle. Le gigantesque Bouddha Vairocana taillé dans la falaise de Longmen entre 672 et 675 en est un exemple. Ce style « indianisant », soucieux des volumes, va se combiner avec le sens chinois de la fluidité des lignes pour produire, au VIIIe siècle, un style international qui se répandra de Dunhuang, sur la route de la soie, à la Corée et au Japon.

Dames jouant aux échecs, une peinture sur soie d'époque Tang, retrouvée dans la tombe 187 d'Astana, près de Turfan, se signale par l'éclat des couleurs que délimite un contour précis, tracé dans le style dit « pinceau habile » *(gongbi).* Les drapés et le modelé des corps, la plénitude des formes et l'effet de relief sont rendus par le travail des ombres. Les mêmes caractéristiques se retrouvent dans les *Portraits d'empereurs,* un rouleau dont la dernière section est attribuée au peintre de cour Yan Liben (mort en 673), ainsi que dans une peinture représentant Blanc nocturne, l'un des chevaux favoris de l'empereur Minghuang, attribuée à Han Gan (actif en 740-760).

Le grand maître du VIIIe siècle, Wu Daozi (mort en 762), n'a pas laissé d'original, mais une scène murale de la grotte 103 de Dunhuang donne une idée de son style calligraphique : la ligne est brisée, le tracé, d'épaisseur variable. La même liberté se retrouve dans les fresques qui décorent le couloir de la tombe du prince Zhanghuai, au mausolée Qianling de l'empereur Gaozong, près de Xi'an. Les personnages sont situés dans un paysage rudimentaire d'arbres et de rocailles ; la profondeur est donnée par les chevaux galopant à l'arrière-plan. Le paysage, qui avant les Tang n'avait qu'une importance accessoire, servant à séparer les différentes scènes de la narration, gagne progressivement son autonomie dans les fresques de Dunhuang, notamment dans les panneaux latéraux qui flanquent les scènes de paradis. Cet intérêt pour la nature atteindra son apogée avec la grande peinture paysagiste du Xe siècle.

Les arts décoratifs reflètent bien le côté cosmopolite des Tang et leur goût pour les échanges. On a retrouvé des monnaies persanes tout au long de la route de la soie et jusqu'à Xi'an, et, inversement, de la céramique chinoise à Sāmarrā, la résidence des califes abbassides au début du IXe siècle. Les soieries des tombes d'Astana portent des motifs de cocardes en perles typiquement sassanides ; les objets métalliques extraits d'une cache funéraire près de Xi'an sont décorés de motifs floraux et de scènes de chasse rappelant les arts du Proche-Orient et de l'Asie centrale. Au Japon, les collections de l'empereur Shomu conservées au trésor du Shōsōin, consacré par l'impératrice Kōken en 756, à Nara, donnent un aperçu de ce que pouvait être le luxe de la cour des Tang : laques incrustés, vases en métal et textiles sont décorés de motifs enchevêtrés d'origine tant proche-orientale que chinoise.

Ci-dessus : L'un des six célèbres chevaux de l'empereur Taizong des Tang. Sculptées d'après des dessins du peintre de cour Yan Liben (mort en 673), les énormes dalles de calcaire ont ensuite été placées dans la tombe de l'empereur. Quatre d'entre elles se trouvent actuellement au musée de Xi'an ; les deux autres sont à Philadelphie, au musée de l'université de Pennsylvanie.

Certaines figurines funéraires en faïence trichrome manifestent de façon vivante l'influence des formes étrangères. Les chameaux portent des cavaliers aux « longs nez », les chevaux, qui atteignent parfois un mètre de haut, sont d'un réalisme saisissant, et les monstres gardiens de sanctuaires sont traités sur le mode de la caricature. C'est dans le Sud-Ouest que la porcelaine, destinée à supplanter la poterie tendre, fait son apparition : le kaolin extrêmement fin se cristallise à très haute température, et la plasticité comme la dureté du matériau permettent de fabriquer des pièces aux parois d'une grande finesse.

Si la sculpture bouddhique monumentale ne s'est pas relevée de la proscription des religions étrangères au IXe siècle, la sculpture sur bois et les fresques ont continué sous les Song, puis, en Chine du Nord, sous les Liao et les Jin. Les statuettes d'*arhats* en faïence trichrome sont d'un grand réalisme ; au contraire, les statues en bois de Guanyin, la déesse de la miséricorde, sont lourdement décorées, portent de hautes coiffures et des vêtements au drapé tournoyant ; elles prennent parfois la posture nonchalante du « repos royal », un bras reposant sur le genou plié.

Les maîtres bouddhistes des monastères *chan* (ou *zen*) de Chine du Sud, au XIIIe siècle, se signalent surtout par la virtuosité du pinceau et par leur manière de dissoudre la forme. Les *Six Kakis* de Muqi et le *Portrait du poète Li Bai* de Liang Kai

À droite : La poterie « trois couleurs » (jaune, vert et brun) est une spécialité de l'époque des Tang ; sa destination était principalement funéraire. Les touches de bleu que porte cette pièce la rangent dans la catégorie assez rare dite « trois couleurs et bleu ».

Ci-dessous : Les tombes de l'époque des Tang contenaient de nombreuses figurines de terre cuite, vernissées ou non, qui donnent un aperçu vivant du style de vie cosmopolite de l'époque : danseuses, musiciens, chameaux, étrangers barbus... À la fin du Xe siècle, l'équipement des tombes en objets de toute nature commence à décliner et la décoration funéraire se fait beaucoup moins raffinée.

sont les exemples classiques de cet art d'une rapidité magique.

La sculpture bouddhique connaît un certain renouveau grâce au patronage des empereurs mongols. L'influence du tantrisme, importé du Tibet, se retrouve dans les bas-reliefs qui décorent l'intérieur de la porte monumentale de Juyong, au nord de Pékin, et dans les fresques de la grotte 465 à Dunhuang (voir page 111).

La peinture paysagiste

Parmi les montagnes et les torrents de Fan Kuan (actif de 990 à 1030 environ) est un des exemples les plus accomplis de la grande peinture paysagiste (*shanshui,* « montagnes et rivières ») des Song du Nord. Une falaise monumentale surgit d'un fond brumeux, les détails de l'avant-plan sont saisis à petits coups de pinceau précis, et la masse montagneuse qui domine la scène est remplie par des « traits de texture » *(cun)*. Chaque détail est minutieusement rendu. Le paysage a été un moyen d'expression privilégié pour la philosophie néoconfucéenne, dans laquelle la nature et l'étude du monde sensible contribuent à la compréhension de l'univers.

Dans *la Naissance du printemps* (1072), Guo Xi utilise la brume pour représenter la distance. Le même peintre est d'ailleurs l'auteur d'une théorie des « trois distances » : en hauteur (en regardant une montagne du pied vers le sommet), en profondeur (face à la montagne, en regardant le paysage qui s'étend au-delà), et horizontale (en regardant d'une montagne proche vers une montagne lointaine). Il faut entendre par là le point de vue d'un spectateur placé à l'intérieur même de l'espace représenté. Pour Guo Xi, une peinture doit donner l'impression qu'on est physiquement dans le paysage, dont l'aspect varie avec l'angle et le point de vue adoptés. Cette perspective versatile donne naissance à des images multiples de la montagne représentée, laquelle est le plus souvent, d'ailleurs, un condensé de plusieurs montagnes réelles.

Guo Xi est l'héritier du style monumental de Li Cheng, actif pendant la période des Cinq Dynasties. À la même époque, Dong Yuan et Juran créent une nouvelle manière caractérisée par la pâleur de l'encre et la légèreté des brumes. Il n'y a pas de contour précis dans les peintures attribuées à Dong Yuan, qui procède par touches d'encre délayée. Mi Fei (1051-1107) va plus loin encore : dans les œuvres qui lui sont attribuées, l'artiste exprime son état intérieur par des taches uniformes brusquement appliquées sur la soie. On est très loin du style « pinceau habile » favorisé par l'empereur Huizong, laborieusement précis et décoratif. Poète lui-même et calligraphe de talent, grand amateur de peintures de « fleurs et oiseaux » *(huaniao)*, Huizong fonde une académie impériale où il impose son propre goût. Après la chute des Song du Nord en 1125, une nouvelle académie est établie dans le Sud, à Wulin. Les principaux représentants de la peinture paysagiste sont alors Ma Yuan et Xia Gui. Ma Yuan (actif en 1190-1225) peint dans un style anguleux, combinant le lavis et la finesse du trait ; il concentre ses paysages sur le côté du rouleau ou de la page d'album, et, pour cette dernière raison, a été surnommé « Ma-dans-un-coin ». Le style de Xia Gui (actif en 1180-1230) est plus dynamique, et il n'utilise pas la couleur. Ses textures en hachures doivent beaucoup à Li Tang (début du XIIe siècle), dont l'œuvre constitue le trait d'union entre la manière monumentale de Fan Kuan et l'école Ma-Xia des Song du Sud.

Les maîtres paysagistes des Yuan

La peinture Yuan est tournée à la fois vers le passé et vers l'avenir. Qian Xuan (1235-1300 environ) se réfère aux maîtres Tang, mais, en dépit de leur archaïsme délibéré, ses paysages incorporent des traits de pinceau plus « modernes ». Cela est encore plus vrai de Zhao Mengfu (1254-1322), dont le rouleau horizontal *Couleurs d'automne dans les monts Qiao et Hua* est lui aussi archaïque dans l'esprit, mais hautement inventif dans le maniement du pinceau. Ses peintures de bambous, d'arbres et de rocailles font usage du trait dit « blanc volant » qui traverse toute la surface de la feuille en laissant certaines parties blanches. Également grand calligraphe, Zhao Mengfu tient, à l'instar des peintres lettrés du XIe siècle, que l'œuvre doit faire passer les états d'âme les plus intimes de l'artiste. Ce désir de retrouver l'ambiance des maîtres des Tang et des

À droite : La Naissance du printemps (détail), de Guo Xi (v. 1020-1080). Cette peinture à l'encre sur soie, légèrement colorée, est datée de 1072. Guo Xi peint au milieu des paysages montagneux du Nord, alors que les grands maîtres du XIIe siècle représenteront les contours plus arrondis des collines du Jiangnan, dans la région de Hangzhou. Les personnages qui apparaissent dans les grands paysages des Song du Nord sont réduits à des proportions minuscules (comme ici au premier plan). Guo Xi utilise la brume pour adoucir les changements brusques de profondeur et ordonner les proportions monumentales de l'ensemble.

Ci-dessous : Détail d'un rouleau horizontal dû à Xia Gui (actif entre 1180 et 1230), l'un des peintres de cour les plus en vue de l'académie des Song du Sud. Le lent défilement du rouleau permet de s'attarder à loisir sur telle ou telle section. Il s'agit, par définition, d'un genre « intime », mais d'une manière plus générale les paysagistes des Song du Sud ne cherchaient pas, à l'instar des maîtres du XIe siècle, à créer des scènes de proportions grandioses.

En bas : Demeure dans les monts Fuchun, de Huang Gongwang (détail). On voit ici comment le paysage, au milieu du XIVe siècle, pouvait se construire à partir d'une accumulation de traits de pinceau.

Ci-dessus : Wen Zhengming (1470-1559), l'auteur de ces cyprès exécutés à l'encre sur papier, est un des principaux peintres de l'école de Wu. Comme les maîtres Yuan avant lui, Wen peignait pour un petit cercle d'amis partageant ses goûts littéraires et artistiques.

À l'extrême gauche : Retour au foyer le soir est dû à Dai Jin (1388-1452), membre éminent de l'école du Zhe (Zhejiang). L'influence des maîtres des Song du Sud est ici sensible dans l'utilisation du lavis pour rendre les effets de brume.

À gauche : Détail d'un paysage de Wang Hui (1632-1717) exécuté dans le style de Huang Gongwang (1269-1354). Comme tant d'autres représentants de l'orthodoxie picturale sous la dynastie des Qing, Wang Hui cherche à réinterpréter de façon créative l'œuvre des maîtres paysagistes d'autrefois.

Song du Sud, associé à une extrême virtuosité calligraphique du pinceau, caractérise tout autant les « Quatre Maîtres » des Yuan, Huang Gongwang, Ni Zan, Wu Zhen et Wang Meng.

Demeure dans les monts Fuchun, de Huang Gongwang (1269-1354), où les variations parfaitement équilibrées du pinceau et de l'encre réussissent à rendre l'essence même du paysage, est un des chefs-d'œuvre de la peinture chinoise. L'auteur indique dans un colophon que l'œuvre, achevée en 1350, lui a coûté trois ans d'efforts. Wu Zhen (1280-1354) combine le travail du pinceau dans la manière des maîtres des Song du Nord avec une utilisation audacieuse des espaces ouverts, sans pour autant tomber dans le romantisme brumeux de l'école Ma-Xia. Comme beaucoup de poètes et de peintres de son temps, Ni Zan (1301-1374) a refusé de servir la dynastie mongole et vit en ermite. Ses peintures sont pour la plupart des paysages clairsemés où il utilise l'encre avec une admirable économie. Il disait de ses bambous : « Je les ai peints simplement pour exprimer le débordement de mon cœur ! » Émerveillé de découvrir que des bambous peints à la lueur de la chandelle ne ressemblaient nullement, au grand jour, à des bambous, il se serait exclamé en riant : « L'absence totale de ressemblance n'est vraiment pas une chose facile à réussir ! » En quoi il manifestait un esprit qui s'accorde bien à la légèreté de ses peintures. La texture des œuvres de Wang Meng (1308-1385) est plus serrée : le paysage est construit par accumulation de traits denses, les feuillages sont rendus avec un pinceau sec ; il utilise le lavis pour les feuillages lointains, l'encre « brûlée » pour les écorces ; les paysages remplissent toute la hauteur du rouleau. Les Quatre Maîtres des Yuan ont ouvert la voie aux peintres lettrés de l'époque des Ming.

(La céramique de l'ère impériale est traitée ci-dessous, pages 200-201.)

Détail de *la Mer du Nord,* rouleau horizontal de Zhou Chen (v. 1455-v. 1536).

L'ÉVOLUTION DE LA SOCIÉTÉ

Le grand tournant est sans conteste ce que l'on appellera la « révolution économique médiévale ». Celle-ci intervient à peu près au milieu de l'époque impériale, pendant les siècles qui précèdent et suivent immédiatement l'an mille. Au sortir de cette période, la société chinoise est à la fois plus productive, plus commercialisée, plus monétarisée, plus urbanisée et plus éduquée qu'elle ne l'avait jamais été. Le nombre des hommes est aussi beaucoup plus élevé. Pendant la première moitié de l'Empire, la population culmine probablement à 60 ou 70 millions aux époques de plus grande prospérité ; à l'apogée des Song, au XIIe siècle, elle semble bien avoir atteint les 140 millions, et par-delà une phase de déclin au XIVe siècle, la croissance se poursuivra jusqu'à 430 millions en 1850.

Peut-on résumer d'un terme cette transformation globale de la société ? On proposera, provisoirement, de distinguer la première de la seconde phase en parlant respectivement d'une société « préeconomique » et d'une société « économique ». Par « économique », nous voulons non seulement dire qu'à partir de l'époque des Song tout le monde ou presque est concerné par la circulation monétaire et commerciale, mais aussi qu'on a désormais affaire à un *système* de circulation des produits, des hommes et des idées à l'échelle de l'Empire. La société tend à se structurer de façon rationnelle et fonctionnelle, comme le suggère par exemple la généralisation du recrutement des fonctionnaires par voie de concours. Certes, la Chine que nous avons qualifiée de prééconomique était déjà le lieu d'une activité économique considérable ; mais cette activité visait presque exclusivement les besoins des classes dominantes. Précisons aussi que l'organisation sociale déjà très complexe qui caractérise l'époque précédant immédiatement les Song mériterait plutôt le qualificatif de « protoéconomique ». Enfin, pour mieux distinguer la seconde moitié de l'ère impériale du début des temps modernes et de l'influence occidentale, on pourra préférer le terme de « société économique préscientifique ». En revanche, les qualificatifs de « préindustriel » ou « précapitaliste » ne sont pas recevables, car dès l'époque des Song du Nord on rencontre des exemples de production de masse standardisée (notamment dans la fabrication des armements par l'État) et de concentration considérable de capital marchand.

Fragment de la *Promenade sur le fleuve pendant la fête Qingming (Qingming shanghe tu)*, par Zhang Zeduan. On admet généralement que la ville représentée est Kaifeng, la capitale des Song du Nord, aux alentours de l'an 1100. Ce long rouleau, qui se lit de droite à gauche, peut être comparé à une sorte de *travelling* cinématographique. Loin à droite de la scène reproduite ici, le spectateur commence son parcours en rase campagne, au milieu des bosquets de saules et des troupeaux. Ayant traversé des faubourgs bourdonnant d'activité, comme celui qu'on aperçoit ci-dessous, il atteint enfin la cité proprement dite et y pénètre par une des portes monumentales aménagées dans la muraille en terre battue.

La révolution agricole médiévale (analysée plus en détail p. 208-213) présente quatre grandes caractéristiques : meilleures méthodes de préparation et de conservation des sols, notamment par la rotation appropriée des cultures ; recours à des variétés de semences très améliorées (importées ou obtenues par croisement), autorisant un meilleur étalement des périodes de maturation et l'obtention de deux récoltes ; dispositifs hydrauliques plus efficaces et systèmes d'irrigation plus nombreux ; enfin, spécialisation locale accrue grâce au développement du commerce et des transports. La plupart des innovations techniques sont d'abord apparues dans la vallée inférieure du Yangzi, avant d'être diffusées par les fonctionnaires qui circulaient d'un bout à l'autre de l'Empire au gré de leurs nominations, par des paysans émigrant d'une région à l'autre, et par la publication d'ouvrages d'agronomie.

Une grande partie des routes reliant les villes importantes sont désormais revêtues de dalles ou de briques. Mais c'est d'abord sur le développement de la navigation que reposent les progrès de l'économie commerciale. Une série d'innovations contribue à intégrer le réseau fluvial : transbordement systématique des marchandises pour éviter les passages dangereux, aménagement de chemins de halage pour remorquer les jonques remontant les gorges du Yangzi, construction d'écluses à sas sur certains secteurs du Grand Canal, utilisation de remorqueurs à aubes, mus par l'énergie humaine, dans les ports... La navigation hauturière bénéficie de techniques révolutionnaires pour l'époque (enduits d'étanchéité, gouvernail d'étambot, compartiments étanches, boussole magnétique...), et la marine chinoise ne tarde pas à prévaloir sur celles du Sud-Est asiatique, du monde persan et du monde arabe.

Le commerce et l'industrie

L'augmentation énorme de la masse monétaire entre l'époque des Tang et celle des Song est à la fois le symptôme et l'un des principaux agents de la révolution économique. La recherche éperdue de nouvelles liquidités au Xe siècle a les conséquences les plus inattendues. On en arrive à interdire la fabrication de casseroles en cuivre et à ordonner la fonte des statues bouddhiques pour fabriquer de la monnaie. Dans le Nord-Est, la pénurie de métal est telle qu'il faudra un temps se servir de monnaie d'argile. À leur apogée, les Song ont une production annuelle de pièces de cuivre vingt fois supérieure au niveau maximal atteint sous les Tang, et en fait la croissance des moyens de paiement est plus forte encore. L'utilisation d'effets, de billets à ordre, de coupons, d'espèces fiduciaires de toutes sortes progresse rapidement. En 1024, on imprime au Sichuan le premier véritable papier-monnaie de l'histoire de l'humanité. La Chine ne tarde d'ailleurs pas à subir sa première inflation, le coût de la guerre contre les Xixia ayant poussé à se servir abusivement de la planche à billets.

Au stade protoéconomique, les seuls produits de

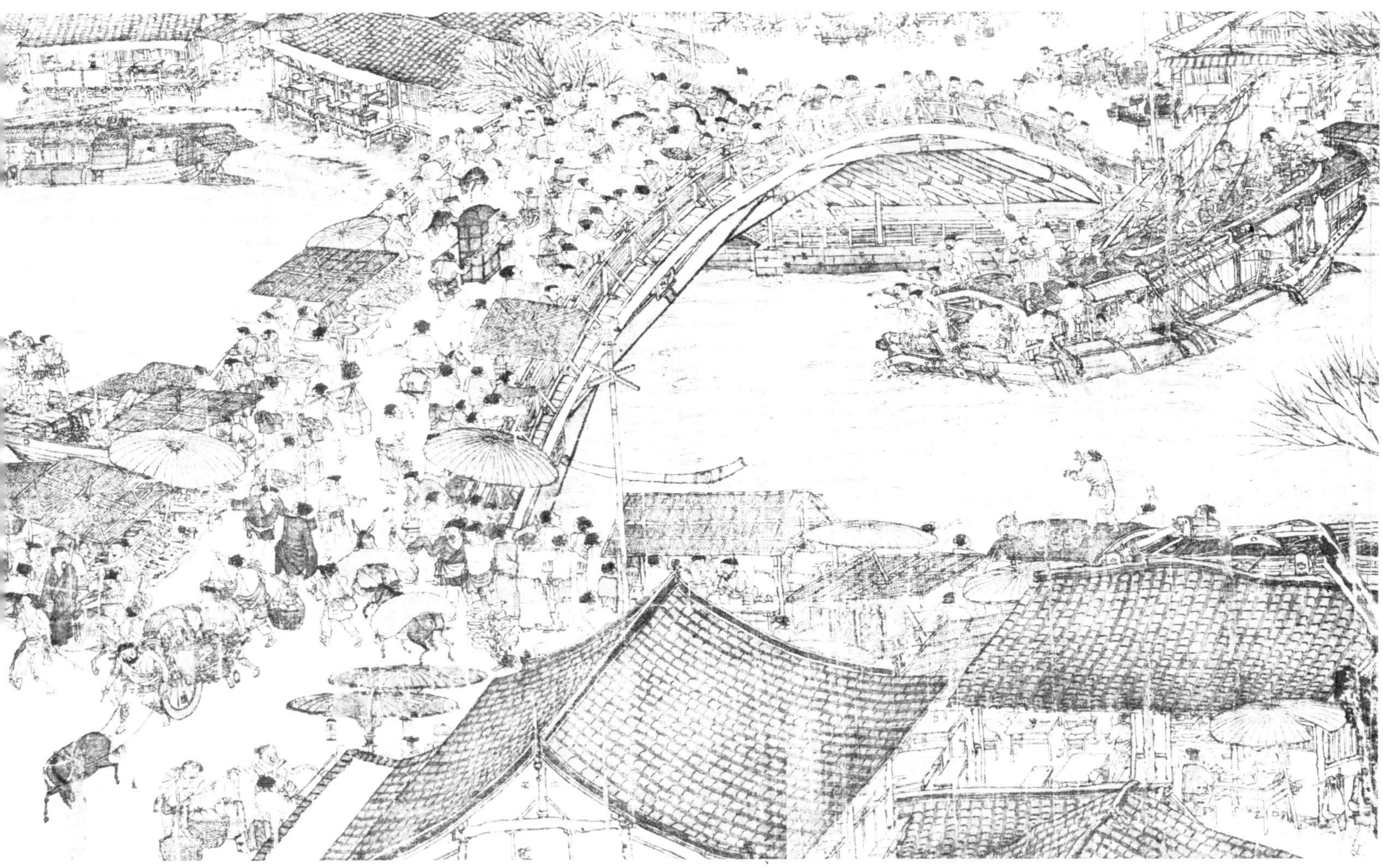

consommation courante à être commercialisés à grande échelle étaient le sel et l'outillage en fer. En dehors de cela, on l'a vu, la production destinée au marché ne visait que les besoins des plus riches. La majeure partie de la demande adressée au secteur commercialisé de l'économie était de nature fiscale, sous forme de commandes d'État et de salaires publics, plutôt que déterminée par le pouvoir d'achat des consommateurs. Étant donné la concentration de cette demande dans les centres administratifs, le négoce légalement reconnu pouvait être autoritairement confiné dans des emplacements réservés à l'intérieur ou à proximité immédiate des grandes villes. Les boutiques et les étalages relevant d'une même corporation étaient regroupés et placés sous surveillance administrative ; les poids et mesures étaient contrôlés par l'État ; souvent, ces marchés étaient entourés de murs. Dès le VIIIe siècle, pourtant, les campagnes commencent à se couvrir d'un réseau florissant de marchés non officiels, en général périodiques, et même dans les villes les marchands arrivent à installer leurs commerces là où cela les arrange. L'ancien système de contrôle disparaît définitivement au IXe siècle, le commerce bénéficiant désormais d'un degré considérable de liberté. Les taxes commerciales, levées par des bureaux de douane répartis le long des principales routes, contribuent, pour une part appréciable sous les Song du Sud, au revenu de l'État.

Au contact du marché, le paysan chinois se transforme peu à peu en un petit entrepreneur rationnel, flexible, orienté vers le profit. Une série d'activités nouvelles se développent dans les campagnes : exploitation forestière, pressage de l'huile, raffinage du sucre, pisciculture, fabrication du papier, tissage du chanvre, de la ramie, et, à partir du XIIIe siècle, du coton, manufacture de laque et d'outils en fer... Les artisans ruraux n'hésitent pas à importer les matières premières qui leur manquent.

Les marchés locaux sont le premier échelon d'une hiérarchie de marchés qui structure la presque totalité de l'économie chinoise. Trois grandes régions économiques se partagent l'Empire : la Chine du Nord, centrée sur Kaifeng, capitale des Song du Nord ; le Centre-Est, articulé autour du complexe de villes qui entourent le lac Tai ; et le Sichuan, dont les cités de la plaine de Chengdu forment le noyau. Chacune est le cadre d'échanges actifs portant sur les produits de première nécessité comme le grain ou les tissus. En revanche, le commerce interrégional se limite à des produits plus coûteux, comme les soieries, la porcelaine ou les médicaments. Enfin, la Chine entretient un commerce international florissant avec le Japon, l'Asie du Sud-Est, d'autres régions plus éloignées encore.

À ce stade, les opérations commerciales les plus importantes sont centralisées par des courtiers dont la fonction est de coordonner l'activité des marchands itinérants et des détaillants. D'où une certaine flexibilité dans la configuration des échanges à longue distance, alors qu'à partir de la fin du XVIIe siècle, un système plus stable et plus routinier semble avoir prévalu. Certains entrepreneurs emploient des effectifs très importants. Sous les Song du Nord, par exemple, le personnel du maître de forges Wang Ge aurait atteint plusieurs milliers d'ouvriers.

L'accroissement de la productivité agricole et la baisse du coût des transports ont favorisé l'expansion des villes — même si dans beaucoup de cas cette dernière a pu être elle-même à l'origine de ces développements. L'une après l'autre, les cités débordent leurs anciennes murailles et s'étendent jusqu'au point où le noyau originel finit par disparaître dans la conurbation qui l'entoure. En extrapolant à partir de données très incomplètes, on peut estimer entre 6 et 7,5 p. 100 la proportion de la population vivant dans des villes de 100 000 habitants ou plus. La société chinoise est, presque à coup sûr, la plus urbanisée du monde médiéval.

Les sciences et les techniques font elles aussi de considérables progrès, encore que les modes de pensée fondamentaux ne changent pas assez pour que l'on puisse cette fois parler de « révolution ». De nouvelles inventions voient le jour. Les méthodes et les machines existantes se répandent dans un public beaucoup plus vaste. En mathématiques, on découvre le moyen de résoudre toute équation comportant une quelconque puissance d'une seule inconnue. En astronomie, la précision des observations fait des progrès décisifs grâce à la mise au point d'instruments beaucoup plus grands et à l'amélioration des horloges hydrauliques qui actionnent les sphères célestes. En médecine, l'anatomie systématique prend son essor avec le renouveau de la dissection, et la description des maladies devient beaucoup plus rigoureuse. Les métallurgistes recourent au charbon, peut-être même au coke, pour extraire le fer par la méthode du creuset. La poudre à canon est désormais utilisée comme explosif, et non simplement pour les feux d'artifice ; on invente aussi le lance-flammes, les gaz toxiques, la bombe à fragmentation, et finalement le canon. La dissémination des nouveaux savoirs doit beaucoup à l'imprimerie par planches gravées (ou xylographie), probablement inventée au IXe siècle par des religieux bouddhistes soucieux de mieux propager leur foi. L'État patronne la publication de maintes compilations, depuis les classiques confucéens jusqu'aux herbiers et aux pharmacopées, tandis que les éditeurs privés lancent sur le marché des ouvrages comme les *Mathématiques pour l'usage quotidien (Riyong suanfa)* de Yang Hui, publié en 1262.

De toutes les inventions chinoises datables de la révolution économique médiévale, la machine à filer est à la fois la plus intéressante et celle qui, par son absence de développement, laisse le plus perplexe. Sous les Song du Nord est mis au point un système d'embobinage mécanique de la soie : actionnée par un pédalier, la machine extrait simultanément plusieurs filaments de la cuve d'eau bouillante où ont été immergés les cocons ; les filaments sont guidés par des œillets et des crochets jusqu'à un bras animé par un mouvement alternatif, qui les dépose en larges bandes sur un cylindre enrouleur à claire-voie.

Au XIIIe siècle, l'idée est adaptée au filage du

Les Trois Royaumes (220-265) et les grandes régions économiques à l'époque des Song du Nord (960-1127). L'effondrement de la dynastie des Han postérieurs, à la fin du IIe siècle, aboutit au partage de la Chine en trois royaumes indépendants : le Wei au nord, le Wu à l'est et au sud, le Shu dans le bassin du Sichuan. Cette configuration est très instable sur le plan militaire, et dès 265 la Chine intérieure est réunifiée par les Jin occidentaux, successeurs des Wei.
Sur le plan économique, en revanche, la tripartition représentée sur la carte a été beaucoup plus durable. Sept cents ans après les Trois Royaumes, l'économie des Song du Nord se partage entre trois grands marchés régionaux correspondant à peu près aux anciens territoires du Wei, du Wu et du Shu (le nord-ouest de l'Empire, qui communique à la fois avec la région du Nord et avec le Sichuan, est plus difficile à classer). On notera que les principaux axes de transport entre les trois grandes régions étaient à un degré ou un autre artificiels : le Grand Canal entre le Nord et le Sud, les gorges du Yangzi (navigables grâce à l'aménagement de chemins de halage) entre le Sud et le Sichuan, la « route suspendue » entre le Sichuan et le Nord-Ouest, et de là le Nord.

105°
110°
115°
120°
35°
30°
25°
20°
BOHAI
MER JAUNE
MER DE CHINE MÉRIDIONALE
WEI
SHU
WU
Huanghe
Huanghe (fleuve Jaune)
Yongding
Fen
Wei
Han
Huai
Yangzi
Jialing
Min
Yuan
Zi
Xiang
Gan
Dong
Gui
Xi
Yu
Wu
L. Dongting
L. Poyang
L. Tai
Fugu
Dai
Baoding
Ding
Zhending
Zhao
Cang
Yongjingjun (Dongguang)
Yanshan
Wudi
Di (Huimin)
Dezhou
Deng (Penglai)
Bing (Taiyuan)
Suide
Gaoyuan
Zhaoyankou (Jiyang)
Qing (Yidu)
Wei (Weifang)
Banquiaozhen
Yan (Yan'an)
Jin (Linfen)
Daming
Pu
Yun (Dongping)
Mi (Zhucheng)
Jinjiakou
Yuncheng
Yi
Longxian
Qin (Tianshui)
Guzhen (Fengxiang)
Hezhong
Dongjing (Kaifeng)
402 379 ligatures de sapèques
Hai
Shan (Sanmenxia)
Xijing (Luoyang)
Henan
Jingchao (Xi'an)
Hua
Nanjing (Shangqiu)
Tongshan (Xuzhou)
Fengxian
Shang
Taikang
Lianshui
Suzhou
Si
Chu (Huai'an)
Yang
Xing (Nanzheng)
Sizhou
Gaoyou
Li (Guangyuan)
Deng
Tang
Yingshang
Shou
Zhen (Yizheng)
Yang (Jiangdu)
Huoqiu
Chu
Xinyang
Run (Zhenjiang)
Xiang
Lu (Hefei)
Jianye (Jiangning)
Chang
Mian
Han (Guanghan)
Zi (Santai)
He
Lu'an
Su (Suzhou)
Peng
Chengdu
Da
Yun'an
Kui
Wuwei
L. Tai
Guangnde
Xiuzhou
Qiong
Qu
Wan
Hu (Huzhou)
Mingshan
Jian
Guang'an
Ningguo
Mei
Sui (Suining)
Huang (Huanggang)
Anqing
Chi (Guichi)
Lin'an (Hangzhou)
Hanyang
Wuchang
Yuezhou
Jia
Zizhou
He
Jiangling
Jinkou
Ming (Ningbo)
Chongqing
Fengdu
Yulin
Tonglu
Li
Jiujiang
Hukou
Lu
Shaoqing
Yue (Yueyang)
Nankang
Wu (Jinhua)
Tai (Linhai)
Changde
Qu
Hongzhou
Tan (Changsha)
Chen
Fu
Wen
Baoqing
Heng
Ji (Ji'an)
Shaowu
Jian
Hengyang
Nanjian
Fu
Qian (Gan)
Ting
Chen
Gui (Guilin)
Dao
Nanxiong
Quan
Lian
Shao (Shaoguan)
Zhang (Zhangzhou)
He
Ying (Yingde)
Qingyuan
Chao
Guang (Guangzhou)
Yong
Hui
Nan'en
Qiongshan
frontières des Trois Royaumes (220-265)
capitale de royaume
capitale secondaire de royaume
frontières de l'empire des Song au XIe siècle
capitale des Song
limite entre les zones commerciales nord et sud
limite d'une éventuelle zone commerciale nord-ouest au contact de la zone nord et du Sichuan
route commerciale importante
rivière navigable
région produisant du sel
région produisant du thé
centre commercial important
quota de l'impôt sur le commerce urbain en 1077 (en ligatures de sapèques) :
plus de 60 000
plus de 40 000
plus de 30 000
plus de 20 000
échelle 1/9 000 000
0
400 km

chanvre. Au lieu de cocons, un alignement de fuseaux porte les mèches de chanvre. Les œillets de guidage sont remplacés par des bobines creuses dont la rotation produit un effet de torsion. La force motrice est fournie par l'homme, l'animal, ou par un moulin à eau, et le mouvement est transmis par des courroies. D'après Wang Zhen, qui décrit la machine dans son *Traité d'agriculture (Nongshu)* de 1313, ses 32 fuseaux produisaient quelque soixante kilogrammes de fil par journée de travail. Autant que l'on sache, le système n'a jamais été adapté au filage du coton, ce qui aurait d'ailleurs nécessité des modifications en raison de la faible longueur des fibres, notamment dans le cas des cotons chinois. On notera pourtant que les Chinois connaissaient dès cette époque ce qui sera le dispositif clé du métier à filer d'Arkwright, cinq cents ans plus tard — la paire de rouleaux qui étire la fibre pendant qu'elle est filée — puisqu'ils utilisaient une machine à égrener le coton fonctionnant à peu près comme nos anciennes essoreuses à cylindre. À l'évidence, la Chine était vers 1300 tout près d'atteindre le stade technologique de la première révolution industrielle en Europe.

La dépression traversée par l'économie chinoise aux XIVe et XVe siècles enlève quelque peu de sa netteté chronologique à la transition entre l'âge prééconomique et l'âge économique. La Chine du Nord a gravement souffert de l'occupation J̌ürčen (dynastie des Jin), de la conquête mongole, et de la reconquête Ming ; la vallée de la Huai, quant à elle, est sortie très dépeuplée des combats incessants entre les Song du Sud et leurs voisins du Nord, J̌ürčen puis Mongols. L'occupation Jin, en particulier, s'appuyait sur des groupes de familles J̌ürčen laissés en garnison à travers tout le pays et pourvus de vastes étendues de terres agricoles de bonne qualité. Ces familles devaient un impôt proportionnel à la terre, au bétail, aux serfs et aux esclaves qu'elles possédaient ou que le gouvernement leur allouait. Beaucoup, pour alléger leur fardeau fiscal, vendaient leurs esclaves et engageaient de gré ou de force des fermiers chinois. L'instabilité qui en a résulté, jointe à la faible compétence des J̌ürčen en matière d'agriculture, a eu un effet de complète désorganisation sur l'économie rurale de la Chine du Nord. Succédant aux Jin sur le même territoire, les Mongols sont allés plus loin encore en convertissant de vastes superficies de terres agricoles en pâturages.

À la fin du XIVe et au début du XVe siècle, des dommages catastrophiques et parfaitement inutiles sont infligés au commerce d'outre-mer, au cabotage côtier, et au système monétaire. Contrairement aux Song du Sud, qui avaient laissé le commerce extérieur se développer pratiquement sans entrave (il suffisait d'acheter une licence), et aux Mongols qui avaient mis en place un système de contrôle officiel, le fondateur des Ming enferme les échanges extérieurs dans un cadre purement tributaire en les liant aux missions diplomatiques des pays qui reconnaissent la suzeraineté chinoise. En 1371, les voyages outre-mer sont interdits aux Chinois. Au début du siècle suivant, le cabotage tombe à son tour sous le coup de l'interdiction. Lorsqu'il sera partiellement levé, en 1567, le « blocus maritime » aura eu le temps de ruiner de larges secteurs de l'économie du littoral sud-est, tout en privant la Chine du stimulant des idées et des techniques importées, cela au moment même où l'Occident amorce sa formidable expansion maritime. Il semble que les Ming aient été mus d'abord par un souci de sécurité politique : il fallait empêcher la création de pôles de développement côtiers, tournant le dos au centre, et difficiles à contrôler.

L'idéal d'autarcie économique des premiers empereurs Ming et leur isolationnisme politique expliquent aussi — au moins en partie — l'instauration d'une monnaie de papier inconvertible. Il y avait cependant d'autres causes : l'insuffisance de la production nationale de cuivre et d'autres métaux monétaires, elle-même conséquence de la fuite du métal-argent en Asie occidentale, provoquée par l'émission désordonnée de bons inconvertibles sous les derniers empereurs mongols. De la même façon que le blocus maritime aliène à l'État les puissants groupes d'intérêt de la côte, tentés de se tourner vers la contrebande, sa politique monétaire l'oppose à la classe marchande. Le cours forcé du papier-monnaie s'effondre progressivement dans le deuxième tiers du XVe siècle, mais la situation est en partie sauvée par les importations plus ou moins légales d'argent depuis l'outre-mer. Enfin, à partir de la fin du XVIe siècle, l'argent qui afflue du Nouveau Monde *via* les Philippines permet à la Chine de se convertir à un système basé sur ce métal pour toutes les transactions importantes.

Administrateurs et propriétaires terriens

Le partage fondamental qu'on vient d'évoquer dans l'histoire économique de la Chine a impliqué un certain nombre de contreparties sociales, politiques et intellectuelles. Pendant la première période, la classe dirigeante se définit peu ou prou comme une « aristocratie », dans la mesure où ses membres viennent de familles connues, anciennes, influentes, dont le pouvoir repose en général sur une base locale. Cela ne vaut cependant pas tout à fait pour les Han antérieurs, et, de toute façon, il va de soi qu'un certain renouvellement de l'élite dirigeante était toujours possible. Le contraste n'en est pas moins indéniable avec la seconde période, à partir des Song : si l'on excepte le cas de certains non-Chinois sous les dynasties mongole et mandchoue, les gens au pouvoir ne constituent plus une aristocratie. Ce sont des bureaucrates, ou si l'on préfère des « méritocrates », et il est exceptionnel qu'une famille conserve une influence nationale pendant plus d'une ou deux générations. La base sociale de cette nouvelle élite s'est élargie des Tang aux Song, puis aux Ming, mais elle a dû rester constante par la suite. Fait plus important à long terme, la haute bureaucratie va devenir progressivement la chasse gardée des « mandarins » ; ceux-ci tirent leur légitimité de titres académiques attestant leur maîtrise de l'orthodoxie néoconfucéenne fixée par le philosophe Zhu Xi au XIIe siècle. Le mandarinat peut, d'une certaine manière, se comparer à une

Ci-dessus : Portrait de l'empereur Wu des Zhou septentrionaux, exécuté dans le style de cour des Tang par l'artiste Yan Liben (actif vers 640-670). Fragment d'un rouleau représentant treize empereurs depuis les Han jusqu'aux Sui. Encre et couleurs sur soie. Certaines parties du rouleau sont peut-être des copies d'époque Song. On notera que les personnages secondaires sont peints à plus petite échelle.

À gauche : Victime de la famine. Détail d'un rouleau d'époque Ming (encre et couleur sur papier).

sorte de clergé politique dont le droit à gouverner reposerait sur des qualifications idéologiques bien précises. Alors que sous les Song du Nord les examens ouvrant à la fonction publique comportaient encore quelques épreuves pratiques (en mathématiques, par exemple), à partir des Ming seul compte le savoir idéologique et littéraire. Au fil des siècles, l'idéal mandarinal sera diffusé dans l'ensemble du corps social, influençant tous ceux qui ont un minimum d'instruction et faisant de la connaissance approfondie du néoconfucianisme une condition indispensable du prestige.

Mais l'histoire de la société chinoise à l'époque impériale peut faire l'objet de périodisations plus fines. Une approche des plus intéressantes consiste à examiner les différents types de contradiction entre ce qu'on pourrait appeler l' « État-système » et la « société organique ». Depuis les Qin, il s'est régulièrement trouvé des souverains réformistes pour essayer d'imposer un type idéal d'organisation à la société ; et à chaque fois la société, mue par sa logique propre, dénaturait et subvertissait ces modèles autoritaires. À quelque moment qu'on l'observe, la réalité sociale est toujours le produit d'un compromis entre ces deux forces.

Au début de l'Empire, le développement des latifundia cultivés par des esclaves ou des fermiers, pour le compte des fonctionnaires et des marchands qui en sont les propriétaires, oppose un obstacle majeur à la perception de l'impôt et à la conscription : les autorités locales sont, en pratique, incapables d'en exiger quoi que ce soit. Au début des Han antérieurs, il existe aussi une aristocratie régionale, issue des familles alliées à la maison impériale, dont les membres vivent sur des domaines pour ainsi dire indépendants. À la fin du IIe siècle av. J.-C., l'empereur Wudi des Han brise le pouvoir de cette aristocratie en accusant de divers crimes, ou en déclarant dépourvus d'héritiers acceptables, 127 des 197 princes et marquis concernés. La confiscation de leurs terres fait de l'État le plus gros propriétaire terrien de l'Empire. Quant aux grands marchands, la plupart sont menés à la ruine par l'instauration de nouveaux impôts sur le commerce.

La tentative la plus radicale pour briser le pouvoir des grands propriétaires fonciers est à mettre au crédit de Wang Mang, un haut dignitaire qui usurpe le trône des Han en l'an 9 de notre ère. Wang Mang tire son inspiration du *Rituel des Zhou (Zhouli),* description très idéalisée des institutions de l'Antiquité d'après laquelle les paysans vivaient en groupes semi-communaux de huit familles ; il essaie de redistribuer les terres et d'en interdire la vente et l'achat, d'interdire aussi le trafic des esclaves. La mise en œuvre de ces plans échoue complètement.

Après la restauration des Han au début de notre ère, c'est au contraire une situation quasi féodale qui s'instaure, dans laquelle l'essentiel du pouvoir économique et social est entre les mains de potentats locaux. Ces derniers font travailler leurs domaines par des esclaves ou des serfs, entretiennent des armées privées ; beaucoup se font construire des camps fortifiés ou des châteaux, et certains édifient une fortune dans le négoce. Cette situation a pour contrepartie la multiplication des soulèvements paysans. Ceux-ci culminent en 184 avec la grande rébellion des Turbans jaunes, une secte dont les membres vivaient en communauté et entretenaient l'espoir messianique de l'avènement d'une ère de « grande paix » *(taiping).* Les guerres civiles qui s'ensuivent mettent un terme au pouvoir des Han.

Cao Cao, le général-poète qui fonde l'État des Wei sur les ruines de l'empire des Han, est à son tour l'auteur d'un plan de réforme sociale. Contrairement à celui de Wang Mang, le projet de Cao Cao est totalement pragmatique. L'idée — en partie inspirée par les colonies frontalières des Han — est de financer le gouvernement avec les rentes (ou les impôts) de colonies publiques cultivées par des fermiers d'État. Le noyau de l'armée est constitué de familles militaires héréditaires, issues de l'armée personnelle de Cao Cao. Fermiers d'État et familles militaires représentent presque la moitié de la population de l'État des Wei. Les serfs des seigneurs féodaux sont libérés et pourvus de terres, leurs troupes personnelles sont incorporées à l'armée nationale.

Malheureusement, les colonies publiques des Wei vont être pour une bonne part « privatisées » par les fonctionnaires mêmes qui en ont la charge. Démantelée par la dynastie des Jin orientaux en 280, l'institution cède la place à un nouveau système à la fois plus pratique et plus complexe : il s'agit du régime foncier appelé « allocation et occupation [des terres] » *(kezhan)*, dans lequel les terres des anciennes colonies sont allouées aux ex-colons et soumises à un impôt relativement lourd, tandis que celles des familles libres sont limitées en extension et soumises à un impôt plus léger. Ayant ainsi affirmé son contrôle, l'État n'en laisse pas moins subsister une classe de grands propriétaires détenant le pouvoir local, car les fonctionnaires se voient attribuer des fiefs dont la taille est fonction du rang qu'ils occupent.

Lorsque, au début du IVe siècle, la dynastie des Jin orientaux s'effondre sous les coups de ses agresseurs barbares, certaines des enclaves restées sous contrôle chinois permettent de se faire une idée assez précise du fonctionnement de ce que nous avons appelé la « société organique ». En l'absence de tout pouvoir bureaucratique, les chefs locaux jurent obéissance au plus respecté d'entre eux. Une hiérarchie soigneusement déterminée par le rang et par l'âge, dont les membres jouissent de l'estime populaire, contrôle chacune des communautés. Le sentiment d'appartenance à une collectivité moralement unie est vigoureusement encouragé, et l'on veille à ce que les impôts et le service militaire soient répartis aussi équitablement que possible. Toutefois, certaines enclaves ne sont guère plus que des repaires de gentilshommes-brigands.

Un nouveau système autoritaire d'organisation sociale est mis en place en 484-486 par la dynastie Tuoba (ou Tabgač) des Wei en Chine du Nord. Conçu par une coterie d'hommes d'État chinois réunis autour de l'impératrice douairière, ce système cherche à remédier aux inconvénients de la situation existante, dans laquelle les grands propriétaires locaux étaient en même temps des fonctionnaires héréditaires, finançant leur administration sur leurs propres rentes, tandis que les fonctionnaires résidant hors de leurs terroirs d'origine étaient obligés de recourir aux prélèvements forcés, au commerce et à l'usure. La base du recensement, et donc de l'impôt, est désormais le couple marié, et non plus le « foyer », afin d'empêcher certains contribuables influents de déclarer tous les mem-

Joueur de polo, peint sur la paroi du couloir conduisant à la chambre funéraire du prince Zhanghuai (654-684). Ce dernier était inhumé dans le mausolée impérial de Qianling, à Liangshan, sous-préfecture de Qianxian, province du Shaanxi, où reposait son père l'empereur Gaozong des Tang. Sur les fresques de cette tombe, un nombreux cortège de cavaliers équipés d'arcs et de carquois, certains portant des faucons, galopent au milieu de collines boisées esquissées en quelques traits de pinceau. Importé de Perse, le polo fait son apparition en Chine au VIIe siècle et devient un des sports favoris des empereurs et des aristocrates Tang. Avant son accession au trône, le futur Xuanzong et trois autres membres de la famille impériale auraient remporté un match « international » contre une équipe tibétaine.

bres de leur clan comme un seul « foyer ». Les familles nucléaires ainsi recensées sont organisées suivant une hiérarchie d'unités subadministratives définies de façon délibérément arbitraire, les « voisinages », les « cantons » et les « groupes ». Les terres cultivables sont allouées à chaque individu pour la durée de sa vie active, avec des suppléments pour ceux qui possèdent des bœufs ou des esclaves. On peut douter, certes, que la procédure de redistribution périodique des terres ait été universellement appliquée, mais il ne fait aucun doute qu'elle l'a été dans certaines régions au VIe siècle, sous les régimes qui ont succédé aux Wei. Comme sous les Jin orientaux, les fonctionnaires ont droit à des domaines plus importants, calculés d'après leur rang, mais ces domaines sont désormais pris sur les terres publiques des circonscriptions où ils exercent leurs fonctions. L'ensemble de ces mesures constitue le système dit d' « égalisation des terres » *(juntian)* ; une de ses conséquences, imprévue, est la prolifération des unités administratives de niveau inférieur : celle-ci permettait en effet de ménager les grands propriétaires locaux en leur donnant des titres de fonctionnaires.

Au milieu du VIe siècle, les Wei occidentaux élaborent également un nouveau système de conscription destiné à assurer le contrôle du centre sur les armées personnelles des potentats locaux. On commence par pourvoir ces derniers de titres officiels permettant de les intégrer à une structure de commandement unifiée. La création de la célèbre « milice divisionnaire » *(fubing)* vient ensuite : une famille sur six, choisie parmi les plus prospères, a la charge d'entretenir et d'équiper un milicien ; pendant la saison morte, le préfet de la circonscription s'occupe de l'instruction des hommes, et ceux-ci sont exemptés d'impôt à titre personnel. La rotation rapide des officiers supérieurs permet d'éviter l'établissement de liens durables entre le commandement et la troupe.

La milice divisionnaire et l'égalisation des terres sont reprises et perfectionnées par les dynasties des Sui et des Tang après la réunification de l'Empire. Au bout d'un peu plus d'un siècle, pourtant, l'une comme l'autre sont dans un état de totale décadence. Certaines causes sont d'ordre technique : la milice à temps partiel n'est pas l'idéal pour garder des frontières éloignées, et le système de redistribution des terres est mal adapté aux régions de riziculture inondée, car on ne peut retirer périodiquement au paysan le fruit des investissements très lourds en travail que nécessite l'agriculture irriguée. L' « égalisation des terres » n'a donc jamais été réellement appliquée dans la vallée du Yangzi, alors même que celle-ci occupait une place croissante dans l'économie de l'Empire. Mais le problème est surtout qu'en recherchant, par le moyen de ces deux institutions, à exercer un contrôle étroit sur la population, l'État en est arrivé à se heurter sérieusement à un certain nombre de réalités sociales. Au VIIe siècle, l'ambition du pouvoir impérial est de rendre attractifs le fonctionnariat et la carrière militaire aux yeux des gens possédant richesse et talent, en en faisant la seule voie acceptable pour accéder à la richesse foncière et au prestige. Or, il n'a pas, en fait, les moyens de récompenser à leur juste valeur les services rendus dans l'armée. Plus gênant encore, l'empereur Wendi des Sui va à l'encontre des intérêts d'un bon nombre de propriétaires terriens en décidant, pour renforcer le contrôle du gouvernement central, de renouveler tous les trois ans les fonctionnaires de niveau préfectoral et sous-préfectoral ; il supprime également les allocations supplémentaires de terres pour les propriétaires d'esclaves. Alors que les fonctionnaires des Tuoba et des dynasties qui leur ont succédé étaient le plus souvent des magnats locaux pourvus de titres officiels et de vastes domaines sur lesquels ils avaient un droit plus ou moins héréditaire, les fonctionnaires des Sui et des Tang sont dans leur majorité d'authentiques bureaucrates, choisis par l'État. Obligés d'abandonner leur domaine de fonction à chaque mutation, ou lorsqu'ils prennent leur retraite, ils font tout pour acquérir et conserver un patrimoine privé. À la fin du VIIIe siècle, le paysage chinois est à nouveau dominé par de vastes latifundia sur lesquels travaillent des fermiers dont la condition ne va pas tarder à redevenir à demi servile.

Après le milieu des Tang, l'État impérial chinois n'a jamais plus été en mesure d'intervenir directement sur la configuration d'ensemble de la société. Il y a eu néanmoins quelques tentatives partielles. Peu avant leur chute, les Song du Sud tentent de limiter la taille des grandes propriétés. Les Mongols instituent une hiérarchie distinguant quatre groupes ethniques : les Mongols, les non-Chinois originaires d'Asie centrale, les Chinois du Nord (auxquels sont adjoints les Jürčen, les Kitan et les Coréens sinisés), enfin les Chinois du Sud. Le but est de perpétuer la mainmise des deux premiers groupes sur l'appareil bureaucratique : alors qu'ils ne représentent que 3 p. 100 de la population, ils monopolisent jusqu'à 30 p. 100 des postes dans l'administration régulière. Le fondateur des Ming, quant à lui, confisque une quantité importante de grands domaines dans la vallée du Yangzi ; ceux qui les cultivaient deviennent fermiers de l'État. Il impose également le statut héréditaire à un nombre limité, encore que non négligeable, d'artisans et de soldats. Aucune de ces mesures ne se compare cependant aux tentatives anciennes pour faire entrer la société entière dans un moule prédéterminé. Il y a à cela une raison majeure : la société issue de la révolution économique médiévale est devenue beaucoup trop complexe.

Les Song ont délibérément cherché à s'adapter aux réalités de la société rurale en donnant une importance sans précédent à l'institution des « administrateurs réquisitionnés » aux échelons inférieurs du gouvernement local. À l'intérieur de chaque groupe de familles recensées — seule étant exemptée la petite minorité, peut-être une vingtaine de milliers de personnes, qui compte un parent dans la bureaucratie régulière —, les plus riches étaient tenus d'assurer à tour de rôle, et sans dédommagement, les fonctions administratives essentielles au niveau du village : lever l'impôt, maintenir l'ordre, régler les conflits mineurs, distribuer des secours en cas de famine, entretenir les routes, transmettre le courrier officiel et fournir divers services aux fonctionnaires en titre. Bien que la nature exacte du système ait varié d'un endroit et d'une époque à l'autre, certains de ces fonctionnaires villageois avaient de telles obligations à remplir — ils étaient par exemple tenus de payer de leur poche les impôts qu'ils n'avaient pas réussi à faire rentrer — qu'ils prenaient parfois la fuite pour échapper à leur charge. Ils risquaient aussi d'être en butte aux exactions du personnel en place dans les bureaux des sous-préfectures et des préfectures. En revanche, ils exerçaient un pouvoir assez considérable sur leurs administrés, puisqu'ils avaient en main non seulement les affaires judiciaires et la milice, mais aussi la répartition de l'impôt entre les foyers se trouvant sous leur contrôle.

La plupart des bureaucrates et des membres de l'élite rurale vivaient sur les revenus de domaines cultivés par des paysans de statut semi-servile : ces derniers restaient liés à la terre qu'ils travaillaient, et ce malgré les efforts épisodiques de l'État pour leur rendre la liberté (en les autorisant à partir après la récolte, par exemple, ou en cas de changement de propriétaire). La citation suivante, extraite d'une lettre du milieu du XIIe siècle dans laquelle le lettré Hu Hong évoque sa province natale du Hunan, est une bonne description de la situation :

> Les fermiers sont attachés à leurs maîtres par un lien d'obéissance. C'est grâce à ce lien, dont l'existence ne saurait être oubliée un seul jour, que l'État peut espérer toucher les contributions qui lui sont dues. Dans ces conditions, est-il concevable de laisser les fermiers se comporter suivant leur bon plaisir ? Leurs maîtres seraient par là même incapables de les tenir ; Les fermiers dépendent des maîtres pour leurs moyens d'existence. Il est normal en retour qu'ils leur rendent service et qu'ils se soumettent à leurs ordres. L'administration doit sévèrement punir les fermiers, et leur interdire d'agir selon leur bon plaisir, dans tous les cas où les maîtres sont amenés à porter plainte pour l'une des raisons suivantes :
> 1) indiscipline et refus de respecter la distinction entre supérieur et inférieur ;
> 2) le fermier fait du commerce au lieu de concentrer ses efforts sur l'agriculture et la sériciculture ;
> 3) il s'adonne sans retenue à la boisson et au jeu, refuse de se laisser discipliner ;
> 4) un fermier non marié cherche à séduire les femmes des autres ;
> 5) cas d'une famille qui prétend reprendre sa liberté parce qu'elle compte suffisamment de travailleurs, a de quoi se nourrir et se vêtir, a réussi à acheter un lopin et une maison et à s'établir comme foyer imposable.

Comme dans toute société rurale, les conditions réelles varient considérablement d'un endroit à l'autre. Au Sichuan, par exemple, on trouve dans la

À droite : Nombre de lettrés de l'époque mongole (1279-1368), découragés par les restrictions imposées à l'entrée des Chinois dans la bureaucratie, se sont tournés vers l'art et vers le théâtre. On voit ici la représentation d'une pièce de « théâtre varié » (*zaju*, ou encore « théâtre de Pékin »). Les bannières au premier plan servent d'enseignes à un marchand de vin local et à un mont-de-piété. À l'arrière plan, une dagoba construite par les Mongols. Les personnages à cheval sont des Mongols en costume national, la foule des spectateurs est composée de Chinois. Pour éviter la censure mongole, les pièces à sujets contemporains étaient représentées en costumes d'époque Song.

元

plaine de Chengdu de vastes domaines intégrés, mis en valeur par des serfs qui travaillent sous le fouet d'un intendant. Ailleurs, les domaines comprennent un noyau central cultivé dans les mêmes conditions, et des parcelles périphériques dont les fermiers ne sont tenus qu'au paiement d'une rente. Dans certaines régions comme le nord du Jiangsu actuel, qui ont dû être réhabilitées après des années de guerre, on a établi des « manoirs d'État ». Dans le sud montagneux du Zhejiang, en revanche, la paysannerie libre est la règle et le servage, pratiquement inconnu. Partout ailleurs, l'affrontement semble avoir été constant entre les riches, soucieux d'accroître par tous les moyens leur emprise sur la paysannerie, et les serfs qui luttaient pour s'établir à leur compte et gagner leur indépendance.

Il est d'autant plus difficile d'estimer de façon significative la proportion des serfs dans l'ensemble de la paysannerie que les degrés de dépendance étaient extrêmement variés. Il est certain que les familles paysannes libres et payant l'impôt représentaient dans la plupart des cas un pourcentage important de la population, voire, parfois, la majorité. Mais il paraît vraisemblable que les plus gros propriétaires, ceux qui dominaient la société villageoise en tant que chefs de communautés officiellement reconnus, et contrôlaient largement l'économie rurale par le biais de leurs responsabilités dans la gestion de l'irrigation, tiraient leur pouvoir de l'exploitation du travail asservi. C'est dans cette mesure seulement que l'on peut parler de « société manoriale », ce qui ne veut pas dire que la version chinoise du « manoir » était universellement répandue, ni que tous les paysans des Song étaient des serfs. Le lien entre ces grands domaines et l'institution des « administrateurs réquisitionnés » était malgré tout fondamental.

Les réformes de Wang Anshi

La dernière tentative gouvernementale, avant l'époque contemporaine, pour changer autoritairement le fonctionnement de la société date des années 1069-1074. Il s'agit du train de réformes lancé par le premier ministre de l'empereur Shenzong des Song, Wang Anshi. Ce personnage remarquable, qui avait commencé sa carrière comme fonctionnaire provincial, était aussi un philosophe et un poète non négligeable. Sa pensée politique découle d'un certain mysticisme confucéen, pour qui le pouvoir d'agir efficacement et au bon moment s'acquiert par la paix intérieure ; celle-ci permet à l'individu d'accroître sa vertu charismatique en saisissant mentalement la structure interne de l'univers et en « s'introduisant dans le monde spirituel ». Comme déjà Wang Mang dans les premières années de notre ère, Wang Anshi cherche son inspiration dans la société idéale décrite par le *Rituel des Zhou.* Un de ses poèmes évoque, non sans une sorte de nostalgie romantique, l'âge d'or des Xia, des Shang et des Zhou, dont les souverains « traitaient les petites gens comme leurs propres enfants, sans qu'il y eût de distinction entre la propriété privée et la propriété publique... Les gens acquittaient l'impôt spontanément, l'accumulation et l'accaparement, tenus pour de la dépravation, étaient détestés ». Mais il sait aussi que les temps ont changé et que les vieilles formules ne sont pas applicables telles quelles.

Pour lui, la nature humaine est à l'image du principe ultime de l'univers : elle n'est ni bonne ni mauvaise. D'où l'importance attachée à l'habitude, au conditionnement social, à l'éducation. En dépit de ses vues sur l'art de modeler subtilement les consciences à l'insu des intéressés, son refus intolérant de tout débat à la Cour n'est peut-être pas étranger au développement ultérieur de la fonction d'endoctrinement assumée par l'État chinois.

Sa pensée intègre aussi des éléments légistes — ou réalistes : « Dans l'administration des affaires publiques, le pouvoir est depuis la nuit des temps le seul moyen de guider les masses et de préserver l'unité entre gouvernants et gouvernés. » « Si l'on veut simplement laisser le peuple vivre selon ses désirs, à quoi bon un souverain ? » Un poème postérieur à sa chute évoque, non sans une certaine nostalgie, le souvenir de Shang Yang des Qin : « Quoi qu'il ordonnât, il en obtenait toujours l'exécution ! » D'autres poèmes véhiculent l'idée bouddhiste suivant laquelle le monde n'est qu'illusion, et évoquent l'idéal mahayana de la compassion au service de l'humanité. Dans leur complexité même, sa psychologie et sa conception du monde sont représentatives de l'époque où il vivait.

La série de « lois nouvelles » qu'il fait approuver par l'empereur Shenzong n'en sont pas moins conçues dans un esprit pratique et formulées avec précision. À la base, il s'agit de rationaliser l'appareil bureaucratique et d'en faire, entre autres choses, une sorte d'agence nationale pour le développement économique. Wang Anshi croit aux vertus d'un budget en expansion, appuyé sur une économie encouragée à produire plus de richesses, plutôt qu'à une politique d'économies de bouts de chandelle. Il réduit la part des exercices littéraires dans les examens d'État au profit de disciplines plus pratiques, notamment le droit. Il fait payer des salaires aux agents subalternes de l'administration et leur retire le droit de se rembourser sur l'affermage de certaines recettes publiques mineures. En même temps il leur ouvre, sous certaines conditions, l'accès à la bureaucratie régulière. Certaines catégories d'administrateurs réquisitionnés sont remplacées par du personnel rémunéré. Sa « commission pour la planification des finances », qui sera pendant une courte période l'organe le plus puissant de l'administration, se lance dans une vaste enquête sur l'économie du pays et sur ses perspectives. Plusieurs ouvrages hydrauliques de grande envergure sont entrepris, ainsi qu'un nouveau cadastrage des terres cultivées, dont l'enregistrement était grossièrement incomplet du point de vue fiscal. Divers impôts sont simplifiés ou rendus plus supportables. Mais l'action la plus critique, et en même temps la plus ambitieuse, vise à faire bénéficier les plus modestes du crédit de l'État, au taux alors très raisonnable de 20 p. 100 par an. Il s'agit de venir en aide aux paysans qui n'arrivent pas à assurer la soudure précédant la première récolte de l'année,

Portrait du philosophe Zhu Xi (1130-1200). La démarche morale de Zhu Xi incluait l'examen de divers principes naturels, qui étaient pour lui autant d'aspects d'un même principe universel et qu'il trouvait exposés dans les classiques confucéens. Son interprétation des classiques deviendra l'orthodoxie officielle et servira de base pour juger les copies des candidats aux examens publics.

et aux petits commerçants contraints par le manque de fonds de brader leurs stocks à des grossistes fortunés. Cette politique va se heurter à deux obstacles insurmontables. D'abord, elle s'attaque à l'une des bases du pouvoir des possédants, à savoir l'usure, ce qui déchaîne une tempête de protestations. Les arguments confucéens les plus respectables sont brandis pour rappeler que l'État n'a pas à entrer en compétition avec « le peuple » pour le profit. Le second problème est que le personnel subalterne chargé d'appliquer ces mesures est bien trop corrompu : en de pareilles circonstances, même la meilleure des bureaucraties modernes n'aurait pas été à l'abri de coupables tentations. Certaines entreprises cruciales, comme le recadastrage des terres, rencontrent les mêmes difficultés. L'accumulation des abus ne tarde pas à donner quelque substance aux critiques soulevées par les initiatives de Wang Anshi, lesquelles seront néanmoins poursuivies jusqu'à la mort de Shenzong en 1085.

La seule innovation appelée à un réel avenir aura été la milice dite des *baojia*. Celle-ci est basée sur des groupes de 10, 50 et 500 familles fournissant des gardes pour patrouiller le voisinage, et dont les membres garantissent mutuellement leur bonne conduite. L'idée de Wang était de mettre sur pied une armée de citoyens comparable à la milice divisionnaire des Tang, et capable de se substituer aux armées professionnelles dont le coût était devenu insupportable. Si cela n'a pas abouti, en revanche la fusion des *baojia* avec l'institution des administrateurs réquisitionnés a permis de constituer l'échelon de base du maintien de l'ordre au niveau local.

Les examens publics et les lettrés

S'il n'a plus été question, après le milieu des Tang, de faire entrer la société dans un schéma contraignant, en revanche, l'État chinois a progressivement réussi à imposer une sorte de carcan psychologique aux plus influents et aux plus ambitieux de ses sujets. Le processus commence sous les Song du Sud et peut être considéré comme abouti au milieu des Ming (vers 1500), même si, sur le plan social, il n'atteint son plein effet qu'au début du XVIIIe siècle. Désormais la possession d'un grade académique obtenu en passant les examens d'État est la condition pratiquement indispensable pour accéder à la respectabilité sociale et au pouvoir politique, pour être exempté de certaines corvées (comme l'administration sur réquisition), et pour bénéficier d'un régime de faveur lorsqu'on a maille à partir avec la justice. Seuls échappent à cet impératif quelques groupes spéciaux comme le clan impérial ou les eunuques du palais et les titulaires de quelques grades subalternes qui peuvent être obtenus moyennant finance.

Entièrement à la charge des familles, la préparation aux examens est fort longue. Le nombre des élus ne dépasse guère un pour cent des candidats sérieux. Les plus doués sont ainsi conduits à investir l'essentiel de leurs énergies et de leurs ambitions dans cette compétition académique.

Tout repose sur l'apprentissage de l'orthodoxie néoconfucéenne et sur le savoir-faire littéraire. Les candidats acceptent en quelque sorte de couler leur esprit dans un moule prédéterminé : aucun totalitarisme intellectuel n'aurait réussi à en obtenir autant. L'efficacité du système tient aussi à ce que l'orthodoxie néoconfucéenne, loin d'être un simple catéchisme, synthétise brillamment plusieurs siècles de création intellectuelle collective. Citons ici la remarque de Wu Zhifang, mentor du chancelier mongol Toghto au milieu du XIVe siècle : « Lorsque le système des examens fonctionne, même si chacun n'est pas assuré d'obtenir un poste et un salaire, du moins chaque famille compte-t-elle des étudiants parmi ses membres ; et si tout le monde étudie, il va de soi que personne n'osera commettre d'action répréhensible. [Les examens] ont donc une grande influence sur l'ordre public. »

On notera au passage qu'il est inutile de chercher beaucoup plus loin les raisons pour lesquelles la riche tradition empirique et spéculative chinoise n'a pas donné naissance à une science moderne. La chance de l'Europe pourrait bien avoir été le degré notable de séparation introduit par les hasards de l'histoire entre l'Église et les États. L'espace social et intellectuel ainsi dégagé a permis l'émergence de courants intellectuels de toutes sortes. Un tel renouvellement était inconcevable dans la Chine des derniers siècles de l'Empire : l'orthodoxie idéologique et le pouvoir séculier, plutôt que simplement alliés, y étaient bel et bien confondus.

Le système des examens n'avait joué qu'un rôle limité avant l'époque des Song. Les bureaucrates étaient cooptés par leurs pairs, que ce soit sur recommandation, par patronage, ou grâce au privilège de l' « ombre » dont les hauts fonctionnaires pouvaient faire bénéficier un de leurs fils. Sous les Song, en revanche, les examens sont pratiquement la seule voie d'accès à la fonction publique. Le système d'imprégnation idéologique a conduit à la naissance de cette classe « mandarinale » à laquelle il a déjà été fait allusion. Au départ, l'accès en reste plus ou moins réservé aux familles riches et de réputation bien établie. Mais en levant les restrictions à l'encontre des marchands et des artisans, les Ming élargissent considérablement la base sociale du mandarinat : les examens deviennent véritablement ce moyen « démocratique » d'ascension sociale, ouvert à tous les talents, qui a fait l'admiration de l'Occident. La diffusion d'ouvrages bon marché imprimés en xylographie réduit le coût de l'instruction, et les titulaires de degrés inférieurs sans espoir de carrière peuvent être engagés comme précepteurs moyennant un salaire modeste. Les clans n'hésitent pas à investir dans l'éducation d'un jeune homme prometteur et les marchands, bien au fait de la rentabilité d'un poste de fonctionnaire, prennent volontiers sur leurs capitaux industriels et commerciaux pour financer la candidature d'un rejeton doué.

Les titulaires du premier degré de la hiérarchie académique — les « étudiants d'État », ou « bacheliers » *(shengyuan)* — n'ont pas accès à la carrière bureaucratique. Même pour les degrés supérieurs

— « licenciés » *(juren)* et « docteurs » *(jinshi)* — le nombre des titulaires a rapidement dépassé, et de loin, celui des postes disponibles. Ainsi s'est constituée cette *gentry* lettrée dont les membres ne faisaient pas (ou plus) partie du mandarinat en service et résidaient dans leurs communautés d'origine. Comme ils étaient dispensés du service réquisitionné (à l'époque des Ming, dans le cadre du système dit des « cantons et groupes décimaux », *lijia*), l'acquisition de vastes propriétés foncières était particulièrement rentable pour eux, et les gens non titrés étaient tentés de leur « confier » leurs terres afin de bénéficier eux aussi de l'exemption. En outre, cette nouvelle élite locale avait des facilités particulières d'accès auprès des fonctionnaires en titre — on était entre gens du même milieu —, et défendait collectivement ses intérêts en jouant des liens tissés entre candidats et examinateurs, étudiants et fonctionnaires éducateurs. Il était donc imprudent d'offenser ceux qu'on appelait, d'après la tenue qui leur était réservée, les « lettrés portant une ceinture aux extrémités pendantes » *(shenshi)*. À partir du XVIe siècle, la société locale est à ce point dominée par la *gentry* académique que, si l'on veut devenir quelqu'un, il faut passer les examens ou s'acheter un titre.

D'autres facteurs ont contribué à transformer la société rurale dans le courant du XVIIe siècle. Le premier est la décadence du système des *lijia,* auquel on vient de faire allusion, qui était chargé de la levée des impôts, du maintien de l'ordre, et de l'administration des dispositifs hydrauliques locaux. Les exemptions dont jouissent les gros propriétaires appartenant à la *gentry* reportent le fardeau sur les petits et moyens propriétaires, moins à même d'y faire face. En outre, un nombre croissant de propriétaires vivent dans les villes ; leur patrimoine foncier est très morcelé, et ils n'ont pas la disponibilité nécessaire pour remplir les tâches administratives locales. Les conséquences peuvent être importantes. Dans le bassin inférieur du Yangzi, par exemple, l'État est contraint de s'impliquer beaucoup plus directement dans l'entretien des aménagements hydrauliques. L'ancien système finit par disparaître dans le courant du XVIIe siècle, d'ailleurs à des moments différents suivant les régions. Une partie de la terminologie est conservée, mais elle ne s'applique plus qu'à certaines catégories de personnel subalterne accomplissant des tâches de maintien de l'ordre.

De la même époque date la disparition des latifundia à main-d'œuvre servile ou semi-servile. Ainsi, dans le delta du Yangzi — le cœur économique de l'empire des Ming —, l'expansion de l'artisanat rural, qui repose sur un réseau serré de marchés, réduit la dépendance des paysans à l'égard de la terre et de ses propriétaires. Avec l'intensification des techniques culturales, l'exploitation familiale indépendante (quel qu'en soit le régime de propriété) établit définitivement sa supériorité sur le plan de la productivité. L'évolution vers un système de rente purement monétaire est favorisée par l'installation en ville de nombreux propriétaires, peu soucieux d'exercer un contrôle quotidien sur le

江南府

travail de leurs fermiers. Le redémarrage de l'économie commerciale au XVIe siècle, joint aux difficultés fréquentes à faire payer la rente, détourne de la terre les investisseurs au profit du prêt sur gage, du négoce et de l'immobilier, plus rentables et moins imposés. À partir du moment où les grands domaines ne sont plus reconstitués à chaque génération, le système chinois du partage successoral a tôt fait de réduire un patrimoine à de multiples parcelles.

Certains manuels de l'époque des Ming permettent, à travers les explications qu'ils donnent sur la manière de s'y prendre avec les serfs, de se faire une idée de la lente désintégration de l'ancien ordre « servile ». On redoute manifestement que les mauvais traitements infligés aux serfs ne sapent l'autorité du maître. En outre, le code des Ming interdit théoriquement aux gens qui ne font pas partie de la *gentry* d'avoir des serfs : aux yeux de la loi, ce seront donc des « fils adoptifs », ce qui pose divers problèmes juridiques. L'extinction de la tenure servile est scellée par les grandes révoltes de serfs qui secouent la vallée du Yangzi au milieu du XVIIe siècle. Certains chefs se proclament « princes égalisateurs » et annoncent qu'ils vont « abolir la distinction entre maîtres et serfs, nobles et vils, riches et pauvres ». Dans une sous-préfecture du Jiangxi, à en croire la chronique locale, « des milliers [de serfs] s'assemblèrent pour incendier les maisons et s'emparer des contrats [de servitude] : le ciel était obscurci par la fumée. Les rebelles occupaient [les résidences des riches] et les maîtres devaient leur servir à manger. La moindre velléité de résistance leur valait aussitôt le fouet. Un événement comme on n'en avait pas vécu depuis mille ans ! » À de rares exceptions près, la société chinoise d'après 1700 est une société d'hommes libres : à cet égard au moins, la Chine est bien plus proche de l'Europe occidentale que de l'Europe orientale ou de la Russie tsariste.

À la fin du XVIIe et au XVIIIe siècle, la *gentry* reprend à son compte une bonne partie des fonctions des anciens « administrateurs réquisitionnés » : gestion de l'infrastructure hydraulique, institutions charitables, supervision des marchés, voire (bien que ce ne soit pas réglementaire) perception de l'impôt. La différence est qu'il s'agit désormais d'activités volontaires, honorablement considérées, fondées sur le statut social plutôt que sur la richesse foncière. Il s'agit aussi, semble-t-il, de services raisonnablement rémunérés.

Du point de vue du gouvernement impérial, la *gentry* fournit les cadres d'un système de gouvernement indirect peu coûteux. Sauf exceptions, le contrôle direct de l'État ne va pas au-delà des bureaux du magistrat (ou sous-préfet). La loi exige que ce dernier soit étranger à la région, et il ne reste guère plus de quelques années en poste. À l'époque des Qing, il a environ un millier de personnes sous ses ordres : conseillers privés, secrétaires permanents du *yamen* (siège de la sous-préfecture), licteurs et courriers. La population administrée est en moyenne de 200 000 ou 250 000 habitants. Les agents de police locaux sont évidemment en nombre insuffisant pour contrôler une telle masse, et c'est aux représentants de la *gentry* qu'il faut recourir : eux possèdent la connaissance du terrain et l'entregent indispensables pour obtenir que les ordres soient exécutés et pour régler les conflits. Le pouvoir central se borne à sélectionner cette élite et à veiller, par le canal des examens, à son conditionnement idéologique.

Le gouvernement communiste a hérité, tout à la fois, de l'ambition vénérable d'imposer à la société une configuration institutionnelle précise, et du système plus récent, quoique lui aussi sanctionné par des siècles de pratique, consistant à confier le gouvernement à une élite idéologiquement qualifiée. En dépit de ses caractères spécifiques, l'enrégimentement de la société rurale dans les communes et les brigades procédait, entre autres, d'une idée historiquement déterminée des rapports souhaitables entre l'État et la société : l'État doit intervenir par des directives d'ensemble, essentiellement, et non s'adapter au coup par coup. (Un siècle plus tôt, en 1853, les rebelles Taiping avaient promulgué un règlement foncier qui visait à créer une société strictement disciplinée, idéologiquement endoctrinée, et vivant de façon communautaire. Une fois de plus, la source d'inspiration, terminologie comprise, était le *Rituel des Zhou*. Mais la mise en œuvre sur le terrain avait été à peu près inexistante.) Certes, la doctrine et l'organisation interne du Parti communiste chinois ont peu à voir avec celles de la *gentry* des Qing, qui ne représentait en outre que 0,25 ou 0,5 p. 100 de la population, au lieu de 4 p. 100 pour le parti communiste. Mais la conception générale de la place de ce dernier dans la société découle en grande partie de la culture politique traditionnelle.

Page précédente : Soulèvement paysan sous la dynastie des Ming (1368-1644). Des serfs brûlent leurs contrats de servitude devant la résidence d'un propriétaire terrien, abolissant ainsi leur assujetissement au maître des lieux. Certains obligent l'épouse du propriétaire à les servir à table. Ligoté à un pilier, le propriétaire assiste impuissant au pillage de ses biens : on voit des serfs emporter sacs de riz et rouleaux de soie.

À gauche : Détail d'une peinture attribuée à Han Huang (723-789), représentant quatre lettrés et un serviteur (une version très proche, mais datant du XVIIe siècle, est conservée à la Freer Gallery de Washington). Le personnage semble réfléchir au poème qu'il s'apprête à composer, pendant que son serviteur broie l'encre. Les examens ouvrant à la fonction publique atteignent leur maturité à l'époque des Tang (même s'ils ne deviennent le principal moyen de recrutement que sous les Song). Le savoir-faire poétique tient une grande place dans la sélection des candidats.

À droite : La Grande Muraille de Chine — le seul ouvrage humain, dit-on, visible de la Lune — est une des merveilles du monde. Plusieurs murailles de terre damée sont édifiées à la fin des Printemps et des Automnes et sous les Royaumes combattants, que ce soit entre royaumes rivaux ou le long de la frontière séparant le monde chinois des barbares. Sous le Premier Empereur des Qin, à la fin du IIIe siècle av. J.-C., ces murailles sont remises en état et raccordées entre elles, donnant la première « Grande Muraille », dont le tracé est d'ailleurs très au nord de l'ouvrage actuel. Ce dernier date de la dynastie des Ming ; il serpente sur 4 000 kilomètres au milieu des montagnes de Chine du Nord. La hauteur moyenne est de 8 mètres, la largeur de 7 mètres à la base et de 6 mètres au sommet. Les tours de guet étaient équipées d'embrasures pour les canons et requéraient une garnison permanente. La partie aujourd'hui la plus accessible de l'ouvrage se situe à Badaling, à 80 kilomètres de Pékin et a été récemment restaurée.

LES ARTS À LA FIN DE L'EMPIRE

La Cité interdite de Pékin, enchâssée dans la « ville intérieure », est un palais entouré de fossés. La plupart des bâtiments actuels datent des dynasties Ming et Qing, mais la conception remonte aux Yuan. La « ville extérieure », au sud, a été bâtie au début des Qing. La disposition des édifices de part et d'autre de l'axe central nord-sud, flanqué par le temple de l'agriculture à l'ouest et le temple du Ciel à l'est, lui confère une indéniable grandeur. Cet axe, qui s'étend sur près de huit kilomètres de la porte Yongding au sud à la tour de la Cloche, près du mur nord de la ville intérieure, est jalonné par une succession de portes et d'avenues, puis par les palais de la Cité interdite. Ces derniers sont construits dans le style traditionnel : piliers reliés par des lintaux, reposant sur une plate-forme en pierre, supportant une charpente aux consoles bariolées et recouverte d'un toit de tuiles jaunes.

Ce qu'on aperçoit aujourd'hui de la Grande Muraille date également des Ming : les travaux de reconstruction ont été entrepris par le fondateur de la dynastie, dont la cour se trouvait encore à Nankin. Le troisième empereur des Ming transfère la capitale à Pékin ; c'est non loin de là qu'on trouve son tombeau et ceux de tous ses successeurs. La « voie des esprits » est bordée de statues de lions, d'animaux mythologiques, de chameaux, d'éléphants, de chevaux, de gardes et de fonctionnaires, chacune taillée dans un seul bloc de marbre. Les treize mausolées sont couverts de tuiles vernissées jaunes, vertes et rouges. Les rebords des toits sont chargés de figurines et d'animaux mythiques, mais leur courbure est moins accentuée que dans l'architecture du Sud-Est, et l'ornementation moins compliquée. Les consoles sous les avant-toits sont remplacées par des imitations en brique au rôle purement ornemental. Même dans les bâtiments en bois de la Cité interdite, la surcharge de charpente décorative est telle que l'avant-toit doit être soutenu par un deuxième rang de colonnes.

Les arts décoratifs fleurissent grâce au patronage de la Cour. Les fours impériaux se trouvent à Jingdezhen, au Jiangxi, où depuis la fin des Tang on fabriquait des proto-céladons et des « blancs » de type Xingzhou, ainsi que, sous les Song, le *qingbai,* intermédiaire entre le céladon et le blanc pur. Les recherches techniques effectuées sous les Yuan donnent les décors moulés appliqués sur le *qingbai* et les ornementations bleues sous glaçure. L'installation des fours officiels à Jingdezhen, à la fin du XIVe siècle, encourage l'amélioration générale des techniques. Le développement des céramiques bleu et blanc se poursuit pendant toute la durée des Ming, avec des dessins d'un raffinement accru et un meilleur contrôle de la couleur. À la fin de la dynastie, le cobalt pur importé d'Occident devenant difficile à obtenir, on recourt à des pigments locaux

Pékin n'acquiert d'importance nationale qu'avec l'empereur mongol Qubilai-qan, qui en fait le siège de son gouvernement en 1210. La ville devient la capitale principale des Ming au début du XVe siècle, et ce qu'on peut en voir aujourd'hui date des siècles qui suivent. La ville extérieure a été rajoutée sous les Qing. Le plan ci-contre est resté inchangé jusqu'en 1949, mais les autorités de la République populaire ont entrepris de démolir les murailles et les portes de l'enceinte.

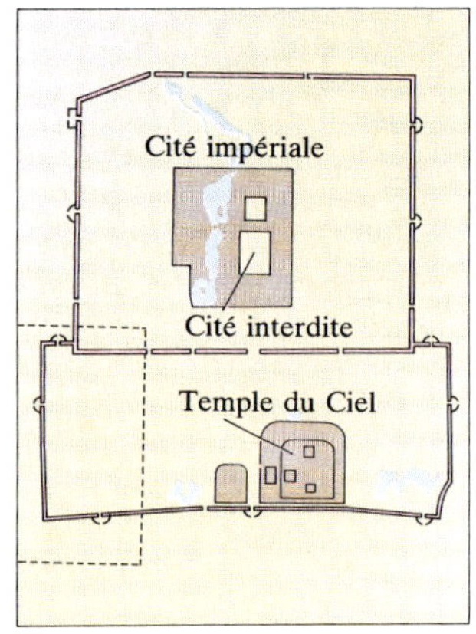

Ci-dessous : Plan de la Cité interdite.

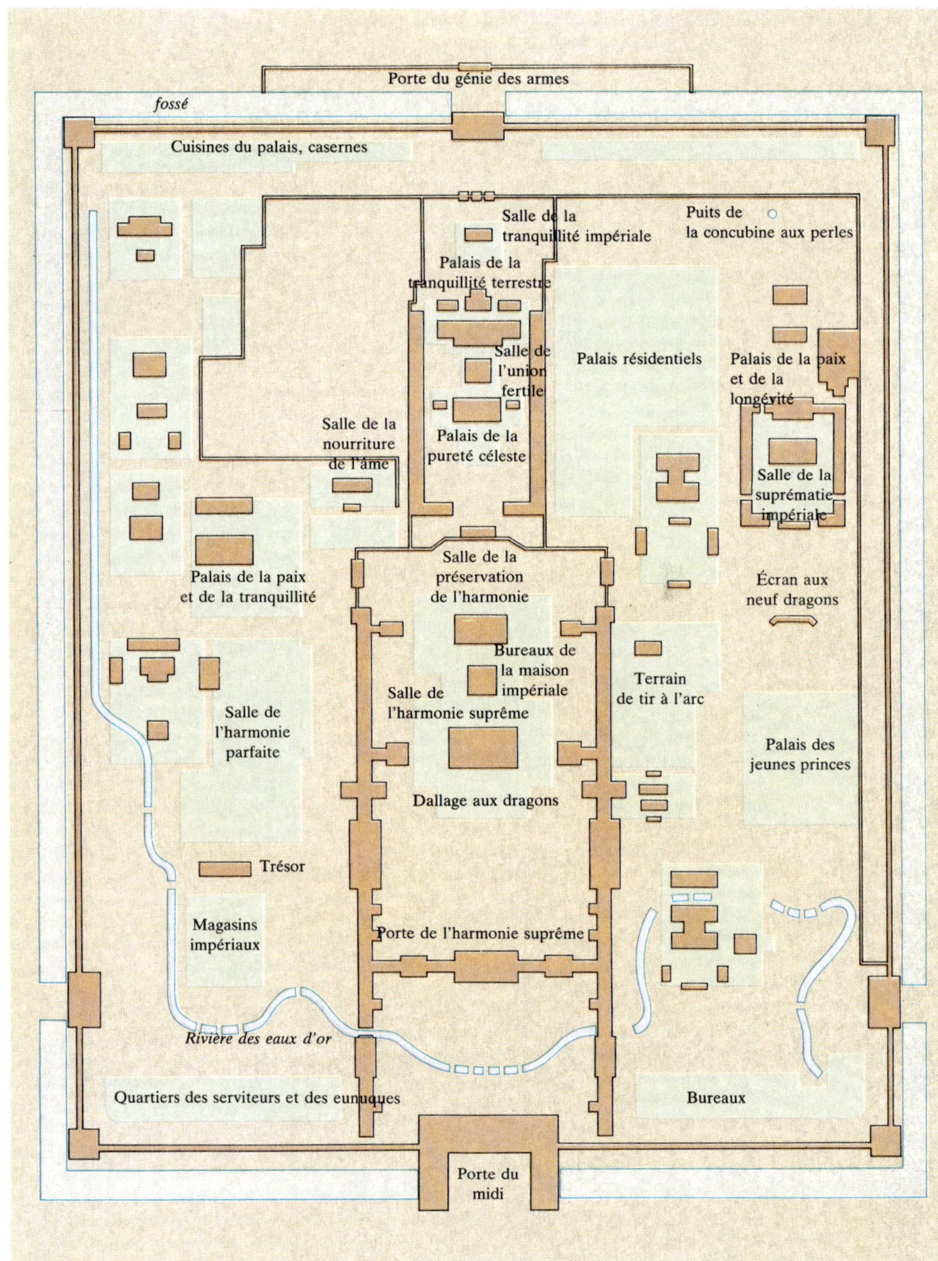

Ci-dessus : Ce profil saisissant des toits de Pékin a été photographié du haut d'un immeuble récent appartenant à l'Académie centrale des beaux-arts. À l'arrière-plan, les Collines de l'ouest.

Ci-contre à gauche : L'angle nord-est de la Cité interdite était originellement occupé par les résidences de la famille impériale. Un écran couronné de tuiles et décoré de neuf dragons protégeait l'accès au Palais. Il veille aujourd'hui sur les collections de peinture qui y sont abritées.

Ci-contre au centre : L'accès aux palais de la Cité interdite est surveillé par des monstres hybrides d'aspect féroce.

Ci-contre à droite : Situé dans l'angle sud-est de Pékin, le temple du Ciel a été édifié au début du XVe siècle. Le pavillon représenté ici a été rebâti sur les plans originaux à la suite d'un incendie survenu en 1889, qui avait valu la décapitation aux trente-deux gardiens et fonctionnaires tenus pour responsables.

À gauche : Vue de la Cité interdite prise en 1901 depuis la Colline du charbon, au nord. L'aspect actuel de Pékin est en constante mutation. Une photographie équivalente donnerait le même premier plan, mais un horizon encombré d'immeubles de grande hauteur.

qui donnent une teinte plus pâle. Les fours de Jingdezhen produisent la plus grande partie des porcelaines décorées des Ming et des Qing. Les motifs floraux se font moins formels et gagnent en naturel. Les décors polychromes en trois ou cinq couleurs se répandent au XVIe siècle.

L'impression xylographique a un long passé en Chine. Les illustrations les plus anciennes sont celles du *Sutra du diamant* de 868, retrouvé à Dunhuang. Beaucoup d'éditions précieuses, enrichies parfois d'illustrations, sont publiées sous les Song. L'estampe en couleurs, réalisée au moyen de planches multiples, atteint son apogée à la fin des Ming : les ouvrages du studio des Dix Bambous marquent l'apogée d'un art auquel on doit nombre d'albums illustrés, notamment érotiques. L'influent *Manuel de peinture du jardin grand comme un grain de moutarde* date de 1679-1701. Les livres produits sous les Qing sont rarement d'un tel niveau, mais certains centres tels que Suzhou réalisent des estampes de très haute qualité.

Le vêtement officiel des Ming et des Qing dénote le même amour de la couleur, notamment dans les effets picturaux produits par le travail de tapisserie dit *kesi* (« soie coupée »). À partir du XIVe siècle, le nombre de griffes représentées sur les « robes de dragon » indique le rang : cinq pour l'empereur et sa famille, quatre pour les hauts fonctionnaires et

Ci-dessus : La « voie des esprits » qui conduit aux mausolées des Ming, non loin de Pékin, est bordée de statues colossales représentant des fonctionnaires, des guerriers et des animaux. Quiconque réussit à jeter une pierre sur le dos d'un animal et à l'y faire tenir en équilibre verra son vœu exaucé. Le collier d'attelage rembourré que porte le cheval est une invention chinoise, en usage dès le Ve siècle de notre ère. Il a fallu environ cinq cents ans pour que l'Occident l'adopte à son tour et abandonne le joug de garrot qui étouffait les chevaux et limitait considérablement la charge tractée.

les nobles. Le rang est également indiqué par le « carré de mandarin » brodé sur le devant de la robe.

Le fondateur des Ming établit une académie de peinture à Nankin, et, malgré le transfert de la Cour à Pékin, au début du XVe siècle, le foyer artistique de l'Empire reste au Sud, dans la région dite du Jiangnan (le sud du Jiangsu et le nord du Zhejiang). Plutôt qu'une carrière administrative qui les conduirait aux quatre coins de l'Empire, peintres, lettrés et collectionneurs préfèrent vivre dans ces centres commerciaux florissants que sont Suzhou, Wuxi, Nankin ou Yangzhou.

Chassé de la Cour pour avoir offensé l'empereur en peignant un pêcheur vêtu d'une tunique rouge (la couleur réservée aux courtisans reçus en audience), Dai Jin (1388-1462) rejoint Hangzhou, sa ville natale. Il y reste associé au groupe de peintres professionnels qui poursuivent le style romantique de l'académie des Song du Sud — ce qu'on appelle l' « école du Zhe » (Zhejiang). Les éléments de ce style sont particulièrement visibles dans son œuvre *Retour au foyer le soir* : asymétrie de la composition, branches d'arbres anguleuses, vastes plages de brume. Mais le travail du pinceau est moins ferme que dans le style de l'école Ma-Xia, les traits en « points » *(dian)* et les textures de feuillage plus apparents. Autre représentant de l'école du Zhe, Wu Wei (1459-1508) peint des scènes de genre, par exemple des villages de pêcheurs, tandis que les « fleurs et oiseaux » de Bian Wenjin (v. 1400-1440) imitent la précision du tracé et la vivacité des couleurs des Song du Sud. Cette « peinture de cour » est rejetée comme « trop jolie » par les peintres-lettrés de l'école rivale de Wu.

Ces derniers continuent, au début des Ming, de peindre des paysages à la manière des « Quatre Maîtres » des Yuan. Le fondateur du groupe est Shen Zhou (1427-1507), originaire de Suzhou (ou Wu) au Jiangnan. Il ajoute au style de ses modèles Ni Zan, Wu Zhen et Huang Gongwang une hardiesse de composition qui lui est propre, ainsi qu'un usage plus marqué de la technique *dian* pour ponctuer le paysage et varier la densité de l'encre. Ses arrière-plans sont traités en lavis habilement dégradés, et les touches de couleur qu'il introduit le distinguent nettement des maîtres Yuan.

C'est aux XVIe et XVIIe siècles qu'un certain nombre de lettrés distingués résidant à Suzhou dans de luxueuses demeures entreprennent de faire de leurs jardins de véritables tableaux en trois dimensions. Arbres et rocailles sont disposés de telle façon qu'ils apparaissent sous divers angles depuis les balcons et les fenêtres treillagées donnant sur le jardin, et l'on peut retrouver, au milieu d'un paysage de montagnes miniaturisées, quelque chose de l'errance imaginaire à laquelle engagent les paysages peints sur soie.

Les peintres Tang Yin (1479-1523) et Qiu Ying (v. 1494 - v. 1552) ne se rattachent à aucune de ces écoles. La manière du premier s'inspire du style monumental des Song du Nord ; admirable imitateur, le second cherche son inspiration plus loin encore, dans la manière « vert et bleu » des Tang.

Le peintre-lettré Dong Qichang (1555-1636), quant à lui, va exercer une influence immense sur des générations de peintres et de critiques. Pour lui, la peinture se divise en une « école du Nord », celle des artistes de cour et des académiciens « professionnels » adeptes de la manière décorative et colorée, et en une « école du Sud », représentative des peintres-littérateurs amateurs *(wenren)* préoccupés de poésie et considérant le paysage comme un moyen d'expression. Il classe dans l'école du Nord des peintres comme Ma Yuan et Xia Gui des Song du Sud, et jusqu'aux maîtres du « vert et bleu » de l'époque Tang. La peinture permet au lettré d'exprimer une intelligence avec la nature, et donc avec l'homme, qu'il doit à sa connaissance des classiques. Des classiques lui viennent également un savoir sur le monde et une noblesse de goût auxquelles les peintres professionnels ne sauraient prétendre, liés qu'ils sont par les conventions académiques. Le jeu de l'encre et du pinceau est le médium qui permet au peintre-lettré de faire passer librement idées et sensations.

Ses propres œuvres sont fortement structurées. Dong parle du *shi* (le poids, ou mieux la gravité) des montagnes comme de la force qui les fait s'élever et redescendre. Les pans obliques et les éléments stylisés construisent le paysage avec une extrême clarté. Continuateurs de Dong Qichang, ceux qu'on appelle les « Quatre Wang » dominent le milieu des peintres-lettrés traditionalistes du début des Qing. Leurs œuvres partent de l'interprétation donnée par les peintres Yuan des paysages des Song du Nord. Élève de Dong Qichang, Wang Shimin (1592-1680) est lui-même le maître des trois autres : Wang Jian (1598-1677), Wang Hui (1632-1717), et Wang Yuanqi (1642-1715), le plus doué des quatre.

L'originalité de la composition, dans les paysages du XVIIe siècle, est plus marquée que celle du pinceau. Gong Xian (1620-1689), auteur de compositions sombres et menaçantes laissent une impression de malheur imminent, et Hongren (1610-1664), dont les œuvres d'une légèreté aérienne semblent au contraire transcender cette inquiétude, illustrent les réactions contrastées des peintres-lettrés du début des Qing à la domination mandchoue. Les peintres non orthodoxes de l'époque sont qualifiés d' « individualistes » : citons, parmi les plus illustres, Zhu Da (v. 1626-1664), également surnommé l' « Homme des huit grandes montagnes » *(Badashan ren)*, et Daoji (1641 - v. 1710). Descendant de la famille impériale Ming, Zhu Da, devenu moine bouddhiste, a mené une vie d'errance. Sa peinture adopte plusieurs styles : celui de Dong Qichang — quoique avec un pinceau plus encré —, et la manière toute de rapidité et de liberté des peintres bouddhistes *chan*. Il travaillait, dit-on, dans un état de frénésie, voire d'ébriété. Comme Zhu Da, Daoji (également connu sous le nom de Shitao) descendait de la maison des Ming et était entré en religion. Il avait beaucoup voyagé avant de se fixer à Yangzhou, où il se consacrait à « empiler des cailloux » — c'est-à-dire à dessiner des jardins.

Distorsion et bizarrerie des formes caractérisent également les « Huit Excentriques de Yangzhou », au XVIIIe siècle. Gao Qipei (v. 1672-1734) délaisse le pinceau pour peindre avec ses ongles. Jin Nong (1687-1764) et Luo Bing (1733-1799) déforment plaisamment les modèles anciens. Au XIXe siècle, le mécénat est beaucoup moins actif et l'individualisme des peintres-lettrés décline. Les héritiers du courant conservateur incarné par les Quatre Wang sont dénués d'originalité, et les peintres amateurs sont obligés de travailler pour gagner leur vie.

Les Qing ont beaucoup de bons artistes de cour spécialisés dans le style « décoratif » officiel. Castiglione, un jésuite italien arrivé à Pékin en 1715, introduit la manière occidentale à la Cour. Il crée une synthèse dans laquelle les techniques chinoises sont mises au service de la conception européenne du modelé, du jeu de l'ombre et de la lumière.

Les arts décoratifs du début des Qing illustrent le goût des Mandchous pour les motifs intriqués et les coloris brillants. Les jades taillés égalent en habileté les pièces de l'époque des Royaumes combattants, mais sans atteindre à la même économie de formes et à la même beauté. Émaux, tissages, porcelaines, jades, ivoires et laques gravés sont réalisés dans les ateliers établis au palais par l'empereur Kangxi en 1680, et bon nombre de motifs se retrouvent dans les pièces les plus diverses. Le Sud produit des laques et les fours de Jingdezhen, dont l'activité s'était ralentie au début du XVIIe siècle, retrouvent toute leur productivité. Les cinq couleurs des Ming s'enrichissent de nouveaux coloris, donnant ce qu'on appelle en Europe la « famille verte ».

À gauche : Ce tripode de cuivre recouvert d'émaux cloisonnés rouges, bleus, blancs, verts, jaunes et aubergine sur fond bleu clair date du XVIe siècle. C'est un exemple accompli des arts décoratifs de la dynastie des Ming.

Ci-dessous : Le parc Beihai, à Pékin, est parsemé de pavillons et de lacs. Il offrait aux lettrés et aux fonctionnaires un lieu de détente situé en plein cœur de la capitale. Le promeneur trouve dans un jardin chinois l'équivalent en trois dimensions d'une peinture de paysage traditionnelle.

Ci-dessus : Détail d'une robe mandarinale en soie datant du XIXe siècle. Les chauves-souris sont un symbole porte-bonheur. Les motifs décorant les vêtements d'apparat incluaient les formes stylisées de divers caractères d'écriture, par exemple *xi* (joie), *ji* (bonne chance), ou *shou* (longévité). Quatre versions de ce dernier sont représentées ci-contre.

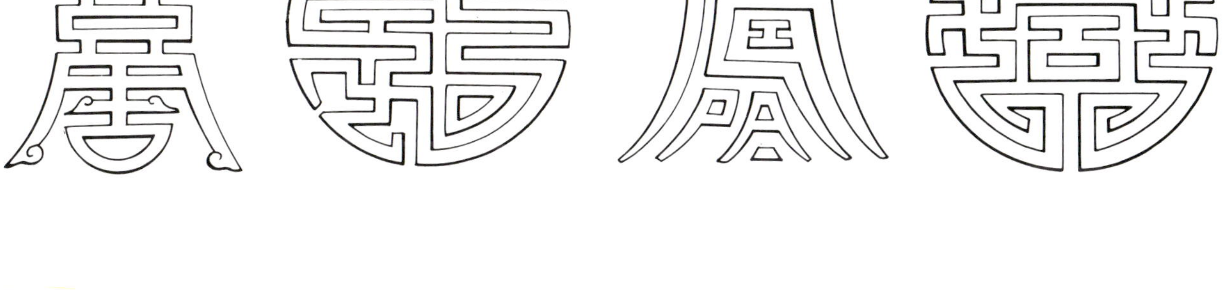

农 业 学 大

LES TEMPS MODERNES

LA SPLENDEUR ET L'IMPASSE

L'économie, l'organisation politique, la pensée et les arts de la Chine à la fin du XVIIIe siècle apparaissent en pleine gloire. En même temps, le pays est engagé dans une impasse. Les deux aspects sont fondamentaux : la richesse, la puissance, la sophistication, mais aussi l'incapacité d'inventer de nouvelles façons de penser, de voir, de sentir et d'agir en partant d'une tradition vénérable. L'Empire est redevenu le monde fermé qu'il était déjà au début et au milieu des Ming. Les étrangers en sont exclus, sauf à faire partie d'une ambassade tributaire ou à risquer l'illégalité, comme le feront certains missionnaires, ainsi que l' « espion botanique » Robert Fortune venu dérober des plants de thé vers 1830. Le commerce extérieur n'est possible qu'à partir de deux villes frontalières, Kiakhta pour les Russes (depuis 1737) et Canton pour les Occidentaux (depuis 1757). La modeste contribution scientifique et technique des jésuites à la fin des Ming et au début des Qing n'a pas eu de suite (les jésuites avaient introduit en Chine des notions d'hydraulique, d'astronomie et de mathématiques occidentales, fait connaître la perspective en peinture, perfectionné la fonte des canons, et fait les relevés du grand *Atlas impérial* de 1717). Quoique poursuivant une existence souterraine, le christianisme est hors la loi depuis le « Saint Édit » de 1723, et les seuls prêtres catholiques officiellement admis sont une poignée de jésuites employés à la Cour pour leurs compétences techniques, notamment dans le domaine du calendrier.

Pourtant l'économie de l'Empire finissant paraît à première vue d'une étonnante vitalité. La population, extraordinairement industrieuse et active, approche les 400 millions. La riziculture intensive pratiquée dans le centre et le sud de l'Empire atteint des rendements à la limite des moyens techniques traditionnels (voir p. 209-210). L'activité commerciale, appuyée sur un réseau toujours plus dense de marchés ruraux et urbains, stupéfie les observateurs. Les occupants d'un vaisseau anglais mouillant au large de Shanghai vers 1830 estiment que le volume du trafic maritime qu'ils voient passer est à peu près équivalent à celui de Londres. Parcourant la vallée du Yangzi au milieu du XIXe siècle, le Père Huc écrit : « Il y a, dans toutes les villes importantes, de grandes maisons de commerce qui sont comme les réservoirs où viennent se décharger les marchandises de toutes les provinces. De tous les points de l'Empire on accourt s'approvisionner dans ces vastes entrepôts. Aussi remarque-t-on, de toutes parts, un mouvement, une activité fiévreuse, qu'on ne trouverait pas dans nos plus importantes villes d'Europe. » Il parle aussi de « l'agitation prodigieuse de ce peuple, que la soif de gain, que le besoin de trafic tourmentent sans cesse. Du nord au midi, d'orient en occident, c'est comme un marché perpétuel, une foire qui dure toute l'année sans interruption ». Il note enfin qu' « il se ferait des volumes sur les friponneries plus ou moins ingénieuses et audacieuses des marchands chinois ; l'habitude est si générale, la mode si universelle, qu'on ne s'en choque pas ; c'est tout simplement de l'habileté et du savoir-faire ; un marchand est tout glorieux lorsqu'il peut raconter les petits succès de sa scélératesse. Cependant, pour être tout à fait juste envers les Chinois, nous devons ajouter que ce manque de probité et de bonne foi se remarque seulement chez les petits marchands ; les grandes maisons de commerce mettent, au contraire, dans leurs opérations, une loyauté et une honnêteté remarquables ; elles se montrent esclaves de leur parole et de leurs engagements ».

L'impression de vitalité économique que dégagent les sources chinoises n'est pas moindre. Ainsi cette description du grand centre porcelainier de Jingdezhen, au Jiangxi : « Des dizaines de milliers de pilons ébranlent le sol de leur fracas. Les fournaises font luir le ciel au point que personne ne peut dormir la nuit. L'endroit est connu comme "la ville où l'orage se déchaîne d'un bout à l'autre de l'année". » La campagne est pleine de machines actionnées par l'énergie hydraulique ou par des bœufs, qui décortiquent le riz, écrasent la canne à sucre, broient la fibre à papier...

Mais les Chinois ont perdu leur talent d'inventeurs. Il n'y a pas dix innovations techniques dignes d'être mentionnées sous les Ming et sous les Qing : le moulin à vent chinois, la xylographie en couleurs, le perfectionnement des dispositifs d'incubation artificielle des œufs et d'égrenage du coton, l'immersion des vers à soie dans le sel pour les tuer et le séchage à la chaleur pour les conserver, l'extraction du zinc pur, de nouveaux engrais verts, des procédés de ventilation des mines... Quelques enthousiastes expérimentent des techniques agricoles ou hydrauliques retrouvées dans les livres anciens, ou des mécanismes appris de l'Occident, comme la vis d'Archimède.

Mais il y a aussi un certain dédain, très conscient, de l'innovation. Témoins ces propos de Cheng Tingzuo, tenus au milieu du XVIIIe siècle : « Lointaine Europe !... Ses habitants sont connus pour leur habileté et leur versatilité, notamment en mathématiques. Mais en dehors de cela, tout ce qu'ils font relève d'un *excès d'ingéniosité,* juste de quoi épater les ignorants. Jouer ainsi avec les choses finit par attirer bien des ennuis. Ainsi ont-ils cherché tout ce qu'ils pouvaient tirer de ces objets cruels que sont les armes à feu. » Paysans et artisans ne demandent qu'à adopter les perfectionnements dont ils peuvent avoir connaissance, mais

Page précédente : Travailleurs aménageant un réservoir près de Xi'an. Le pays est loin d'être totalement adapté à l'utilisation de moyens mécanisés. Le travail de masse est organisé sur la base d'unités appelées « équipes de production ».

Ci-dessus : Les jésuites étaient reçus en Chine comme des lettrés étrangers et très admirés pour leur savoir. Ils portaient le vêtement chinois pour mieux se faire accepter, et ont réussi à convertir certains hauts personnages, tel Xu Guangqi, président du Ministère des rites. Mais, en général, leur prosélytisme en faveur de la doctrine chrétienne a suscité nettement moins d'enthousiasme que leurs connaissances en astronomie, en géographie et en physique.

À droite :. Le jésuite Ferdinand Verbiest, chargé de superviser le rééquipement de l'observatoire impérial avec les instruments les plus récents, était un protégé de l'empereur Kangxi des Qing (1654-1722). Construit en 1296, l'observatoire se trouve à la limite sud-est de Pékin. Le régime actuel a récemment transféré les instruments et libéré le site pour y construire des hôtels et des autoroutes.

les gens éduqués sont totalement dénués de cette inventivité débridée qui caractérise leurs contemporains occidentaux. La fascination de la machine, si manifeste dans les traités européens de la fin du XVIe siècle et du XVIIe siècle, leur est étrangère, comme leur manque la capacité de réduire les mécanismes à des abstractions géométriques pour en analyser le fonctionnement.

L'absence d'universités, ou de toute autre institution spécialisée dans l'enseignement de matières telles que la médecine et le droit contribue aussi au déclin de la vitalité intellectuelle à la fin de l'Empire, au moins par comparaison avec ce qui se passe en Europe au début des temps modernes. On reçoit l'enseignement d'un maître, sur une base purement individuelle. Les « académies » chinoises *(shuyuan)* sont essentiellement des institutions de bachotage pour les candidats aux examens. Au XVIe siècle, certes, sous l'influence du philosophe Wang Yangming, elles étaient devenues un lieu d'intense activité intellectuelle ; mais cela même avait conduit à leur fermeture partielle en 1569 : le ministre Zhang Juzheng, homme d'État aussi autoritaire que soucieux d'efficacité, craignait que l'orthodoxie officielle n'y soit contestée et qu'on y fasse trop de politique. L'attaque avait été renouvelée en 1625, et, pendant les derniers siècles de l'Empire, ces institutions ne servent plus qu'à la promotion d'intérêts strictement privés — l'avancement individuel par le canal des examens — ou, au contraire, étatiques — l'endoctrinement de l'élite —, ou les deux à la fois. Seuls peut-être quelques monastères s'intéressent encore à la diffusion de valeurs universelles (la foi, le savoir) indépendamment des exigences de l'État.

La sinologie moderne a exhumé avec bonheur quelques penseurs chinois de la fin de l'Empire dont les idées non conformistes, l'originalité scientifique ou les préoccupations pratiques s'accordent bien à nos propres goûts. Ainsi les philosophes hérétiques de la côte sud-est : ils prônaient la fraternité universelle et honnissaient ces apôtres confucéens de la « sollicitude » qui, selon les termes de Li Zhi, « se servent de la vertu et des rites pour régner sur les esprits, des institutions et de la justice pour emprisonner les corps ». Inversant l'ordre traditionnel des valeurs, He Xinyin met l'égalité entre amis au-dessus des relations hiérarchisées, par exemple entre père et fils, et propose de remplacer la propriété individuelle des biens par la propriété collective du clan. Li Zhi, auteur d'un *Livre à brûler* (*Fenshu,* 1590), réaffirme inlassablement son scepticisme à l'égard des classiques confucéens ; la moralité, pour lui, c'est la reconnaissance inconditionnelle de la dignité d'autrui, et il prétend que « quiconque a perdu l'esprit d'enfance a perdu le véritable esprit ». Comme He Xinyin avant lui, Li Zhi sera jeté en prison pour propagation d'idées pernicieuses. Il s'y donnera la mort, âgé de 76 ans.

À la fin du XVIe siècle et dans la première moitié du XVIIe, quelques indices donnent à penser qu'une science chinoise originale aurait pu voir le jour. Le genre traditionnel de l'herbier atteint son apogée avec la *Pharmacopée (Bencao gangmu)* de Li Shizhen (1578), basée en grande partie sur les observations personnelles de l'auteur. Dans un ouvrage de 1642 intitulé *Des épidémies (Wenyilun),* Wu Youxing parvient, par une combinaison de raisonnement systématique et d'observation empirique, à l'équivalent d'une théorie microbienne de la maladie. Les *Produits de la nature et de l'industrie (Tiangong kaiwu)* de Song Yingxing (1637) sont une description magistrale de la technologie du temps, et dans un essai intitulé *De la matière-énergie,* le même auteur va beaucoup plus loin et se montre bien plus systématique que les penseurs de l'époque Song qui lui servent de point de départ, le philosophe Zhang Zai ou l'homme de sciences Shen Gua. La section sur l'acoustique, par exemple, décrit la production et la propagation du son comme résultant de l'ébranlement de la « matière-énergie » *(qi)* de l'air sous l'effet d'un stimulus, montre les difficultés soulevées par les autres hypothèses, et compare explicitement le phénomène aux ondes produites par une pierre tombant dans l'eau. S'il continue d'adhérer à la description organique et musicale du cosmos traditionnelle en Chine, on trouve chez Song Yingxing des concepts qui apparaissent *a posteriori* riches de développements potentiels : par exemple, dans ce même essai, le concept de « position-force de la matière-énergie » *(qi shi)* s'appliquant à l'eau qui tombe d'une montagne. Mais ces intuitions n'ont pas eu les prolongements qu'elles appelaient.

Dans les *Brèves notes sur le principe des choses (Wuli xiaozhi)* de Fang Yizhi (1624), les citations d'auteurs scientifiques compilées à la manière traditionnelle sont accompagnées d'observations personnelles sur certains sujets qui intéressaient particulièrement l'auteur et son fils ; tous deux semblent bien avoir combiné l'approche expérimentale et la recherche des principes généraux : par exemple la réfraction de la lumière. Fang Yizhi pourrait aussi être le premier en Chine à avoir tenté de distinguer clairement entre loi morale et loi naturelle. Pour lui, les néoconfucéens des Song « ne se sont intéressés qu'aux principes normatifs : en ce qui concerne les principes généraux des objets existants, en revanche, la vérité leur a échappé ». Or, si les principes normatifs doivent être pris en compte au regard du gouvernement et de la doctrine, « dès lors qu'il s'agit exclusivement de remonter aux facteurs causatifs originels, ce sont les principes généraux ultimes qui importent, ceux en vertu desquels les objets existants sont ce qu'ils sont ». Cela dit, Fang ne croyait pas que la « recherche concrète », comme il l'appelait, fût à même de mener, par une démarche inductive, à une illumination purement intellectuelle : pour lui, l'esprit ne pouvait se mettre au contact du pouvoir spirituel animent le monde que par une sorte de saut intuitif. Il restait prisonnier de sa foi en la validité des configurations vénérables révélées par le *Livre des mutations (Yijing)*.

Ce qui compte, historiquement, c'est que ces prémisses n'ont conduit nulle part. Li Zhi et Song Yingxing ont rapidement été plongés dans un oubli dont seul le XXe siècle les a tirés, et Wu Youxing n'a pas eu de continuateur. Seul Li Shizhen, dont l'œuvre poursuivait une tradition bien établie, n'a pas été ignoré par ses compatriotes.

Le développement scientifique chinois a été bloqué par une sorte de doute épistémologique sur la possibilité même d'accéder à la connaissance de l'objet en soi par une recherche empirique. Lorsque Fang Yizhi affirme : « Puisque l'esprit seul est capable de connaissance et de perception, le monde qui nous entoure n'est qu'ombre et écho », il exprime une conviction courante — sinon universelle — à son époque, dont le corollaire est que « les lois [régissant] les objets existants... ne sont qu'un autre aspect des lois de l'esprit ». Cheng Tingzuo, quant à lui, est représentatif d'une sorte de méfiance humaniste instinctive à l'égard des conséquences morales et sociales de la quête prométhéenne du savoir.

L'art et la littérature

Les artistes chinois de la fin de l'Empire se trouvent, eux aussi, engagés dans une impasse sophistiquée. Dans l'Europe de la Renaissance, le lien entre les arts et le développement des sciences est clairement perceptible, qu'il s'agisse des recherches picturales sur la projection de l'espace tridimensionnel, de la minutie des représentations d'anatomies humaines et de phénomènes naturels (on pense aux études de Léonard de Vinci), ou du traitement presque autonome des couleurs et de la lumière. Les Chinois, à de rares exceptions près, ont ignoré la perspective en lignes de fuite : la représentation en trompe-l'œil ne les intéressait pas. Dans ses *Propos sur la peinture (Huayulu),* de 1728 — l'un des grands textes de la littérature esthétique mondiale —, Shitao souligne que l'important dans l'acte de peindre, c'est d'accéder à un certain état d'exaltation et de le transmettre au paysage représenté. « À partir du moment où l'on a saisi le principe unique, la multiplicité des principes particuliers se déduit d'elle-même » ; le peintre est capable de « participer aux métamorphoses de l'univers ». « Les montagnes et les rivières », dit encore Shitao, « m'ont chargé de parler pour elles. Elles sont nées en moi, et moi en elles ».

Mais, au même moment, la plupart des peintres chinois se contentent d'une perception stéréotypée des choses dont le résultat dépasse en platitude le pire académisme occidental. La formulation ultime de cet univers pictural apparaît dans les *Leçons sur la peinture du jardin grand comme un grain de moutarde (Jieziyuan huazhuan),* compilées par Wang Gai et ses frères entre 1679 et 1701. Il s'agit d'un manuel indiquant les coups de pinceau et les combinaisons d'éléments requis pour représenter toute espèce de sujet (animaux, rocs, végétaux...) à la manière des grands maîtres. L'ouvrage est représentatif d'une synthèse si subtile, si complète et si satisfaisante pour l'esprit qu'il est compréhensible que les Chinois s'y soient laissé enfermer. Si quelques excentriques contestent l'une ou l'autre convention — comme le peintre cantonais Su Renshan au milieu du XIXe siècle —, le moule conceptuel n'en reste pas moins inchangé.

Le seul domaine où la vitalité créatrice demeure entière est la fiction en prose. Les Ming et les Qing sont l'âge d'or du roman chinois. Celui-ci est né de l'art des conteurs publics, d'où vient sa manière caractéristique d'enfiler les épisodes et d'accumuler les personnages, qui apparaissent et disparaissent sans préavis. Les sujets sont tirés de la légende, de l'histoire et de la réalité sociale contemporaine. Mais les romanciers ont progressivement appris à élaborer une structure d'ensemble intégrée, comme l'atteste admirablement *le Rêve dans le pavillon rouge (Hongloumeng),* également appelé *l'Histoire de la pierre (Shitouji),* publié en 1792. Dû à Cao Xueqin et à un continuateur inconnu, révisé par Gao E, c'est un des plus grands romans de la littérature mondiale. L'histoire — qui narre la lente décadence morale et financière d'une famille aristocratique prestigieuse — est hantée par le sentiment de l'irréalité du monde sensible et de l'imminence du désastre au cœur même de la réussite. Le plus remarquable est l'extraordinaire subtilité avec laquelle sont dépeintes les différentes facettes de la

Ci-dessus : Comme l'atteste cette xylogravure, les artistes chinois du XVIIe siècle étaient parfaitement capables de construire un premier plan et une perspective en lignes de fuite. Mais leur peinture évitait précisément cette perspective « scientifique », car elle avait pour effet de limiter l'image à ce qui peut être vu depuis un point fixe. Les peintures chinoises multiplient les perspectives et peuvent être abordées sous plusieurs angles.

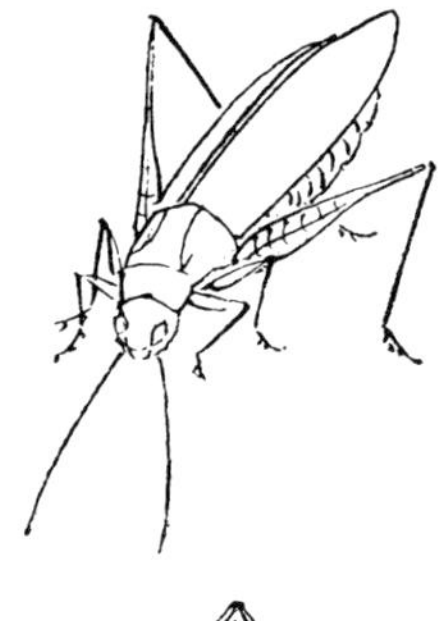

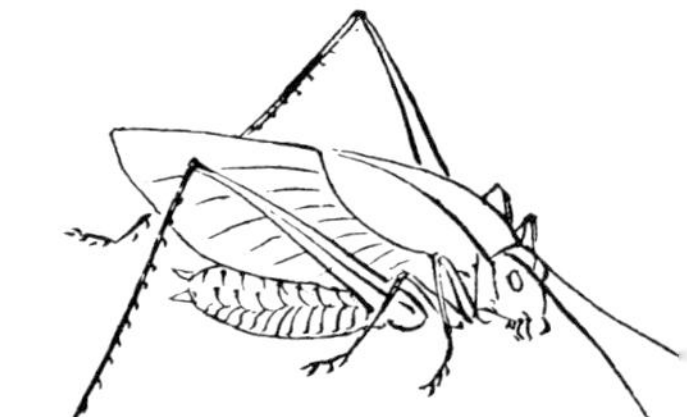

Ci-dessus : Les peintres chinois disposent depuis le XVIIe siècle de manuels pour apprendre le style et la technique. Les *Leçons sur la peinture du jardin grand comme un grain de moutarde* expliquent pas à pas la méthode à suivre pour peindre les modèles proposés. Ceux-ci incluent toutes sortes d'insectes pouvant figurer dans les représentations de plantes herbacées : criquets, scarabées, mantes religieuses, et les sauterelles reproduites ici. Ce genre d'ouvrage a enlevé toute sa spontanéité au regard porté sur la nature par les artistes chinois.

Ci-dessous : Baochai (Épingle précieuse) est l'un des nombreux personnages féminins dont les silhouettes délicatement individualisées peuplent *le Rêve dans le pavillon rouge*. Beauté sensible et intelligente, Baochai est choisie par la famille Jia pour être l'épouse du héros de l'histoire, Baoyu (Jade précieux). Malheureusement pour elle, les sentiments de ce dernier l'ont porté depuis longtemps vers une autre de ses cousines, Lin Daiyu (Jade sombre).

psychologie féminine, de même que la peur, l'aliénation et le ressentiment refoulés par le héros derrière la docilité de commande qu'il manifeste en présence de son père. De tous les arts de la fin de l'Empire, la littérature romanesque est le seul qui ait su s'adapter sans grande difficulté aux défis et aux modèles de l'Occident moderne.

La stagnation économique

À l'immobilisme culturel de la Chine des Qing répond un blocage plus grave encore dans le domaine économique, phénomène que nous avons appelé le « piège de l'équilibre à haut niveau ». Les effets continuent d'en être sensibles dans les régions de Chine coupées du marché international. Sommairement, le progrès technique dans l'agriculture et les transports par eau est venu buter, à la fin de l'époque traditionnelle, sur des obstacles que seule une certaine dose de savoir scientifique et d'industrialisation eût permis de surmonter. Ce blocage, qui gênait l'élargissement de la demande et limitait les fournitures de matières premières, a eu un effet d'inhibition sur le reste de l'économie.

Pour considérer les choses autrement, le niveau d'excellence atteint par la technologie chinoise en matière d'agriculture et de transports excluait toute alternative simple pour accroître la productivité. Créer les marchés compacts et à croissance rapide qui auraient ouvert de nouvelles possibilités aux entrepreneurs devenait à peu près impossible. En outre, à l'exception de la Mandchourie, la quasi-totalité des terres potentiellement rentables avec les techniques disponibles étaient déjà en exploitation : la production cotonnière, par exemple, n'aurait jamais pu s'accroître suffisamment pour répondre aux besoins d'une révolution industrielle dans le textile. Enfin, le travail coûtait peu : quoique hautement commercialisée, l'économie restait proche du niveau de subsistance, et les paysans n'avaient plus guère la possibilité d'émigrer vers des régions plus productives. Le dernier exemple d'une telle « frontière », avant l'époque moderne, est le Yunnan, dont la population passe de 3,1 à 6,3 millions entre 1775 et 1825 grâce aux possibilités de développement agricole, commercial et minier qu'il continue d'offrir. La plupart du temps, les employeurs étaient beaucoup moins soucieux d'économiser sur le travail que sur les autres moyens de production, comme les matières premières. Ajoutons que la masse même du système économique chinois, sans égale dans le reste du monde au XVIIIe siècle, avait deux conséquences : d'abord, il était exclu que la demande intérieure ou extérieure croisse au point de susciter un déficit de main-d'œuvre suffisant pour justifier un effort de mécanisation ; ensuite, les insuffisances de l'offre pouvaient difficilement être compensées par des importations.

On ne saurait trop souligner que le capital marchand disponible en Chine à la fin de l'Empire aurait largement suffi à financer le démarrage d'une révolution industrielle. Les grands négociants en sel, les membres de la guilde qui monopolisait le commerce de Canton fonctionnaient avec des fonds de roulement de plusieurs millions d'onces d'argent chacun. Mais rien ne les poussait à investir dans des activités susceptibles de révolutionner les moyens de production. En outre, certains marchés étaient énormes : les cotonnades de Shanghai se vendaient jusqu'à 1 300 kilomètres de leur lieu de production, les grands négociants en coton de Suzhou vendaient chaque année plus d'un million de pièces de quarante pieds chinois ; on pourrait faire des remarques similaires concernant les ustensiles en fonte de Foshan ou les porcelaines de Jingdezhen. Si la seule recherche rationnelle du profit à court terme avait été capable de produire une révolution industrielle dans le contexte chinois, celle-ci aurait eu lieu. Ni Marx, ni Weber, ni aucun historien du développement ne peuvent expliquer de façon satisfaisante l'incapacité des Chinois à produire d'eux-mêmes un capitalisme industriel.

Cette présentation sommaire d'une théorie complexe laisse quelques questions en suspens. Le départ entre technologie « prémoderne » et technologie « moderne » dans le domaine agricole n'est pas toujours aisé. On peut malgré tout considérer que ce qui distingue ces deux stades est la présence ou l'absence de facteurs de production d'origine industrielle, ou basés sur une recherche expérimentale et quantitative : engrais chimiques, semences sélectionnées scientifiquement, béton, tubes métalliques ou en plastique, moteurs pour actionner les pompes et les véhicules... Qu'en est-il, d'autre part, des rendements chinois par unité de semence, qui passent en général pour très élevés ? Des données éparses suggèrent, pour le blé, des rendements doubles ou triples de la moyenne européenne au XVIIIe siècle, qui était de 5 pour 1. On s'est aussi demandé si les techniques les plus avancées étaient appliquées partout. Il semble que dans certains cas la déplétion des ressources et la densité démographique s'y soient opposées. La contraction des possibilités d'investissement agricole rentable est, là encore, difficile à prouver, mais on constate par exemple que le nombre des nouvelles infrastructures hydrauliques va en diminuant à l'époque des Qing ; on peut aussi noter l'échec fréquent des nouveaux défrichements, pour cause d'érosion ou de salinisation de sols mal adaptés.

Tel est donc le contexte dans lequel l'Occident a forcé son entrée en Chine dans la seconde moitié du XIXe siècle, mettant en mouvement un processus d'érosion et d'appauvrissement culturel qui n'a fait que s'aggraver sous le régime nationaliste et, plus encore, communiste. Mais, en même temps, la Chine y a trouvé une manière de sortir de l'impasse en accédant aux moyens techniques d'une nouvelle croissance, ainsi qu'aux marchés, aux idées et aux arts du reste du monde. Cette marche vers la modernité, souvent pénible, exaltante parfois, toujours confuse, marquée de défaites et d'occupations humiliantes, a donné naissance, en Occident aussi bien qu'en Chine, à une historiographie encombrée de mythes et de propagande. Nous allons tenter d'y porter un regard qui, pour être objectif, n'en sera pas pour autant détaché.

LE FILM DES ÉVÉNEMENTS

L'ouverture de la Chine

Dans les années 1840 et 1850, la Grande-Bretagne et la France recourent à l'application calculée de la force pour faire tomber les restrictions pesant sur le commerce extérieur de la Chine. Un certain nombre de ports sont déclarés « ouverts ». La Chine est contrainte d'abandonner le système tributaire traditionnel, qui faisait d'elle le suzerain des autres États, pour la conception européenne des relations internationales basée sur l'égalité des nations. Par un paradoxe qui ne manque pas de saveur, les Chinois ont plus tard baptisé « traités inégaux » les accords établissant cette égalité internationale. Certaines clauses, il est vrai, impliquaient un traitement inégal des signataires : les Occidentaux obligeaient la Chine à laisser les missionnaires chrétiens résider dans l'intérieur du pays pour y propager leur foi, à autoriser les étrangers accusés de crimes à être jugés par leurs compatriotes, et à plafonner les droits de douane à 5 p. 100. Seule l'exigence d'extraterritorialité judiciaire apparaît défendable *a posteriori* dans la mesure où les juridictions chinoises de l'époque soumettaient routinièrement l'accusé et les témoins à la torture, et où nombre d'innocents se faisaient très légalement assassiner en vertu du principe suivant lequel tout homicide appelle une exécution pour être vengé.

Les affrontements de 1839-1842 et 1856-1860 sont le plus souvent appelés « guerres de l'opium ». Mieux vaudrait parler de « guerres de reconnaissance diplomatique ». On considère généralement que les Anglais ont plus ou moins forcé les Chinois (de l'extérieur !) à fumer l'opium, et que le but de la guerre était de permettre la poursuite de leur trafic. Un bref rappel de l'histoire de l'opium en Chine montrera qu'il n'en est rien.

Aux alentours de 1600, les Chinois n'utilisaient encore l'opium que comme analgésique, comme le feront les Anglais de l'époque victorienne jusqu'à l'apparition de l'aspirine. L'opiomanie proprement dite commence à se répandre au XVIIe siècle, avec l'habitude de mêler la drogue au tabac. Le premier décret interdisant la culture et le commerce de l'opium date de 1729, bien avant qu'il ne devienne un article d'importation. C'est pendant la seconde moitié du XVIIIe siècle que certains trafiquants occidentaux travaillant depuis le large commencent à nouer des contacts avec les réseaux de vente chinois pour placer de l'opium indien de haute qualité. On signale peu après des marchands chinois alimentant (illégalement) les Indes orientales néerlandaises avec ce même opium indien. La première interdiction explicite d'importer de l'opium en Chine date de 1800, mais les décrets impériaux relatifs au trafic de l'opium montrent clairement que, même dans les années 1830, au plus fort de la campagne contre les importations, le gouvernement chinois est d'abord soucieux d'enrayer une production domestique qui semble avoir toujours été plus importante que ces dernières.

Ci-dessus : Fumeurs d'opium à Shanghai au tournant du siècle. L'opiomanie a été mise hors la loi par les nationalistes et par les communistes.

On a également prétendu que les achats d'opium drainaient d'énormes quantités de monnaie d'argent hors de Chine, où la drogue aurait eu en outre de graves conséquences pour la santé publique. En réalité, l'intérêt des Européens pour la contrebande de l'opium s'explique d'abord par le niveau désespérément bas de la demande chinoise concernant les autres produits occidentaux. Certes, une partie de l'argent servant à payer l'opium aboutissait en Inde, mais il est clair que le plus gros était immédiatement recyclé dans l'achat de marchandises chinoises. L'impression d'hémorragie d'argent tient probablement à la détérioration de la parité cuivre/argent en Chine même, résultant de la dépréciation de la monnaie de cuivre par le gouvernement. Pour ce qui concerne la santé publique, il convient de rappeler que l'opium non adultéré, s'il n'est pas pris à une concentration mortelle, n'est que modérément nocif. Bien des opiomanes — certains hauts fonctionnaires notamment — sont restés actifs jusqu'à un âge avancé. Les ouvriers chinois employés sur les chantiers ferroviaires américains fumaient l'opium, et cela ne les empêchait pas d'être plus que compétitifs par rapport à leurs collègues irlandais adonnés au whisky. La drogue avait surtout des conséquences déplorables sur le niveau de vie des opiomanes n'ayant pas les moyens de leur vice. Bref, s'il a contribué à la dégradation des relations entre la Chine et l'étranger, l'opium n'a pas été la cause principale de la guerre, et son importance historique est le plus souvent exagérée.

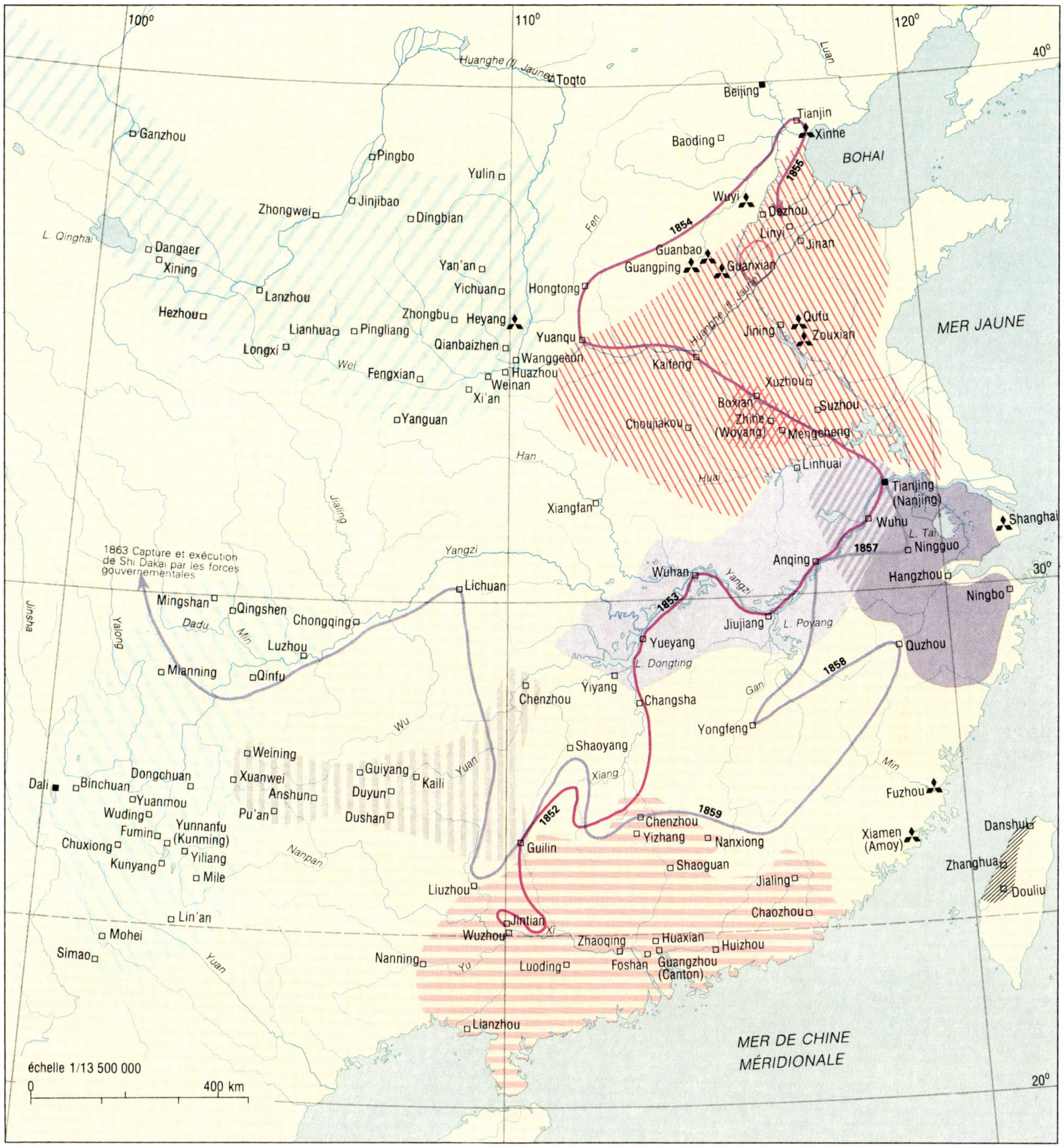

Les rébellions au milieu du XIXe siècle. Il est étonnant que la dynastie des Qing n'ait pas sombré au milieu du XIXe siècle. Près de la moitié de l'Empire — à l'exclusion de la Mandchourie et du Tibet — est aux prises avec une forme ou une autre de rébellion entre 1850 et le début des années 1870. La principale raison pour laquelle les Mandchous ont survécu à cette commotion est que leurs adversaires poursuivaient des buts différents et n'ont pas su, la plupart du temps, associer leurs efforts. Le séparatisme islamique de Du Wenxiu au Yunnan, les soulèvements tribaux des Miao du Guizhou, les activités de sociétés secrètes telles que les Turbans rouges au Guangdong ou les Petits Couteaux à Shanghai, le mélange de christianisme et de confucianisme utopique des Taiping dans la vallée du Yangzi, les brigandages saisonniers des Nian dans le bassin de la Huai — tous ces mouvements (nous ne mentionnons que les plus importants) avaient trop peu en commun pour constituer une opposition unie ; en outre, certains d'entre eux, les Taiping et les musulmans notamment, étaient divisés par des rivalités internes. C'est à la suite de dissensions au sein du gouvernement des Taiping que Shi Dakai, l'un de leurs « rois », part vers l'ouest pour une odyssée qui préfigure la Longue Marche, à cela près qu'elle se terminera par un désastre.

Les rébellions au milieu du XIXe siècle

Entre 1850 et 1875 environ, l'Empire est ravagé par plusieurs rébellions de grande ampleur. La plupart finiront écrasées par des armées régionales contrôlées d'assez loin par le gouvernement central au nom de qui elles combattent.

Le plus grave de ces soulèvements est celui des Taiping (*Taiping tianguo :* littéralement, « Royaume céleste de la grande paix »). À leur apogée, entre 1853 et 1864, les Taiping occupent la plus grande partie de la vallée du Yangzi, leur « Capitale céleste » (Tianjing) étant située à Nankin. Le régime des Taiping préfigure à beaucoup d'égards le mouvement communiste chinois. Ses chefs prêchent une doctrine qu'ils prétendent divinement révélée, et qui promet à la fois le salut aux croyants et la réforme de la société. On y trouve un mélange de confucianisme utomique inspiré du *Rituel des Zhou,* et d'éléments de l'Ancien Testament découverts par Hong Xiuquan, fondateur et chef du mouvement, dans un opuscule missionnaire. Socialement, les Taiping prônent — sans l'avoir jamais vraiment mis en pratique — un collectivisme théocratique basé sur une constellation de petites communautés gouvernées religieusement et possédant chacune son église et son grenier.

Les premières attaques de Hong Xiuquan ont été dirigées contre la religion traditionnelle ; lui-même prêchait un monothéisme fortement teinté de moralisme confucéen. Ses premiers écrits parlent d'obéissance filiale et d'harmonie sociale, et s'opposent violemment à des vices comme le jeu, la prostitution et la fréquentation des théâtres. Ses adeptes, que de telles idées mettaient en conflit avec leurs voisins, ont été pratiquement poussés à la rébellion par les soupçons et les pressions des autorités. Nombre de temples et de monastères seront détruits dans les régions tombées entre leurs mains. Les Taiping étaient aussi révolutionnaires par la liberté et l'égalité accordées, au moins en théorie, aux

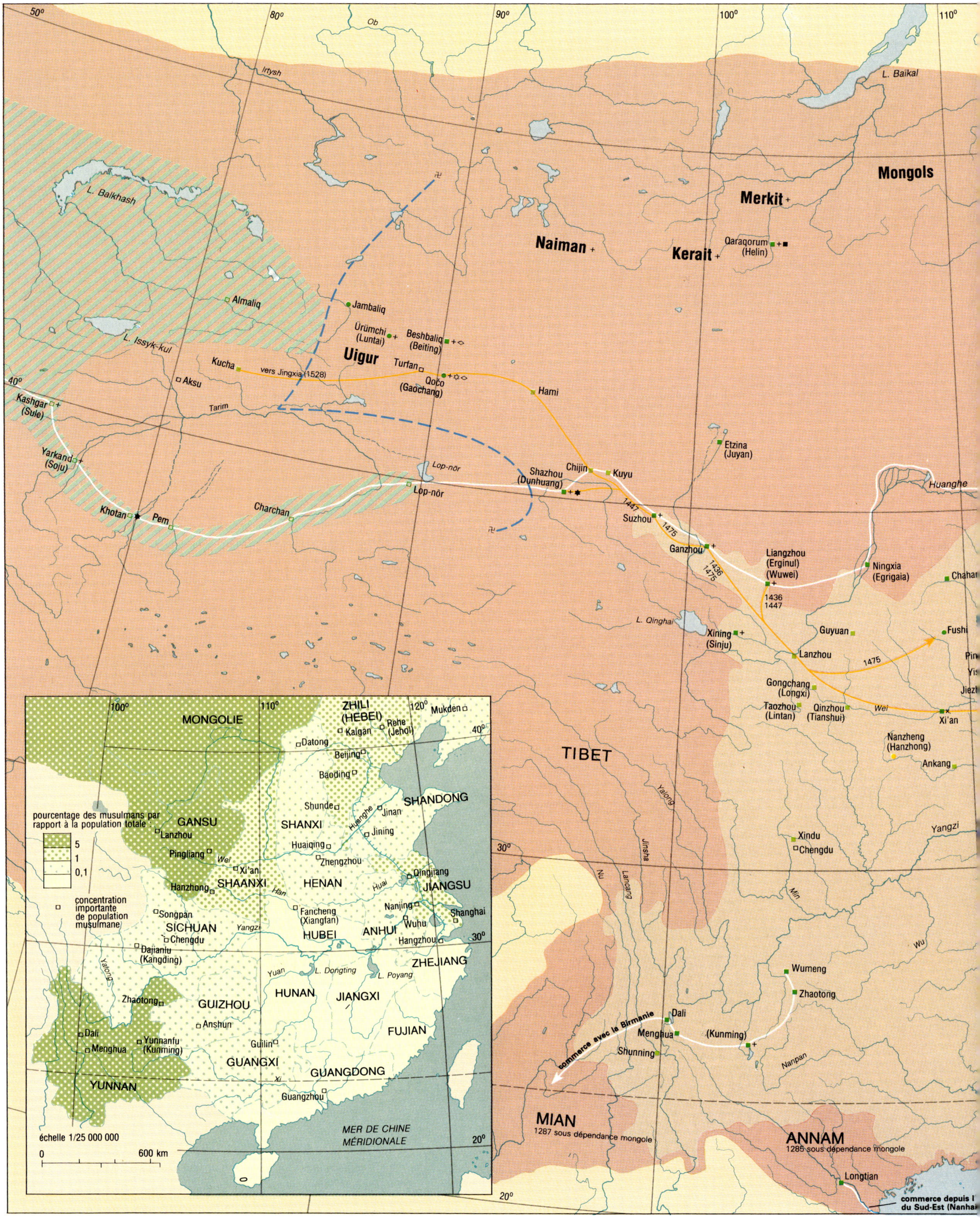
50°
80°
90°
100°
110°
40°
30°
20°
Ob
Irtysh
L. Baïkal
Mongols
Merkit
Naiman
Kerait
Qaraqorum
(Helin)
L. Balkhash
Almaliq
Jambaliq
Ürümchi
(Luntai)
Beshbaliq
(Beiting)
L. Issyk-kul
Uigur
Kucha
vers Jingxia (1528)
Turfan
Qoco
(Gaochang)
Aksu
Hami
Kashgar
(Sule)
Tarim
Yarkand
(Soju)
Lop-nōr
Etzina
(Juyan)
Shazhou
(Dunhuang)
Chijin
Kuyu
Huanghe
Khotan
Pem
Charchan
1447
Suzhou
1475
Ganzhou
1436
1475
Liangzhou
(Erginul)
(Wuwei)
Ningxia
(Egrigaia)
1436
1447
Chahar
L. Qinghai
Xining
(Sinju)
Guyuan
Fushi
Lanzhou
1475
Gongchang
(Longxi)
Taozhou
(Lintan)
Qinzhou
(Tianshui)
Wei
Xi'an
Nanzheng
(Hanzhong)
Ankang
TIBET
Yalong
Jinsha
Nu
Lancang
Xindu
Chengdu
Min
Yangzi
Wu
Wumeng
Zhaotong
Dali
Menghua
(Kunming)
Shunning
commerce avec la Birmanie
Nanpan
MIAN
1287 sous dépendance mongole
ANNAM
1285 sous dépendance mongole
Longtian
MONGOLIE
ZHILI
(HEBEI)
Mukden
Rehe
(Jehol)
Kalgan
Datong
Beijing
Baoding
SHANDONG
Shunde
Jinan
SHANXI
GANSU
Lanzhou
Huanghe
Jining
Huaiqing
Pingliang
Zhengzhou
Xi'an
Qingjiang
Hanzhong
SHAANXI
HENAN
JIANGSU
Han
Huai
Nanjing
Songpan
Fancheng
(Xiangtan)
Shanghai
SICHUAN
HUBEI
ANHUI
Wuhu
Chengdu
Hangzhou
Dajianlu
(Kangding)
ZHEJIANG
Yuan
L. Dongting
L. Poyang
HUNAN
JIANGXI
Zhaotong
GUIZHOU
Anshun
FUJIAN
Dali
Yunnanfu
(Kunming)
Menghua
Guilin
GUANGXI
YUNNAN
Xi
GUANGDONG
Guangzhou
MER DE CHINE
MÉRIDIONALE
pourcentage des musulmans par rapport à la population totale
5
1
0,1
concentration importante de population musulmane
échelle 1/25 000 000
0
600 km

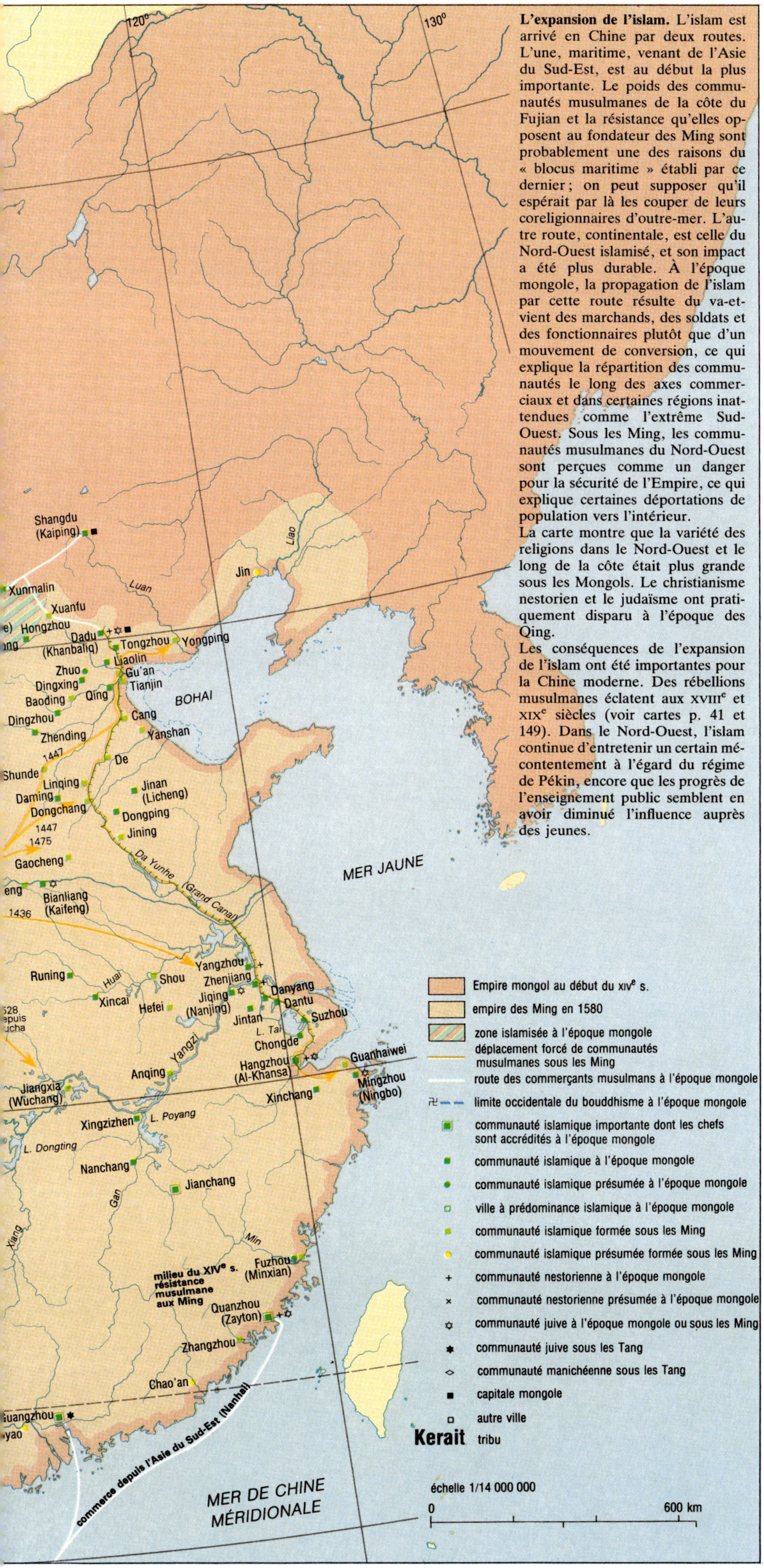

L'expansion de l'islam. L'islam est arrivé en Chine par deux routes. L'une, maritime, venant de l'Asie du Sud-Est, est au début la plus importante. Le poids des communautés musulmanes de la côte du Fujian et la résistance qu'elles opposent au fondateur des Ming sont probablement une des raisons du « blocus maritime » établi par ce dernier ; on peut supposer qu'il espérait par là les couper de leurs coreligionnaires d'outre-mer. L'autre route, continentale, est celle du Nord-Ouest islamisé, et son impact a été plus durable. À l'époque mongole, la propagation de l'islam par cette route résulte du va-et-vient des marchands, des soldats et des fonctionnaires plutôt que d'un mouvement de conversion, ce qui explique la répartition des communautés le long des axes commerciaux et dans certaines régions inattendues comme l'extrême Sud-Ouest. Sous les Ming, les communautés musulmanes du Nord-Ouest sont perçues comme un danger pour la sécurité de l'Empire, ce qui explique certaines déportations de population vers l'intérieur.
La carte montre que la variété des religions dans le Nord-Ouest et le long de la côte était plus grande sous les Mongols. Le christianisme nestorien et le judaïsme ont pratiquement disparu à l'époque des Qing.
Les conséquences de l'expansion de l'islam ont été importantes pour la Chine moderne. Des rébellions musulmanes éclatent aux XVIIIe et XIXe siècles (voir cartes p. 41 et 149). Dans le Nord-Ouest, l'islam continue d'entretenir un certain mécontentement à l'égard du régime de Pékin, encore que les progrès de l'enseignement public semblent en avoir diminué l'influence auprès des jeunes.

femmes, qui étaient par exemple autorisées à posséder de la terre.

Après 1859, le premier ministre des Taiping, Hong Rengan, met sur pied un programme très complet de modernisation économique s'inspirant de ce qu'il avait appris des Occidentaux à Hong Kong : banques, voies ferrées, journaux, bureaux de poste, élections, brevets d'inventions, prohibition de l'alcool et de la géomancie, création d'une police secrète... Mais ces réformes ne voient pas plus le jour que les projets de collectivisation agraire.

Le gouvernement impérial a eu les plus grandes difficultés à venir à bout des Taiping, comme des autres soulèvements du milieu du XIXe siècle. Le fait que l'ordre établi ait échappé de si peu à la destruction explique probablement l'attitude plus que circonspecte de la Cour, dans les années 1870 et 1880, à l'égard de toute velléité de réforme économique, sociale ou politique. On considère néanmoins la possibilité de moderniser les techniques. L'un des artisans de la défaite des Taiping, Li Hongzhang, signale au trône en 1865 que « les machines occidentales peuvent fournir des équipements d'usage quotidien pour l'agriculture, le tissage, l'imprimerie et la poterie ; elles ne servent pas seulement à fabriquer des armes. Elles sont remarquables en ce qu'elles utilisent la puissance du feu et de l'eau pour économiser la peine des hommes et les ressources naturelles ». Les conservateurs s'opposent à ces vues en soutenant que « le rôle fondamental de l'État est de cultiver l'esprit des hommes, non les techniques ».

L'agitation et les réformes institutionnelles

Les Français s'emparent de l'Annam, un pays vassal de la Chine, dans les années 1880, et la Chine elle-même subit une défaite humiliante aux mains du Japon en 1894-1895, qui lui vaudra la perte de Taiwan jusqu'en 1945. Ces événements suscitent un flot grandissant de propositions réformatrices, dont la plupart visent implicitement à assurer plus de « communication » *(tong)*, et donc d'appui mutuel, entre gouvernants et gouvernés. Les premiers à parler en ce sens sont des gens qui ont séjourné en Occident, comme le Dr He Kai, ou relativement étrangers au monde de la politique ; leurs idées sont vite reprises par un certain nombre de jeunes fonctionnaires, tel Chen Zhi, auteur d'un *Traité de la permanence dans les affaires humaines* dont les propositions auraient été étudiées par l'empereur lui-même. Les réformateurs revendiquent principalement un droit codifié, des fonctionnaires locaux et des corps consultatifs élus, une assemblée nationale, et des journaux contrôlés par l'État, tant il est vrai que « le plus important est d'unifier les masses innombrables dans un même esprit ».

L'amalgame complexe qu'est le nationalisme chinois moderne prend forme dans les années 1890. La strate la plus ancienne, c'est cet universalisme culturel prémoderne dont l'ambiguïté est parfaitement illustrée par le double sens du terme « tout ce qui est sous le Ciel » *(tianxia)*, désignant selon les cas « l'Empire » ou « le monde entier ». Le sentiment reste fort répandu que la Chine et l'humanité ne font qu'un, à tout le moins l'humanité civilisée dans ce qu'elle a de meilleur. Du coup, le destin de l'humanité est indissociable de celui de la culture chinoise, voire — ce qui n'est pas exactement la même chose — de la race chinoise. Cette position n'est pas *a priori* favorable à l'ouverture. Alcock, ministre de Grande-Bretagne à Pékin à la fin des années 1860, note « la fierté raciale [des Chinois], et ce qu'ils tiennent pour l'indiscutable supériorité de leur civilisation sur toutes les autres ».

Vers 1890, ces idées s'effacent quelque peu devant l'intérêt grandissant pour un concept emprunté au darwinisme social alors à la mode, celui de lutte internationale pour la survie. La Chine doit chercher par tous les moyens à surmonter l'ignorance, la pauvreté et la faiblesse. L'un des principaux représentants de cette nouvelle forme de nationalisme, Kang Youwei, est nommé en 1898 conseiller spécial de l'empereur. Il se lance avec enthousiasme, mais sans aucune expérience, dans un programme hâtif visant à moderniser le système des examens, à rationaliser la structure administrative, à mettre à jour les programmes d'enseignement, et à assurer un début de démocratisation. Ce dernier point se justifie non par une quelconque croyance dans les droits du peuple, mais par le souci de renforcer la nation en en faisant une unité organique. Au terme d'une centaine de jours, Kang Youwei et son groupe sont chassés du pouvoir par un coup d'État conservateur mené par l'impératrice douairière Cixi, son confident Ronglu, et le haut fonctionnaire en charge des armées de la capitale, Yuan Shikai.

La phase d'ultra-conservatisme

La troisième strate du nationalisme chinois moderne consiste en une allergie à tout ce qui n'est pas chinois. Les explosions sporadiques, violemment destructrices de cette xénophobie ont laissé des traces profondes. Le soulèvement des Boxeurs en 1899 et 1900 en est l'exemple le plus classique.

L'épisode débute par la fusion de deux mouvements antichrétiens dont les cibles favorites étaient les Chinois convertis, ou supposés tels. Leurs adeptes, recrutés notamment parmi les adolescents, pratiquaient les arts martiaux ; la théâtralité et les transes de la religion traditionnelle leur procuraient un sentiment d'invulnérabilité. Le soulèvement ne touche au départ qu'une zone très limitée, dans le bassin nord du Grand Canal, alors victime d'une sévère récession économique, dont la population compte une proportion importante de réfugiés et de déclassés. Il bénéficie jusqu'à un certain point des encouragements d'une poignée de fonctionnaires ultra-conservateurs hostiles à toute espèce de compromis avec les étrangers, notamment Li Bingheng et Yuxian, gouverneurs du Shandong, respectivement en 1894-1897 et en 1899-1900. Mais, une fois lancé, le mouvement n'est plus contrôlable, et l'on assiste à une sorte de saturnale politique où les fonctionnaires sont ignorés, maltraités, voire massacrés.

Il n'est pas exagéré de parler de pogrom, dans la

Les origines du mouvement des Boxeurs (1898-1900). Le mouvement antichrétien et xénophobe des Boxeurs résulte de la fusion de deux groupes géographiquement distincts. Les milices locales de proto-Boxeurs exercent leurs activités au nord du fleuve Jaune, tandis que la Société des Grands Couteaux naît plus au sud. Ces deux éléments se rencontrent et associent leurs forces après s'être déplacés l'un vers l'est, l'autre vers le nord.
On constate sur la carte la correspondance étroite entre le mouvement et l'artère tracée par le Grand Canal, et, à l'inverse, sa faible corrélation spatiale avec les zones de plus grande présence chrétienne (autour des missions) ou étrangère (dans les ports ouverts). Il se trouve, en outre, géographiquement coupé d'autres mouvements antichrétiens et xénophobes datant à peu près de la même époque.

À droite : L'impératrice Cixi (Tseu-hi) en compagnie de dames de la Cour et du chef des eunuques du palais.

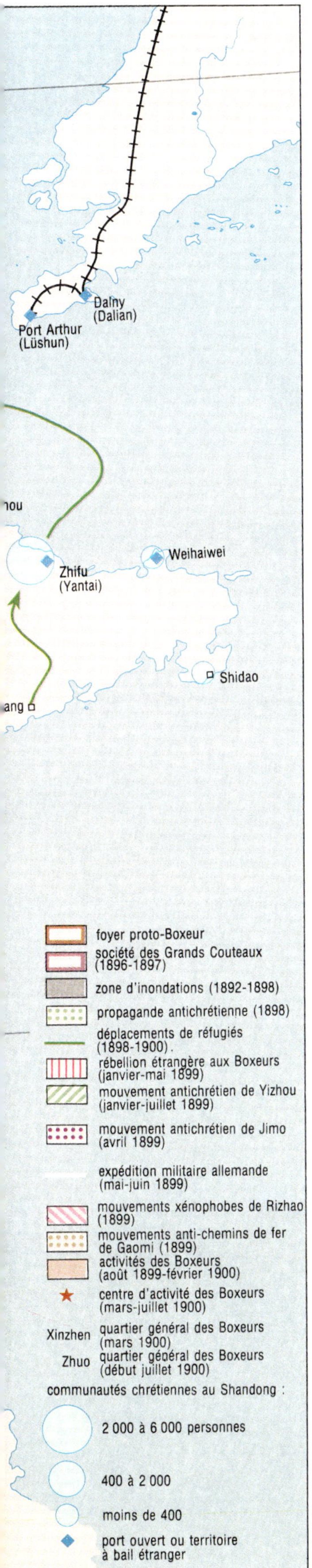

mesure où les Boxeurs ont cherché à anéantir une catégorie de gens considérés comme responsables de tous les maux. En témoigne ce texte affiché à Pékin :

> Si les Boxeurs aux pouvoirs surnaturels se sont soulevés... c'est uniquement pour délivrer la plaine du Nord des démons [chrétiens et étrangers] qui usurpent [la place] du Ciel en poussant les Chinois à adhérer au christianisme. Ces gens ne respectent ni les dieux ni les bouddhas, ils négligent leurs ancêtres, ils n'observent aucun principe dans les relations entre les hommes... La pluie refuse de tomber, le sol est desséché. C'est parce que les églises chrétiennes bloquent le [fonctionnement du] Ciel. Les immortels sont mécontents, les dieux sont en colère... Si vous voulez chasser les démons, ce n'est pas difficile. Arrachez les voies ferrées ! Démolissez les bateaux à vapeur !... Quand tous les chrétiens auront été immolés, la grande dynastie des Qing pourra prospérer en paix.

Balayer les « démons » et suivre les rites des Boxeurs devait amener instantanément, et comme par magie, le renouveau et la prospérité, et délivrer des grandes peurs du temps : sécheresse, espionnage omniprésent...

La plupart des fonctionnaires conservateurs de l'époque sont favorables à un programme d'occidentalisation strictement limité, notamment dans le domaine militaire, pour éviter d'avoir à en passer plus tard par des réformes plus radicales. Mais la xénophobie des Boxeurs séduit un petit nombre d'ultra-conservateurs — surtout des fonctionnaires de la Cour sans expérience du terrain — qui estiment inutile même cette timide modernisation. Mobilisé à bon escient et accompagné d'un « travail idéologique » adéquat, l'enthousiasme des masses permettra de se débarrasser définitivement des étrangers, des ports ouverts et du christianisme. Yuxian déclare que « si le pays ne cesse de décliner, c'est qu'on ne développe pas la volonté du peuple ». Le trône compare la « volonté des masses » à un rempart. Certains cherchent à intégrer les aspects surnaturels du mouvement, mais d'autres, plus cyniques, tel le prince Duan, rétorquent qu' « il s'agit simplement d'exploiter leurs sentiments : quel besoin de discuter de leur magie ? » En définitive, la première tentative de mobilisation des masses en Chine aura été l'œuvre de réactionnaires.

L'ayant emporté à la Cour, les ultras entreprennent d'exterminer (ou de réformer) les chrétiens chinois et d'expulser les étrangers. Plus réalistes, les gouverneurs provinciaux du Centre et du Sud refusent de suivre les ordres de la capitale, évitant ainsi une guerre générale avec les puissances occidentales qui aurait très bien pu aboutir au démembrement effectif de la Chine. Le Nord-Est est finalement pacifié par un corps expéditionnaire international ; le gouvernement chinois se voit contraint de punir les fonctionnaires considérés comme responsables du mouvement, et de payer une lourde indemnité.

L'épisode des Boxeurs met en évidence certains aspects du comportement politique chinois que l'on retrouvera par la suite, notamment pendant la Révolution culturelle à la fin des années soixante. La mobilisation des masses fait appel à la haine. On cherche des boucs émissaires à persécuter, en attendant de les exécuter, après quoi tout s'arrangera miraculeusement. La supériorité technique n'est d'aucun poids lorsqu'elle est confrontée à la foi, et beaucoup de gens simples sont effectivement persuadés qu'une juste idéologie les rendra capables d'actes surhumains. Les activistes manifestent un souci obsessionnel de purification et cherchent à supprimer tout ce qui peut suggérer une origine étrangère (ils conservent quand même les armes à feu). La théâtralité attise les émotions. La majorité des recrues gagnées à la cause sont des jeunes, qui, en l'occurrence, vont payer un tribut particulièrement lourd. La bureaucratie civile et militaire se trouve partagée en deux factions, l'une pour le mouvement et l'autre contre. Mais si les Boxeurs proclament leur loyauté au trône, celui-ci ne les contrôle guère, et, dans certains endroits, ils mettent en place une administration rivale de l'administration régulière ; ailleurs, ils ne sont qu'une couverture commode pour les activités criminelles de la pègre. Quoique facile à exploiter, la crédulité populaire a des limites : le soutien apporté au mouvement lui sera retiré dès que les gens constateront qu'il est incapable de tenir ses promesses.

Dessin exécuté d'après une image d'époque représentant un Boxeur en train de s'exercer à l'épée. Les arts martiaux pratiqués par les Boxeurs comportaient une bonne part de théâtralité ; les adeptes se croyaient invulnérables aux armes blanches aussi bien qu'aux balles. Les maîtres mettaient volontiers leurs élèves dans un état de transe hypnotique avant de leur faire pratiquer leurs exercices ; certains se prétendaient possédés par des divinités telles que Guandi, le dieu de la guerre.

L'expérience démocratique

Vers 1903, la plupart des Chinois un tant soit peu informés sont convaincus que le pays ne survivra pas sans réforme politique et sociale. Représentatif de ce consensus est un ouvrage de 1902 intitulé *De la nouvelle citoyenneté,* dont l'auteur, Liang Qichao, un ancien disciple de Kang Youwei, restera probablement comme le publiciste le plus influent qu'ait connu la Chine. Pour Liang, le pays ne peut s'en tirer sans un renouveau social et psychologique fondé sur les valeurs de liberté, d'égalité, d'indépendance, de fierté nationale, d'autonomie administrative, et de moralité publique. Insistant sur la souveraineté populaire, il redéfinit le vieil idéal de « loyauté » *(zhong)* en l'appliquant non plus au pouvoir impérial ou dynastique, mais à la nation considérée dans sa totalité. Le peuple *(min)* remplace le Ciel *(tian)* comme principe ultime de légitimité. Liang Qichao conclura plus tard d'une étude attentive de l'histoire universelle que l'évolution doit se faire de manière organique, et que, pour cette raison, un régime républicain marquerait une trop grande rupture avec la tradition. C'est un point sur lequel une grande partie de l'opinion le suit jusqu'à la fin de 1910. En revanche, l'Alliance révolutionnaire de Sun Yat-sen (Sun Yixian) et Hu Hanmin, dont le siège est à Tokyo, est beaucoup plus extrémiste : son organe, le *Journal du peuple (Minbao),* prône l'abolition de la monarchie et même un certain degré de collectivisme. Mais ces vues ont encore peu d'influence vers 1905 ou 1906.

En même temps, un certain nombre de changements techniques et institutionnels ont modifié les conditions de la vie politique. Le télégraphe, apparu en Chine dans les années 1880, relie désormais la quasi-totalité des sous-préfectures au réseau national et international : les délais de communication à l'intérieur de l'Empire ne se comptent plus en semaines, mais en heures. La circulation des hommes et des marchandises entre les principaux centres s'est elle aussi considérablement accélérée grâce à la navigation à vapeur et au chemin de fer. La prolifération des journaux donne naissance à une authentique opinion publique — au moins dans les villes. Tout cela contribue à la formation d'une conscience nationale beaucoup plus aiguë qu'elle ne l'était seulement une décennie plus tôt.

Le problème est que la plupart de ces progrès sont limités aux grands centres urbains, notamment les ports ouverts tels que Shanghai ou Tianjin. De profondes différences se font jour entre les diverses parties de la Chine, mais leurs effets n'apparaîtront pleinement que quelques années plus tard. L'analyse que nous donnons ci-dessous de la croissance économique dans le secteur moderne anticipe donc sur la période républicaine, la première pour laquelle on dispose de chiffres acceptables. Dans le tableau 1 de la page précédente, la colonne de droite permet de comparer les taux de croissance dans le secteur moderne et dans le secteur traditionnel entre 1914 et 1936. On voit que le secteur moderne, quoique ne représentant qu'une petite part du total, réussit brillamment. Le taux moyen de croissance dans l'industrie (Chine et Mandchou-

Répartition du produit national en Chine, 1914-1918 et 1931-1936 (en pourcentage)

Secteurs classés par ordre de taux de croissance	Production (en milliards de *yuan* 1933)		Pourcentage du Produit national brut		Indice (1914-1918 = 100)
	1914-1918	1931-1936	1914-1918	1931-1936	
(Secteurs modernes)					
Industrie	0,33	1,21	1,4	4,2	367
Transports et communications	0,25	0,50	1,0	1,7	200
Travaux publics	0,26	0,48	1,1	1,6	185
Banque	0,17	0,28	0,7	1,0	165
(Secteurs traditionnels)					
Commerce	2,23	2,71	9,2	9,3	122
Administration	0,76	0,91	3,1	3,1	120
Services	0,30	0,35	1,2	1,2	117
Agriculture	16,00	18,32	66,0	62,9	115
Loyers	0,91	1,04	3,8	3,6	114
Artisanat	1,93	2,18	8,0	7,5	113
Transports et communications	1,10	1,15	4,5	3,9	105
P.N.B.	24,26	29,13	100,0	100,0	120

Production agricole et industrielle par habitant dans les quatre « systèmes » économiques chinois, 1952-1953 (en yuan de 1952)

	Population (1953) (en millions)	Production (1952) (en millions de *yuan*)		Production par habitant (en *yuan*)	
		Agriculture	Industrie	Agriculture	Industrie
Intérieur	507	38 158	16 932	75	33
Anciens ports ouverts	8,9	—	8 346	–	938
Frontières riches en ressources	46,9	5 063	7 514	108	160
Chine extérieure	12,7	1 835	404	144	32

Ci-dessus : Le chemin de fer fait son apparition en Chine dans les dernières années du XIXe siècle. Cette photographie de 1908 montre la foule se pressant sur un quai de gare dans le port de Tianjin.

À gauche : La croissance économique. Tableau 1 : Distribution du produit national chinois en 1914-1918 et en 1931-1936 (en pourcentage). Les différents secteurs sont classés par ordre de taux de croissance.

Les deux premières colonnes indiquent la production en valeur (Mandchourie incluse) des différents secteurs, grossièrement répartis en secteurs modernes et secteurs traditionnels, pendant la Première Guerre mondiale et au début des années trente. Les troisième et quatrième colonnes indiquent le pourcentage de chaque secteur par rapport au total : la prépondérance écrasante des secteurs traditionnels, notamment de l'agriculture, apparaît clairement. La dernière colonne indique la croissance de chaque secteur d'une période à l'autre ; les secteurs modernes progressent beaucoup plus vite que les secteurs traditionnels, notamment l'industrie, dont la production est multipliée par plus de 3,5.

Tableau 2 : Production agricole et industrielle par habitant à l'intérieur des quatre grands systèmes économiques chinois pendant la période 1952-1953 (en *yuan* de 1952).

rie) s'établit à 5,6 p. 100 par an entre 1912 et 1949, et même à 13,4 p. 100 par an pendant la période 1912-1920, où la Chine bénéficie de l'affaiblissement européen dû à la Première Guerre mondiale. Il est encore de 8,4 p. 100 entre 1928 et 1936, quand le régime nationaliste garantit au pays un minimum d'unité et de tranquillité.

Mais la distribution géographique de cette croissance révèle des inégalités criantes. Dans le tableau 2, qui analyse la situation peu après l'avènement du régime communiste, on a distingué quatre grands systèmes à l'intérieur de la Chine : l'intérieur, les anciens ports ouverts, les frontières richement dotées en ressources (en l'occurrence la Mandchourie, mais on pourrait y inclure Taiwan), et la Chine extérieure. Les deux dernières colonnes, où est indiquée la production *per capita,* montrent qu'il s'agit là de quatre mondes économiques différents.

Tout cela tend à faire justice de l'idée complaisamment entretenue par le régime populaire selon laquelle l' « impérialisme économique » occidental, largement concentré dans les ports ouverts (et en Mandchourie après 1932), aurait « opprimé » le secteur moderne de l'économie chinoise. En réalité, l'histoire de ce dernier est celle d'une réussite, non d'un échec. Sommairement, on dira que les ports dont l'ouverture avait été imposée par les étrangers, et qui se trouvaient de ce fait liés au marché mondial, ont été à l'abri des limitations du mécanisme de l'offre et de la demande résultant du « piège de l'équilibre à haut niveau », ces limitations continuant de peser sur la croissance de l'arrière-pays. On pourrait en dire autant, plus récemment, de Hong Kong et de Taiwan. Une fois amorcé, ce type de développement local produisait les effets classiques de rétroaction et conduisait à une concentration accrue d'entreprises modernes. Le marché des ports ouverts s'ouvrait à de nouveaux produits, introduits et valorisés par le commerce étranger. Les entrepreneurs chinois étaient attirés par les facilités de communications et de transports qui leur étaient offertes. Les banques chinoises financées par les banques occidentales fournissaient le capital. Tout était disponible sur place : le savoir-faire technique, les services et les produits spécialisés, les cadres et les travailleurs compétents. On a calculé qu'en 1933 la part du secteur moderne possédée par les Chinois produisait trois fois la valeur de la part sous propriété étrangère.

Shanghai offre un des plus beaux exemples de transfert technologique jamais observés. Les usines étrangères étaient pour les industriels chinois une sorte d'exposition permanente d'équipements venus du monde entier, qui leur a permis de franchir peu à peu les étapes successives menant des activités de réparation, d'assemblage et de fabrication de pièces détachées à l'imitation à bas prix, puis à la création de modèles originaux. Shanghai exporte les premières machines-outils chinoises à l'époque de la Première Guerre mondiale.

Ces évolutions divergentes sont déjà bien amorcées pendant la première décennie du XXe siècle. Elles aident à comprendre pourquoi les réformes de structure entreprises de façon si prometteuse ont débouché sur la confusion et l'échec : il s'agissait d'un phénomène marginal, limité au cadre déjà à moitié modernisé d'un petit nombre de villes. Pour l'essentiel, le reste du pays a été laissé en arrière et n'a pu s'adapter.

Pendant les premières années de notre siècle, le gouvernement central démantèle une bonne part de l'ancien ordre social et politique, et ce avec une remarquable célérité. Les examens traditionnels sont abolis, on accélère la formation d'un corps d'officiers moderne, des chambres de commerce sont instituées ; dans les districts municipaux et ruraux, le gouvernement local est confié à des assemblées et à des conseils élus. Le gouvernement organise également l'élection d'assemblées provinciales ; en 1910, un proto-parlement voit finalement le jour, dont une partie des membres sont élus indirectement et les autres nommés. Les gouvernements locaux autonomes les plus avancés — notamment ceux qui gèrent les secteurs chinois de Shanghai et de Tianjin — réalisent une œuvre importante : construction de routes et de ponts, éducation primaire, prise en charge de la santé publique, parfois de la police, contrôle du trafic, inspection des usines, lignes de tramway, fourniture d'eau potable...

Sous l'effet de ces réformes, la nature même du pouvoir politique change. L'éducation classique ne conditionne plus l'accès aux charges publiques, ce qui réduit probablement la mobilité sociale et conduit certainement à la naissance d'une nouvelle classe d'intellectuels, dont le soutien à l'ordre établi n'a plus rien d'inconditionnel. L'éducation à l'occidentale, désormais indispensable pour faire partie de l'élite, est d'autant plus coûteuse que le séjour au Japon ou en Occident est souvent considéré comme nécessaire. Le fossé culturel et psychologique s'approfondit entre le groupe dirigeant à demi occidentalisé et le reste de la société. Au niveau local et provincial, les lettrés et les marchands qui lui sont associés dans des centres comme Shanghai se voient officiellement conférer le pouvoir gestionnaire qu'ils n'exerçaient que de manière informelle ; là où les structures autonomes de gouvernement local prospèrent, le rôle des fonctionnaires réguliers s'en trouve très réduit.

Cette passionnante décennie voit enfin l'apparition de plusieurs mouvements promis à un grand avenir : les premiers syndicats, les mouvements de boycott des produits étrangers, la diffusion de l'instruction féminine, enfin la création d'une « langue nationale » permettant à tous les Chinois de communiquer entre eux.

La révolution de 1911

À la fin de 1910, le régent Zaifeng se retourne brusquement contre le mouvement, pourtant très populaire, en faveur de l'élection immédiate d'une assemblée nationale et de la désignation d'un cabinet responsable. Bien que le principe d'une assemblée élue n'ait pas été répudié par le gouvernement, et qu'il s'agisse plutôt d'un problème de calendrier,

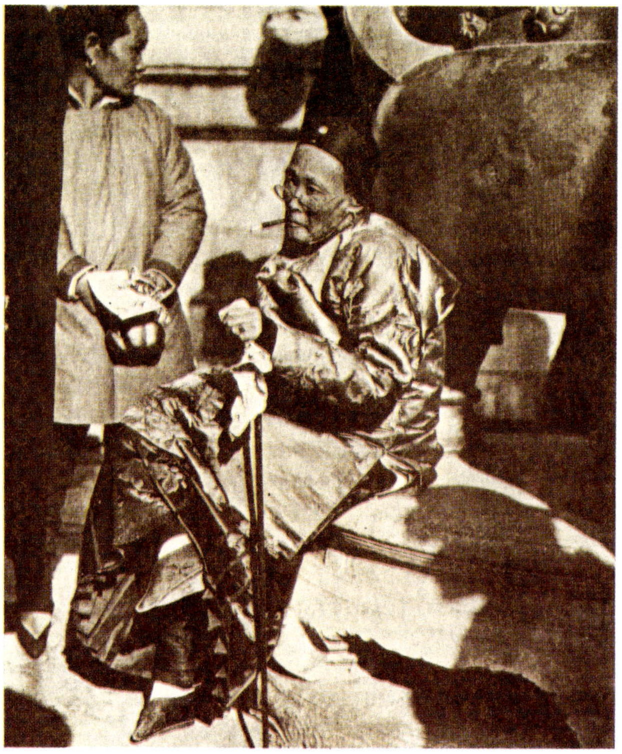

Ci-dessus : Les marchands de Shanghai exercent un pouvoir considérable pendant la première décennie du XXe siècle, notamment au sein du gouvernement autonome local. On voit ici deux dignes représentants de cette classe opulente.

Ci-dessus, au milieu : Cette vieille femme d'apparence cossue est accompagnée d'une servante portant un chauffe-mains en cuivre, rempli de braises de charbon de bois.

Ci-dessus, à gauche : Assise sur une chaise à l'occidentale, cette petite fille pose avec le même sérieux que ses contemporaines de l'Angleterre victorienne. Ses pieds sont déjà bandés.

À gauche : D'innombrables métiers s'exercent en plein air. Ici, un restaurateur ambulant, un marchand de thé, un diseur de bonne aventure, un coiffeur.

cet entêtement braque contre les Mandchous un grand nombre de citoyens influents, tant civils que militaires, qui vont se trouver peu à peu alignés sur les positions de la petite minorité de révolutionnaires professionnels adhérents de l'Alliance révolutionnaire *(Tongmenghui),* de la Société pour la restauration de la lumière *(Guangfuhui),* et de quelques autres organisations de moindre importance.

L'irrédentisme pro-Ming de sociétés secrètes telles que les Triades avait maintenu vivant le sentiment antimandchou depuis le XVIIe siècle ; les Taiping lui avaient redonné toute sa virulence, et Sun Yat-sen le reprend à son compte dans les années 1890. L'un de ses compagnons, capturé après le soulèvement manqué de 1895, déclare, avant d'être torturé à mort par les autorités, que « les Qing mandchous, après avoir dérobé la Mandchourie, ont conquis notre pays, volé nos terres, massacré nos ancêtres, pris nos fils et nos filles », et que « si nous ne les exterminons pas maintenant, il sera impossible de restaurer la race chinoise ». L'argument, simpliste mais efficace, qui fait des Mandchous la cause de tous les malheurs de la Chine, trouve son expression extrême dans un pamphlet sanguinaire publié par Zou Rong en 1903, *l'Armée révolutionnaire.* Sans appeler au génocide, certains révolutionnaires plus modérés, tel Hu Hanmin, estiment qu'une fois chassés du pouvoir les Mandchous « s'assimileront à nous et disparaîtront » — ce qui a effectivement été le cas.

La contribution historique du mouvement antimandchou aura été de cimenter pendant quelques mois une série d'alliances improvisées entre des éléments socialement hétérogènes qui, en dehors de cela, n'avaient guère de projet commun. Contrairement à un mythe fort répandu, la révolution de 1911 n'a pas été organisée par Sun Yat-sen (surpris par l'événement alors qu'il se trouvait à Denver, dans le Colorado). Il n'y avait en fait aucun plan concerté. Le signal de départ est donné par une insurrection organisée en toute hâte à Wuhan par un groupe de révolutionnaires appartenant aux forces armées, contraints de prendre de vitesse la répression qui les vise. À mesure que se répand la nouvelle de leurs premiers succès, une série de mouvements analogues se déclenchent dans d'autres villes du moyen Yangzi et de l'Ouest. Un mois plus tard, le delta inférieur du Yangzi et la Chine du Sud prennent le relai. Comme le montre la carte de la page suivante, la révolution de 1911 a été un phénomène presque exclusivement urbain, qui s'est propagé grâce au télégraphe. Les « armées populaires » du delta de la Rivière des Perles qui marchent sur Canton sont le seul exemple de composante indiscutablement rurale. Dans chaque ville, l'alliance qui s'empare du pouvoir inclut, en proportion variée, des officiers, des membres du conseil local de gouvernement autonome, des marchands avec leurs milices, des étudiants et des enseignants, des membres des sociétés secrètes et, à Shanghai, de la pègre, des acteurs, des milices paysannes (au Guangdong), et enfin, bien sûr, les révolutionnaires professionnels. Il n'est pas surprenant que ces alliances se soient rapidement dissoutes une fois devenue manifeste l'absurdité de la théorie faisant des Mandchous les responsables de tous les ennuis.

C'est du jour au lendemain que le pouvoir impérial s'effondre dans les trois quarts de la Chine, parfois sans effusion de sang notable. Il n'en va pas de même dans le Nord-Est et dans la capitale. Pour éviter le développement d'une situation qui appellerait l'intervention étrangère, les révolutionnaires négocient un accord avec Yuan Shikai, l'ancien haut fonctionnaire rappelé par la Cour pour la protéger : Yuan abandonnera les Mandchous à leur sort, la république sera proclamée, et il en sera le premier président.

Une fois au pouvoir, Yuan sabote délibérément les institutions démocratiques tout juste instaurées. Il écrase ses opposants en multipliant les décrets, par la terreur, par les assassinats, et en faisant donner la troupe. Au début de 1914, tout ce qui a été acquis depuis dix ans est virtuellement perdu. Yuan cherche absurdement à se faire sacrer empereur, mais il rencontre sur son chemin non seulement les progressistes, qui voient en lui le fossoyeur de la démocratie, mais aussi les traditionalistes, pour qui il n'est qu'un traître à la dynastie des Qing. Il fait machine arrière, mais une insurrection menée par des officiers du Sud-Ouest est en marche contre lui au moment où il meurt en 1916.

La révolution de 1911 est peut-être l'épisode le plus tragique de l'histoire moderne de la Chine, non pas tant à cause des souffrances qu'elle a occasionnées — au demeurant limitées —, qu'en ce qu'elle a réduit à néant, et pour plusieurs générations, tout espoir de progresser pacifiquement et sans à-coups vers la démocratie et la modernité. Menée par des hommes dont beaucoup étaient aussi courageux qu'idéalistes, elle a débouché sur l'effondrement de toute autorité politique et sur le chaos intérieur, auxquels il n'a plus été possible de remédier autrement que par la manière forte. La légitimité de l'ordre ancien, basée sur le confucianisme et le mandarinat, n'existait plus, et celle d'un ordre nouveau fondé sur la souveraineté populaire et le suffrage universel n'avait pas eu le temps de s'affirmer. Ajoutons que ce gâchis aurait pu être évité par tout homme d'État un tant soit peu lucide. Zaifeng avait été averti par de nombreux conservateurs, dès la fin de 1910, des conséquences fatales qu'aurait toute mesure visant à retarder la promulgation d'une constitution, considérée comme indispensable au bien de la nation par la quasi-totalité des Chinois politiquement conscients.

Seigneurs de la guerre, partis politiques et mouvements de masse

Yuan Shikai disparu de la scène, le pouvoir suprême tombe entre les mains de deux de ses lieutenants, Feng Guozhang et Duan Qirui, dont les cliques respectives vont s'affronter pendant les quatre années suivantes. La « clique du Zhili » — celle de Feng, auquel a succédé Wu Peifu — finit par l'emporter. En 1924, le pouvoir de Wu Peifu est brisé par Zhang Zuolin, un ancien bandit devenu patron militaire de la Mandchourie, qui dispute à présent la suprématie en Chine du Nord à Feng Yuxiang, le « général chrétien ». En 1927, les forces nationalistes conduites par Chiang Kai-shek (Jiang Jieshi) réunifient la plus grande partie de la Chine intérieure au terme de l' « expédition du Nord » *(beifa),* partie de Canton un an plus tôt.

Entre 1916 et 1928, et parfois bien plus tard, les provinces qui ne jouxtent pas la capitale sont restées aux mains de nombreux seigneurs de la guerre. À la tête de véritables armées d'occupation, ceux-ci procèdent de manière quasi féodale en allouant les revenus fiscaux de certaines régions à leurs subordonnés. Ces derniers recourent le plus souvent aux services de l'élite et des milices locales pour percevoir leur dû. Les seigneurs de la guerre émettent en général leur propre monnaie. Pour la paysannerie, le fardeau représenté par cet *establishment* militaire hypertrophié est infiniment plus lourd que celui des rentes et des impôts « normaux » de la période précédente.

On trouve de tout parmi les seigneurs de la guerre. Certains se donnent un rôle de réformateurs, ne serait-ce qu'en imposant des mesures fantaisistes comme l'apprentissage obligatoire de la natation. Yan Xishan réussit en partie à industrialiser le Shanxi (ses experts inventent le fameux moteur de camion fonctionnant au bois de chauffage), et recourt à des méthodes de contrôle social — « sociétés pour la purification de l'âme », étude

Ci-dessus : Ce cliché, pris vers 1911, symbolise assez bien l'ambiance chaotique des années qui ont suivi la chute de l'Empire.

À gauche : La révolution de 1911. La plupart des rébellions qu'a connues la Chine avant 1911 étaient des guerres de mouvement. La situation est entièrement différente en 1911. Le mouvement est essentiellement né dans des villes fort éloignées les unes des autres, où l'opinion publique pouvait s'exprimer à travers la presse moderne. L'épisode initial, à Wuhan, suivi d'une expansion discontinue, s'est propagé grâce au télégraphe ; les campagnes ne jouèrent pratiquement aucun rôle. Introduit en Chine vers 1880, le télégraphe permet une accélération foudroyante des processus politiques. La configuration spatiale propre à la révolution de 1911 en est une des conséquences. Mais les événements ont aussi été déterminés par les conditions propres à chaque localité, notamment par l'éloignement ou la proximité des forces armées loyales au régime mandchou.

obligatoire de ses œuvres — inspirées des communistes ou anticipant sur eux.

L'enthousiasme suscité en Chine par la révolution russe de 1917 est à l'origine de la réorganisation, en 1924, du parti nationaliste *(Guomindang)* fondé par Sun Yat-sen pour succéder à l'Alliance révolutionnaire, suivant des lignes plus ou moins bolcheviques et avec l'aide de conseillers soviétiques tels que Borodine. Le même enthousiasme conduit à la fondation du parti communiste chinois par Chen Duxiu et Li Dazhao ; bien que celle-ci date officiellement de 1921, des groupes dispersés existaient dès avant cette date. Les deux partis ne tardent pas à s'allier : les communistes, beaucoup moins nombreux, adhèrent au Guomindang à titre individuel, et ne tardent pas à occuper nombre de positions clés.

Nationalistes et communistes vont exploiter, et dans une certaine mesure susciter, les grands mouvements qui mobilisent les ouvriers, les femmes, les paysans dans les années vingt. Comme les succès initiaux de ces mouvements posent de façon toujours plus insistante la question d'une révolution sociale approfondie en Chine, la droite et le centre du parti nationaliste, que domine Chiang Kai-shek, finissent par se retourner contre son aile gauche et contre les communistes. Tandis que l'expédition du Nord progresse vers la victoire, Chiang, qu'inquiètent de plus en plus les insurrections populaires qui lui ouvrent la voie, rompt avec les communistes, en massacre le plus grand nombre possible, et contraint ceux qui restent — peut-être le dixième de l'effectif initial — à entrer dans la clandestinité.

La classe ouvrière chinoise des années vingt est peu nombreuse et composée dans une large proportion de femmes et d'enfants — quelque deux millions au total. L'embauche est en grande partie contrôlée par des intermédiaires spécialisés, que les nouveaux syndicats cherchent à évincer pour en récupérer les fonctions. La discipline dans les usines est souvent cruelle. Le début des années vingt est l'époque des premières grandes grèves, animées par des organisations permanentes autour de revendications portant non seulement sur les salaires, mais aussi sur les conditions d'embauche et de travail.

Les syndicats révolutionnaires influencés par le parti communiste sont en conflit fréquent avec les organisations réformistes ou de bienfaisance, dont certaines sont inspirées par le patronat. Comme l'admet avec franchise un *Précis d'histoire du parti communiste* préparé secrètement en 1926, les ouvriers se méfient du radicalisme des militants communistes et craignent d'être exploités à des fins politiques en se laissant entraîner dans des actions violentes. Malgré tout, le mouvement ouvrier se trouve largement radicalisé par la participation des syndicats aux mouvements de protestation contre la présence des intérêts étrangers en Chine. Cette évolution culmine avec les événements qui conduisent au mouvement du 30 mai 1925 à Shanghai (une protestation monstre déclenchée par le meurtre d'un ouvrier dans une usine japonaise, à la suite de laquelle les policiers britanniques de la concession internationale ouvrent le feu sur des manifestants), à la grande grève de Canton et de Hong Kong en 1925-1926. Les grévistes de Hong Kong revendiquent une réforme complète des conditions de travail dans la colonie, incluant la journée de huit heures et l'abolition du monopole de l'embauche par les courtiers en main-d'œuvre. Après le meurtre de manifestants cantonais par des étrangers, Hong Kong se trouve soumis à un boycott économique de plus d'un an. Fait significatif, le comité de grève de Canton se transforme en un minigouvernement avec ses propres tribunaux, ses forces armées, ses écoles, etc.

Cependant, la tentative la plus ambitieuse de gouvernement ouvrier a lieu à Shanghai dans les premiers mois de 1927, à l'instigation du syndicat général, d'inspiration communiste. Il s'agit en fait de deux tentatives : la première, qui répondait à l'approche des troupes de l'expédition du Nord, est noyée dans le sang par le seigneur de la guerre local, Sun Chuanfang, qui instaure la terreur en faisant promener les têtes de ses victimes au milieu de la foule déambulant sur les avenues de Shanghai. La seconde tentative, dirigée notamment par Zhou Enlai, met en place un gouvernement municipal provisoire qui va durer près de trois semaines. Malheureusement, ses chefs, en membres disciplinés du Komintern, obéissent à l'ordre de Staline d'éviter l'affrontement avec Chiang Kai-shek. Ils refusent donc l'offre d'un de ses principaux lieutenants, prêt à passer à leurs côtés avec ses troupes. Ayant camouflé ses soldats en ouvriers et enrôlé les services d'une société secrète appelée la Bande verte, Chiang peut organiser le massacre des révolutionnaires.

Le mouvement féministe chinois n'était pas sans antécédents. Un philosophe anticonformiste comme Li Zhi, un romancier comme Cao Xueqin, un poète comme Yuan Mei (qui encourageait et publiait les auteurs femmes), un satiriste comme Li Ruzhen (auteur de *Fleurs dans le miroir,* où l'on voit des femmes tenir des rôles d'hommes), avaient déjà mis en évidence le gaspillage de talent auquel conduisent le mépris et les mauvais traitements réservés aux femmes. Les femmes soldats des Taiping, les « lanternes rouges » qui avaient activement secondé les Boxeurs à Tianjin en 1900, étaient autant d'exemples d'activisme politique et militaire venant enrichir le folklore traditionnel des héroïnes expertes en arts martiaux et menant une vie de « chevalier errant ». Ces influences se retrouvent chez Qiu Jin, la pionnière de l'émancipation féminine en Chine, née en 1875, qui montait à cheval, maniait l'épée, buvait sec et composait des poèmes. Mais elle menait aussi des activités de révolutionnaire, fabriquait des bombes, donnait une instruction militaire aux filles, et fonda le *Journal des femmes chinoises (Zhongguo nübao).*

L'Alliance pour le suffrage féminin, constituée en 1912, qui avait vainement tenté d'obtenir l'égalité politique et sociale pour les femmes en faisant irruption dans le parlement de Nankin, n'acquiert de base vraiment populaire qu'au début des années vingt. Elle se partage entre une aile social-révolutionnaire et une aile plus strictement féministe. Xiang Jingyu, la militante communiste la plus en vue de l'époque, déplore que la plupart des femmes instruites limitent leurs revendications à la famille de type occidental, à la participation aux affaires et à la liberté individuelle, et réserve ses critiques les plus acerbes aux « romantiques » qui ne rêvent que d'amour libre et de bonheur personnel.

Ci-dessus : La justice reste cruelle au début des années vingt, et les châtiments corporels sont courants. La cangue, que l'on voit ici, est utilisée en Chine depuis des siècles. Des figurines de bronze datant du Ier siècle av. J.-C., placées sur le dessus d'un tambour retrouvé en Chine du Sud, représentent des personnages dont la tête est prise dans une pièce de bois.

Le conflit entre mobilisation féministe et mobilisation révolutionnaire n'a jamais été résolu. Dans les campagnes, le mouvement révolutionnaire s'aliène bon nombre de paysans — qui avaient souvent payé fort cher pour acquérir une épouse — lorsque les associations féminines commencent à pousser les femmes au divorce pour gagner leur soutien à la cause. En outre, les belles-mères, qui dans les faits exerçaient l'autorité quotidienne sur les épouses de leurs fils, apprécient peu d'être privées du service de leurs brus.

Le mouvement paysan n'en est pas moins celui qui a eu le plus d'impact sur l'avenir. Il s'amorce en 1922 dans deux sous-préfectures proches de Hong Kong, Haifeng et Lufeng, où pendant les six années suivantes vont se cristalliser la plupart des traits distinctifs de la révolution chinoise.

Comme souvent en Chine du Sud, Haifeng et Lufeng sont des régions où les lignages exercent un grand pouvoir, possèdent en indivision la moitié peut-être des terres cultivées, entretiennent leurs propres forces armées, et sont très mal contrôlés par l'administration. Le taux de fermage est exceptionnellement élevé (aux alentours de 70 p. 100), bien que les deux cinquièmes environ des fermiers

À droite : Cette gravure sur bois de Li Hua, *le Hurlement,* exprime toute la colère et la frustration de la paysannerie chinoise des années trente.

jouissent d'un droit de tenure permanente. Les mœurs locales sont notoirement brutales, et une proportion importante de la population adhère soit aux Pavillons rouges soit aux Pavillons noirs, deux organisations semi-secrètes qui remontent au XIXe siècle et s'engagent périodiquement dans des affrontements sanglants.

Des développements plus récents ont créé les conditions favorables à l'apparition d'un mouvement paysan. Les disparités entre riches et pauvres s'aggravent à l'intérieur des lignages : les responsables ont tendance à exploiter leurs parents les plus humbles, érodant ainsi la foi des paysans dans les vertus de la solidarité clanique et les poussant à rejoindre des groupes tels que les Pavillons. Les chefs locaux traditionnels perdent progressivement la confiance de leurs subordonnés en conduisant leurs affaires non plus en fonction de leurs obligations sociales, mais de leurs intérêts privés. Symptomatique à cet égard est l'apparition de milices de la *gentry* recrutées pour défendre les privilèges des notables locaux. La sécurité offerte par la tenure permanente est remise en cause, et les impôts traditionnels s'alourdissent de contributions supplémentaires servant à financer l'accroissement des forces armées et la mise en œuvre de nouveaux projets, par exemple pour moderniser l'éducation, dont les paysans ne bénéficient guère.

Cela dit, l'hostilité suscitée chez les paysans par ces développements ne peut en aucun cas être décrite comme une hostilité de classe — notion importée par les intellectuels. Il s'agit plutôt d'un ressentiment né du manque d'équité et de loyauté au sein même des relations sociales traditionnelles. Les paysans veulent restaurer cette équité, faire reconnaître leur dignité sociale, retrouver la sécurité économique. Leurs moyens sont tout aussi traditionnels : trouver un protecteur — chef de lignage ou de société secrète, militariste ou cadre communiste — en qui ils puissent croire et qui soit capable de leur apporter ce qu'ils attendent. D'où le décalage constant entre les intérêts des paysans en lutte contre l'exploitation économique, et ceux des révolutionnaires qui cherchent à exploiter politiquement leur mécontentement pour s'emparer du pouvoir et, de là, transformer la société.

Il se trouve aussi que le Guangdong oriental est alors le domaine d'un des seigneurs de la guerre les plus « progressistes », Chen Jiongming. Natif de Haifeng, ce partisan de longue date de Sun Yat-sen adhère (au moins en théorie) à bon nombre d'idées anarcho-socialistes alors à la mode et se montre exceptionnellement tolérant à l'égard de la propagande du mouvement paysan naissant.

Tel est le milieu instable et complexe dans lequel intervient en 1921 un jeune homme du nom de Peng Pai, qui va enseigner au parti communiste chinois les moyens de soulever les campagnes. Fils d'un lignage local puissant, ayant fait une partie de ses études au Japon, Peng estime que « le monde appartient à tous et doit être partagé équitablement entre tous ». Déçu par l'agitation étudiante, il fonde une Union paysanne en 1922. Il brûle les certificats de propriété de ses propres terres et fait d'énormes efforts pour remodeler sa personnalité de manière à devenir, lui aussi, un paysan. En dépit de l'immense autorité qu'il va bientôt exercer, il se considérera toujours au service de ceux dont il est le guide, prenant ses ordres du peuple. C'est là une attitude entièrement nouvelle en Chine.

Organisme de protection et d'assistance sociale, l'union s'étend rapidement en absorbant ce qui reste des structures des anciens Pavillons. Tout en combattant les exactions des propriétaires fonciers, elle innove en mettant entre autres, sur pied des écoles pour les enfants de paysans. Son succès la conduit à assumer certaines fonctions administratives, telles que le règlement des conflits. Ses idées et ses méthodes gagnant d'autres régions, Peng est propulsé sur la scène provinciale. Il rejoint les communistes en 1923, et est l'âme de l'Institut du mouvement paysan fondé à Canton en 1924 sous l'égide du Guomindang. Là, il entreprend de jeter les bases d'une armée révolutionnaire paysanne. Mao Zedong, qui enseigne un temps à l'Institut, doit à Peng Pai une grande partie de ses théories sur la révolution paysanne.

Alors même que s'affirme l'hostilité des notables locaux et des militaristes qui leur sont alliés, l'Union paysanne dépasse ses objectifs économiques initiaux pour se lancer dans la lutte des classes — une évolution qui, à vrai dire, satisfait davantage ses cadres que ses militants de base. Pendant les quatre années qui suivent, Haifeng est le théâtre d'une guerre civile complexe mettant en jeu des intérêts aussi bien nationaux que provinciaux ou locaux. Les parties en présence recourent bientôt à la terreur. Très tôt, Peng Pai avait prévenu qu' « il est juste d'exécuter impitoyablement les propriétaires fonciers qui ne s'intéressent qu'à toucher leur argent ». Dès 1926, les procès et les exécutions de propriétaires terriens sont monnaie courante. L'année suivante, le parti communiste du Guangdong décrète qu' « il faut promouvoir l'extermination des propriétaires fonciers jusqu'à ce qu'il n'en reste plus un seul ». Et l'ordre est finalement donné de tuer « quiconque est d'une manière ou d'une autre au service des anciennes autorités ». Beaucoup fuient. Dans le style traditionnel des vengeances paysannes, des réunions de masse sont convoquées pour torturer et défigurer les prisonniers avant de les achever. Les forces de la réaction répondent avec usure.

Bien des méthodes promises à un grand avenir ont été testées à Haifeng par l'Union paysanne et par l'Association paysanne qui lui succède entre 1924 et 1926, puis en 1927-1928 dans le soviet de Hai-Lu-Feng. La paysannerie est mobilisée politiquement pour assurer un soutien logistique aux troupes régulières et se livrer à des activités d'espionnage et de sabotage. On s'attaque à la religion traditionnelle et au christianisme. On détruit les pagodes, on vide les monastères et on s'empare des temples, parfois au grand dam des paysans qui cherchent à sauver leurs idoles en les peignant en rouge afin de bien montrer leurs sympathies politiques. On endoctrine les enfants, quitte à ce qu'ils dénoncent leurs propres mères comme contre-révolutionnaires. On essaie d'interdire la prostitution, le concubinage, le trafic des êtres humains, l'opium et le jeu. À la fin de 1927, Peng Pai annonce « la destruction du système de propriété privée » : la terre sera redistribuée en fonction de la taille des familles et de leur force de travail. Mais cette mesure s'avère trop impopulaire, et l'application en demeure très limitée. De même, les usines sont en principe données aux ouvriers. L'objectif fondamental est l'égalité économique pour tous. On crée aussi une police secrète. Ordre est donné de brûler les livres dans les bibliothèques et les collections privées, « car ils servent à former des contre-révolutionnaires ». Au total, ce nouveau monde révolutionnaire apparaît comme un mélange de moralisme et de barbarie élémentaires, à la fois moderne et moyenâgeux. Malgré une résistance héroïque, le soviet est balayé en 1928 par des forces nationalistes beaucoup mieux armées.

La trajectoire personnelle de Peng Pai résume une bonne part de la tragédie de la révolution chinoise. Sa sincérité et son désintéressement impressionnent jusqu'à ses ennemis ; pendant la période 1921-1922, sa pratique coïncide pleinement avec l'idéalisme humanitaire dont il se réclame. Mais, en 1927-1928, Peng Pai, qui a vu tomber autour de lui la plupart de ses amis, s'est transformé en un adepte enthousiaste de l'exécution de masse, n'hésitant pas à donner personnellement l'exemple. Haifeng est le berceau de la révolution paysanne en Asie orientale. C'est aussi un endroit bien particulier, loin d'être typique en Chine même. Certaines de ses spécificités — l'accent mis sur le problème de la grande propriété, peu significative en Chine du Nord, l'idée que la transformation de la société appelle l'effusion de sang — n'en ont pas moins marqué la suite des événements.

Le gouvernement nationaliste

Comme Yuan Shikai avant lui, Chiang Kai-shek neutralise ou anéantit les forces sociopolitiques qui l'ont porté au pouvoir. Il met toute son énergie à briser et à disperser les mouvements de masse. Il tient peu compte du parti nationaliste. Le gouvernement de Nankin, qu'il préside de 1928 à 1937, se caractérise par une approche étatiste du pouvoir. Dans les domaines des seigneurs de la guerre qu'il a absorbés, les institutions et le personnel ne subissent la plupart du temps qu'un minimum de changements. Lui-même se maintient au sommet comme l'arbitre indispensable entre factions rivales. Soucieux de combattre la corruption et l'immobilisme dans l'administration, il crée les Chemises bleues, une organisation d'élite à la fois fascisante et communisante, censée promouvoir une morale faite de désintéressement et de nationalisme, défendre les valeurs militaires, et entretenir le culte de Chiang lui-même, « le Hitler et le Staline de la Chine ». Les Chemises bleues seront dissoutes en 1938 au moment du front uni antijaponais.

Avant cette nouvelle alliance avec le Guomindang, justifiée par le péril qui menace la nation tout entière, le parti communiste s'est trouvé pratique-

Soldats nationalistes progressant le long de la Grande Muraille pendant la guerre de résistance antijaponaise (1937-1945).

Ci-dessous : La guerre civile opposant les forces du parti communiste à celles du parti nationaliste *(Guomindang)* éclate au milieu de 1946 et s'achève, à la fin de 1949, avec la victoire des communistes. Cette huile de Tang Muli, qui représente Mao Zedong et Zhou Enlai conduisant les troupes communistes, constitue un bel exemple du réalisme socialiste d'inspiration soviétique qui a dominé les arts de la Répu-

blique populaire pendant une trentaine d'années.

Cette gravure sur bois de Li Hua, *Torrent de fureur*, figure la paysannerie chinoise se ruant sur l'envahisseur japonais à l'époque du front uni. En réalité, la résistance a été généralement beaucoup plus circonspecte que ne le suggère cette image.

ment exclu des villes. Après la destruction de leur base territoriale du Jiangxi en 1934, les forces communistes, déchirées par des rivalités internes, survivent dispersées à travers un archipel de petites enclaves rurales dont la plus importante est celle de Yan'an, dans le nord du Shaanxi. Vers 1937, après la capitulation de la plupart des seigneurs de la guerre qui lui résistaient encore, le régime de Chiang Kai-shek contrôle approximativement les deux tiers de la population chinoise.

Le retour à la paix civile, la suppression des barrières douanières intérieures, l'uniformisation de la monnaie sont autant de facteurs favorables à la croissance économique. La nouvelle unité monétaire créée en 1935 est inconvertible : le but est de contourner les difficultés que suscite la fuite de l'argent vers l'Amérique, mais l'inflation qui en résulte donne à cette mesure la valeur involontaire d'une sorte de politique keynésienne, grâce à laquelle la Chine a moins de difficultés à se sortir de la dépression des années trente. Des progrès considérables ont également lieu dans le domaine de l'enseignement primaire et supérieur. L'effort de modernisation est malgré tout freiné par le service de la dette extérieure, qui représente 30 p. 100 du budget, et par le poids des dépenses militaires, qui en absorbent 40 p. 100. En outre, les provinces réussissent à conserver le contrôle de l'impôt foncier au détriment du gouvernement central.

Le régime de Chiang Kai-shek est militaire et bureaucratique. Contrairement à une idée répandue, il ne représente pas les intérêts du grand commerce et de l'industrie : tout à l'opposé, il les exploite pour remplir ses caisses, parfois par extorsion pure et simple. S'il protège en général les intérêts de la classe dominante dans les campagnes, il se trouve aussi en conflit avec elle pour le contrôle du revenu fiscal, de la police et des forces armées. La nationalisation de 70 p. 100 des ressources bancaires chinoises, comme la mise en place de bureaux d'État pour la production sidérurgique et mécanique, montrent qu'à long terme le régime tendait vers une forme de capitalisme d'État.

Les Japonais entrent en Mandchourie en 1931. Ils industrialisent et urbanisent la région à grande allure grâce à une injection massive de capitaux et de personnel qualifié venus de la métropole. En prenant pour base l'année 1927, en 1944 la production de minerai de fer a quadruplé, celle de l'acier est passée de zéro à près d'un demi-million de tonnes par an, la production de charbon a un peu moins que quadruplé, celle de ciment a décuplé ; la production électrique a été multipliée par treize. Ces chiffres montrent qu'à la fin de la Seconde Guerre mondiale l'impérialisme japonais a hissé l'économie de la Mandchourie loin au-dessus du reste du pays. La transformation s'est opérée dans le cadre de ce qu'on définira sommairement comme une économie mixte planifiée. Les secteurs clés sont directement gérés par les autorités japonaises, et, pour le reste, les entreprises privées sont soumises à un système de licences. Le pillage économique auquel se livrent les Russes en 1945 touche à peu près la moitié de la capacité productive installée dans le secteur moderne, mais l'infrastructure et les compétences restent largement intactes.

Chiang Kai-shek a fait passer l'unification du pays avant la résistance à la mainmise japonaise sur la Mandchourie. Cela n'empêche pas les Japonais — soucieux peut-être de l'empêcher de réussir dans son entreprise — d'envahir la plaine de Chine du Nord en 1937.

La guerre de résistance antijaponaise et l'ascension du parti communiste

Sacrifiant l'espace pour le temps — un peu à la manière des Russes devant Napoléon —, Chiang replie son gouvernement à Chongqing, au Sichuan. Les Japonais vont progressivement occuper les deux tiers orientaux du pays, tout au moins les grandes villes et les axes de communication. Ces événements contraignent le gouvernement nationaliste à relâcher considérablement sa pression sur le quartier général communiste de Yan'an, d'autant que l'opinion publique pousse à la constitution d'un nouveau front uni pour résister à l'envahisseur. En outre, le retrait du gouvernement central libère de vastes territoires à l'arrière des lignes japonaises, où les communistes peuvent s'infiltrer et prendre le contrôle des diverses forces de résistance laissées à elles-mêmes. Ils s'y emploieront de façon particulièrement efficace à la fin du conflit, profitant des difficultés du Japon dans la guerre du Pacifique et assurant leur contrôle grâce à un dosage judicieux de réformes économiques et politiques modérées. En 1945, l'armée rouge est passée de 40 000 à quelque 500 000 hommes. Le parti a grandi plus vite encore, et les communistes affirment exercer une forme ou une autre d'autorité sur quelque 90 millions d'habitants dans seize zones différentes. Au moment où la bombe atomique américaine met le Japon à genoux, l'équilibre interne des forces en Chine a profondément changé : les communistes sont désormais de sérieux prétendants au pouvoir.

Leurs succès ne découlent pas, comme on l'a dit, de la mobilisation d'un nationalisme paysan exaspéré par les horreurs de l'occupation. Leurs bases les mieux organisées se trouvent dans des régions

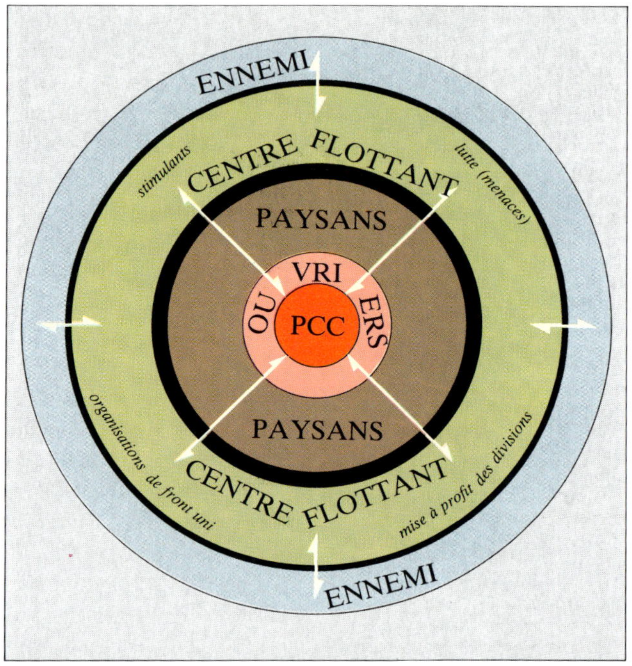
ENNEMI
stimulants
lutte (menaces)
CENTRE FLOTTANT
PAYSANS
VRI
OU
ERS
PCC
PAYSANS
CENTRE FLOTTANT
organisations de front uni
mise à profit des divisions
ENNEMI

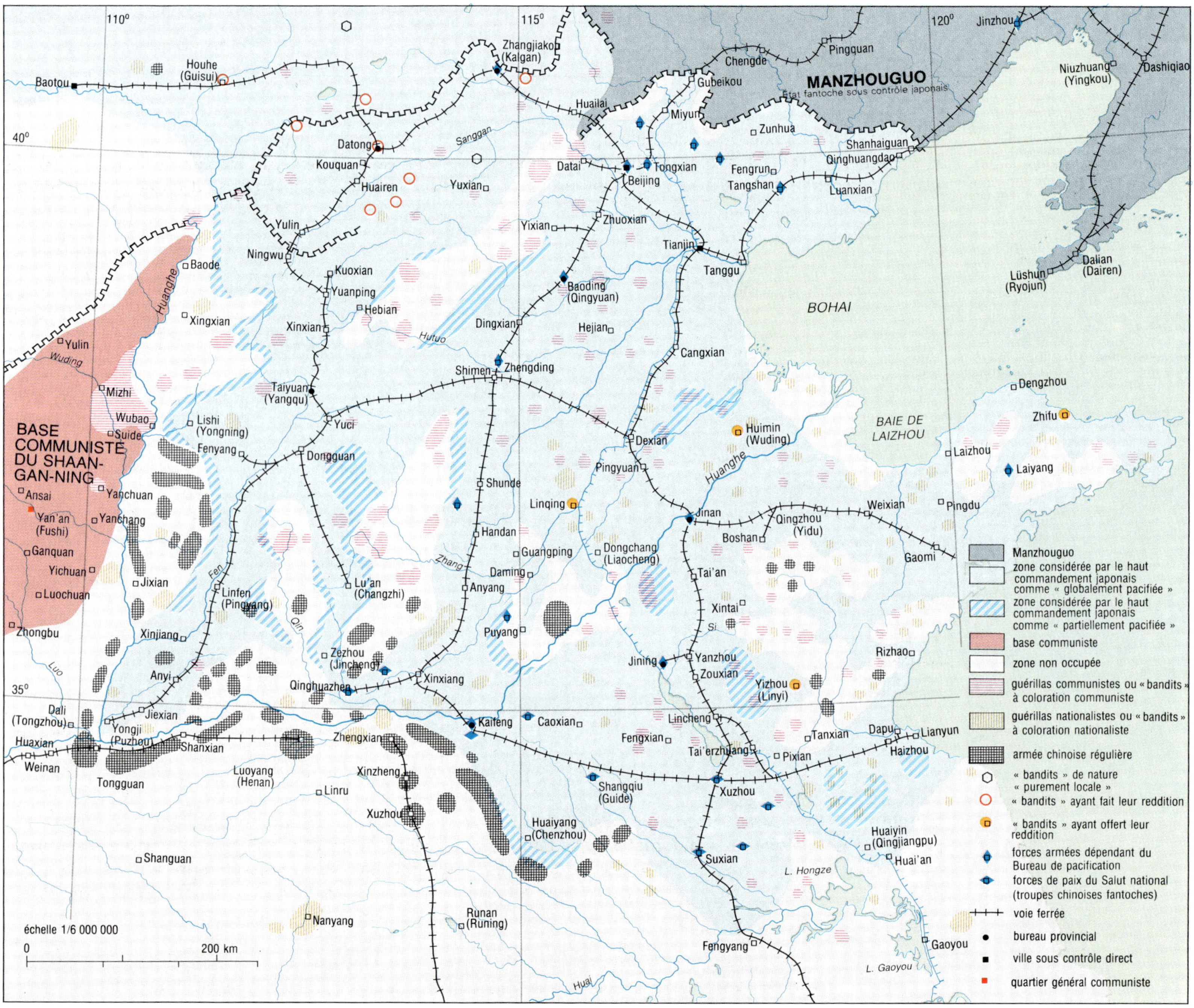
110°
115°
120°
40°
35°
MANZHOUGUO
État fantoche sous contrôle japonais
BASE COMMUNISTE DU SHAAN-GAN-NING
BOHAI
BAIE DE LAIZHOU
Baotou
Houhe (Guisui)
Zhangjiakou (Kalgan)
Datong
Kouquan
Huairen
Yuxian
Sanggan
Yulin
Ningwu
Baode
Kuoxian
Yuanping
Hebian
Xingxian
Xinxian
Yulin
Wuding
Huanghe
Mizhi
Wubao
Suide
Taiyuan (Yangqu)
Yuci
Lishi (Yongning)
Fenyang
Dongguan
Ansai
Yan'an (Fushi)
Yanchuan
Yanchang
Ganquan
Yichuan
Luochuan
Jixian
Zhongbu
Linfen (Pingyang)
Fen
Qin
Xinjiang
Anyi
Luo
Dali (Tongzhou)
Yongji (Puzhou)
Jiexian
Huaxian
Weinan
Tongguan
Shanxian
Luoyang (Henan)
Linru
Shanguan
Nanyang
Lu'an (Changzhi)
Zezhou (Jincheng)
Qinghuazhen
Xinxiang
Zhengxian
Xinzheng
Xuzhou
Runan (Runing)
Huaiyang (Chenzhou)
Kaifeng
Caoxian
Shangqiu (Guide)
Shundе
Handan
Zhang
Guangping
Daming
Anyang
Puyang
Shimen
Zhengding
Hutuo
Dingxian
Hejian
Baoding (Qingyuan)
Yixian
Zhuoxian
Beijing
Datai
Huailai
Miyun
Gubeikou
Chengde
Pingquan
Tongxian
Fengrun
Tangshan
Zunhua
Luanxian
Shanhaiguan
Qinghuangdao
Tianjin
Tanggu
Cangxian
Dexian
Pingyuan
Linqing
Dongchang (Liaocheng)
Huimin (Wuding)
Jinan
Tai'an
Boshan
Qingzhou (Yidu)
Weixian
Pingdu
Gaomi
Laizhou
Laiyang
Zhifu
Dengzhou
Xintai
Si
Jining
Yanzhou
Zouxian
Yizhou (Linyi)
Rizhao
Lincheng
Tai'erzhuang
Pixian
Tanxian
Dapu
Lianyun
Haizhou
Fengxian
Xuzhou
Suxian
L. Hongze
Huaiyin (Qingjiangpu)
Huai'an
Fengyang
Gaoyou
L. Gaoyou
Huai
Jinzhou
Niuzhuang (Yingkou)
Dashiqiao
Lüshun (Ryojun)
Dalian (Dairen)
échelle 1/6 000 000
0
200 km
Manzhouguo
zone considérée par le haut commandement japonais comme « globalement pacifiée »
zone considérée par le haut commandement japonais comme « partiellement pacifiée »
base communiste
zone non occupée
guérillas communistes ou « bandits » à coloration communiste
guérillas nationalistes ou « bandits » à coloration nationaliste
armée chinoise régulière
« bandits » de nature « purement locale »
« bandits » ayant fait leur reddition
« bandits » ayant offert leur reddition
forces armées dépendant du Bureau de pacification
forces de paix du Salut national (troupes chinoises fantoches)
voie ferrée
bureau provincial
ville sous contrôle direct
quartier général communiste

À l'extrême gauche : Des efforts importants ont été consentis à Yan'an, la capitale communiste du temps de guerre, pour maintenir un enseignement supérieur en dépit de la difficulté des temps et d'un équipement plus que rudimentaire. On voit ici un cours donné en plein air devant une habitation troglodytique caractéristique de la région.

À gauche : L'analyse politique de la société faite par le parti communiste chinois. Ce diagramme, inspiré de L. Van Slyke, illustre les conceptions du parti communiste chinois relatives à la répartition des forces politiques au sein de la société. Le parti se situe au cœur d'une alliance entre ouvriers et paysans ; les conflits au sein de cette alliance sont en principe « non antagonistes ». Le groupe intermédiaire, situé immédiatement à l'extérieur de l'alliance, peut aussi bien se rallier à sa cause qu'à celle de l' « ennemi ». Le parti s'emploie donc à se l'attacher par un dosage subtil de menace, de flatterie et de propagande. Si la définition donnée des deux groupes extérieurs varie suivant les époques, il importe dans tous les cas que celle de l' « ennemi » soit ajustée de façon qu'il n'excède pas 10 p. 100 de la population totale.

À gauche : L'occupation japonaise en Chine vers 1940. L'insuffisance de leurs effectifs excluait que les troupes japonaises puissent occuper la Chine du Nord en totalité. Elles ont donc concentré leur emprise sur les villes et sur les axes de communication. La carte ci-contre, basée sur des sources militaires japonaises, montre la configuration complexe qui en est résultée. Les régions considérées comme pacifiées laissent subsister des poches de résistance où s'activent des forces de guérilla, divers « bandits » aux sympathies tantôt nationalistes, tantôt communistes, et des groupes considérés par les Japonais comme « purement locaux ». Les principales concentrations de guérillas régulières se distribuent le long du front sud-ouest. La principale base communiste, la « région frontalière Shaanxi-Gansu-Ningxia », dont la capitale est à Yan'an, se trouve en dehors de la zone contrôlée par les Japonais.

reculées à peine touchées par l'agression japonaise. Dans les territoires mieux contrôlés par les Japonais, les guérillas doivent s'abstenir d'infliger à l'ennemi des dommages même limités si elles veulent éviter des représailles sauvages à l'encontre des populations qui les abritent, dont le soutien diminuerait en proportion. Leur principal problème est de survivre et de conserver leurs forces intactes pour la confrontation finale avec les nationalistes. Le rôle de la résistance communiste dans la défaite japonaise est, là encore, un mythe. La réussite du parti tient avant tout à sa vitalité organisationnelle, aux progrès considérables de son savoir-faire politique depuis les temps héroïques mais assez primitifs de Hai-Lu-Feng, et à l'abnégation de ses militants, qui en ont fait ce qu'on peut bien appeler une congrégation politique.

Ces transformations apparaissent clairement dans les documents communistes des années trente et du début des années quarante. Du membre du parti, Liu Shaoqi affirme qu' « il assume la souffrance du monde aujourd'hui pour en assurer le bonheur demain... Il est par essence incorruptible par les richesses, et la terreur ne peut le faire plier ». En 1960, le *Quotidien du peuple* ira jusqu'à dire que « celui dont la pensée politique n'est pas juste n'a pas d'âme ». Un texte de Chen Yun datant de 1939, « Comment être un membre du Parti communiste », exprime avec éloquence la subordination joyeuse de l'individu à l'entreprise collective de rédemption :

> Le Parti communiste est un parti qui lutte pour la libération complète de l'humanité... Un membre du Parti communiste prêt à se dévouer à la cause communiste doit... exprimer une conception révolutionnaire de la vie qui le poussera à lutter infatigablement pour la réalisation du communisme... et avoir une foi entière dans la réalisation inévitable de la société communiste dans le futur... Les intérêts de la nation, du peuple et du parti sont identiques... Les intérêts du militant communiste sont identiques à ceux de la nation, du peuple et du parti... Chaque militant doit sacrifier sans hésiter ses intérêts personnels, et se plier à l'intérêt général de la révolution et du parti... dans chacun des actes concrets de sa vie quotidienne.

Même si le parti ne va pas jusqu'à demander l' « obéissance aveugle » exigée des jésuites, Liu Shaoqi n'en estime pas moins que « les camarades qui veulent défendre leurs opinions ou principes personnels ne peuvent en aucun cas s'opposer au parti au niveau organisationnel, désobéir à la majorité ou à leurs supérieurs, ni disposer de la liberté d'action ». Mieux, le *Quotidien du peuple* déclare en 1960 qu' « être un instrument docile du parti est une forme de grandeur propre au prolétariat ». Les militants vivent dans la crainte perpétuelle du péché, de la « déviation » qui guette leurs pensées comme leurs actes, imputable à leurs insuffisances morales, et risquant de compromettre le succès de la croisade collective. D'où la pratique constante de la critique et de l'autocritique, sans parler de méthodes de réforme plus contraignantes, dont l'application est évidemment influencée par les calculs cyniques découlant des luttes de factions. On retrouve là un peu de cette alternance entre détresse et réconfort dont parle saint Ignace. À preuve cette assertion, datant de 1959 : « La participation aux campagnes politiques, le déploiement des luttes idéologiques et la confession de ses propres erreurs seront pour l'individu une source de souffrance mentale. » Mais, « à supposer que la lutte idéologique soit pour lui l'occasion d'élever son niveau de conscience, il sera en mesure de réaliser ses erreurs, et finira par acquérir un autre état d'esprit. Il comprendra que si l'océan amer était hier sans limites, la rive est aujourd'hui en vue, et qu'un avenir brillant lui est réservé ».

Ce contrôle des consciences a bien souvent été détourné au service de l'exercice du pouvoir. À en croire Liu Shaoqi : « Des réunions de lutte... arrangées à l'avance sont fréquemment convoquées pour attaquer certains individus... Il ne s'agit pas de lutter contre des "idées", mais contre des hommes... Ce sont essentiellement des tribunaux mis en place par des membres du parti... pour anéantir les camarades qui osent avoir des opinions personnelles... ou qui jouent les gêneurs. » Au mieux :

> On choisit délibérément un « opposant » (membre du parti) comme symbole de l'opportunisme... et on le sacrifie afin d'accroître le zèle des cadres et des militants... On isole de façon formaliste et arbitraire tout ce qui n'est pas absolument correct dans ses déclarations et ses activités, et on fait comme s'il n'y avait que cela... On va jusqu'à inventer, à s'appuyer sur des soupçons subjectifs et sur des rumeurs sans fondement pour lancer impunément toutes sortes d'accusations contre le camarade en question... au moindre mot pour se défendre, on l'accuse de justifier intentionnellement ses erreurs et de s'être incomplètement confessé... Si l'on veut échapper aux attaques, on a tout intérêt à se confesser complètement !

L'écrivain Wang Shiwei, connu pour sa dénonciation des privilèges matériels réservés aux cadres supérieurs à Yan'an et pour ses efforts en faveur d'un marxisme plus humain, décrit en ces termes la psychologie des élus communistes : « [Le communiste] cherche à se différencier en tout du commun des mortels. Il se désintéresse complètement de savoir comment vont les camarades qui lui sont subordonnés, s'ils sont malades ou bien portants, morts ou vifs... [Les communistes] débordent de belles paroles — l'amour qu'on doit à ses amis, et Dieu sait quoi. Mais ils n'ont aucune sympathie pour leurs vis-à-vis. Ils sont tout sourire quand on les rencontre, mais ce sont des sourires purement superficiels. À la moindre provocation ils éclatent, se dressent sur leurs ergots et vous envoient promener. » Pour ce genre de remarques, Wang Shiwei sera jeté en prison et fusillé.

La stratégie du parti envers les non-membres à l'époque du front uni se résume dans le diagramme imaginé par Van Slyke et reproduit page 164 : le parti est au cœur d'une alliance entre paysans et ouvriers, elle-même entourée d'un groupe aux sentiments indéterminés, qui représente peut-être la moitié de la population. Au-delà se trouvent les ennemis du régime, dont le nombre n'excède jamais 5 ou 10 p. 100 du total. Le parti veillera toujours à ce que la répartition des sympathies politiques corresponde plus ou moins à ce modèle ; il est en particulier vital que l'ennemi ne soit jamais trop nombreux.

Là intervient ce qu'on appelle la « ligne de masse », dont une résolution de 1943 expose le principe en ces termes :

> Étant éparpillées et non systématiques, les idées des masses [c'est-à-dire des gens n'appartenant pas au parti] doivent faire l'objet d'une recherche permettant de les concentrer et de les systématiser, après quoi elles seront expliquées aux masses par le canal de la propagande, deviendront les idées mêmes des masses, lesquelles pourront les saisir pleinement et les faire passer dans leurs actions ; et c'est dans les actions des masses que nous pourrons voir si ces idées sont justes ou erronées.

Il ne s'agit nullement d'un système de gouvernement basé sur un sondage permanent de l'opinion, mais d'une méthode visant à définir et à consolider une communauté temporaire d'intérêts entre le parti et une majorité de la population, de manière à accroître le pouvoir du parti.

Pour réussir, cette stratégie doit être gardée secrète par les dirigeants, et la majorité des alliés temporaires du parti doivent rester dans l'ignorance de ses véritables objectifs à long terme. Les organisations non communistes participant au front sont indispensables pour mobiliser le soutien populaire le plus vaste possible contre les 5 ou 10 p. 100 d'ennemis ; en même temps, il importe de les contrôler par l'infiltration de militants communistes clandestins.

Un autre objectif est de « gagner la sympathie de personnalités politiques et économiques représentatives de toutes les couches sociales dans chaque localité ». On constitue à cet effet des dossiers détaillés sur un certain nombre de « cibles », les instructions suivantes étant données aux « taupes » du parti :

> Il faut en permanence rechercher des sujets avec lesquels puissent s'établir des rapports d'amitié... Nous devons tirer parti de toutes les relations sociales (connaissances, parents, compatriotes, camarades d'école, collègues, etc.) et de toutes les coutumes (envois de présents, participation aux fêtes, entraide, etc.) pour que les sujets choisis deviennent non seulement des amis politiques, mais aussi des amis personnels, et qu'ils soient parfaitement francs et ouverts avec nous.

Certains rapports émanant des services de renseignement nationalistes expriment une sorte d'admiration contrainte pour la duplicité des communistes. Un document relatif à l'infiltration d'une partie de l'armée de Yan Xishan, le seigneur de la guerre du Shanxi, expose qu'au début « [les agents communistes] débordent d'amabilité, de flatteries et d'obséquiosité hypocrite ». Ils travaillent si dur et manifestent une telle loyauté que « n'importe quel maître serait ravi d'avoir de tels esclaves ». Mais, une fois établis dans la place, « ils changent du tout au tout et agissent sans la moindre hésitation ». Le rapport conclut en observant : « Plus ils sont respectueux

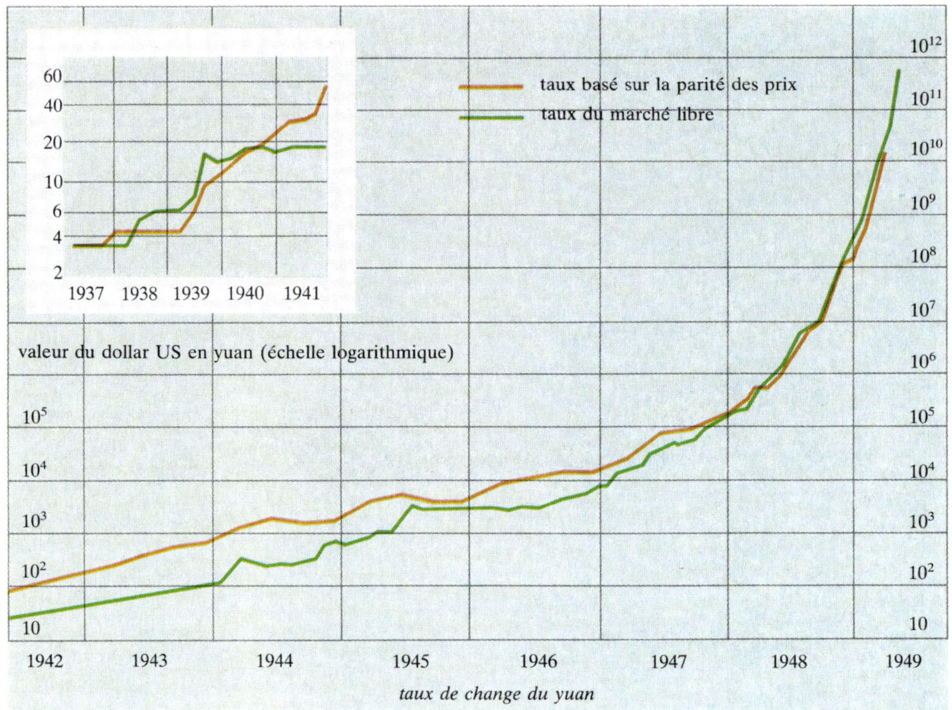

Ci-dessus : L'hyperinflation en Chine. Ce graphique montre l'évolution du taux de change entre le dollar chinois et le dollar US entre 1942 et 1949.
La chute de la monnaie chinoise est tellement vertigineuse que la courbe a dû être écrasée sur une échelle logarithmique allant de dix à mille milliards.

Ci-dessous : Le gouvernement issu de la « libération » *(jiefang)* de 1949 a dû s'attaquer d'emblée au problème de la redistribution des terres et reconstruire une économie ruinée par douze ans de guerre. Malgré les violences exercées dans les campagnes contre les propriétaires fonciers, les contre-révolutionnaires, et nombre d'hommes d'affaires, de bureaucrates et d'intellectuels, les années qui suivent immédiatement la victoire communiste peuvent être considérées comme relativement heureuses pour la majorité de la population.

Ci-dessus : L'hyperinflation des années quarante provoque plusieurs « ruées vers l'or » à Shanghai en 1948-1949. Ce célèbre cliché d'Henri Cartier Bresson montre les détenteurs de billets de banque se précipitant pour les échanger contre de l'or. Beaucoup sont morts piétinés par la foule.

et dociles au début, plus ils seront redoutables par la suite. »

La République populaire

Après d'inefficaces tentatives de médiation de la part des Américains, la guerre civile éclate à nouveau en 1946. Les forces en présence ne sont plus les mêmes qu'en 1937. Le régime de Chiang Kai-shek est miné par la corruption, qui n'a fait qu'empirer pendant les années de guerre. L'hyperinflation, due à l'usage massif de la planche à billets pour financer l'effort de guerre, est une autre source de faiblesse. Les communistes, de leur côté, sont dirigés par un Mao Zedong débarrassé de ses adversaires prosoviétiques, et dont le pouvoir est désormais incontesté. Son prestige est renforcé par celui de sa « pensée », qu'on peut décrire comme une idéologie personnelle visant à circonvenir les opposants meilleurs théoriciens en qualifiant leurs idées de « mécanistes » ou de « dogmatiques ». Cette variante de marxisme-léninisme prétendument adaptée aux conditions chinoises est pour une part la création de Mao lui-même, et pour une part celle d'un *brain-trust* composé de Chen Boda, d'Ai Siqi et de quelques autres. Elle devient la doctrine officielle du parti en 1945.

Le prestige des communistes auprès des intellectuels patriotes et des autres faiseurs d'opinion est alors en pleine ascension. Même pour un Zhang Dongsun, le philosophe chinois le plus pénétrant de l'époque moderne, un socialiste et un démocrate bien au fait des excès du communisme russe et de l'intransigeance idéologique du communisme chinois, ce dernier représente la seule issue possible pour la Chine. L'opinion publique se détache inexorablement des nationalistes.

Mais la rapidité avec laquelle Chiang Kai-shek a perdu la partie est d'abord le résultat d'erreurs militaires caractérisées. Alors que ses forces sont au départ trois fois plus nombreuses que celles des communistes, il sacrifie inutilement ses meilleures troupes en les jetant dès le début dans une tentative de reconquête de la Mandchourie : la trop grande extension et la vulnérabilité de ses lignes d'approvisionnement vont très vite se révéler fatales. De manière générale, les nationalistes ont adopté une stratégie de défense statique, appuyée sur des positions fixes, sans réaliser que ces dernières pouvaient être enlevées une à une. À de rares exceptions près, ils ont été incapables d'utiliser leurs forces aériennes, bien entraînées, contre les concentrations ennemies au sol. Enfin, Chiang préférait conserver les généraux politiquement sûrs, plutôt que de promouvoir ceux qui étaient militairement compétents. La bataille décisive, marquée par le génie tactique du commandant en chef communiste Zhu De, se déroule autour de Xuzhou à la fin de 1948 et dans les premiers jours de 1949. Les nationalistes sont battus malgré la supériorité de leur équipement : la stratégie est inadaptée, la coordination mauvaise, le ravitaillement insuffisant, le moral en chute libre. Sans faire de véritable effort pour tenir la ligne du Yangzi, Chiang prend bientôt la fuite en direction de Taiwan. Les communistes s'emparent de Canton en octobre 1949. La dernière phase de leur progression en Chine du Sud a eu lieu à la vitesse moyenne de 10 kilomètres par jour, ce qui est peut-être un record dans l'histoire militaire. Mais il s'agit d'une conquête par les armes, non d'une révolution.

Les dirigeants de la République populaire de Chine, fondée en octobre 1949, s'attaquent aussitôt à toutes les institutions sociales existantes, n'épargnant, jusqu'à un certain point, que la famille nucléaire. Il s'agit pour eux d'éliminer toute source de pouvoir, de prestige, d'influence, d'information ou de créativité qui ne soit pas contrôlée par le parti communiste. À cela visent une série de campagnes de masse, de mouvements soigneusement orchestrés sur fond de propagande, de meetings d'accusation et de lutte, sans parler de la terreur, des tortures et des exécutions qui frappent sélectivement toutes les couches de la société. La réforme agraire brise ce qui restait de pouvoir aux propriétaires fonciers, dont les patrimoines sont partagés entre les paysans. La campagne visant les « contre-révolutionnaires » élimine tous ceux qui ont entretenu un lien quelconque avec les nationalistes. Les campagnes des « trois anti » et des « cinq anti » mettent au pas les fonctionnaires et les hommes d'affaires. La « réforme de la pensée » permet d'humilier les intellectuels en vue et de les rendre « conformes ». L'effort de persuasion s'appuie sur une sécurité publique forte de plusieurs millions d'agents, créée par Luo Ruiqing, et sur un réseau de camps de travail où peine sans relâche ce qu'il faut bien appeler une nouvelle classe d'esclaves.

De tout cela va émerger une société fondamentalement composée de deux classes (bien entendu sujettes à de nombreuses subdivisions) : les membres de l'appareil, ou cadres *(ganbu)*, et les masses. Tout est fait pour camoufler les conflits qui peuvent les opposer. La propagande affirme que leurs intérêts sont identiques ; les nouveaux maîtres du pays cultivent une apparence d'austérité et de frugalité ;

l'opinion publique est accaparée par les campagnes furieuses orchestrées contre des ennemis en grande partie inventés de toutes pièces : « réactionnaires », « droitiers », « tenants du capitalisme » et autres. Derrière la façade internationaliste entretenue par les visites rituelles de délégations favorables au régime, toute contamination humaine, intellectuelle ou artistique du monde non communiste est soigneusement évitée.

Rien de tout cela n'eût été possible sans le dynamisme étonnant du communisme chinois, sans le capital de ferveur patriotique et d'enthousiasme populaire sur lequel il pouvait compter. Loin des mesquineries et de l'exploitation qui caractérisaient l'ordre ancien, les notions de désintéressement et de dévouement au bien commun dont le parti nourrissait sa rhétorique ne pouvaient que susciter l'adhésion, et semblaient conférer un sens nouveau à une vie qui restait marquée par les difficultés et la misère. Enfin, le prestige et l'influence retrouvés par la Chine sur la scène internationale étaient à coup sûr exaltants.

Ce n'est que très progressivement, et surtout après le désastre économique du Grand Bond en avant de 1958 et les luttes fratricides de la Grande Révolution culturelle prolétarienne, à la fin des années soixante, que les Chinois ont pris conscience de toute la part de tromperie qu'il y avait dans cette rhétorique.

La contradiction majeure du communisme chinois apparaît clairement aujourd'hui : c'est l'incompatibilité entre contrôle politique et vitalité sociale. On ne peut à la fois soumettre la vie privée des gens, leurs activités économiques et créatives, et les opinions qu'ils expriment à une surveillance politique de tous les instants, et avoir un pays peuplé de citoyens honnêtes et sincères, d'entrepreneurs audacieux, de scientifiques, de savants et d'artistes réellement inventifs. Sans un minimum de vitalité sociale, la modernisation ne sera jamais qu'un processus artificiel, procédant du volontarisme politique, et tributaire de modèles extérieurs. Les dirigeants de la Chine populaire qui en ont pris conscience ont réagi de deux manières. Ou ils ont essayé de susciter une spontanéité sur ordre, avec pour résultat une frénésie d'activité illusoire (ainsi, pour donner un exemple caricatural, le Mouvement pour un million de poèmes) ; ou ils ont accepté un relâchement partiel des contrôles, et rapidement découvert qu'il était risqué d'avancer dans cette voie : l'épisode des Cent Fleurs en 1956-1957 en est le meilleur exemple. Toute manifestation d'élan social et intellectuel finit inévitablement par se heurter à l'orthodoxie institutionnelle et idéologique et par entraîner une nouvelle vague de répression. « N'est-il pas excessif », se plaignait en 1957 le journaliste Zhu Anping, « que dans le pays tout entier chaque unité, grande ou petite, chaque section et chaque sous-section soit commandée par un homme du parti, et que rien d'important ni de trivial ne puisse se faire sans sa permission ? » La réponse vint un an plus tard : « Il faut bien comprendre qu'aucune des politiques décidées par le parti ne peut être mise en œuvre en dehors de l'organisation du parti. » Suivant les termes mêmes de Mao Zedong : « C'est le parti qui exerce la direction en toutes choses. »

C'est là un autre aspect du drame de la révolution chinoise : le sursaut de créativité qu'a connu la Chine entre les années 1890 et les années 1940 a été presque totalement stérilisé par le gouvernement communiste instauré en 1949. À supposer que le régime se libéralise de façon durable, il y a fort à parier que le pays se trouverait à nouveau en proie à de graves désordres.

Le parti et le peuple

Sommairement, le système communiste chinois fonctionne à travers deux hiérarchies parallèles qui contrôlent à la fois le gouvernement et l'essentiel de l'économie : d'une part la hiérarchie administrative, d'autre part celle du parti communiste ; la seconde a la haute main sur la première, puisque la majorité des postes administratifs importants sont occupés par des membres du parti. On retrouve la même dichotomie dans l'armée populaire de libération, commandée par une double hiérarchie d'officiers et de commissaires politiques.

En dépit de l'assemblée nationale et des congrès du parti, il ne s'agit pas d'un système démocratique, puisque les députés et les délégués ne sont pas désignés par des élections ouvertes. Les citoyens n'en sont pas moins tenus de participer à la vie politique à travers une suite continuelle de sessions d'études, de meetings et de discussions, de manifestations et de défilés. L'ordre est maintenu par une combinaison de discipline et d'arbitrage. Il n'existe pas de « loi » au sens occidental du terme, pas de droits ni de règles clairement définis et applicables à tous : la politique a toujours le dernier mot.

L'économie n'est pas « planifiée » comme en Union soviétique, où la consommation et la production de chaque secteur sont quantitativement prédéterminées avec la plus grande précision : les Chinois ne disposent pas de l'appareil statistique nécessaire. Ils n'ont pas non plus d'équivalent du *Gosnab* soviétique pour répartir les fournitures de matières premières. Maintenues sous contrôle politique, les entreprises produisent et investissent en se basant sur des plans négociés politiquement. Leurs performances sont mesurées en termes de profits — lesquels sont en grande partie tributaires des prix fixés par l'État — et par d'autres critères qui ont varié d'une époque à l'autre. L'activité économique est contrôlée par la Banque populaire de Chine, par où sont censés transiter tous les fonds.

Le contrôle politique de l'économie a abouti à une division de type cellulaire. Les relations économiques sont autant que possible confinées à l'intérieur des provinces, voire d'unités plus petites encore. Si l'on se réfère au vaste réseau de marchés libres qui couvrait la Chine à la fin de l'Empire, il s'agit indiscutablement d'une régression, responsable d'un certain appauvrissement. Contrairement à ce qui se passait auparavant, la main-d'œuvre ne circule pratiquement pas. Les jeunes adultes sont affectés à une « unité » *(danwei)* où ils sont le plus souvent destinés à rester jusqu'à la fin de leurs

En haut : Étudiants et travailleurs brandissant des portraits du président Mao et le *Petit Livre rouge* de ses citations pendant la Grande Révolution culturelle prolétarienne de 1966-1976. De nombreuses écoles n'ont pu fonctionner normalement pendant cette période, et les Gardes rouges se sont livrés à maintes exactions avant d'être repris en main par l'armée. La Révolution culturelle est aujourd'hui une excuse commode pour tout ce qui ne va pas en Chine.

À droite : L'écrasement de la « bande des Quatre ». Grands prêtres du maoïsme radical, Jiang Qing (Mme Mao) et ses trois associés Wang Hongwen, Zhang Chunqiao et Yao Wenyuan sont chassés du pouvoir en 1976. La réaction populaire est immédiate : le jour de leur arrestation, tous les débits de boisson de Pékin sont rapidement à court d'alcool.

Ci-dessus : Pendant la Révolution culturelle, les murs de tout le pays sont recouverts d'immenses affiches de propagande pour les œuvres de Mao. Depuis la mort de ce dernier, en 1976, les affiches politiques ont cédé la place à des publicités vantant des marques de magnétophones ou de cosmétiques.

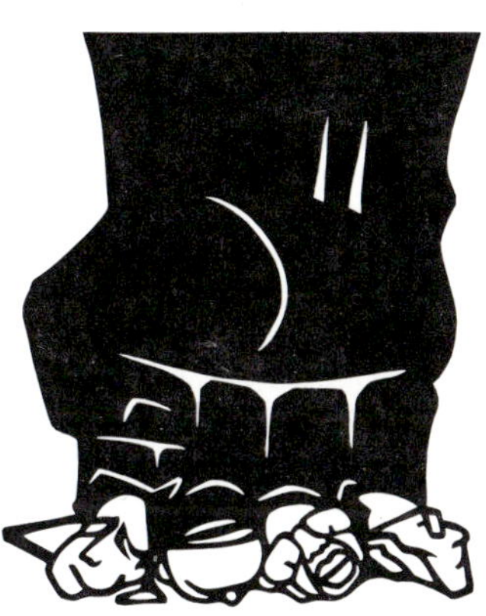

jours, et qui intervient non seulement dans la vie professionnelle, mais aussi pour résoudre les problèmes de logement, voire pour décider de l'âge auquel il convient d'avoir un enfant.

L'organisation de l'agriculture a subi de profonds changements. La réforme agraire du début des années cinquante abolit le fermage. La collectivisation à petite échelle est introduite au milieu de la décennie, puis, avec les communes populaires de 1958, étendue à des unités considérablement plus vastes (plusieurs dizaines de milliers de personnes). Les difficultés alimentaires dramatiques du début des années soixante — certaines régions, comme l'Anhui, sont victimes de véritables famines — conduisent à réduire de nouveau l'échelle de la gestion courante et à autoriser plus libéralement l'exploitation de lopins privés. À la fin des années soixante-dix, l'agriculture familiale est partiellement réintroduite par le système dit de « responsabilité », qui revient *grosso modo* à faire des producteurs les locataires de la collectivité.

Ces diverses évolutions répondaient à un certain nombre de visées politiques, en partie contradictoires. La collectivisation permet de mieux contrôler les paysans, de répartir le travail, d'en calculer la rémunération en « points », et de garantir les recettes fiscales indispensables au fonctionnement de l'État. Elle offre de plus un meilleur cadre pour certains investissements difficiles à répartir entre les producteurs individuels — installations hydrauliques, production de machines agricoles... Le surplus de main-d'œuvre en morte-saison peut être facilement mobilisé par le canal des communes et des brigades. Enfin, la collectivisation lie les paysans au sol et freine l'exode vers les villes, où le sous-emploi, voire le chômage, n'a jamais cessé d'être un problème. D'un autre côté, elle n'encourage guère l'ardeur au travail, ni l'initiative individuelle ; enfin, son coût en travail administratif et comptable est très important. Le renouveau récent de l'agriculture familiale a certes été bénéfique, mais il est douteux qu'on ait laissé la latitude nécessaire pour que l'amélioration se poursuive au-delà de quelques années.

Après une courte période pendant laquelle on a tenté, sans grand succès, d'imiter le modèle soviétique, l'approche plus spécifiquement chinoise a connu son apogée avec le Grand Bond en avant de 1958. On a cru alors que l'économie pourrait d'un seul coup être hissée à un niveau sans précédent par une sorte de débordement d'activité ne prenant en compte que la quantité de main-d'œuvre, sans surplus de capital ni de qualification, qui aurait suscité comme par magie de nouvelles capacités productives. L'échec cuisant du Grand Bond et des conceptions économiques maoïstes conduit dès 1959 à une crise politique au terme de laquelle Mao Zedong voit ses pouvoirs considérablement réduits.

La querelle sino-soviétique date à peu près de la même période. Elle a son origine dans les efforts de Khrouchtchev pour étendre à la défense chinoise le type de contrôle qu'il a déjà imposé aux pays du pacte de Varsovie, en échange de l'accès à la technologie nucléaire militaire. Le refus de la Chine de renoncer à son indépendance provoque le retrait des experts soviétiques qui l'avaient aidée à développer et à moderniser son industrie, ce qui, sur le moment, lui porte un coup sévère. Depuis lors, elle a toujours gardé ses distances avec l'Union soviétique, à laquelle elle refuse toute ingérence dans ses affaires intérieures.

La crise de 1959 a provoqué, ou exacerbé les rivalités de factions et les oppositions politiques qui ont fini par conduire au retour de Mao Zedong et à la révolution culturelle de 1966. Mao s'était servi de la hiérarchie des commissaires politiques de l'armée — sa dernière base de pouvoir — pour créer un culte de sa propre personnalité ; il va imprimer à celui-ci un nouvel élan en tablant en particulier sur l'idéalisme et sur les ambitions frustrées des adolescents. Sorte d'équivalent communiste des jeunes Boxeurs, les Gardes rouges s'attaquent violemment à la bureaucratie du parti dirigée par Liu Shaoqi, le Président de la république, et Deng Xiaoping, le secrétaire général du parti. Prétendant éradiquer les vices de l'ancienne société et briser dans l'œuf l'émergence d'une nouvelle bourgeoisie, ils s'en prennent aussi aux intellectuels — humiliés, torturés et envoyés aux champs —, aux universités, qui doivent fermer quelque temps, enfin aux institutions scientifiques, auxquelles ils causent des dommages considérables. Les activités éditoriales et la vie intellectuelle s'arrêtent virtuellement. Des gens sont exécutés pour avoir eu de simples contacts avec des Chinois d'outre-mer ou avec des étrangers. Un grand nombre de temples et de monuments anciens sont démolis ou saccagés. La situation se dégrade à un tel point qu'il faut appeler l'armée pour réprimer les Gardes rouges et les autres factions, ce qui donne parfois lieu à des affrontements sanglants. Dès lors, ce sont des officiers (également membres du parti, cela va sans dire) qui vont prendre le contrôle d'une grande partie de l'administration, généralement en assumant la direction des comités révolutionnaires des provinces et des diverses unités.

Nombre de vétérans (tel le général He Long) trouveront une mort cruelle pendant les huit années de luttes internes qui suivent. Le premier à dominer la scène est le ministre de la Défense, Lin Biao, désigné par Mao comme son successeur. Il disparaît en 1971 dans des circonstances mystérieuses, prétendument à la suite d'un coup d'État avorté. La troisième femme de Mao, Jiang Qing, propagandiste talentueuse prêchant la toute-puissance de la ferveur révolutionnaire, occupe alors le devant de la scène face au Premier ministre, le pragmatique Zhou Enlai. À la mort de ce dernier en 1976, Deng Xiaoping prend la tête des modérés. La mort de Mao, plus tard dans la même année, met un terme au pouvoir de son épouse, et après un intermède où la présidence du parti est occupée par Hua Guofeng (un personnage peu connu issu de la sécurité publique), Deng Xiaoping réapparaît comme l'homme le plus influent à Pékin.

Même si la politique de modération, de modernisation et de pragmatisme appliquée par Deng a ramené une stabilité bienvenue en Chine, il est clair que le régime a été moralement discrédité par les excès des quinze dernières années. La corruption est courante dans le parti et dans l'administration, la déception et le cynisme de plus en plus répandus dans la population. Le *Quotidien du peuple* lui-même l'a observé : « Les jeunes ont le cœur froid. »

Taiwan, sous le régime nationaliste, a connu une autre histoire. Après des débuts très répressifs, s'expliquant notamment par l'hostilité de la population locale aux réfugiés du continent, le régime de Chiang Kai-shek et de son fils et successeur Jiang Jingguo a progressivement accordé à ses sujets une liberté réelle et un degré notable, quoique encore incomplet, de démocratie. Le revenu par habitant est aujourd'hui le quintuple de celui des citoyens de la République populaire. Le décollage économique a été rendu possible par une authentique réforme agraire, par une aide américaine limitée (environ cent dollars par habitant), par la petitesse du pays, et par son insertion étroite dans le marché mondial. Bien que l'aide ait cessé au milieu des années soixante, la croissance n'a fait que s'accélérer depuis lors. Plus remarquable encore, la modernisation s'est accompagnée d'un rétrécissement de l'éventail des revenus. Ainsi qu'on l'a souvent dit, et avec raison, les nationalistes n'auraient pas eu besoin de quitter le continent s'ils avaient su le gouverner comme ils ont gouverné Taiwan. Mais le pouvaient-ils ?

Ci-dessus : Le fossé entre mode de vie urbain et mode de vie rural n'a fait que s'élargir depuis le début de l'époque moderne. L'attrait des villes, où l'enseignement, les distractions, l'emploi et les services sociaux sont de bien meilleure qualité que dans les campagnes, reste toujours aussi fort. Cette vue de la vieille ville de Shanghai donne une idée du style urbain traditionnel.

À droite : Pendant la Révolution culturelle, toutes les chinoises portaient soit les cheveux courts, soit, au contraire, la natte. Laisser pendre des cheveux longs était considéré comme « bourgeois » et « réactionnaire ». Le régime est devenu beaucoup plus libéral sur ce point. Ici, une jeune fille se fait faire une permanente, opération que la raideur naturelle de ses cheveux ne facilite guère.

À droite : Il n'y avait pas d'enseignement régulier pour les filles dans la Chine traditionnelle, et seul le petit nombre d'hommes qui étudiaient pour passer les examens pouvaient prétendre accéder à la vraie culture, c'est-à-dire à la maîtrise des écrits confucéens. Les mouvements éducatifs de masse des années vingt et trente ont été lancés par des associations telles que le *Young Men Christian Association* (YMCA). Après 1949, le gouvernement communiste s'est efforcé d'universaliser l'enseignement élémentaire. Le conditionnement politique commençait dès le jardin d'enfants ; à cet égard, les pires excès datent de la Révolution culturelle. Depuis 1976, l'enseignement donné aux écoliers est nettement plus orienté vers les matières « solides ».

Ci-dessus : Les exercices gymniques collectifs, qui constituent un excellent entraînement à la discipline de masse, sont très en honneur depuis la libération. On est fort loin du *taijiquan* (ou boxe simulée) traditionnel, dans lequel on cherche à répartir et à faire circuler l'énergie *(qi)*.

À gauche : « Les femmes soutiennent la moitié du ciel » (Mao Zedong). Leur statut dans la société chinoise actuelle n'en reste pas moins très inférieur à celui des hommes. Elles conservent l'essentiel des charges domestiques, et, à la campagne, sont moins payées à travail égal. On voit ici une jeune fille dirigeant un bateau à la perche sur la rivière Gui.

LES ARTS À L'ÉPOQUE MODERNE

Ci-dessous : Pour éviter les chaleurs de l'été, la cour des Qing quittait le palais impérial et allait résider au Palais d'été, au nord-ouest de Pékin, près du lac Kunming ; celui-ci avait été aménagé à la ressemblance du célèbre lac de l'Ouest, à Hangzhou. Cette estampe montre le Palais d'été et les Collines de l'ouest en arrière-plan.

En bas : Au-delà du lac Kunming, la Colline de la longévité et la tour de l'Encens parfumé du Bouddha, un pavillon de quatre étages dominant le lac. Le Palais d'été est à présent un parc public où l'on peut aller canoter pendant les chaleurs de l'été, ou patiner en hiver (le lac est peu profond et gèle facilement).

La cour des Qing ne patronne plus guère les arts au XIXe siècle. Seule l'impératrice douairière Cixi peut être créditée d'un certain renouveau, à la fin de la période : c'est elle qui a fait reconstruire le Palais d'été sur son emplacement actuel. Les bâtiments et la décoration sont pleinement représentatifs de l'architecture très ornementée de la fin des Qing. Le financement provenait de fonds primitivement destinés à moderniser la marine chinoise… Les poutres supportant le toit de la galerie qui longe le lac, jusqu'au bateau de pierre, étaient décorées de scènes légendaires et de paysages qui ont été badigeonnés à la chaux pendant la Révolution culturelle. Les décors trop abîmés pour être restaurés ont été remplacés par des paysages exécutés dans un style raide et académique.

On voit apparaître à la fin des Qing, dans les ports et les grandes villes, une architecture mixte sino-occidentale. L'hôpital métropolitain de Pékin, par exemple, combine un toit à la chinoise couvert de tuiles vertes et une façade de brique à l'occidentale. Mais ce style hybride a peu d'impact en dehors des grands centres, même aux commencements de la République.

Les arts décoratifs de la fin du XIXe et du début du XXe siècle se conforment au style très ornementé de l'ère Qianlong (fin du XVIIIe siècle), mais sans en avoir la finesse. Une bonne partie des porcelaines décoratives, des jades et des laques qu'on peut voir en Europe datent de cette époque. La porcelaine d'exportation produite au tournant du siècle porte des dessins occidentaux méticuleusement recopiés et placés à l'intérieur de cadres ornementés à la manière chinoise traditionnelle. La porcelaine vernie polychrome est décorée de couleurs vives, avec des contours noirs très appuyés. Les écrans et les coffrets de laque noire à décoration dorée constituent également une synthèse des styles chinois et des influences étrangères : il s'en est vendu dans le monde entier. La peinture sur verre — par exemple les scènes de genre représentées au dos des miroirs — est un emprunt à l'Europe. En revanche, l'art et l'artisanat populaires ne sont guère touchés par l'influence occidentale et restent résolument traditionnels.

L'histoire des arts au XXe siècle se partage en deux périodes : avant et après 1949. La peinture des années vingt et trente est traversée par le conflit entre traditions locales et styles importés d'Occident. Les étudiants des écoles d'art qui se sont ouvertes à Shanghai, à Pékin, à Nankin et à Hangzhou s'essaient à la peinture à l'huile et au dessin d'après nature ; ils copient des plâtres, et dessinent même des modèles nus, ce qui provoque un beau scandale à Shanghai dans les années vingt. Certains vont étudier en Europe ou au Japon, mais la peinture occidentale éveille peu d'écho au-delà

Ci-dessous : On atteint le bateau de marbre par une galerie couverte qui contourne le lac. La croyance populaire veut que les amoureux finissent par se fiancer lorsqu'ils parviennent au bateau. Le Palais d'été a été reconstruit en 1888 par l'impératrice douairière Cixi avec des fonds prévus pour la modernisation de la marine.

En bas : Depuis la tour de l'Encens parfumé du Bouddha, vue sur les toits aux tuiles dorées de l'enceinte en contrebas.

du petit groupe d'artistes et d'écrivains cosmopolites vivant à Shanghai. Xu Beihong (Ju Peon) [1864-1955], qui porte béret et nœud papillon à son retour d'Europe, s'essaie à un style semi-occidental. Qi Baishi, lui, n'a pas quitté la Chine, et sa manière est à la fois traditionnelle et hautement individuelle. Fu Baoshi, qui a étudié au Japon, s'inspire d'un vaste éventail de styles traditionnels. D'une manière générale, le portrait attire plus que le paysage.

L'écrivain Lu Xun lance dans les années vingt un mouvement pour la gravure sur bois très inspiré par les artistes de l'Allemagne de Weimar, notamment Käthe Kollwitz. Les gravures de Li Hua (né en 1902) représentent la fureur des paysans chinois contre l'envahisseur japonais. Cela dit, peu d'énergies restent disponibles pour les arts dans le chaos qui afflige la Chine des années quarante.

Après 1949, l'art tombe sous la coupe de l'État et se trouve étroitement asservi à la politique. Excellent support de propagande, la gravure sur bois connaît une vogue certaine. On envoie nombre d'artistes étudier en Union soviétique, ce qui explique l'influence considérable du réalisme socialiste soviétique sur la production chinoise des années cinquante. L'influence soviétique se retrouve dans l'architecture, comme en témoignent les édifices publics banals, inspirés des modèles « staliniens », qui apparaissent dans tout le pays. La lune de miel avec la Russie ne dure cependant pas. Construit en onze mois pendant l'année 1959, le palais de l'Assemblée du peuple qui se dresse à l'ouest de la place Tian'anmen exhibe un style international qui n'évoque rien de particulièrement chinois. À partir de cette époque, les grands immeubles « modernes » se sont mis à pousser dans toute la ville. Malgré tout, Pékin a longtemps gardé l'aspect d'une vaste étendue de maisons à un étage couvertes de tuiles grises, sillonnée de ruelles étroites bordées de hauts murs dissimulant les cours intérieures.

Avec la révolution de 1949, il n'est de critère d'appréciation artistique que politique. Les œuvres conservées au musée historique national sont censées démontrer l' « habileté des masses laborieuses » et la « rapacité des oppresseurs féodaux ». Le réalisme le plus primaire est à l'honneur, comme l'atteste éloquemment le groupe sculpté intitulé *la Cour aux fermages,* où des personnages d'argile grandeur nature composent une scène se déroulant dans la cour d'une riche résidence ; les propriétaires sont représentés comme des dégénérés à l'expression cauteleuse, tandis que les paysans, le visage veiné de fureur, bandent chaque muscle dans leur effort pour lutter contre l'oppression dont ils sont victimes.

Le romantisme révolutionnaire est roi. La peinture, qu'elle soit à l'huile ou qu'elle recoure aux techniques traditionnelles, représente la vie des communes populaires, des ouvriers épanouis, des usines sidérurgiques. Les paysages sans pylônes et fils électriques sont rares. Les artistes sont informés de ce qu'il convient de peindre et de ne pas peindre. Le Grand Bond en avant (1958-1959) est suivi, entre 1963 et 1965, d'une campagne anti-droitière dont beaucoup d'artistes sont les victimes. Les œuvres des paysans, des soldats et des ouvriers sont mises à l'honneur. Les violences de la Révolution culturelle, qui commencent en 1966, sont fatales aux arts. Les écoles sont fermées, les artistes dispersés, emprisonnés ou envoyés aux champs. La plupart cessent de produire. Il n'y a plus une seule revue d'art entre 1966 et 1972. La répression culturelle va en fait durer jusqu'à la chute de la « bande des Quatre », en 1976.

Les arts décoratifs (gravure sur jade et sur ivoire, vannerie, tissage) ont beaucoup bénéficié de la croissance récente du commerce extérieur et de l'industrie touristique. L'habileté demeure extrême, mais la technique tend à l'emporter sur l'art. L'artisanat s'oriente vers la mécanisation. Les sujets traditionnels sont acceptés dès lors qu'ils intègrent une certaine dose d'idéologie révolutionnaire, ce qui permet à des thèmes populaires et même à certaines figures légendaires de rester dans la ligne du parti.

Interdit en 1965, le travail sur le nu est réintroduit dans les écoles d'art en 1978 : puisqu'il s'agit d'étudier « scientifiquement » le corps humain, le réalisme ne peut qu'y gagner. L'abstraction est découragée. La pratique du portrait oscille entre le réalisme le plus extrême et un degré limité de déformation de la réalité. Or, à quoi s'intéressent les étudiants en art ? À l'abstraction, précisément, aux moyens de combiner les traditions chinoises et l'art occidental, et au nu. En revanche, on ne

(suite page 176)

La peinture contemporaine

L'une des préoccupations majeures, pour les artistes chinois d'aujourd'hui, est de trouver les moyens d'adapter et d'intégrer les influences occidentales à leur propre tradition. Les œuvres reproduites ici ne sont qu'un échantillon des recherches actuelles, mais elles donnent une idée de l'extrême variété des sujets, des styles et des techniques, bref de la vitalité retrouvée par les arts en Chine depuis la fin de la Révolution culturelle.

Leurs auteurs manifestent la double influence des courants internationaux et de la peinture chinoise traditionnelle. Les œuvres de Fang Zhaoling ont été récemment exposées à Londres et à Pékin. Bien qu'elle ait vécu hors de Chine depuis 1947, cette artiste, par ailleurs totalement moderne, se révèle profondément tributaire de la tradition. Les travaux de Yuan Yunsheng ouvrent la voie à de nouveaux développements par la synthèse qu'ils proposent des traditions de l'Est et de l'Ouest. Sculpteur de formation, Chen Dehong se consacre à présent à la peinture. Son inspiration l'enracine dans le passé, mais ses recherches formelles portent la marque de l'art occidental. Les œuvres de Wang Jianan, quant à elles, peuvent être considérées comme une réinterprétation et une recréation de la tradition chinoise. Tang Muli, enfin, qui a appris seul la peinture à l'huile pendant la Révolution culturelle — alors que tout enseignement avait cessé —, est un artiste qui s'est essayé à toutes sortes de styles.

À gauche : La Fête de l'aspersion, chant de la vie est une vaste peinture murale réalisée par Yuan Yunsheng (né en 1937) pour le « restaurant des étrangers » à l'aéroport de Pékin. Le détail reproduit ci-contre a suscité une ardente controverse : il s'agissait de nus dans une œuvre destinée à un édifice public !

Ci-dessus : Bœuf, par Yuan Yunsheng, encre sur papier. Même quand il recourt aux techniques traditionnelles, Yuan Yunsheng rompt avec la tradition stylistique chinoise, par sa façon de traiter ses sujets.

À droite : Dérive, par Yuan Yunsheng, révèle une indéniable puissance dans le trait. Ses efforts pour transcender les limites du réalisme font de Yuan, dans le contexte chinois actuel, un artiste d'avant-garde.

Ci-dessus : Cette métamorphose des caractères d'écriture *song* (pin) et *yun* (nuage), due à Chen Dehong, ouvre des perspectives nouvelles à la peinture traditionnelle. Les formes calligraphiques, prolongées par des éléments de paysage, créent ici une composition abstraite.

À gauche : « Les eaux du fleuve Jaune descendent du ciel » : ce vers du poète Li Bai des Tang a inspiré à Chen Dehong une remarquable synthèse entre tradition et innovation.

Ci-dessous : Beauté sur les pics périlleux, peinture de Fang Zhaoling (née en 1914). Cette artiste, qui a quitté la Chine en 1947, est une des pionnières de la modernité dans les arts chinois.

À gauche : Illustration pour *la Berceuse* de William Blake, par Tang Muli (né en 1947), l'un des premiers artistes que le gouvernement chinois a envoyé étudier à l'étranger (au Collège royal des arts à Londres). La fusion des techniques de l'Est et de l'Ouest s'accompagne d'un sens lyrique incontestablement chinois.

À droite : Guerrier et sa femme en train de fondre des épées. Due à Wang Jianan (né en 1956), cette scène mythologique est un exemple de la combinaison traditionnelle du trait et de la couleur dite « pinceau habile » *(gongbi)*. L'influence des anciennes fresques bouddhiques est manifeste.

discute guère de l'esthétique marxiste, des textes de Mao sur l'art ou des fameuses peintures paysannes de Huxian. La soif de s'informer sur tout ce qui est « moderne » est à la mesure de l'ignorance dans laquelle les Chinois ont été maintenus en matière d'art occidental depuis 1949, à l'exception peut-être des copies d'impressionnistes rapportées de Moscou par certains professeurs dans les années cinquante.

À l'université des arts de Pékin, la peinture à l'huile, le portrait, le paysage et les « fleurs et oiseaux » traditionnels, la sculpture, la fresque et les arts graphiques sont enseignés dans des départements spécialisés. Les étudiants font montre d'une grande discipline, comme l'atteste l'uniformité stylistique de leurs productions : toute tentative de non-conformisme exposerait son auteur à la critique. Cela n'empêche pas certaines démarches intéressantes, même à l'intérieur des limites permises. On citera par exemple Liu Hong, un ancien étudiant en peinture murale, pour l'inspiration qu'il a trouvée dans les motifs des anciens bronziers et pour ses recherches en mosaïque. Han Xin (aujourd'hui installé aux États-Unis) expérimente différents médiums et a produit un chef-d'œuvre de précision avec *le Violon,* une huile sur toile. Chen Danqing, un jeune artiste de Shanghai qui a séjourné au Tibet à la fin des années soixante-dix, a réalisé des huiles représentant des sujets tibétains avec un réalisme qui n'exclut pas une extrême sensibilité. Wang Jianan, enfin, originaire de Harbin, réussit à combiner les styles traditionnels et la manière occidentale dans des gravures sur bois où la fluidité des paysages va de pair avec un bel équilibre entre zones encrées et zones réservées.

Assez loin du réalisme qui domine dans la peinture à l'huile, Yuan Yunsheng, l'un des meilleurs artistes chinois d'aujourd'hui, a joué avec les limites de la liberté artistique en faisant apparaître deux nus dans une de ses fresques de l'aéroport international de Pékin. Il s'agit d'une composition intitulée *la Fête de l'aspersion, chant de la vie,* inspirée d'une légende de la minorité nationale thai, dans le Yunnan méridional. Accusé de « déformer ses modèles » et de « jeter la honte sur le peuple thai », Yuan a dû accepter de voir la partie incriminée recouverte d'un panneau ! L'œuvre avait été réalisée avec deux assistants ; après avoir reporté son esquisse sur le mur préalablement recouvert de toile, l'artiste y avait apposé des couleurs acryliques importées de Hong Kong. Yuan peint également au pinceau et à l'encre sur papier. Ses dessins semi-abstraits exécutés avec des feutres de couleurs vives portent la marque du génie.

Les artistes de la jeune génération ont à présent la possibilité d'aller étudier à l'étranger. À l'inverse, certains « anciens » comme Wu Zuoren, qui a travaillé à Paris dans les années trente, sont revenus à la peinture traditionnelle. Zhang Anzhi, qui a également étudié à l'étranger avant 1949, est l'auteur de vues du mont Huang qui sont la quintessence de l'art du peintre-lettré s'exprimant par le pinceau et l'encre.

Les expositions d'art étranger qui se sont tenues dans les grandes villes de Chine depuis la Révolution culturelle ont attiré une attention considérable. De même, des expositions d'art chinois ont été présentées à l'Ouest, ainsi la grande exposition d'art contemporain chinois tenue à Paris au printemps 1982. On y trouvait un échantillon des styles les plus divers : beaucoup de toiles réalistes relevant du « romantisme révolutionnaire », des œuvres de Pan Jiezi dans le style « pinceau habile » *(gongbi)* typique des fresques de Dunhuang, une œuvre de Zhang Lichen peinte aux doigts et à l'encre monochrome, une sculpture de Zhang Dehua représentant une tête de femme émergeant d'un bloc de bois... Installé depuis peu en France, l'excellent sculpteur Wang Keping produit des œuvres hardies et puissamment expressives, tandis que divers groupes se livrent à des recherches de tous ordres dans les régions les plus reculées de Chine. Variété et contrastes caractérisent la phase actuelle d'expérimentation, et l'on voit les artistes, libérés des blocages et des peurs de la Révolution culturelle, s'habituer peu à peu à un environnement plus tolérant et plus vivifiant. Le ministre de la Culture, Huang Zhen, à qui l'on demandait si l'art doit « servir le peuple », aurait répondu : « Je pense que chacun peut produire ce qu'il veut. » Les artistes n'ont jamais bénéficié de telles conditions depuis 1949. Selon les termes de l'un d'entre eux, désormais « chacun a droit à sa propre vision ».

Le président Mao est mort le 9 septembre 1976. Son mausolée a été bâti au centre de la place Tian'anmen grâce au travail de près d'un million de volontaires. Comme on le voit, l'architecture de ce monument n'a pas grand-chose de spécifiquement chinois.

Troisième partie

La société et ses symboles

Langue, écriture et calligraphie

La langue

Le chinois est, d'une certaine manière, une des langues les plus simples du monde ; c'est aussi une des plus insaisissables. Sans vouloir en donner ici une description exhaustive, ni même rigoureuse, tentons au moins d'en suggérer les spécificités, ce qui en fait la saveur particulière.

Le point essentiel est qu'en chinois l'unité sémantique minimale, la syllabe, est pratiquement inaltérable. Plusieurs conséquences en découlent. Tout d'abord, les éléments qui forment un mot composé conservent intacte leur identité, au lieu de fusionner comme c'est le cas dans les langues indo-européennes. Ainsi *xiàng-rì-xìng* (vers-soleil-caractère), le mot chinois pour « héliotropisme » : la construction est la même que celle du mot français (formé en l'occurrence à partir de racines grecques), mais chaque syllabe — correspondant à un caractère d'écriture — peut être isolée et constitue elle-même un mot. On notera au passage que cela facilite considérablement la création de nouveaux termes scientifiques, même si, plus que dans nos langues, ces termes mettent en avant les éléments sémantiques qui les composent (ainsi « stimuler-lumière-tube » en chinois, par opposition à *laser* en anglais et en français).

Pour les mêmes raisons, les éléments formant un mot composé peuvent être assez facilement disjoints. Ainsi *zoŭ-lù* (marcher-route), pour « marcher », *zoŭ sān-lĭ-de lù* (marcher de-trois-kilomètres route) pour « marcher trois kilomètres ». Les mots chinois polysyllabiques ne sont pas aussi intégrés, ni aussi stables qu'en français.

L'écriture chinoise est inséparable de ces unités sémantiques monosyllabiques. Chaque « caractère » en représente une, et une seule : il n'est donc pas surprenant qu'il faille en connaître cinq ou six mille pour la lecture courante. Dans nos écritures alphabétiques (vingt-six signes phonétiques en français), les seuls signes fonctionnant un peu comme des caractères chinois sont les chiffres.

L'écriture chinoise s'adapte malaisément aux langues dont les mots ont besoin d'être modifiés pour indiquer le genre, le nombre, la fonction, le temps, etc. Ainsi les Japonais, qui ont adopté les caractères chinois aux VIe et VIIe siècles, et dont la langue est flexionnelle, ont-ils été obligés de créer un système d'écriture hybride, où les caractères chinois indiquent le sens principal (la « racine »), et où le syllabaire japonais permet de représenter phonétiquement les terminaisons.

Le chinois ancien pouvait modifier les racines pour indiquer des changements de sens. Quelques traces subsistent de ces « flexions », notamment dans le cas des syllabes dont le changement de consonne initiale ou de ton (de modulation) infléchit le sens : ainsi *hăo* (bon) et *haò* (trouver bon, aimer), *jiàn* (voir) et *xiàn* (être vu, apparaître).

Pour indiquer le nombre, le genre, la fonction, le temps, le mode, la voix ou l'aspect, le chinois moderne n'a que l'ordre des mots, ou le recours à certains mots-outils. De là ce caractère de généralité et d'intemporalité qui gêne souvent les Occidentaux. C'est d'abord le contexte qui permet de déterminer le sens ou l'emploi spécifique d'un mot, et il peut être en outre nécessaire de préciser le moment (« hier », « demain ») ou le nombre (« tous », « trois », « quelques »), ou de recourir à des auxiliaires de mode comme *bèi* (littéralement « souffrir », marque du passif), ou de temps, tel *yĭ* (ou *yĭjīng*, « déjà », marque du passé).

L'ordre des mots du chinois est assez proche de celui de l'anglais (déterminant-déterminé), et dans une moindre mesure du français (sujet-verbe-objet), encore qu'il existe une quantité de pièges et d'exceptions. D'une manière générale, seul le contexte permet de décider si un mot fonctionne comme « substantif », « verbe » ou « adjectif », même si la plupart ont en fait une prédilection particulière pour l'un ou l'autre emploi. Ainsi *zŏu*, « aller », « marcher », est ordinairement un verbe, mais dans *zŏu hăo* (« aller [est] bon », « c'est bien d'aller »), le mot fonctionne comme substantif.

La phrase chinoise ne constitue pas à proprement parler une structure « sujet-prédicat » : il serait plus exact de parler d'une structure « thème-commentaire ». La première partie de la phrase demande : « Qu'en est-il de *x* ? » et la seconde répond : « Ceci ou cela. » Un exemple simple montrera l'importance de la distinction. Dans la phrase *shū maĭ-le* (livre acheter-finir), on a la même structure formelle que dans la phrase *wŏ măi-le* (Je acheter-finir, « j'ai acheté »). Pourtant, on traduira la première par « le livre a *été* acheté », ce qui revient à l'interpréter comme suit : « [Pour ce qui concerne le] livre, [quelqu'un l']a acheté. »

Au niveau du syntagme, les mots qui qualifient précèdent ceux qui sont qualifiés. Mais au niveau de la phrase, les Chinois ont tendance à aller du général au particulier : la phrase commence par des indications de contexte spatial, chronologique et circonstanciel qui reviennent à dire : « Sachant que ceci ou cela est ainsi, alors... », après quoi intervient le thème (ou sujet) et son commentaire, éventuellement suivi d'autres spécifications de but ou de direction. En un sens, donc, l'ordre logique est inverse de celui du syntagme.

Au risque de tomber dans la caricature, on résumera en disant que le chinois est une langue sans mots, sans grammaire et sans sujet. En termes plus positifs, il s'agit d'une langue à tendance morphématique, sans flexions, dont la structure fondamentale associe un thème et un commentaire.

Si les généralités exposées ci-dessus s'appliquent à peu près dans tous les contextes où le chinois est ou a été parlé, il n'en reste pas moins que la langue a considérablement évolué depuis deux mille cinq cents ans et que, d'un lieu à l'autre, les différences dialectales sont parfois extrêmes.

Le chinois ancien était beaucoup plus riche en voyelles et en consonnes que le chinois moderne. Cet appauvrissement phonétique a produit de nom-

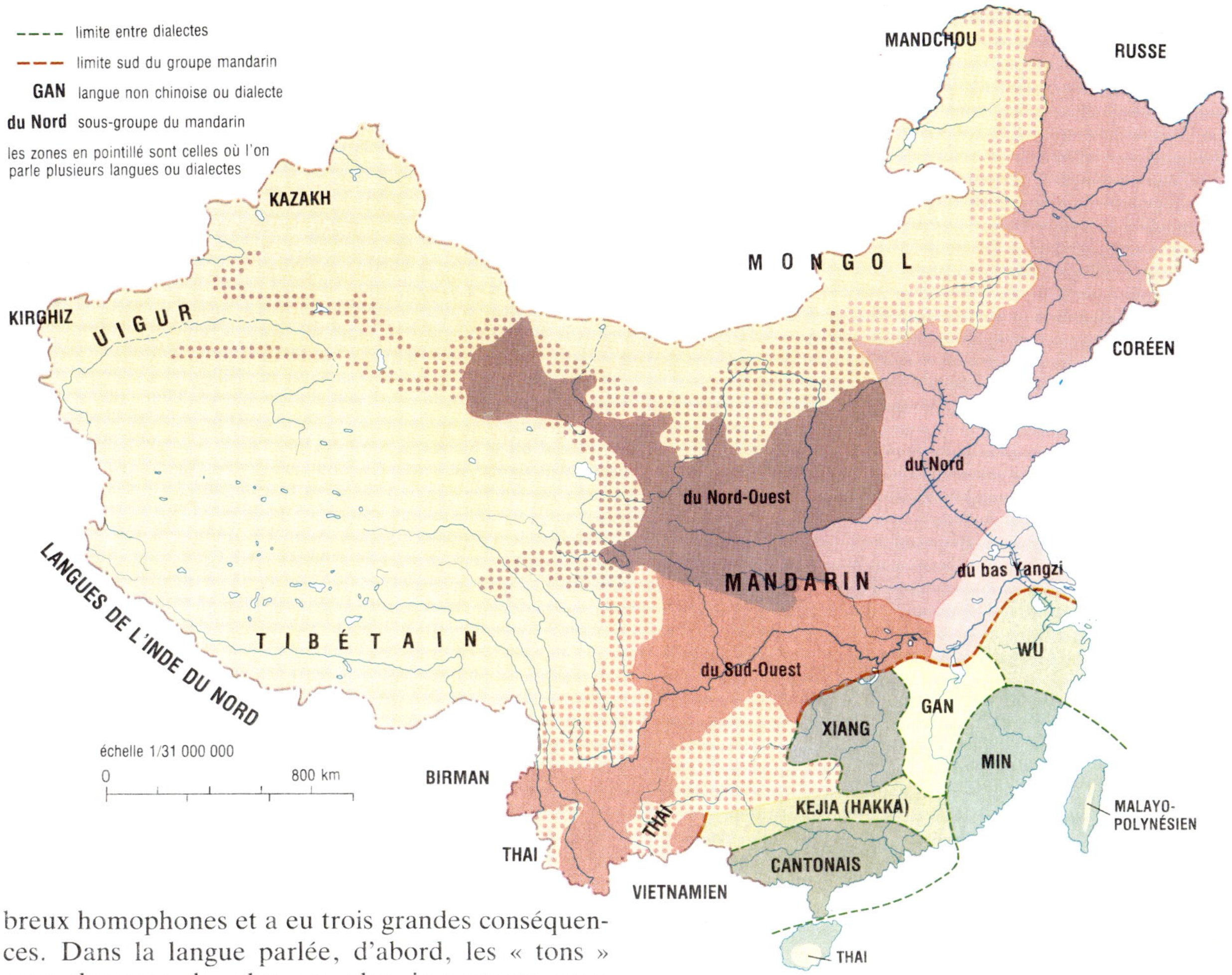

Les dialectes chinois. Considérer l'ensemble des parlers chinois comme formant une seule et même langue est légitime, car deux dialectes différents peuvent toujours être reliés par une chaîne de localités dont les habitants se comprennent de proche en proche. Cependant, l'examen rapproché révèle une mosaïque subdialectale déroutante, où le parler de Baoding, par exemple, est extrêmement différent de celui de Pékin à moins de 150 kilomètres de là. C'est pourquoi toute classification trop rigoureuse des dialectes risque d'obscurcir aussi bien l'unité sous-jacente que l'extrême variabilité locale. La carte ci-contre se fonde sur les travaux du linguiste tchèque Paul Kratochvil, qui étudia le problème sur le terrain dans les années cinquante.

breux homophones et a eu trois grandes conséquences. Dans la langue parlée, d'abord, les « tons » sont devenus de plus en plus importants pour distinguer des mots phonétiquement identiques. Ainsi le quatrième ton (ou ton descendant) semble-t-il avoir remplacé un *s* final archaïque disparu depuis. Ensuite, il a fallu, pour rester intelligible, accroître le stock de mots composés de deux unités ayant sensiblement le même sens (ainsi *kàn-jian* [regarder-voir] pour « voir »). Le chinois moderne ne peut sérieusement être décrit comme une langue monosyllabique, ce qu'était presque certainement le chinois archaïque. Enfin, la langue écrite et la langue parlée ont divergé à un degré dont il y a peu d'exemples dans le monde. Comme chaque monosyllabe continuait d'être signalé par son idéogramme spécifique, la langue ancienne restait, malgré sa concision, parfaitement claire dès lors qu'elle était écrite. Ce style littéraire ancien est resté le moyen de communication écrite le plus usité jusque dans les années 1920. Conséquence importante, les écrits administratifs, historiques, philosophiques, presque toute la poésie et une grande partie de la fiction en prose sont depuis plus d'un millénaire incompréhensibles lorsqu'ils sont lus à haute voix.

Les différentes branches dialectales qui se sont développées au fil des siècles ont fini par donner des langues pratiquement étrangères l'une à l'autre (voir carte ci-dessus). La plaine de Chine du Nord, où la circulation des populations a été constante, constitue l'ensemble linguistique le plus homogène. À l'inverse, la côte sud-est, qui est une succession d'enclaves montagneuses, présente les plus fortes variations. Ajoutons que chaque zone dialectale englobe des variations subdialectales considérables.

L'unité linguistique de l'Empire reposait avant tout sur la langue écrite traditionnelle, comprise par tout Chinois ayant appris à lire. Dans la haute administration, les fonctionnaires communiquaient dans une variante du dialecte de Pékin appelée la « langue officielle » *(guanhua)* — le « mandarin » des auteurs occidentaux. En revanche, les fonctionnaires territoriaux, qui par définition n'avaient pas le droit d'exercer dans leur région d'origine, éprouvaient souvent les plus grandes difficultés à s'entretenir avec leurs administrés.

Le mouvement en faveur d'une « langue nationale » *(guǒyǔ)* basée sur le mandarin date du début de ce siècle. Le but recherché était que chaque Chinois puisse la parler, fût-ce comme une seconde langue. Le gouvernement nationaliste, et à sa suite le régime communiste, ont effectivement réussi à en répandre considérablement l'usage. Cet effort d'unification linguistique avait, et continue d'avoir, une visée avant tout politique. Mais, une fois uniformisée la prononciation de tous les habitants du pays, il pourrait avoir une conséquence grave, qui serait l'abolition de l'écriture idéographique en faveur d'un système alphabétique. Bien qu'il en ait été question, il n'est pas sûr qu'on en arrive là. La rupture culturelle avec le passé serait dramatique.

Parallèlement, un autre mouvement, prônant cette fois l'abolition de la langue littéraire traditionnelle en faveur soit d'une langue écrite très simplifiée, soit d'une simple transcription de la langue parlée nationale.

L'écriture

L'écriture a longtemps bénéficié d'un respect particulier de la part des Chinois. Le même terme *(wén)* est employé pour « civilisation » et pour « écriture » (ou simplement « motif »). Traditionnellement, tout écrit était considéré comme sacré et devait être traité avec égards. On pouvait voir des vieillards recueillant des bouts de papier portant des caractères pour les brûler dans des pagodes réservées à cet effet.

Le système d'écriture le plus anciennement attesté consistait à représenter les objets par des dessins. Aujourd'hui encore on en trouve la trace dans un bon nombre de caractères simples, par exemple ceux pour « bouche », « forêt » (deux arbres), ou « aube » (un soleil au-dessus de l'horizon).

Un nombre limité de notions se prêtant à ce type de représentation, on a rapidement recouru aux emprunts phonétiques, lesquels consistaient à écrire certains mots avec le pictogramme d'un autre mot de prononciation identique ou voisine. Ainsi « dix mille » *(wàn)* est-il écrit avec le pictogramme du « scorpion » (également *wàn*). En outre, certains termes apparentés pouvaient s'écrire avec le même caractère : ainsi *shēng,* qui représentait les cornes du bœuf et signifiait « être vivant », « animal sacrificiel », d'où « vie », « donner vie », et *xìng,* qui désignait la « disposition naturelle », « ce avec quoi l'on naît ».

Pour éviter les confusions, on en est venu à ajouter des éléments graphiques indiquant la catégorie générale à laquelle appartenait le mot. Ainsi l'élément « bétail » a-t-il été accolé à *shēng* au sens d' « animal sacrificiel », et l'élément « cœur » à *xìng* au sens de « nature » : dès lors, les deux caractères ne pouvaient plus être confondus. Ces marques de catégorie, qui sont au nombre d'un peu plus de deux cents, sont appelées « radicaux » ou « clés ». La grande majorité des caractères modernes sont la combinaison d'un élément phonétique et d'une marque de catégorie. Par exemple *yáng,* « la mer », se compose de l'élément phonétique *yáng* (littéralement « mouton ») et de la marque de catégorie « eau », accolée à sa gauche.

Le Premier Empereur des Qin, conseillé par son ministre Li Si, est l'auteur d'une réforme drastique de l'écriture chinoise : la moitié environ des anciens caractères sont abolis, et beaucoup de ceux que l'on conserve sont restructurés. Les conséquences ont été graves pour les textes datant d'avant les Qin. Hormis les inscriptions, les versions dont nous disposons aujourd'hui ne sont plus rédigées dans leur écriture d'origine. Il a fallu trouver des substituts pour les caractères supprimés, et les altérations apportées aux autres ont certainement été à la source d'erreurs de copie. Ajoutons que, dans beaucoup de cas, la valeur figurative des anciens pictogrammes a été perdue : le caractère *bái* (« blanc ») reproduit ci-contre, où le symbole de l'œuf a disparu, est un bon exemple.

À s'en tenir du moins à l'écriture régulière, la structure des caractères chinois est restée inchangée depuis les réformes des Qin. En revanche, l'usage quotidien a créé des formes cursives abrégées dans lesquelles il n'y a plus trace des anciennes représentations figurées. À partir de la fin des années cinquante, un nombre croissant de ces caractères simplifiés sont devenus obligatoires en Chine populaire — le gouvernement en a d'ailleurs créé d'autres —, si bien qu'il y a aujourd'hui deux systèmes d'écriture chinoise qui ne se recouvrent qu'en partie : Taiwan et les communautés d'outre-mer continuent d'utiliser les caractères « compliqués » traditionnels, alors que les habitants du continent, auxquels sont enseignés les caractères simplifiés, ont parfois du mal à lire la littérature ancienne lorsqu'elle n'a pas été rééditée avec les nouveaux caractères.

La forme et l'esthétique des caractères chinois sont pour une bonne part déterminées par l'outil et le support. Le stylet du graveur impose une épaisseur uniforme au trait et va de pair avec une assez grande lenteur d'exécution ; il autorise en revanche des formes curvilinéaires d'une certaine subtilité. La taille des « traits » est regroupée en fonction de leur orientation sur la surface. Les caractères sont souvent gravés « en miroir », l'ordre droite-gauche des colonnes d'écriture étant également inversé. En revanche, les tracés fondus dans le bronze peuvent varier en épaisseur. Les moules typographiques utilisés pour les inscriptions en bronze — la première forme d'imprimerie, si l'on veut — ont imposé la disposition spatiale régulière du texte et la standardisation des caractères : pour faciliter l'assemblage, chacun doit tenir dans un carré identique. De même les étroites planchettes sur lesquelles on écrivait dans l'Antiquité ont-elles imposé une largeur uniforme. L'écriture au pinceau, quant à elle, doit être rapide, sans retouches et sans repentirs, tout ralentissement du trait provoquant la diffusion de l'encre par effet de buvard. Le tracé est plus aisé s'il est à peu près rectiligne, ou légèrement incurvé. Les traits doivent être exécutés dans un ordre défini, de haut en bas et de gauche à droite. La facilité avec laquelle on pouvait faire varier l'épaisseur du trait et la densité de l'encre a ouvert la voie à des développements esthétiques infinis.

L'impression en xylographie peut être considérée comme une variante un peu moins raffinée de la calligraphie au pinceau. Les caractères sont tracés sur une feuille de papier translucide, que l'on retourne avant de la coller sur la planche à graver, de façon que le graveur puisse tailler l'image inversée du texte. Pour réaliser l'impression, on encre la planche et l'on y applique la feuille à imprimer en la frottant avec une brosse dure.

Les caractères mobiles coulés en plomb, la machine à écrire et l'ordinateur ont introduit un degré supplémentaire de standardisation : chaque caractère a sa forme une fois pour toutes, alors que la xylographie préservait la « personnalité » du calligraphe qui avait exécuté la feuille initiale.

Évolution du caractère *wàn* (scorpion). De gauche à droite : forme archaïque Shang, forme oraculaire Shang, forme moderne.

Évolution du caractère *yáng* (mouton). De gauche à droite : forme archaïque, écriture de « petit sceau », forme moderne.

Le caractère *bái* (blanc) : la graphie originelle (à droite) imite la forme de l'œuf, mais celle-ci a disparu dans la forme moderne (à gauche), en usage depuis la réforme de l'écriture par Qin Shihuangdi (fin du IIIe siècle av. J.-C.).

Formes typographiques permettant d'imprimer les caractères sur les moules utilisés pour la fonte des bronzes (VIe et Ve siècles av. J.-C.).

La calligraphie

Les Chinois considèrent depuis fort longtemps la calligraphie comme un art majeur. L'esthétique traditionnelle évalue chaque trait de pinceau d'après quatre critères dont l'équilibre conditionne la qualité globale de l'écriture :

Ci-dessus : Le caractère *chì,* « par ordre de l'empereur », dans une calligraphie de l'empereur Huizong des Song (règne 1101-1135).

1. L'ossature : le trait doit donner une impression de force, paraître impossible à briser.

2. La chair : le trait doit être bien nourri, mais sans excès et sans « graisse ».

3. Le muscle : on doit avoir l'impression que les traits sont reliés par des ligaments invisibles ; de même les caractères se succédant dans une colonne.

4. Le sang : l'encre doit être d'une consistance parfaite, ni délayée ni empâtée.

Mais l'essentiel est que l'écriture ait l'air de « vivre ». Les caractères doivent évoquer l'image d'un danseur qui aurait virevolté d'un bout à l'autre de la page. La calligraphie chinoise, qu'on tiendra pour une des formes les plus vénérables d'art abstrait, tire son inspiration ultime de la nature. Le trait de pinceau a l'évidence organique de la feuille, de la branche, du nuage, de la rocaille ou de la goutte d'eau. La standardisation de la typographie va à l'opposé de cette esthétique.

Les trois mille ans d'histoire de l'écriture chinoise ont produit quatre grandes familles stylistiques :

1. Les écritures « de sceau », qu'on peut dire, en un sens, « dessinées », sont curvilignes, et leurs traits d'une épaisseur relativement constante. Cette famille va de l'écriture des inscriptions oraculaires sur os et sur plastron de tortue *(jiaguwen)* au style dit « petit sceau » *(xiaozhuan)* adopté officiellement sous les Qin.

2. Les écritures « régulières » exécutées au pinceau sont composées d'une succession bien définie de « traits » *(hua)* dont chacun garde son individualité. Cette famille va de l' « écriture des fonctionnaires » *(lishu)*, créée sous les Qin et officialisée sous les Han, au « style régulier » *(kaishu)* qu'on retrouve à la base de la typographie moderne.

3. L'écriture cursive est une version plus rapide de l'écriture « régulière » ; les traits s'enchaînent sans que le pinceau quitte le papier.

4. L'écriture « d'herbe » (originellement « de brouillon », *caoshu*) est comme un griffonnage hâtif où les caractères sont abrégés au point de n'être identifiables que par les connaisseurs. Le *caoshu,* qui peut être du grand art, se signale par une élégance, un « coulé » et une rapidité d'exécution qu'on ne trouve dans aucun autre style.

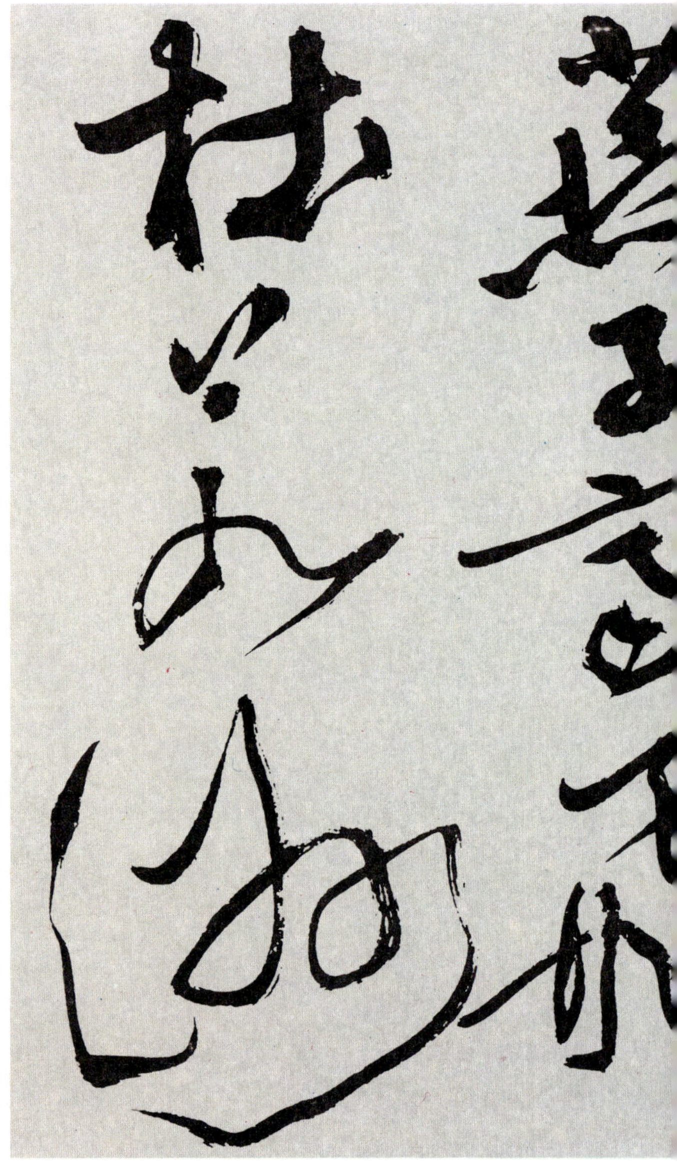

À droite : La calligraphie cursive de Wen Zhengming (1470-1559) a été qualifiée de « danse du pinceau ». Il s'agit d'un art où la signification du caractère a moins d'importance que la qualité expressive du tracé.

Ci-dessous : Le caractère *yǒng* (éternité) combine les sept « traits » fondamentaux de l'écriture chinoise. Il en existe en réalité beaucoup plus : certaines classifications particulièrement raffinées en dénombrent un minimum de trente ou quarante.

Ci-dessous à gauche : Exemple d'écriture dite « de sceau » provenant d'un vase de bronze de l'époque des Zhou.

Ci-dessous au milieu : Exemple d' « écriture d'herbe » *(caoshu)*. Il s'agit d'un estampage pris sur une stèle reproduisant une calligraphie du célèbre Wang Xizhi (IVe siècle), dont le nom est inséparable de ce style. Non seulement les traits sont reliés les uns aux autres, mais plusieurs caractères peuvent être tracés d'un seul mouvement.

Ci-dessous à droite : Dérivant de l' « écriture de fonctionnaire » *(lishu)*, l' « écriture régulière » *(kaishu)* a été élaborée au premier siècle de notre ère. Chaque trait, parfaitement délimité, doit posséder cette force et cette tension qui donnent l' « ossature ».

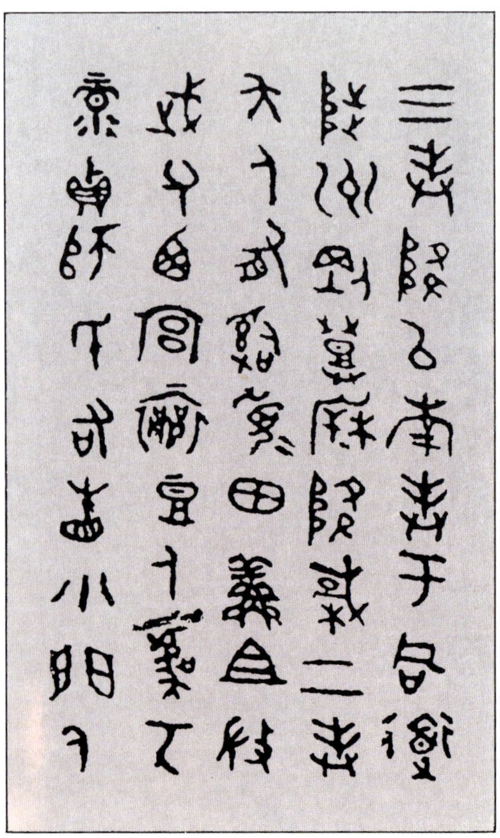

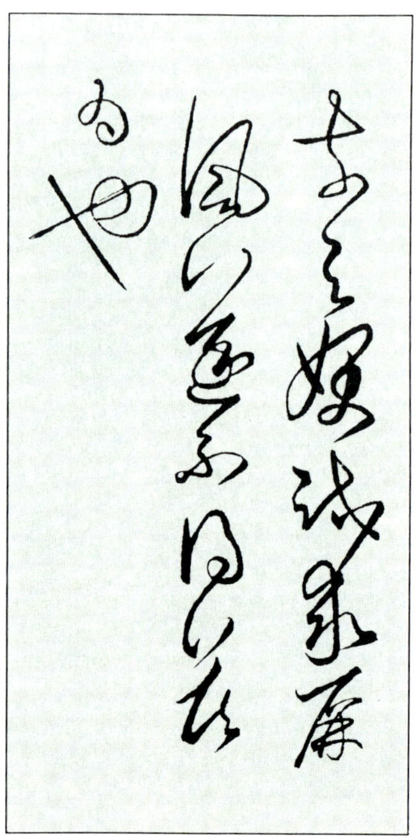

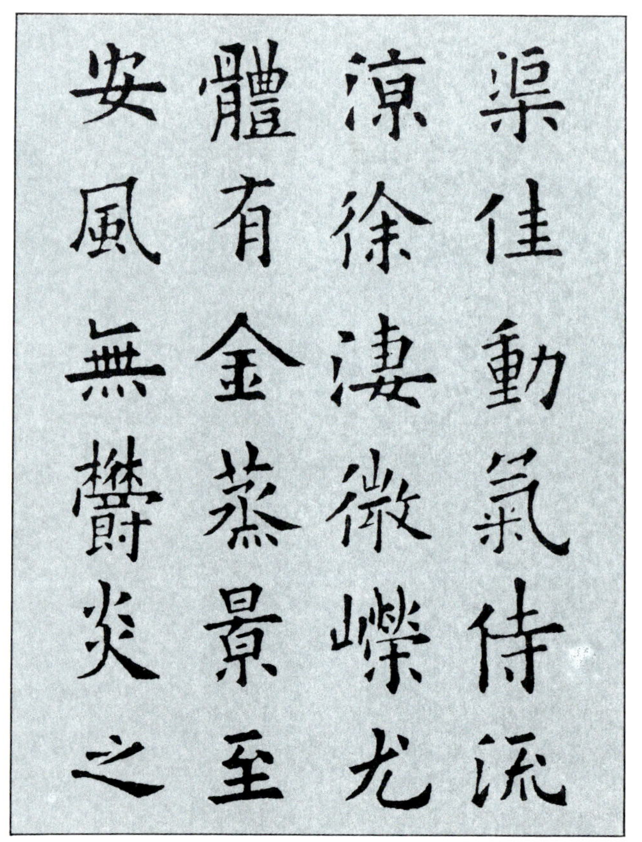

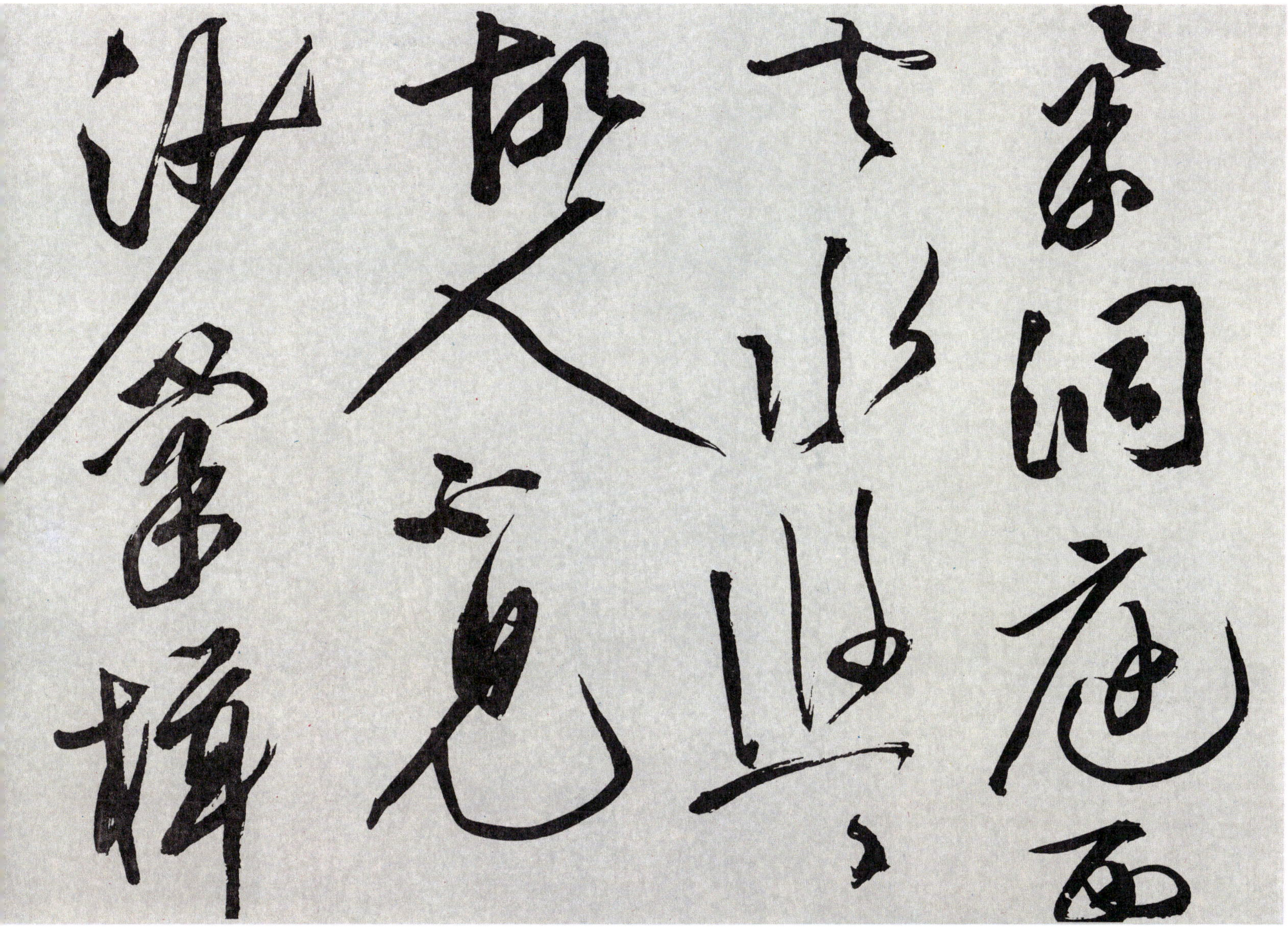

Ci-dessus : Trois types de caractères archaïques. *En haut :* caractères complexes à un seul élément ; les équivalents modernes descendent directement de la graphie archaïque. *Au milieu :* caractères simples à plusieurs éléments dont l'équivalent moderne n'est pas attesté. *En bas :* caractères complexes à plusieurs éléments, accompagnés des graphies modernes qui en dérivent ou qui en sont les équivalents.

Les caractères archaïques sur écaille et sur os *(jiaguwen)* dérivent probablement de pictogrammes plus anciens. Dans bien des cas la formalisation est déjà telle que l'interprétation figurative est difficile, voire impossible.

À droite : Contrairement aux calligraphes arabes, les Chinois se sont rarement essayés à combiner des images à partir de caractères d'écriture. Cette stèle d'époque Tang, conservée au musée de Xi'an, dans laquelle les caractères tracés en cursive s'enchaînent pour dessiner une forme humaine, est une exception particulièrement réussie.

Les voix de la poésie

Il existe comme une sorte de fenêtre à travers laquelle il est possible, aujourd'hui encore, d'entrevoir le paysage émotionnel des Chinois de l'Antiquité et de l'époque médiévale : c'est la poésie. L'accumulation, siècle après siècle, des styles régionaux et des modes, a fini par créer une tradition extraordinairement complexe, offrant aux poètes un large éventail de formes et de conventions expressives où il leur était loisible de puiser suivant leurs besoins et leurs goûts. Plutôt que de décrire ces subtilités, nous voudrions ici suggérer l'existence de quatre grandes « voix » dominant la poésie chinoise, entre lesquelles le poète avait à choisir pour s'exprimer à l'intérieur de sa tradition.

La première pourrait être celle du « barde » — celle par laquelle le poète chante les sentiments de toute une société, ses émotions collectives et les émois des individus qui la composent. Elle est inséparable du vénérable *Livre des odes (Shijing)*, dont les chants furent composés dans les États du nord de la Chine entre le IXe et le VIIe siècle av. J.-C. : chansons d'amour, lamentations, satires, ritournelles de travailleurs, odes pour le banquet, le culte ou la chasse... Ces pièces rimées, concises, d'un ton toujours contrôlé, étaient régulièrement chantées à la cour des rois et des princes.

La deuxième voix pourrait être appelée celle de la « possession » : celui qui l'empruntait paraissait communiquer avec le monde des esprits. Ses initiateurs sont les poètes qui composèrent les *Élégies de Chu* à la fin de l'époque archaïque. Le vers est long et rapsodique, le sensuel et le religieux s'interpénètrent, l'imagination, inspirée par les voyages extatiques des chamans, parcourt le temps et l'espace avec une liberté inconnue des hommes du Nord. Rattacher à cette voix la plus grande partie de la poésie consciemment orientée vers le soi n'est paradoxal qu'en apparence.

La troisième voix, nous l'appellerons celle de la « plongée dépersonnalisée ». Elle se manifeste dans ces évocations de la nature où le poète n'est plus qu'une présence invisible — qu'il s'agisse des proses poétiques où les auteurs des Han postérieurs déployaient de vastes panoramas (la mer, par exemple) sur un ton de froide splendeur, ou de l'expression délicate du « contentement de l'être » chez un Xie Lingyun, au début du Ve siècle, dont la sensibilité réussit à pénétrer au-delà du foisonnement des phénomènes, jusqu'à la structure intime de l'univers.

La dernière voix, typique de la maturité culturelle et de la sophistication atteintes sous les Tang, est plus difficile à cerner d'un mot. Dirons-nous « humanisme et résonances » ? Si le monde des hommes et celui de la nature se répondent, s'équilibrent, les préoccupations humaines l'emportent malgré tout. Plus distancié, le poète organise très consciemment, et avec une extrême subtilité, les structures, les références et les allusions. Les thèmes abordés sont plus nombreux qu'avant : un Du Fu, par exemple, est aussi à l'aise dans la psychologie subtile des scènes d'intimité familiale, ou quand il évoque le marchandage de quelques poignées de riz en année de famine, que dans le traitement de sujets plus nobles et plus conventionnels.

Il existe enfin une cinquième « voix » : celle, injustement négligée, du quotidien, énonçant les misères et les fardeaux de la vie, et sachant le faire sans tomber dans la sensiblerie.

1

Paysan, qui semblait tout simple,
Troquant tes toiles pour du fil,
Tu ne venais pas prendre du fil :
Tu venais vers moi pour m'enjôler !
Je te suivis et passai la Qi !
Et j'allai jusqu'au tertre Dun...
« Je ne veux pas, moi, passer le terme ;
Toi, tu viens sans marieur honorable. »
« Je t'en prie, ne te fâche pas !
Que l'automne soit notre terme ! »

Je montai sur le mur croulant
Pour regarder vers Fuguan !
Je ne vis rien vers Fuguan...
Et je pleurai toutes mes larmes !
Quand je te vis vers Fuguan,
Alors de rire ! et de parler !
« Ni la tortue, ni l'achillée,
Ne m'ont rien prédit de mauvais ! »
« Viens-t'en donc avec ta voiture ;
Qu'on y emporte mon trousseau ! »

Quand le mûrier garde ses feuilles,
Elles sont douces au toucher !
Hélas ! hélas ! ô tourterelle,
Ne t'en va pas manger les mûres !
Hélas ! hélas ! ô jeune fille,
Des garçons ne prends point plaisir !
Qu'un garçon prenne du plaisir,
Encore s'en peut-il parler !
Qu'une fille prenne du plaisir,
Pour sûr il ne s'en peut parler !

Lorsque le mûrier perd ses feuilles,
Elles tombent, déjà jaunies...
Depuis que je m'en fus chez toi,
Trois ans j'ai vécu de misère...
Comme la Qi s'en venait haute,
Mouillant les tentures du char !
La fille, vrai, n'a pas menti !
Le garçon eut double conduite !
Le garçon, vrai, fut sans droiture
Et changea deux, trois fois de cœur !

Ta femme, pendant trois années,
Du ménage jamais lassée,
Matin levée et tard couchée,
Je n'eus jamais ma matinée...
Et, autant que cela dura,
Cruellement tu m'as traitée.
Mes frères ne le sauront pas !
Ils s'en riraient et moqueraient...
J'y veux songer dans ma retraite,
Gardant tout mon chagrin pour moi...

Avec toi je voulais vieillir,
Et vieille, tu m'as fait souffrir...
Et pourtant la Qi a des berges !
Et pourtant le val a des digues !...
Coiffée en fille, tu me fêtais !...
Ta voix, ton rire me fêtaient !
Ton serment fut clair, telle l'aurore !
Je ne pensais pas que tu changerais !...
Que tu changerais !... Je n'y pensais pas...
Maintenant, c'est fini !... hélas !...

Ci-dessus : Le Mont Huang, dans la province de l'Anhui.

À gauche : La plus belle pièce du *Livre des odes* — mais aussi l'une de celles dont le ton est le plus éloigné de la « voix du barde » — raconte à la première personne les amours prémaritales et le mariage malheureux d'une jeune femme. La traduction présentée ici est celle de Marcel Granet. L'allusion à la tourterelle s'explique par la croyance selon laquelle le fruit du mûrier procurait à celle-ci la même ivresse que l'amour aux filles non mariées.

En bas à droite : Li Bai, l'illustre contemporain de Du Fu, n'a pas d'égal pour la virtuosité, la vivacité de l'imagination et le maniement de l'ironie amère. Dans le poème traduit ci-contre, le thème n'est indiqué que par l'allusion au temps qui s'écoule : il s'agit de la dernière nuit passée par le roi du Wu avec sa concubine Xishi ; le roi ignore encore ce que tous les lecteurs savent : que dès le lendemain il sera anéanti avec son armée par les forces du Yue.

Brillante, je vais me lever dans la région orientale ;
J'éclaire mon enclos, près du Fusang. **2**
Je fouette mes chevaux, je les presse ;
La nuit s'éclaircit, il va faire jour.
Je monte dans le char traîné par des dragons, j'ai pour véhicule le tonnerre ;
Portant l'étendard des nuages, je m'avance majestueusement ;
Je pousse un long soupir au moment de gravir l'arbre Fusang ;
Mon cœur hésite quand je songe tristement à ce que je laisse derrière moi.
Ah ! sa beauté réjouit les hommes ;
En la regardant je suis si heureuse que je ne songe plus au retour !
Pincez les cithares, frappez les tambours ;
Faites résonner les cloches aux sons de flûtes, sur leurs supports ornés de jade ;
Faites chanter les flûtes, soufflez dans les syrinx !
Cette prêtresse, elle est sage et habile ;
Dans son vol tournoyant, pareille au martin-pêcheur, elle s'élève.
Au rythme des vers s'accorde sa danse ;
Au ton répondent ses pas.
La déesse vient, ses suivantes obscurcissent le jour ;
Sa veste est de nuages verts, sa jupe est de nuées blanches.
« Je lève la grande flèche et je tire sur le Loup céleste ;
Je prends mon arc et, m'en retournant me coucher, je descends ;
Je saisis le Boisseau septentrional comme bol pour mon infusion de cannelle ;
Je tiens mes rênes, les hauts chevaux s'élancent. »
Le soir s'obscurcit, elle retourne vers l'Orient.

Quels mots pour décrire cette montagne souveraine ? **4**
Sa verdure est vue de partout dans Qi et Lu,
La Nature a rassemblé sur ses flancs tout ce qui est magique et beau,
Son sud et son nord partagent l'ombre et la lumière…

Sur ma poitrine soulevée se forment les nuées,
Mes yeux brûlants captent les oiseaux filant vers leur nid…
Un jour, il le faut, je foulerai la plus haute cime,
Et d'un regard embrasserai les montagnes devenues naines !

Appuyé sur mon bâton je m'en vais voir l'ermite…
L'herbe folle envahit le sentier, barrant le présent du passé ; **3**
Des grottes le long des crêtes, mais nulle maison,
Et pourtant, flottant sur les collines, les notes d'une cithare…

L'éclat de la neige troue l'ombre de l'ubac,
La pourpre des fleurs illumine les arbres de l'adret,
La source sourd de la roche et lave les cailloux de jade,
D'un mince trait les poissons surgissent et replongent…

Pourquoi tendre la soie de la corde, pourquoi souffler dans le bois de la flûte,
Quand collines et torrents dispersent leur musique si pure ?
Quel besoin de chanter,
Quand les bosquets murmurent d'eux-mêmes leur tristesse ?

Les corbeaux se sont perchés sur la terrasse de Gusu,
Et dans le palais du roi de Wu la belle Xishi s'enivre…
Les chansons de Wu ni les danses de Chu n'ont épuisé leurs plaisirs, **5**
Que le disque du soleil est à demi mangé par la colline verte…

L'aiguille d'argent descend dans le bassin doré,
L'eau de la clepsydre s'est presque toute écoulée !
Ils se lèvent et voyez, la lune d'automne descend sur les vagues du fleuve…
Quand à l'est lentement montera le soleil,
À quelles autres joies serons-nous promis ?

En haut : « La princesse de l'Orient » (ici d'après une traduction d'Henri Maspero), qui évoque l'union extatique de la prêtresse et de la divinité, donne une idée de ce qui faisait l'originalité profonde des religions du Chu. De tels textes devaient fournir la matière de récitals particulièrement dramatiques.

Ci-dessus : Du Fu (VIIIe siècle) a comme nul autre le don de faire basculer la perspective visuelle et émotionnelle à l'extrême fin d'un poème. Dans l'exemple donné ici — une œuvre de jeunesse sur le Taishan —, c'est l'angle de vision du lecteur qui se trouve brusquement élargi au dernier vers.

À gauche : Ces vers de Zuo Si (fin du IIIe siècle) traitent d'un thème souvent débattu à l'époque : celui de l'ermite qui déserte la société pour aller chercher l'illumination et les secrets de l'immortalité au milieu des montagnes.

De Confucius au confucianisme

C'est entre la fin du VIe siècle et le début du IIIe siècle av. J.-C. que les penseurs chinois commencent à s'intéresser aux problèmes soulevés par les notions de morale et de vérité. Alors que les siècles précédents s'étaient surtout préoccupés de trouver les secrets de la réussite en cherchant comment être en harmonie avec la volonté du Ciel et les souhaits des esprits, l'atmosphère est désormais beaucoup plus sceptique ; les gens tendent à se poser des questions sur ce qui justifie leurs croyances.

Quatre grands courants se font jour. L'humanisme conservateur, laïque, plutôt agnostique de Kongzi (Confucius), Mengzi (Mencius) et Xunzi met l'accent sur les liens sociaux organiques qui se tissent entre les hommes et sur l'efficace de la vertu individuelle correctement exercée dans ce contexte. Mozi, de son côté, prêche une morale utilitaire, autoritaire et méritocratique ; pour lui, le Ciel récompense inévitablement le bien et sanctionne tout aussi inévitablement le mal. La vision de Zhuangzi, au contraire, est celle d'une sorte d'absorption de l'être dans le processus cosmique et naturel qu'il nomme le *dao* (la voie), en dehors de toute préoccupation morale : les distinctions procédant du raisonnement logique ou éthique ne font que gêner l'entendement. Enfin, les réalistes politiques, tels Shang Yang (ou plutôt le texte plus tardif qui lui est attribué) et Hanfeizi, en tiennent pour un immoralisme teinté de machiavélisme et même de collectivisme, dans lequel les qualités et les valeurs sur lesquelles s'appuie l'État sont l'inverse de celles qu'on a coutume de glorifier chez l'individu. Le classique du taoïsme intitulé *le Livre de la voie et de la vertu (Daodejing)* voit semblablement dans le souverain un manipulateur total inaccessible aux sentiments humains, mais considère le monde comme trop élusif et paradoxal pour qu'il soit possible de le contrôler par la loi : aux notions de pouvoir d'État et de développement économique, il oppose l'idéal d'un retour à une sorte de simplicité écologique élémentaire où l'ordre régnerait par la simple efficace du sage, confiné dans une inaction magique.

Kongzi, à la fin du VIe siècle, prétend ne rien faire d'autre que transmettre les valeurs du passé : en réalité c'est une rupture décisive qu'il prône. Au lieu de l'antique combinaison du religieux et du politique, et de la répartition sociale des rôles proposée par le féodalisme Zhou, il défend le gouvernement d'une élite morale. La vertu qu'il met au-dessus de tout, le *ren* (souvent traduit par « bonté » ou « altruisme », on dira plutôt « l'attention aux autres ») est rarement mentionnée avant lui. Mengzi (fin du IVe siècle av. J.-C.) maintient que le cœur de l'homme *(xin)* est bon par nature, et que le mal n'est qu'une conséquence de la corruption : aussi est-il nécessaire de réveiller et d'entretenir sa propre « vitalité morale » *(qi)*. Moins optimiste, Xunzi (début du IIe siècle av. J.-C.) rend la notion de Ciel synonyme de « nature » et considère les penchants humains comme essentiellement neutres, soumis aux effets du conditionnement social. Les hommes ne survivent dans un environnement hostile que parce qu'ils s'organisent socialement, et cela n'est possible que par le double effet de la différenciation des rôles et d'un sentiment collectif de solidarité. À cela visent respectivement l'impact psychologique du rituel *(li)* et celui de la musique *(yue)*.

L'un des événements les plus regrettables de l'histoire de la philosophie chinoise ancienne est la disparition corps et biens de la logique sophistiquée élaborée par les disciples de Mozi, dont on trouve également trace dans les paradoxes de sophistes tels que Gongsun Long (« un cheval blanc n'est pas un cheval », « un poulain orphelin n'a pas eu de mère », etc.). Les dures réalités de l'époque des Royaumes combattants ont fait désigner cette façon de penser comme au mieux sans objet, au pire nuisible pour la société. Se plaçant du point de vue du mystique, Zhuangzi tient que l'utilisation des mots pour fragmenter l'expérience en catégories distinctes est une falsification dès le départ, et qu'il n'existe pas de moyen de relier les constructions formelles à la réalité. Xunzi, de même, pose que les mots n'ont pas de réalité intrinsèque : ce sont des outils conventionnels permettant de regrouper les objets semblables par catégories, et les faiseurs de paradoxes ne font que brouiller ces conventions. Pour ces raisons, peut-être d'autres, les formes de discours strictement logiques ont complètement disparu en Chine.

Le confucianisme, le taoïsme, les théories des cinq éléments, la numérologie, d'autres courants encore, se fondent au début de l'Empire pour produire une métaphysique syncrétique que l'on retrouve à la base de presque toute la pensée chinoise ultérieure, et dont le texte fondateur est le *Livre des mutations (Yijing)*. Ce dernier est un ancien manuel de divination d'époque Zhou recouvert par une sédimentation de commentaires et d'explications, construit autour de soixante-quatre hexagrammes proposant toutes les permutations possibles de deux types de lignes — continue et discontinue — qui représentent respectivement le « dur » et le « mou », le « brillant » *(yang)* et le « sombre » *(yin)*, etc. Dès lors que l'une de ces deux forces atteint à son maximum, elle se transforme en son contraire. Chaque hexagramme est l' « image » *(xiang)* d'une situation archétypale et renvoie à un réseau de correspondances cachées reliant les différents domaines de l'expérience. La divination est possible grâce aux relations de réso-

Confucius, représenté en dignitaire de la Cour. La pierre gravée sur laquelle a été pris cet estampage reproduirait une œuvre du peintre Wu Daozi des Tang (actif entre 720 et 760 environ), réputé pour sa maîtrise de la ligne. L'image est surmontée par l'inscription suivante : « Portrait de Confucius, premier d'entre les maîtres, mettant sa doctrine en pratique » — entendons, servant le gouvernement —, et par deux couplets gravés en haut à droite : « Égal du Ciel et de la Terre par sa vertu, sa voie domine le passé et le présent ; ayant révélé et transmis les Six Classiques, il les a laissés pour modèle aux générations innombrables. »

nance qui existent entre l'archétype régissant l'événement concret et sa représentation symbolique dans l'ouvrage.

Le système métaphysique global peut être décrit comme un dualisme multidimensionnel fondé sur une série presque illimitée de paires opposées : mâle et femelle, chaud et froid, forme et énergie, etc. Il s'agit là d'un mode de pensée organique, plutôt que mécaniste : le cycle des soixante-quatre hexagrammes reflète l'éternel recommencement de la vie végétale, non un progrès linéaire. La puissance qui gouverne le monde lui est immanente, et non transcendante comme dans la tradition occidentale. Si chaque situation est effectivement déterminée dans ses grands traits, l'homme du commun conserve la liberté, dans ces limites, d'agir ou non avec sagesse et efficacité. Mais le sage, qui sait mettre à profit le savoir des *Mutations* pour saisir les événements à leur origine, est capable d'accomplir beaucoup plus. Aussi, sous les Han et pendant la période de morcellement qui a suivi, s'est-on appliqué à rechercher le principe universel caché derrière les phénomènes : ce fut la « science des mystères » *(xuanxue)*.

La désapprobation que suscite chez beaucoup de Chinois le dédain du bouddhisme pour les valeurs familiales confucéennes et l'obéissance politique, combiné à un certain nihilisme éthique, va déboucher peu après l'an mille sur une réaction philosophique rationaliste et laïque où l'on retrouve à la fois l'ancien syncrétisme métaphysique, la croyance mencienne dans la bonté innée de l'homme, et un certain nombre d'idées d'origine bouddhiste. Si l'on parle communément de « néoconfucianisme », c'est que les principaux penseurs de ce courant se situent explicitement dans le droit fil de la tradition et s'expriment volontiers à travers les gloses qu'ils rédigent pour les classiques confucéens.

Zhang Zai (1020-1077) reprend ainsi le concept de *qi* (« force vitale », « souffle ») pour en faire la « matière-énergie », substrat de la « potentialité » (*xu,* littéralement « vide ») d'où naissent les phénomènes en conformité avec ce qu'on pourrait appeler la « forme-principe » *(li)*. De même élargit-il le concept de *ren,* qui peut désormais se définir comme la « conscience sensible ouverte à tous les autres êtres », si bien que, suivant les termes de son contemporain Cheng Hao (1032-1085), « il n'est rien qui ne soit aussi soi-même ». Mais l'opposition entre l'exigence hiérarchique du confucianisme et la tendance égalitaire du bouddhisme n'est pas résolue.

Cheng Yi (1033-1108), frère cadet de Cheng Hao, fait du *li* (« forme-principe ») une notion *à la fois* naturelle, descriptive et normative, en quoi il s'attaque sans le résoudre au problème (d'ailleurs insoluble) de la relation entre « ce qui est » et « ce qui devrait être » : si l'on admet qu'une entité doive être douée d'une qualité (par exemple, la bonté) pour exister authentiquement (par exemple, un père), cela signifie que si elle est dénuée de cette qualité elle n'aura pas d'existence véritable. Cela implique la bonté inhérente de la nature, dans sa totalité, et du coup les néoconfucéens sont incapables d'expliquer l'origine du mal. Zhu Xi (1130-1200), qui opère la synthèse du mouvement, est conduit à poser un dualisme virtuel entre la forme-principe (toujours bonne) et la matière-énergie (parfois bonne, parfois mauvaise), ce qui a l'inconvénient de ruiner les fondements de tout le système.

Lu Xiangshan (1140-1192) et Wang Yangming (1472-1529) sont les derniers à avoir tenté d'échapper au dilemme. Admettant que le sens moral ne peut émaner que de l'individu, ils affirment qu'il peut être conçu intuitivement par l' « âme-esprit » *(xin),* et postulent l'existence d'une âme universelle omniprésente, dont l'âme individuelle est, ou devrait être, une partie. L'immoralité naît de la corruption du savoir intuitif par l'égoïsme. Lorsque le débat théorique sera repris au XXe siècle par des penseurs comme Zhang Dongsun, les bases conceptuelles n'en seront plus uniquement, ni même principalement, chinoises.

La religion

En bas à gauche : Prêtre animiste s'apprêtant à célébrer des funérailles. L'autel de fortune porte divers articles, notamment du riz brun, des racines séchées et des cigarettes. Après l'inhumation, le prêtre distribuera quelques grains de riz — symbole de fécondité — à chacun des présents pour qu'ils les plantent en mémoire du défunt.

Ci-dessous : Depuis 1959, date de l'accession du Tibet au statut de « région autonome », plus de deux mille communautés monastiques lamaïstes ont été dispersées, et la plupart de leurs édifices démolis. Mais la foi reste vivante, et les pèlerins continuent de visiter les sanctuaires pour y faire leurs dévotions.

La religion était une combinaison d'éléments disparates, parfaitement admise en tant que telle : la sagesse populaire associait le confucianisme, le taoïsme et le bouddhisme dans le dicton suivant lequel « les trois religions sont une » ; elle voulait que la première guide les comportements quotidiens, que l'on fasse appel aux praticiens taoïstes pour les purifications et les exorcismes, enfin aux prêtres bouddhistes pour les funérailles.

L'au-delà était peuplé d'esprits *(shen)* de toute nature et de tout pouvoir ; il restait le plus souvent invisible, mais ressemblait à beaucoup d'égards au monde des hommes avec lequel il entretenait toutes sortes de rapports. L'empereur de Jade à la tête de la hiérarchie céleste et Yama régnant sur les enfers étaient l'un et l'autre la contrepartie du souverain trônant à Pékin. De même le dieu de la ville, qui avait son temple dans chaque capitale de sous-préfecture, en était en quelque sorte le magistrat spirituel. Outre les ancêtres et les fantômes, nombre d'esprits — ou de dieux, pour les plus importants — avaient commencé leur carrière ici-bas. Guan Yu, le dieu de la guerre à l'époque des Qing, est un illustre général du IIIe siècle de notre ère. Li Madou, dieu des horlogers, n'est autre — ironie du destin ! — que le missionnaire jésuite Matteo Ricci.

Les dieux pouvaient être promus ou rétrogradés en fonction des services rendus ou des lubies de l'empereur. Les Chinois communiquaient en rêve avec les esprits, ou les consultaient par l'intermédiaire de spécialistes de la transe médiumnique.

Au centre : Des cierges brûlent dans la salle des cinq cents arhats, au monastère bouddhiste du Bambou qiang (une variété du Sichuan), au nord-ouest de Kunming. Sur l'introduction du bouddhisme en Chine pendant les premiers siècles de notre ère, voir la carte p. 110. Dans la tradition Theravada, qui met l'accent sur la délivrance individuelle, un arhat (ou *luohan*) est un moine ayant atteint l'illumination. Plus répandu en Chine, l'enseignement du Mahayana promet au contraire la délivrance ultime à tous les êtres.

En haut à droite : Le culte des ancêtres se fonde sur la croyance dans l'entraide des morts et des vivants. Laissés à l'abandon, les esprits risquent de se transformer en « fantômes affamés » qui reviendront hanter les vivants.
Dès lors qu'elle consiste à sélectionner pour les ancêtres un lieu de sépulture permanente propre à apporter la bonne fortune à tel ou tel de leurs descendants, la géomancie est une pratique manipulatoire plutôt qu'une manière d'honorer les morts : elle était souvent source de conflits entre frères, chacun défendant ses propres intérêts. Ces idées et ces pratiques ont décliné sous le régime populaire, sans pour autant disparaître, comme l'atteste cette photographie prise au Yunnan.

Ci-dessous au centre : Les premiers musulmans de Chine étaient des marchands arabes et persans arrivés aussi bien par mer que par terre à l'époque des Tang (voir carte p. 150). Le toit qui surmonte le *minbar* (la chaire) de cette mosquée de Kunming est typiquement chinois.

Ci-dessus : Pendant la Révolution culturelle (1966-1976), les églises chrétiennes de Chine ont été dénoncées comme des institutions antipatriotiques héritées de l'impérialisme : beaucoup ont été fermées, voire détruites. Depuis lors, un certain nombre ont rouvert leurs portes, encore que l'accent soit mis sur un christianisme libéré des liens avec l'étranger, et que la liberté du culte soit soumise à certaines restrictions.

À gauche : Chinoise d'outre-mer consultant un médium à Singapour.

L'architecture religieuse et palatiale

L'architecture d'un temple confucéen, taoïste ou bouddhiste est toujours la même, et n'offre guère de différence fondamentale avec celle des édifices civils. Depuis les Song, les bâtiments traditionnels sont systématiquement édifiés sur une plate-forme ; le lourd toit de tuiles repose sur une charpente élaborée, reliée au sol par des colonnes de bois reposant sur des blocs de pierre ; les murs, faits de matériau léger, ne sont pas porteurs. Les édifices les plus importants sont tournés vers le sud, où s'ouvrent portes et baies. Les différents éléments des consoles qui soutiennent les avant-toits sont emboîtés et forment un entrelacs dont la fonction décorative est importante. La peinture joue un rôle à la fois esthétique et protecteur. Les colonnes, quand elles ne sont pas sculptées, sont rouges, la plate-forme blanche, les consoles vert et bleu, les tuiles jaunes ou vertes. Le palais impérial à Pékin, le temple de Confucius à Qufu (datant l'un et l'autre des Ming), et le temple de Jinci près de Taiyuan (d'époque Song), illustrent ce style.

La pagode, d'origine indienne, a été introduite en Chine avec le bouddhisme ; elle servait à abriter des objets sacrés. Les bouddhistes avaient aussi des temples aménagés dans des grottes. On trouve enfin divers édifices religieux se conformant au principe, énoncé dans des textes d'époque Zhou, suivant lequel un bâtiment rituel doit avoir une superstructure ronde et une base carrée, symbolisant ainsi la relation entre le Ciel et la Terre. On en trouve un exemple à Gyantse, au Tibet. Le temple du Ciel, à Pékin, qui date des Qing, est circulaire et se dresse au milieu d'une cour carrée. Les mosquées de Xi'an et de Kunming sont construites dans le style chinois traditionnel, celle de Turfan reprend l'architecture musulmane du Moyen-Orient.

À gauche : Cette église chrétienne se trouve près de Wangfujing, dans l'est de Pékin. Fondée en 1666 et reconstruite à plusieurs reprises, elle sert à présent d'école.

Ci-dessous : La mosquée de Turfan, construite en 1776.

Ci-dessus : Le temple taoïste du Yonglegong, dans le sud du Shanxi, est un bon exemple du style classique d'architecture palatiale. Il date du XIVe siècle et contient certaines des plus belles fresques de Chine du Nord.

Ci-dessous à gauche : Le temple de Confucius à Qufu (Shandong), lieu natal de l'illustre philosophe, date de l'époque des Qing. On aperçoit ici le sanctuaire principal, daté de 1724. Le temple conserve une collection d'instruments de musique dont certains ne sont utilisés que pour les cérémonies confucéennes.

Ci-dessous : Structure à étages appuyée contre une falaise de Dunhuang (Gansu), où plus de quatre cents grottes ont été creusées pour abriter des temples.

Ci-dessus : Le palais du Potala, à Lhasa, a été construit au XVIIe siècle. Il servait de résidence d'hiver au Dalai Lama, auquel étaient réservés les étages supérieurs du Palais rouge.

À l'extrême gauche : Le temple bouddhiste du Jinci, près de Taiyuan (Shanxi), dont on voit ici un pavillon, remonte au XIIe siècle. Noter l'entrelacs des consoles soutenant l'avant-toit.

Ci-contre à gauche : Le Palkhorchorten, ou Grand Stupa de Gyantse, au Tibet, date du XVe siècle. C'était le foyer de la secte bouddhiste des Bonnets jaunes, rattachée à la tradition Mahayana. Le plan est celui d'un mandala : un cercle inscrit dans un carré. L'édifice contient de remarquables fresques du XVe siècle. Les anneaux du sommet représentent les treize niveaux par lesquels il faut passer avant d'accéder à l'état de bouddha. Les « yeux de Bouddha » regardent partout.

Médecine et géomancie

Les Chinois ont longtemps été l'un des peuples du monde les plus conscients des problèmes de santé. Le corps était considéré dans la tradition confucéenne comme un don reçu des parents, et la piété filiale commandait qu'on en protège l'intégrité. Il est vrai que certains parangons de vertu filiale allaient au contraire jusqu'à se couper un morceau de bras ou de jambe, ou même de foie, pour préparer les soupes médicinales destinées à guérir un parent malade. Beaucoup de lettrés se tournaient vers la médecine pour pouvoir prendre soin de leurs parents.

Pour le taoïsme, le corps est un « pays interne », un monde peuplé d'esprits dont certains sont inoffensifs, d'autres animés de sentiments malveillants envers le propriétaire de leur demeure. L'alchimie taoïste est pour une large part la recherche de l'élixir d'immortalité : la fabrication de l'or n'est qu'une préoccupation secondaire, visant à produire non des richesses, mais le métal le plus inaltérable qui soit. Si beaucoup d'élixirs étaient des composés mortels d'arsenic et de mercure, on peut supposer que la macrobiotique végétarienne pratiquée par certains ermites n'avait rien que de salubre.

L'étude scientifique de l'anatomie humaine a connu en Chine une histoire capricieuse. La dissection, pratiquée sur des cadavres de criminels, est mentionnée dès le début de notre ère, pour disparaître ensuite et n'être à nouveau signalée que sous les Song, après quoi il n'en est pratiquement plus question avant l'époque moderne. L'attitude à l'égard du corps humain hésite entre la pruderie et la délectation pornographique.

La médecine traditionnelle chinoise se fonde sur deux *corpus* encyclopédiques de connaissance empirique : l'herboristerie, et la recherche des points du corps répondant sélectivement aux stimulations. La première a donné naissance à une série d'herbiers illustrés, dont les premiers exemplaires imprimés datent des Song, et dont le couronnement est la grande *Pharmacopée* de Li Shizhen, à la fin des Ming. Aujourd'hui encore, l'herboristerie traditionnelle permet de créer d'excellents médicaments. Les théories médiévales tentant d'expliquer l'interaction des produits et des maladies à partir des humeurs, des « éthers » *(qi)* et des saveurs ne semblent plus guère tenables. Le second domaine est celui de l'acuponcture et de la moxibustion, lesquelles agissent principalement sur le système nerveux. Si ces thérapies ont pu dans une large mesure être validées scientifiquement, la théorie traditionnelle suivant laquelle l'énergie vitale circule le long des méridiens principaux et transversaux reliant entre eux les points sensibles, rencontre le scepticisme même des acuponcteurs modernes.

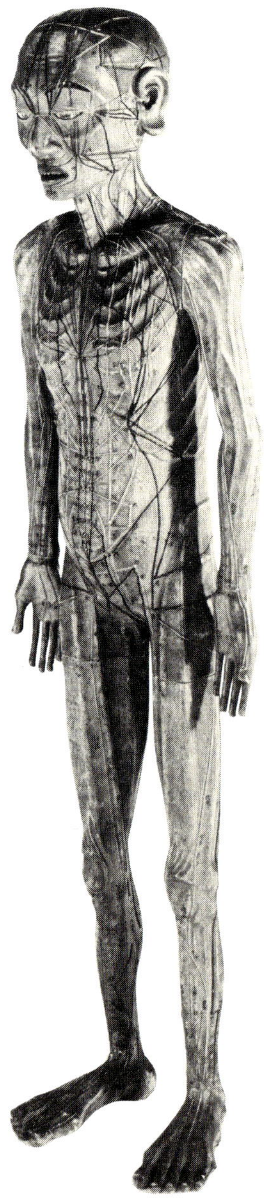

À gauche : modèle anatomique du XVIIe siècle, peint et gravé, indiquant les « points » d'acuponcture.

Ci-dessous : On séchait les racines du *shehan* pour soigner les morsures de serpent et les piqûres d'insecte. Gravure extraite de l'encyclopédie *Sancai tuhui* (fin des Ming).

En bas : Les premiers herbiers chinois imprimés datent de la fin du Xe siècle. Il s'agit d'ouvrages répertoriant les produits d'après leurs vertus curatives et donnant des instructions pour la préparation. Les pharmacies chinoises modernes vendent côte à côte herbes médicinales et médicaments de type occidental.

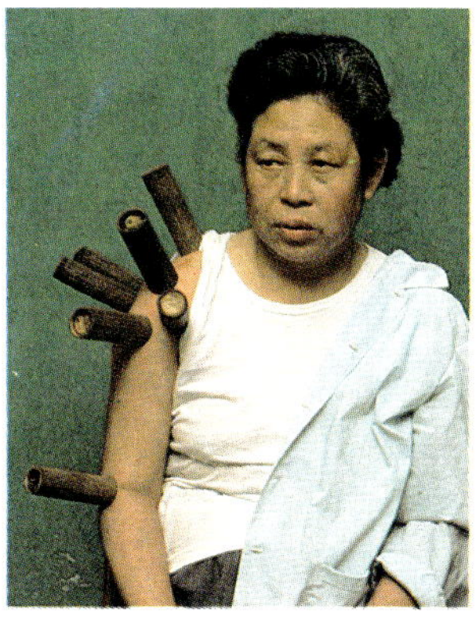

À droite : Il est possible que l'acuponcture et la moxibustion aient eu originellement pour rôle d'expulser du corps les démons porteurs de maladie. Quoi qu'on puisse penser de la valeur scientifique de la théorie traditionnelle des flux d'énergie, les techniques anciennes restent en usage à des fins thérapeutiques et anesthésiques. On voit ici une femme traitée pour une douleur à l'épaule.

Page 193, à gauche : Diagramme des points d'acuponcture le long du canal péricarde (aquarelle du XVIIIe siècle).

En haut à droite : La figure supérieure montre les six pouls perceptibles sur chaque poignet (donc douze au total). Le diagnostic du médecin chinois traditionnel s'appuie sur l'aspect du visage, la voix, le régime alimentaire, et, surtout, les pouls. La position de chaque pouls correspond à un « méridien » associé à un organe précis, dont le fonctionnement peut être apprécié à la force et à la qualité de la pulsation.

Au centre à droite : Le compas du géomancien permet d'établir l'emplacement le plus favorable pour une sépulture. La « divination terrestre », qu'on peut qualifier de pseudo-science, prétend détecter les flux cachés d'énergie parcourant un paysage donné. Ces derniers évoquent évidemment les flux d'énergie vitale qui, dans la théorie médicale traditionnelle, circulent le long des « méridiens » du corps humain. De même, la manière dont bâtiments et sépultures affectent favorablement ou défavorablement les flux du paysage est analogue à celle dont l'aiguille de l'acuponcteur agit sur l'organisme du patient.

En bas à droite : Cercueils en attente d'une sépulture définitive. Le lieu et la date de cette dernière seront déterminés après consultation d'un géomancien.

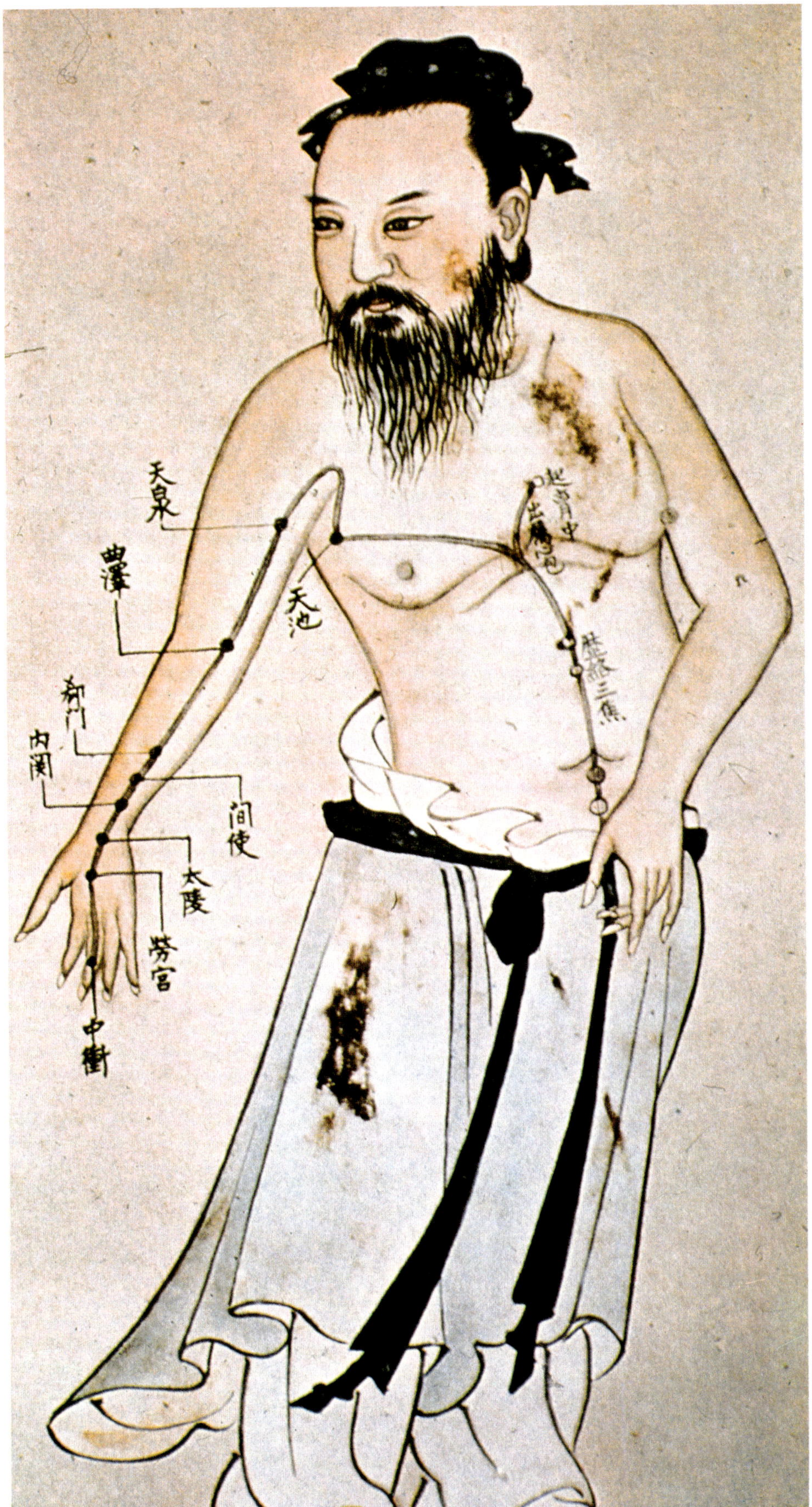

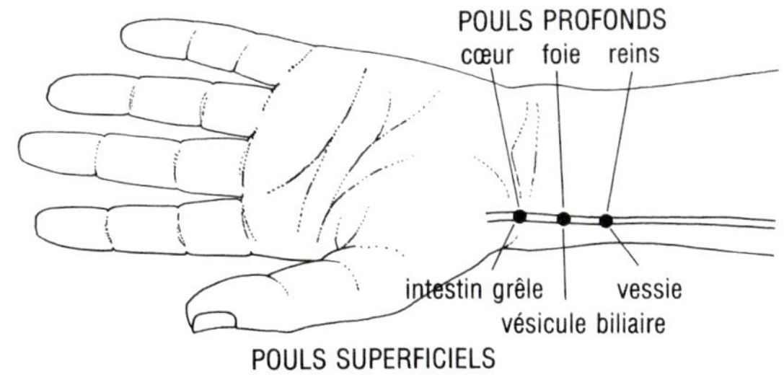

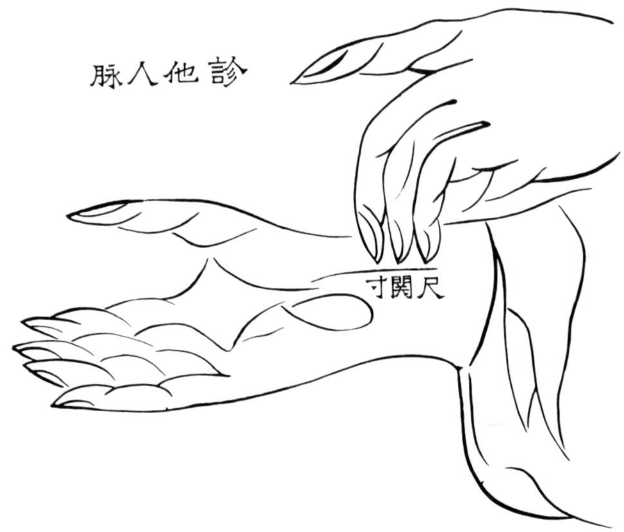

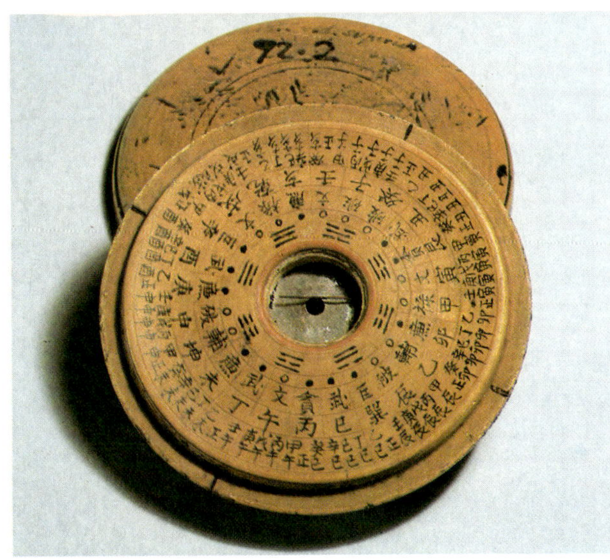

Les principes de la mathématique chinoise

Les exemples les plus anciens de mathématique chinoise datent de la fin des Royaumes combattants et du début des Han. Il s'agit essentiellement d'opérations à but pratique : cadastrage, grands travaux, perception des impôts. Les disciples de Mozi cherchent à formuler des axiomes et à conduire leurs démonstrations par enchaînement déductif, mais ces tentatives intéressantes restent sans suite. La géométrie chinoise, alors fort rudimentaire, offre un contraste saisissant avec celle des Grecs. La preuve chinoise du théorème de Pythagore donne une idée de la différence de style entre les deux traditions : comme le montre la figure 1, il ne s'agissait guère, à l'origine, que d'une démonstration numérique basée sur le cas particulier des triangles rectangles dont les côtés valent 3, 4 et 5. Dès le IIIe siècle av. J.-C., on passe à une démonstration algébrique (également attestée en Inde) plus simple que celle d'Euclide, mais qui n'en a pas la rigueur déductive.

Figure 1. **La démonstration chinoise du théorème de Pythagore**

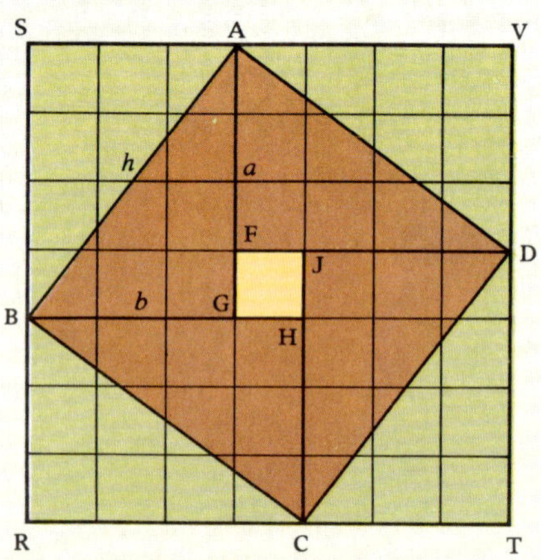

Démonstration numérique : Si AG, BH, CJ et DF valent quatre unités de longueur, et si AF, BG, CH et DJ valent trois unités, les diagonales AB, BC et CD valent cinq unités.
En effet, l'aire du carré ABCD est égale à l'aire du carré SRTV moins celle des triangles ASB, BRC, CTD et DVA, soit

$$(7 \times 7) - (4 \times 6) = 25 = 5^2.$$

Preuve algébrique : soit h la longueur des quatre hypothénuses, a et b la longueur respective des deux autres côtés des triangles rectangles.
Comme

$$ABCD = FGHJ + ABG + BCH + CDJ + DAF$$

il s'ensuit que

$$h^2 = (a - b)^2 + 4\left(\frac{ab}{2}\right) = a^2 + b^2.$$

Figure 2. **Les nombres chinois**

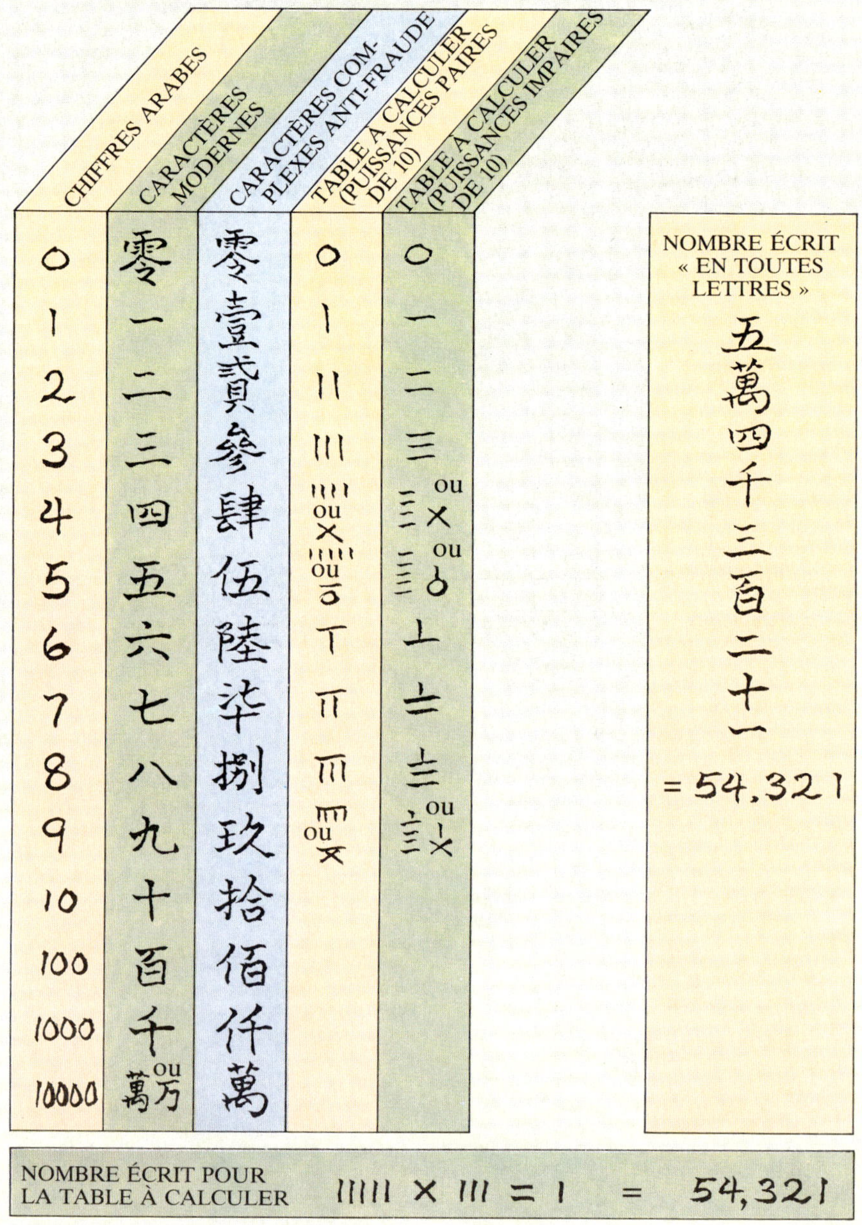

L'une des grandes particularités du développement de la mathématique chinoise dans le courant du premier millénaire apr. J.-C. est l'utilisation de la « table à calculer ». Les Chinois, qui se sont toujours servis du système décimal, accolent des termes spéciaux (dix, cent, mille, dix mille, etc.) aux chiffres pour spécifier les puissances de dix. Ce système se prête bien à la construction d'une matrice de lignes et de colonnes où le positionnement des chiffres dans les lignes horizontales (de droite à gauche) suffit à indiquer de quelle puissance de dix il s'agit. On disposait dans les cases appropriées des bâtonnets dont le dessin indiquait le chiffre et précisait en même temps, pour faciliter encore la lisibilité, s'il s'agissait d'une puissance paire ou impaire de dix (voir fig. 2).

Page 195, à droite : L'abaque devient d'usage universel en Chine aux environs du XIVe siècle. Le cadre se lit de gauche à droite, chaque colonne représentant une puissance de dix. Les anneaux du cadre supérieur valent chacun cinq, ceux du cadre inférieur valent un. On ne tient compte que des anneaux déplacés vers la séparation centrale : la disposition représentée ici se lit donc 123 456 789 (la virgule peut être placée là où on le souhaite). Les anneaux du sommet ne servent que pour les longues divisions.

À l'extrême droite : « Le maître et ses élèves discutant un problème », gravure sur bois de Cheng Dawei datée de 1593.

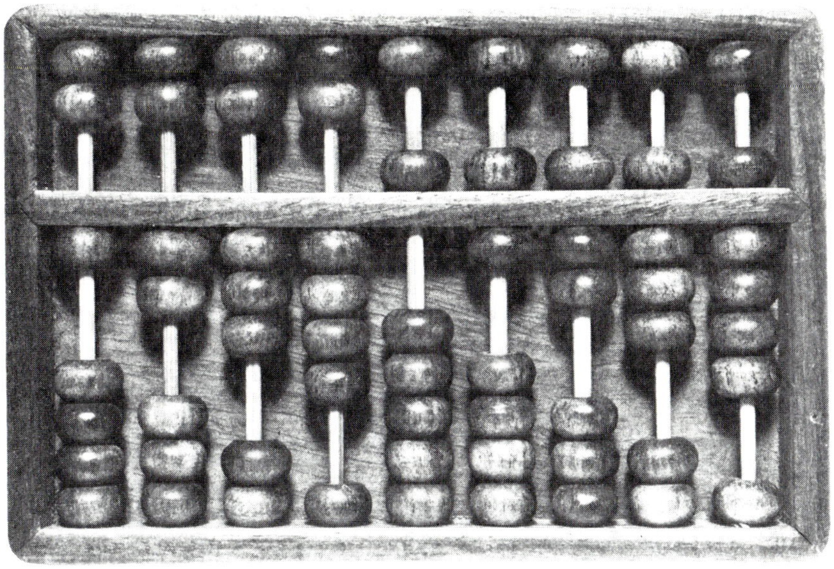

Figure 3. **La multiplication de 247 par 736**

							Commentaires
Multiplicande				2	4	7	
Multiplicateur		7	3	6			l'opération commence par les centaines
	1	4					(200 × 736 = 147 200) 7 × 2
			6				3 × 2
			1	2			6 × 2
Multiplicande					4	7	on retire le chiffre des centaines
Multiplicateur			7	3	6		déplacé d'un rang à droite
Total intermédiaire	1	4	7	2			s'ajoute à l'opération en cours
		2	8				7 × 4
			1	2			3 × 4
				2	4		6 × 4
Multiplicande						7	on retire le chiffre des dizaines
Multiplicateur				7	3	6	déplacé d'un rang à droite
Total intermédiaire	1	7	6	6	4		s'ajoute à l'opération en cours
			4	9			7 × 7
				2	1		3 × 7
					4	2	6 × 7
Total	1	8	1	7	9	2	

Figure 4. **La division de 256 842 par 751**

							Commentaires
Ligne de résultat				3			par estimation
Dividende	2	5	6	8	4	2	
Diviseur		7	5	1			751 > 256, déplacé d'un rang à droite
À retirer	2	2	5	3			3 × 751
Reste		3	1	5			Dividende moins la ligne à retirer
Ligne de résultat				3	4		par estimation
Dividende		3	1	5	4	2	Reste + reste du dividende
Diviseur			7	5	1		déplacé d'un rang à droite
À retirer		3	0	0	4		4 × 751
Reste			1	5	0		Dividende moins la ligne à retirer
Ligne de résultat				3	4	2	par estimation
Dividende			1	5	0	2	Reste + reste du dividende
Diviseur				7	5	1	déplacé d'un rang à droite
À retirer			1	5	0	2	2 × 751
Reste			0	0	0	0	pas de reste ; fin du calcul

D'abord indiqué par l'absence de symbole dans les colonnes concernées, le zéro représenté par un cercle fait son apparition vers l'an mille. De la même époque date la distinction entre bâtonnets noirs pour les nombres négatifs et rouges pour les nombres positifs.

La table à calculer peut se comparer à un ordinateur rudimentaire qui fonctionnerait manuellement, les lignes stockant des « adresses » dont les valeurs sont modifiées par l'opérateur au fur et à mesure qu'il avance dans son « programme ». Sa principale caractéristique est qu'elle permet de résoudre des problèmes assez compliqués sans recourir à des notations symboliques pour indiquer les opérateurs, les relations telles que l'égalité, et même les inconnues pour lesquelles nous avons besoin de x, y ou z.

Le procédé de multiplication exposé figure 3 est décrit par Yang Hui, un auteur du XIIIe siècle. Assez proche du système occidental, il s'en distingue par trois particularités : 1) on retire les chiffres du multiplicande à mesure qu'on en a fini avec eux ; 2) le multiplicateur est progressivement décalé vers la droite ; 3) les éléments qui ne servent plus sont retirés au cours des opérations. On notera que cette méthode suppose, comme la nôtre, la connaissance des tables de multiplication jusqu'à 9 × 9. Il faut aussi préciser que les grilles ont été ici ajoutées pour la commodité : la table à calculer chinoise ne représentait que les chiffres.

Contrairement aux Européens du Moyen Âge, les Chinois considéraient les longues divisions sans aucune appréhension. Comme le montre la figure 4, l'opérateur devait procéder à une estimation à

chaque phase du calcul (par exemple : combien de fois 751 en 256 842 ? au moins 300 fois), mais dans la plupart des cas il suffisait de connaître les tables de multiplication et de confronter les deux premiers chiffres du dividende avec le premier chiffre du diviseur. Selon toute vraisemblance, cette technique, qui n'est guère postérieure au IIIe ou au IVe siècle, a été transmise à l'Europe et a fourni la base du système de division que nous apprenons encore à l'école.

La méthode chinoise d'extraction des racines carrées révèle deux autres particularités : 1) le fréquent recours aux figures géométriques pour l'élaboration des procédures ; 2) l'utilisation de certaines lignes de la table à calculer pour stocker des quantités spécifiques, ce qui permettait d'effectuer des opérations algébriques sans variables. La figure 5 montre la résolution de $x^2 = 1\,300$ à la table à calculer — autrement dit, le calcul de la racine d'un nombre qui n'est pas un carré —, et sa représentation géométrique. La figure 6 illustre le même type de traitement pour la résolution d'une équation du second degré.

Les tabulations représentées dans ces exemples risquent de faire passer la méthode chinoise pour plus lourde qu'elle n'était en réalité. Les parcourir, c'est un peu parcourir les plans fixes d'un film. Il est vrai, d'un autre côté, que chaque type d'équation requérait une procédure légèrement différente, si bien que les manuels de mathématiques chinois comportent plus de « programmes » qu'il n'aurait été nécessaire avec une technique plus générale. Plus gênant encore, les termes spéciaux (tels que « flanc » ou « suite » dans les exemples) prolifé-

Figure 5. **Extraction de la racine carrée d'un nombre qui n'est pas un carré**

$$x^2 = 1\,300$$

					Commentaires
Ligne de résultat			3		par estimation
Total	1	3	0	0	
Premier carré		9	0	0	30 × 30
Résidu		4	0	0	Total moins le premier carré

Ligne de résultat			3	6	par estimation
Total		4	0	0	résidu de l'opération précédente
Premiers rectangles		3	6	0	2 × 6 × 30
Deuxième carré			3	6	6 × 6
Somme		3	9	6	
Résidu				4	Total moins la somme

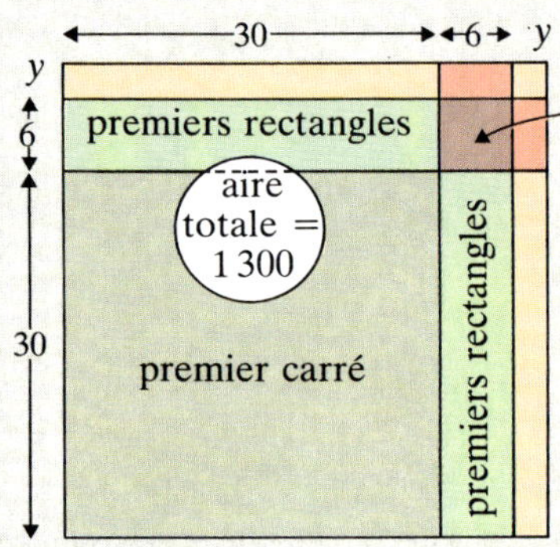

Calcul final (en notation occidentale) : si l'on appelle y le reliquat non entier, et qu'on admet par approximation que y étant très petit est équivalent à y^2, on aura :

$$\text{Résidu} = 4 \simeq ((2 \times 36) + 1)y = 73y \qquad y \simeq \frac{4}{73}$$

De fait $\left(36 + \frac{4}{73}\right)^2 = 1\,299{,}95$

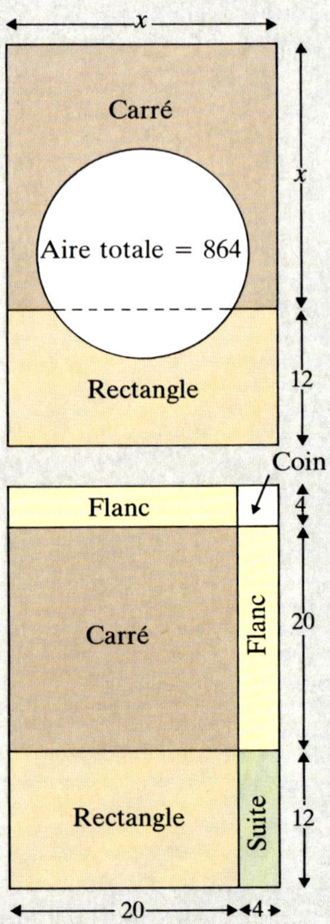

$x = 24$

Figure 6. **Résolution d'une équation du second degré**

$$x^2 + 12x = 864$$

A

				Commentaires
Ligne de résultat		2		par estimation*
Total	8	6	4	
Côté du rectangle		1	2	
Côté du coin			1	en réserve

* puisque (30 × 30) + (30 × 12) = 1 260 > 864, et que (20 × 20) + (20 × 12) = 640 < 864

B

Ligne de résultat		2		
Total	8	6	4	
{ Côté du carré		2	0	résultat × compte du coin
{ Côté du rectangle		1	2	
Côté du coin			1	
Somme (carré + rectangle)	6	4	0	20^2 + (20 × 12)
Résidu	2	2	4	Total − somme = flancs, coin et suite

C

Ligne de résultat		2	4	par estimation**
Total	2	2	4	résidu de l'opération précédente
{ Côtés du flanc		4	0	20 + 20
{ Côté du coin			4	en fonction du chiffre des unités choisi pour le résultat
{ Côté de la suite		1	2	
Côtés × chiffre des unités	2	2	4	(40 × 4) + (4 × 4) + (12 × 4)
Résidu	0	0	0	Total − (côtés × chiffre des unités)

** le chiffre des unités du résultat est le plus grand nombre entier v qui, multiplié par les côtés $(20 + v + 20 + 12 = 52 + v)$ est ≤ 224 (le total). On l'écrit après avoir effectué les autres opérations, à l'exception du dernier résidu.

Figure 7

La première solution chinoise du problème des systèmes de congruence

$x \equiv 2 \bmod 3$
$x \equiv 3 \bmod 5$
$x \equiv 2 \bmod 7$

Figure 8. **La solution générale de Qin Jiushao au problème des systèmes de congruence**

En notation moderne, le problème est de trouver la valeur positive la plus basse de N pour

$$N \equiv r_1 \bmod m_1 \equiv r_2 \bmod m_2 \bmod m_2 \ldots \equiv r_n \bmod m_n$$

où les nombres r sont les restes des divisions de N par les nombres m correspondants (les modulos), ceux-ci étant premiers entre eux (c'est-à-dire n'ayant pas de diviseur commun deux à deux). La méthode de Qin Jiushao, analogue à celle des mathématiciens modernes, peut être résumée comme suit, en termes généraux et en prenant comme exemple les valeurs de la figure 7 :

$$\text{soit } M = m_1 \times m_2 \ldots \times m_n$$

ou dans notre exemple :

$$M = 3 \times 5 \times 7 = 105$$

Pour chaque m_i (m_i étant tout nombre de la série $m_1 \ldots m_n$), trouver un nombre k_i tel que

$$\frac{M}{m_i} \cdot k_i \equiv 1 \bmod n_i \text{ et } \equiv 0 \bmod m_j \neq i$$

Ainsi dans l'exemple :

$$\frac{105}{3} \cdot 2 = 70 \equiv 1 \bmod 3 \text{ et } \equiv 0 \bmod 5 \text{ et mod } 7$$

$$\frac{105}{5} \cdot 1 = 21 \equiv 1 \bmod 5 \text{ et } \equiv 0 \bmod 3 \text{ et mod } 7$$

$$\frac{105}{7} \cdot 1 = 15 \equiv 1 \bmod 7 \text{ et } \equiv 0 \bmod 3 \text{ et mod } 5$$

(il existe toujours un k puisque $\frac{M}{m_i}$ est un multiple exact de tout m sauf m_i)

De la définition donnée de k il découle qu'en multipliant chaque côté par r_i

$$\frac{M}{m_i} r_i k_i \equiv r_i \bmod m_i$$

Chaque terme de ce groupe est un multiple exact de tout m sauf m_i. La somme fournit donc une des solutions du problème :

$$N = \sum_{i=1}^{n} \frac{M}{m_i} r_i k_i$$

soit dans l'exemple :

$$N = (70 \times 2) + (21 \times 3) + (15 \times 2) = 233$$

En soustrayant M autant de fois qu'il le faut, on obtient la valeur la plus basse :

$$233 - (105 \times 2) = 23$$

Dans sa méthode, Qin Jiushao rend les m premiers entre eux deux à deux en divisant l'un des deux termes par un éventuel diviseur commun (par exemple, pour m valant 25 et 10, le second peut être divisé par le diviseur commun 5, donnant 2 qui est premier par rapport à 25).

Pour trouver les k_i il utilise une méthode proche de nos fractions continues. Ainsi pour résoudre $65k \equiv 1 \bmod 83$, on fragmentera le rapport du coefficient (65) au modulo (83) en appliquant de manière répétée la relation

$$\frac{a}{b} = \frac{1}{b/a}$$

Ainsi 65/83 devient $\frac{1}{83/65}$, ce qui donne

$$\frac{1}{1 + 18/65} = \frac{1}{65/18}$$

$$\frac{1}{3 + 11/18} = \frac{1}{18/11}$$

$$= \frac{1}{1 + 7/11} \ldots$$

$$\frac{1}{1 + 1/3} = \frac{1}{3}$$

De telles séquences peuvent s'exprimer de façon ramassée au moyen des dénominateurs entiers, d_i dans le cas présent (1, 3, 1, 1, 1, 1, 3). Qin trouve la valeur de k à partir de l'avant-dernier de ces dénominateurs grâce à la formule :

$$\text{Si } f_o = 1 \text{ et } f_i = (d_i f_{i-1}) + f_{i-2} \text{ pour } i > 0,$$

alors $f_{n-1} = k$ comme le montre le tableau ci-dessous :

d		f	
		1	l' « unité céleste »
1		1	(1 × 1) + [0]
3		4	(3 × 1) + 1
1		5	(1 × 4) + 1
1		9	(1 × 5) + 4
1		14	(1 × 9) + 5
1		23	(1 × 14) + 9
3		83	(3 × 23) + 14

Donc $f_{n-1} = 23$. On vérifie qu'il s'agit bien de la valeur de k en notant que $65k = 65 \times 23 = 1\,495$, qui vaut 1 de plus que 83×18.

Figure 9. **L'utilisation des déterminants par Qin Jiushao**

Problème : Si l'on utilise 8 rouleaux de coton pour 6 hommes, il manquera 160 rouleaux. Si l'on utilise 9 rouleaux pour 7 hommes, il restera 560 rouleaux. Combien y a-t-il de rouleaux et d'hommes ?

En notation occidentale, soit x le nombre de rouleaux et y le nombre d'hommes. On a donc :

$$x = y\frac{8}{6} - 160 \qquad \text{et} \qquad x = y\frac{9}{7} + 560$$

En introduisant les déterminants, la règle de Qin Jiushao pour les équations simultanées de la forme

$$x = y\frac{b}{a} - c \quad (1) \qquad x = y\frac{b'}{a'} + c' \quad (2)$$

consiste à remplacer y dans (2) par sa valeur dans (1), ce qui donne, après réarrangement

$$x = \frac{ab'c + a'bc'}{a'b - ab'} \quad (3)$$

La réponse est 20 000 rouleaux et 15 120 hommes. Plus intéressant, on a là la même expression que celle qui résulte de la règle de Cramer pour trouver x_i dans un système de n équations simultanées en évaluant le rapport de deux déterminants. Dans cette méthode, les coefficients constants (sans variable) des deuxièmes membres des équations sont substitués à la i^e colonne des coefficients ; le déterminant de la matrice ainsi obtenue est divisé par celui de la matrice originale des coefficients. Ainsi, les équations de Qin réécrites

$$ax_1 - bx_2 = -ac \quad (1')$$
$$a'x_1 - b'x_2 = a'c' \quad (2')$$

sont résolues pour x_1 (c'est-à-dire le x original) en posant

$$x = \frac{\det \begin{matrix} -ac & -b \\ a'c' & -b' \end{matrix}}{\det \begin{matrix} a & -b \\ a' & -b' \end{matrix}} = \frac{ab'c + a'bc'}{-ab' + a'b} \quad (3')$$

raient à mesure que les opérations se compliquaient, au détriment de la maîtrise conceptuelle du processus. Les méthodes décrites ici permettaient aux Chinois de l'époque médiévale de résoudre des équations numériques atteignant la dixième puissance de l'inconnue, mais l'absence de formalisation créait inévitablement des limites, tout en interdisant l'exploitation de solutions moins « réalistes », par exemple avec des nombres négatifs ou imaginaires.

La mathématique chinoise prémoderne a aussi obtenu des résultats remarquables en analyse indéterminée. La version chinoise du problème des systèmes de congruence est mentionnée dès le IVe siècle de notre ère : « Soit des objets dont on ignore le nombre ; si on les compte par 3, le reste est 2 ; si on les compte par 5, le reste est 3 ; si on les compte par 7, le reste est 2. Combien y a-t-il d'objets ? » (voir fig. 7). Mais il faut attendre Qin Jiushao, au XIIIe siècle, pour résoudre n'importe quel problème de ce type (fig. 8). Le même auteur a aussi usé de ce qui revient à la forme la plus simple des déterminants pour résoudre des systèmes d'équations (fig. 9). Ainsi, il apparaît qu'à l'apogée de l'époque médiévale les mathématiques chinoises étaient les plus avancées du monde.

L'invention technologique

Ci-dessous : Soufflet mû par l'énergie hydraulique. Un système d'excentrique à bielle (imparfaitement représenté dans cette illustration du début du XIVe siècle) produisait le mouvement alternatif.
Ci-dessous à droite : Pompe à chaîne et à palets actionnée par un pédalier. La ressemblance avec une colonne vertébrale géante a valu à ce dispositif le nom de « pompe aux os de dragon ». On s'en servait (et on s'en sert encore) dans les régions où le courant est insuffisant pour actionner des pompes automatiques. Le rendement ergonomique est élevé : l'énergie provient des muscles lourds de la jambe et du poids du corps, comme sur une bicyclette.

Lisez un imprimé, payez avec un billet de banque, buvez du thé dans une tasse de porcelaine, passez un examen, tirez au fusil ou regardez un feu d'artifice, admirez un bateau équipé d'un gouvernail pénétrer dans une écluse à sas, mettez vos lunettes... Dans tous les cas, il vous faudra remercier les Chinois : le papier, la monnaie fiduciaire, l'imprimerie, la poudre à canon, etc., tout cela a été inventé par eux, la plupart du temps au début de l'époque médiévale, avant d'être transmis à l'Europe. La liste pourrait être allongée presque indéfiniment, depuis les compartiments étanches en construction navale jusqu'à la gamme tempérée fondée sur les douzièmes racines de 2.

Les Chinois ont longtemps eu un don pour obtenir le maximum de résultats avec une dépense d'effort minimale. La pompe à palets, actionnée par un pédalier auquel l'énergie est transmise par les muscles lourds de la jambe et le poids du corps, un peu comme sur une bicyclette, est un modèle d'ergonomie ; la brouette chinoise requiert un minimum d'énergie pour être maintenue en équilibre sur sa roue centrale et propulsée en avant, alors qu'avec la nôtre les bras doivent supporter la moitié du poids. Même l'humble palanche illustre ce talent pour l'économie : portée en équilibre sur l'épaule, calculée pour fléchir en cadence... Il n'est pas jusqu'à certains supplices « chinois » qui ne méritent, à la limite, la même admiration : la « cangue », qui bloque la tête et les mains et empêche le supplicié de se nourrir et de se reposer, est un des instruments de torture les plus « rentables » qu'on ait imaginés.

Pourquoi cette inventivité si remarquable n'a-t-elle pas débouché sur une révolution industrielle ? Grâce à la maîtrise des hautes températures acquise dans la fabrication des céramiques, et à l'utilisation du soufflet à double détente et à action continue, les Chinois étaient capables de fondre le fer bien avant les Européens ; dès la fin du XIIIe siècle, leurs métiers à tisser étaient actionnés par des moteurs à énergie hydraulique. Mais la période qui s'étend du milieu du XIVe au milieu du XIXe siècle marque un long hiatus dans l'histoire de la créativité technique en Chine. Or, c'est le moment exact où l'Europe fait sa percée décisive.

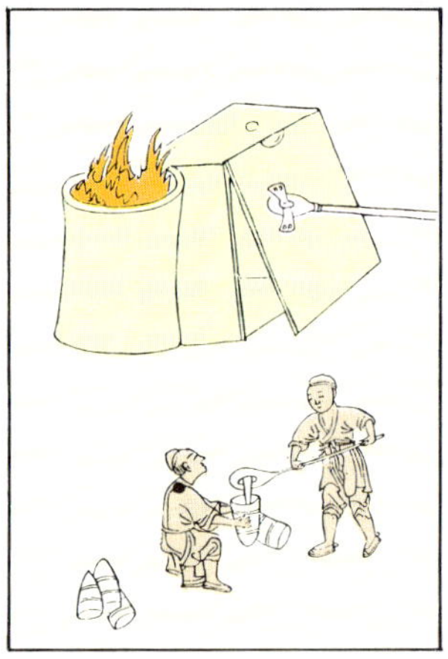

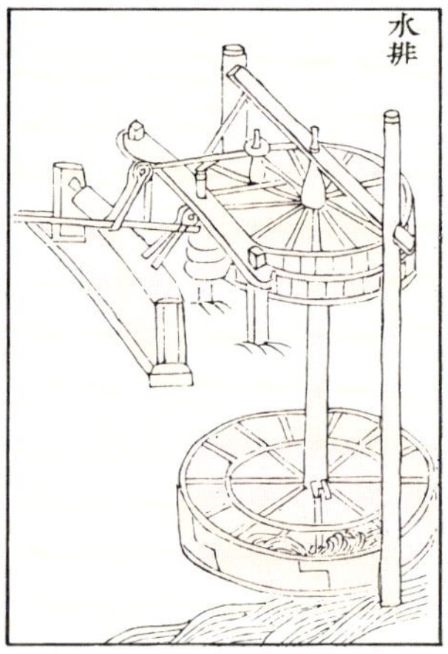

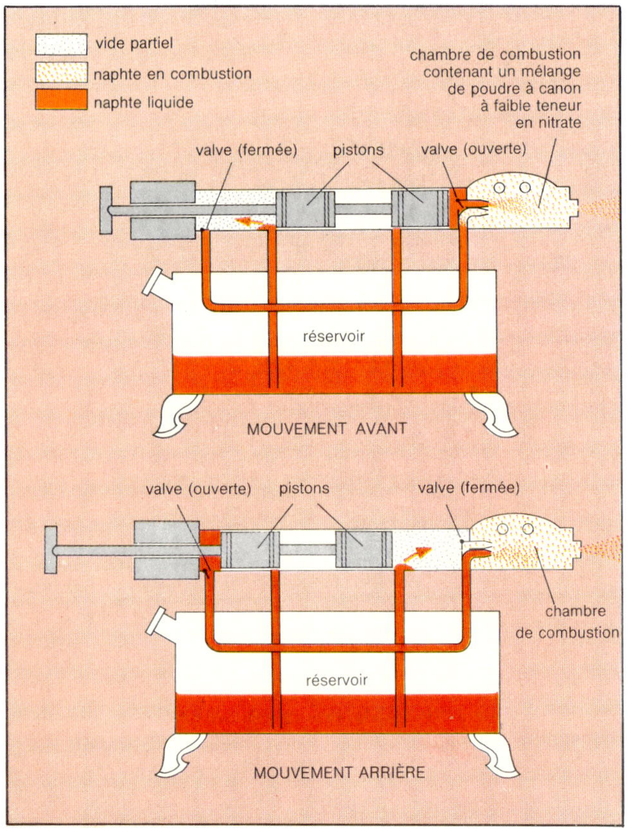

À gauche : Ce lance-flammes, qui porte le nom évocateur de « projecteur terrifiant d'huile enflammée », est décrit dans une encyclopédie militaire du XIe siècle. Il servait probablement à repousser les assaillants du haut des remparts. Comme on le voit sur cette reconstitution, le mécanisme comportait un double piston et un système de valves qui permettaient de faire le vide partiel. Il est étonnant que la même technique n'ait pas été utilisée pour l'eau ou la vapeur.

En bas à droite : Inventée au début du premier millénaire, la brouette chinoise demande beaucoup moins d'efforts que le modèle occidental : la charge est également répartie autour de la roue centrale, et non entre la roue et les poignées.

Ci-dessus au centre : Noria permettant d'élever l'eau sur des dénivelés importants.

À gauche : Bobineuse à soie actionnée par un pédalier. Les machines de ce type datent au plus tard des Song du Nord et se signalent par le fait qu'une unique source d'énergie produisait deux types de mouvement : la rotation du cylindre enrouleur qui extrayait les filaments des cocons plongés dans une cuve d'eau bouillante, et le va-et-vient du bras à œillets qui répartissait les fils en larges bandes sur le cylindre.

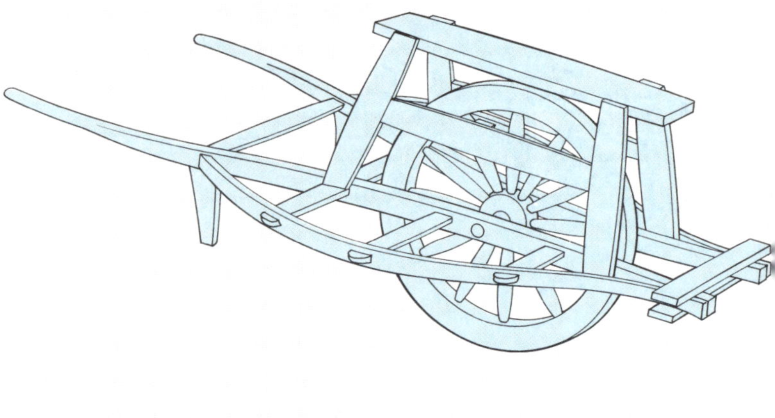

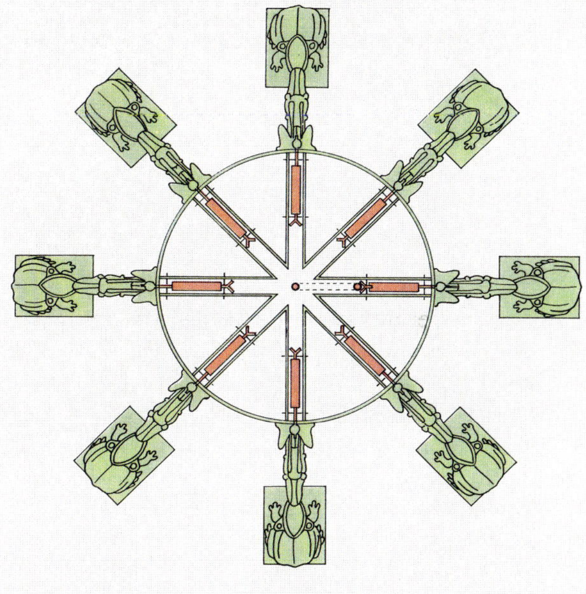

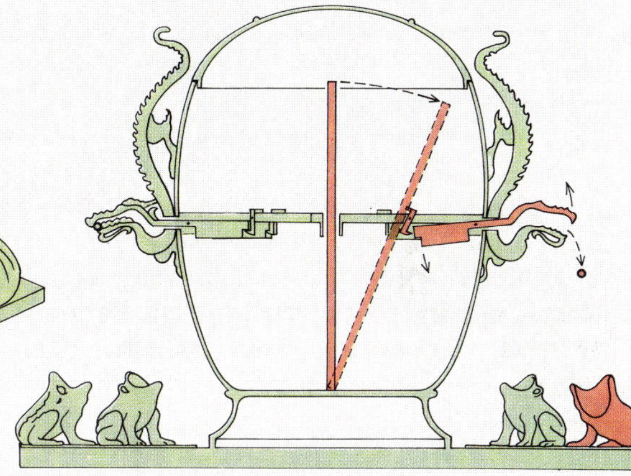

Ci-dessus : Les Chinois ont inventé cet appareil à détecter les tremblements de terre dès le début du premier siècle de notre ère (les premiers sismographes modernes ne sont mis au point en Europe qu'au XVIIIe siècle). On voit ici l'une des trois reconstructions possibles du mécanisme originel. L'urne est entourée de huit dragons dont la gueule contient une boule et surplombe un crapaud accroupi. Lorsque l'engin est ébranlé par une secousse sismique, le pendule central bascule et libère une des boules, laquelle tombe dans la gueule du crapaud placé juste au-dessous, indiquant — en principe — la direction d'où vient l'ébranlement. Le pendule est alors bloqué par une encoche et ne peut agir sur les autres boules avant d'avoir été remis en place. On peut douter cependant qu'un tel mécanisme ait été capable de distinguer entre les ondes de pression et les ondes de cisaillement — qui leur sont perpendiculaires —, et de repérer la direction, par opposition à l'alignement.

Ci-dessous : Reconstitution de l'horloge hydraulique construite au XIe siècle sous la direction de Su Song. En plus du jeu d'axes et de pignons, la machinerie entraînait aussi un globe céleste (au premier étage) et une sphère armillaire (en haut) permettant de déterminer l'angle d'observation des étoiles ; la rotation de l'ensemble suivait le mouvement apparent de la voûte céleste. Le mécanisme était entraîné par une roue à eau verticale dont le mouvement était réglé par un système d'échappement : un levier de blocage se soulevait, laissant la roue tourner de quelques degrés, chaque fois que l'un des récipients disposés sur le pourtour, alimentés depuis un réservoir maintenu à pression constante, se remplissait jusqu'au niveau voulu pour annuler l'effet du contrepoids le maintenant en place.

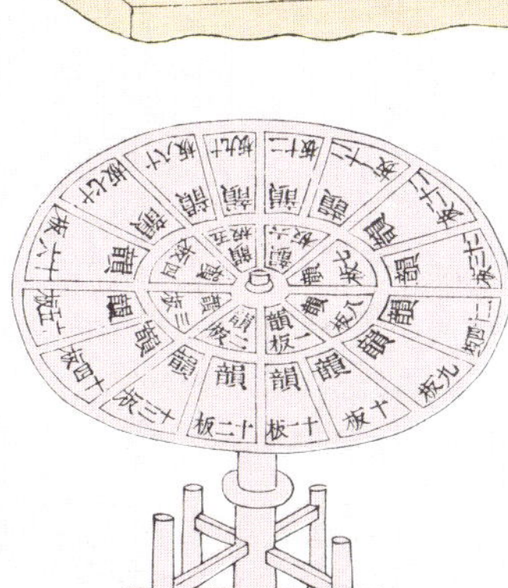

À gauche : Bien que la xylogravure soit restée jusqu'à la fin du XIXe siècle le procédé le plus courant de fabrication des livres, dès le XIe siècle, les Chinois avaient expérimenté divers systèmes d'imprimerie à caractères mobiles et réutilisables. On voit ici une casse rotative d'imprimeur : les caractères, correspondant chacun à une syllabe (voir p. 178), y sont rangés par familles de rimes.

Ci-dessus : Dès le IVe siècle, le papier supplante définitivement les planchettes sur lesquelles on inscrivait la plupart des textes manuscrits dans l'Antiquité. La matière première varie : écorce du mûrier à papier, déchets de chanvre, pousses de bambou… Le produit est broyé et macère dans une cuve ; au moyen d'un tamis, on l'extrait en fines couches qui, après séchage, donnent les feuilles de papier. L'illustration montre différentes étapes du procédé.

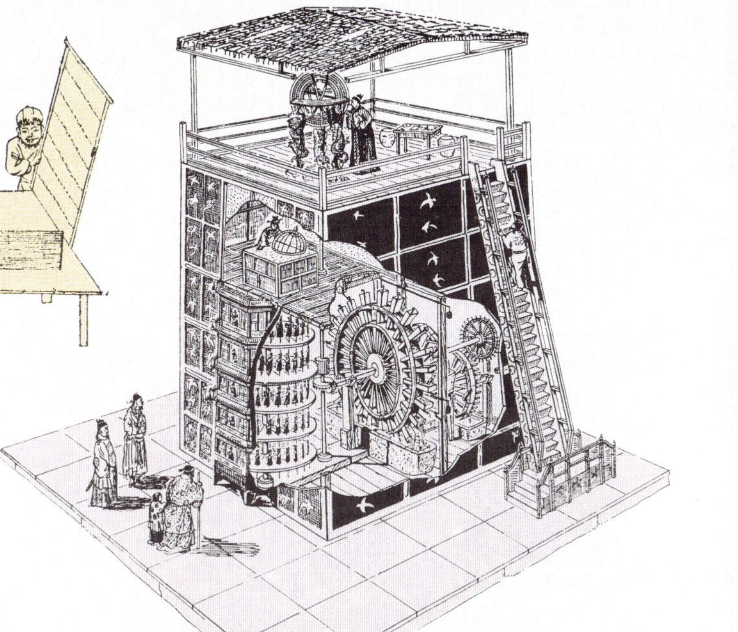

La céramique

L'histoire de la céramique chinoise remonte aux poteries peintes ou à impressions de l'époque néolithique, vieilles de plusieurs milliers d'années. Le tour est utilisé au plus tard pour la fabrication des poteries noires de Longshan. La complexité des moules qui servaient à la fonte des bronzes décorés des Shang et des Zhou démontre la maîtrise des argiles acquise par les potiers chinois.

Les glaçures ont beaucoup évolué, depuis les variétés alcalines cuites à haute température de l'âge du bronze et les glaçures brunes et vertes de l'époque des Han, réalisées à base de plomb et à basse cuisson, jusqu'aux glaçures polychromes si populaires sous les Tang, notamment les pièces trichromes à usage funéraire et domestique. Les Song réussissent les premiers à fabriquer de la véritable porcelaine, translucide et sonore. Au XIVe siècle, la porcelaine et les grès ont largement remplacé les anciennes poteries.

Si la calligraphie des Chinois peut être considérée comme le premier art graphique délibérément abstrait, leur céramique médiévale pourrait bien être la première véritable sculpture abstraite, fondée sur le seul plaisir des formes et des coloris. Les pièces reproduites ici datent au plus tôt du XIIe siècle.

Ci-dessus : Jarre décorée de type Cizhou (actuel Cixian, province du Hebei), datant du XIVe siècle. Les motifs sont peints en brun sur une bande blanche recouverte d'une mince glaçure transparente.

À gauche : Vase *qingbai* (« blanc clair ») du XIe ou du XIIe siècle. Les reflets bleutés sont caractéristiques des porcelaines du Jiangxi produites à cette époque : il faut attendre le XVIIIe siècle pour parvenir à la blancheur parfaite.

En haut à droite : Vase *guan* (« officiel ») du XIIIe siècle. Les craquelures parcourant la fine glaçure bleu-vert proviennent d'une opération délibérée : on les obtenait en faisant légèrement différer le coefficient d'expansion du corps et de la couverte.

Au milieu à droite : Bol *ru* à bordure métallique, datant du début du XIIe siècle. La glaçure de ces pièces cuites à très haute température est presque toujours craquelée ; il ne s'agit pas dans ce cas d'une opération délibérée, mais de la conséquence d'une inégalité de texture dans la pâte à glacer, ou simplement de l'âge.

En bas à droite : Plat *ding* à décor incisé et gravé. Province du Hebei, début du XIIe siècle. Ce type de porcelaine blanche se caractérise par une glaçure transparente à nuance ivoire.

À l'extrême gauche : Vase à décor bleu sous glaçure, daté de 1351. Le bleu de cobalt, importé du Proche-Orient, était appliqué directement sur la pièce, avant la glaçure.

À gauche : Céladon Longquan (ou « du Sud ») datant du XIIIᵉ siècle. La forme imite le type *gui* des bronzes archaïques. À partir du XIVᵉ siècle, les céladons reçoivent une décoration gravée nettement plus élaborée.

Ci-dessus : Plat bleu et blanc de l'ère Xuande (1426-1435), Le motif de dragon dénote une grande science de la ligne et s'inscrit parfaitement dans la surface à décorer.

Ci-dessus à gauche : Bol vernissé rouge de cuivre datant du début du XVᵉ siècle. Dans les spécimens du XIVᵉ siècle, la base est laissée sans glaçure.

À gauche : Jarre polychrome *doucai* (« en assemblage de couleurs ») datant de l'ère Chenghua (1465-1487) : la peinture bleue sous glaçure est combinée avec l'émaillage sur glaçure.

Ci-dessus : Flacon de porcelaine blanche à émaillage sur glaçure, dit de la « famille rose », datant de l'ère Yongzheng (1723-1735). Les émaux étaient délicatement appliqués sur la pièce cuite à haute température.

À gauche : Carafe à vin de l'ère Jiajing (1522-1566). Le passage des décors stylisés à des scènes populaires inspirées de gravures est une caractéristique de la porcelaine bleue et blanche du XVIᵉ siècle.

Musique et société

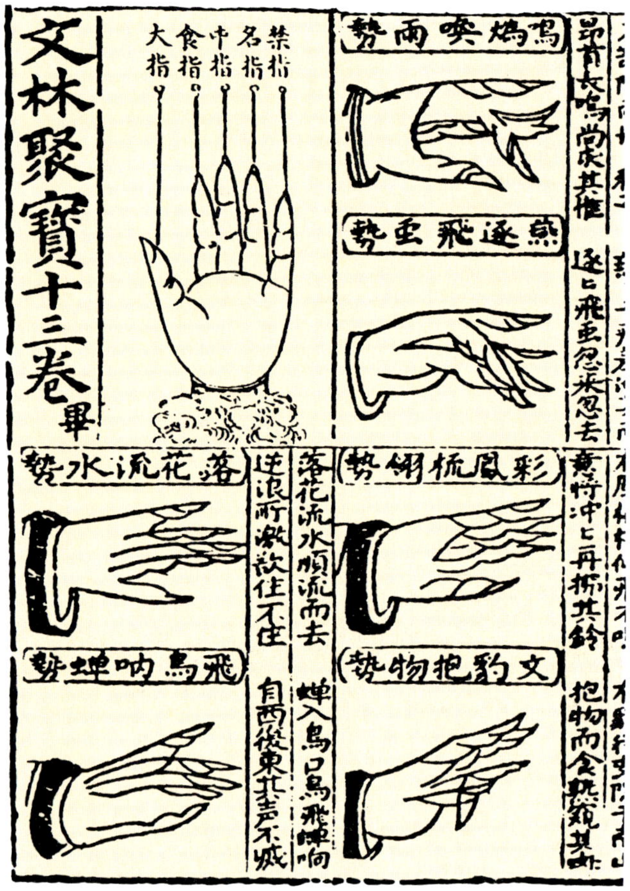

L'art de gouverner à la confucéenne accordait une large place aux cérémonies et aux rites, et par là même à la musique. Véhicule du culte ancestral, lien entre le Ciel et la Terre, la musique était partie intégrante du système cosmologique, et on lui reconnaissait un rôle éducatif fondamental.

L'institution de la musique rituelle d'État remonte à l'adoption du confucianisme comme idéologie et comme religion officielle, sous l'empereur Wudi des Han ; elle a duré jusqu'à la chute de l'Empire en 1911. Il existait parallèlement une autre forme de musique de cour, qui a connu son apogée sous les Tang : la « musique de banquet ». Accueillante aux influences étrangères dès l'époque des Han, la musique de banquet est toujours restée beaucoup plus cosmopolite que la musique cérémonielle ; les Tang, en particulier, sont connus pour leurs « dix sortes de musiques » : celles venues d'Inde, de Corée et de cinq villes différentes d'Asie centrale, la musique populaire chinoise, et des musiques de danse mêlant éléments chinois et étrangers.

On distinguait huit catégories d'instruments en fonction du matériau qui produisait le son : le métal, pour les cloches notamment, la pierre pour les lithophones, le bambou pour diverses sortes de flûtes, etc.

Le *qin* est un des instruments « à soie » les plus importants : il s'agit d'une cithare à sept cordes, posée à plat devant l'exécutant, dont l'histoire est vieille de plus de trois mille ans. On en jouait non seulement dans les orchestres de musique de cour, mais aussi en solo : c'était par excellence l'instrument de l'élite, et tout lettré digne de ce nom devait savoir en toucher. La tessiture était plus grave que celle de la plupart des autres instruments, et le jeu tirait largement parti des résonances harmoniques.

La cithare a donné naissance au système de notation musicale le plus raffiné de la tradition chinoise, une tablature indiquant aussi bien la hauteur que le doigté, le type de jeu ou le tempo — mais non le rythme. Il existe un grand nombre de traités : les *Exercices de cithare (Qincao),* probablement dus à Cai Yong (133-192), sont un des plus anciens ; on y trouve les titres d'une cinquantaine de morceaux, soit pour cithare seule soit en accompagnement de la voix.

La *pipa* est un instrument de musique de banquet importé d'Asie centrale à l'époque des Wei (386-534). Il s'agit d'un luth à quatre cordes, dont la caisse est en forme de poire et que l'exécutant pose verticalement sur la cuisse. Jusqu'à l'époque des Tang, on en jouait avec un grand plectre. L'instrument se pratique aussi bien en solo qu'en orchestre, notamment dans les ensembles accompagnant les représentations théâtrales et les récitals des conteurs.

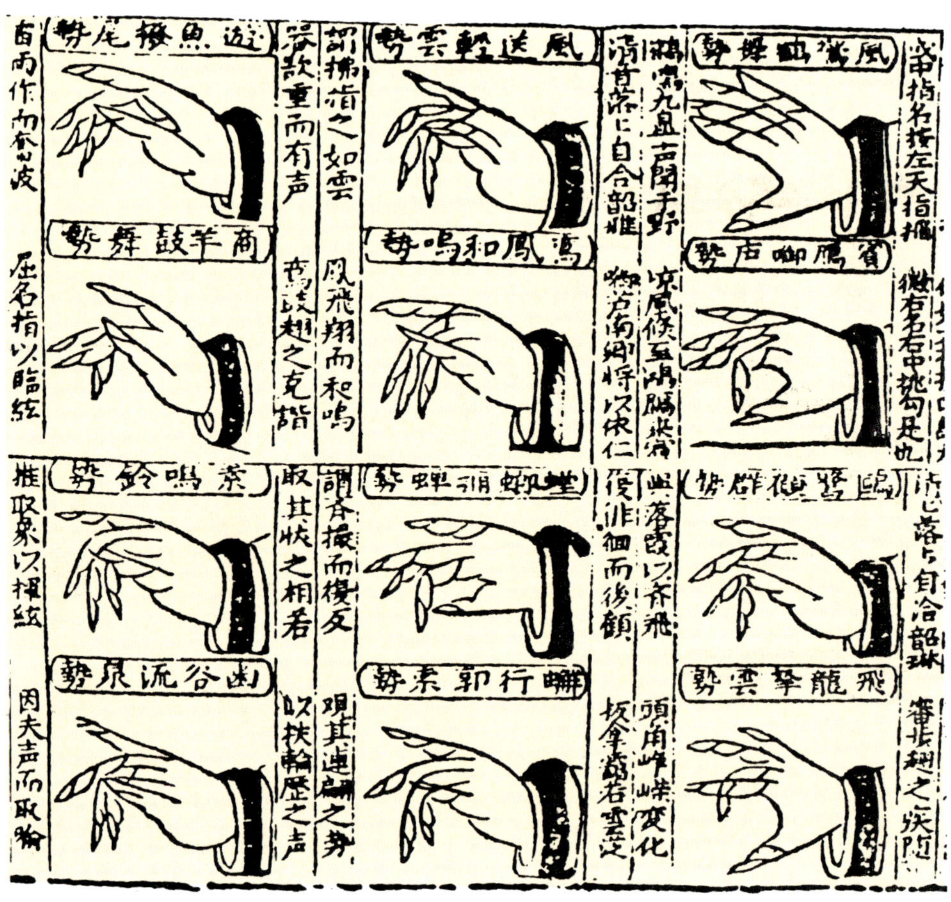

La musique de cour non rituelle des Qing incluait

En haut : Dames de la Cour exécutant de la musique « profane » (c'est-à-dire non rituelle) sur divers instruments, notamment la flûte, la harpe et la syrinx.

Ci-dessus : Personnage frappant deux cloches de bronze. Estampage pris sur une gravure tombale du IIIe siècle de notre ère, à Yinan dans l'actuel Shandong.

À gauche : Deux exemples d'exercices digitaux pour le *qin*. Originellement monté avec cinq cordes, puis avec sept, le *qin* (ou cithare) est l'instrument le plus raffiné de la tradition musicale chinoise.

À droite : Réalisé d'après la décoration d'un bronze d'époque Zhou, ce croquis montre des cloches, des carillons de pierre et d'autres instruments dont on jouait à l'occasion des cérémonies ou des sacrifices.

un genre aristocratique d'opéra appelé le *Kunqu,* né à Kunshan (Jiangsu) au XVIe siècle. Le principal instrument d'accompagnement était la flûte traversière, mais on y trouvait aussi le luth à quatre cordes. La mesure était à quatre temps. Pour la *gentry* lettrée, la musique de *Kunqu* était le summum de l'élégance, alors qu'on tenait en piètre estime les styles populaires qui fournissaient le tout venant des musiques de théâtre.

On dénombrait quelque trois cents variétés de théâtre local à la veille de la Révolution culturelle, se singularisant tant par le dialecte que par la musique. Ces théâtres locaux s'organisaient en plusieurs systèmes. Ainsi les « airs de Yiyang », du nom de la localité du Jiangxi dont ils sont originaires : colporté en divers endroits par des troupes itinérantes, le style de Yiyang y a subi l'influence des mélodies et des instruments locaux, mais on retrouve partout les commentaires dispensés par un ou plusieurs chanteurs assis avec l'orchestre, dont le rôle peut évoquer celui du chœur dans le théâtre grec. On mentionnera aussi l' « opéra à cliquette », très populaire au Shanxi et dans toutes les provinces du Nord et du Nord-Ouest, ainsi appelé à cause de la cliquette en bois de dattier frappée avec une baguette, commun à toutes ses variantes.

À l'extrême gauche, en haut : Deux lettrés assis sous un bananier. L'un joue du luth à quatre cordes, l'autre a sa cithare posée devant lui. Peinture du milieu du XVIe siècle.

Au centre à gauche : L'orgue à bouche *(sheng)* comporte treize tubes de bambou d'inégale longueur, adaptés à un récipient par où passe l'air *aspiré* par l'exécutant ; chaque tube porte une anche libre de laiton à son extrémité inférieure ; lorsque les trous sont laissés ouverts, l'air s'échappe sans faire vibrer l'anche.

À gauche : Danseur thai, à Kunming, s'accompagnant au tambour.

Le système le plus connu est le *pihuang,* dont le nom est l'abréviation des titres de deux airs, *erhuang* et *xipi* : leur combinaison et leurs variations infinies sont à la base de toute une famille stylistique. L'opéra de Pékin, qui date de la fin du XVIIIe siècle, en est le plus illustre représentant. La musique suit presque toujours une pulsation simple, marquée par le cliquetis aigu d'une sorte de castagnette, mais il y a aussi des passages rapides au rythme entièrement libre.

Le « violon chinois » *(huqin)* forme la famille instrumentale la plus typique de l'opéra de Pékin. Il est à deux cordes entre lesquelles passe la mèche de l'archet ; l'exécutant, qui tient l'instrument posé verticalement sur la cuisse, les fait vibrer alternativement en tirant et en poussant. Le violon chinois est apparu au XIIIe siècle ; quoique non établie, son origine pourrait être turco-mongole, à s'en tenir du moins au sens du mot *hu,* « barbare ».

Après 1949, le parti communiste chinois s'est activement intéressé aux musiques locales, lesquelles constituaient à l'évidence la forme d'art la plus prisée des masses. Interdit une dizaine d'années pendant la Révolution culturelle, l'opéra traditionnel a retrouvé aujourd'hui toute sa vitalité. La cithare à sept cordes a été modifiée : les cordes ne sont plus en soie, mais en acier pour donner plus de puissance. Les anciennes musiques de cour ont disparu du continent, mais sont en partie préservées à Taiwan, en Corée du Sud et au Japon.

À la différence de la musique classique occidentale, la musique chinoise traditionnelle ne se fonde pas sur les enchaînements harmoniques : ce qui compte, c'est la variation mélodique, les refrains, les contrastes subtils de timbre et de registre opposant les notes, les phrases et les sections. Nous donnons ci-dessous, à titre d'exemple, la transcription d'une des trois sections des *Trois variations sur « Fleur de prunier ».* Ce célèbre morceau pour cithare est basé sur un air de flûte qui remonterait au IVe siècle, mais la présente version date du XVe siècle. Chacune des dix parties qui la composent porte un titre-programme. La notation musicale chinoise reproduite au-dessous des portées indique à la fois la corde sur laquelle chaque note doit être jouée, et la manière dont elle doit être produite. Jusqu'à il y a environ cent cinquante ans, la sensibilité des Chinois au timbre était très en avance sur celle des Occidentaux.

À l'extrême gauche, en bas : Le *erhu,* instrument à deux cordes de la famille des *huqin* (« violons barbares »), se joue comme montré sur l'illustration. Dans l'opéra de Pékin, l'orchestre, installé en coulisse, n'est visible qu'en partie ; le musicien jouant du *huqin* est généralement au premier rang, et donc parfaitement en vue.

À droite : « Lune vespérale sur les montagnes », première partie des *Trois variations sur « Fleurs de prunier » ;* transcription d'après R. Cogen et P. Escot, *Sonic design* (1976).

Le théâtre

À nos yeux d'Occidentaux, le théâtre chinois apparaît comme un genre composite qui tiendrait à la fois du drame, de la comédie, de l'opéra, du mime, du ballet et du cirque. La description très générale qu'on va lire néglige délibérément toute une série de genres secondaires et de variétés régionales : elle se concentre sur la grande tradition née à l'époque des Song, et toujours présente, encore que sous une forme assez précaire, sur le continent comme à Taiwan.

Que l'argument de la pièce soit tiré des Histoires, des écritures bouddhistes et taoïstes ou du répertoire des conteurs populaires, l'intrigue est toujours connue du public. Les acteurs sont richement costumés et maquillés ; on utilise parfois quelques accessoires, mais il n'y a jamais de décor. Comme dans le théâtre shakespearien, le lieu et l'époque de l'action ressortent des propos mêmes des acteurs. La plupart du temps, les déplacements d'un lieu à un autre sont représentés de façon symbolique. Suivant une convention spécifiquement chinoise, chaque personnage se présente lui-même au public — nom, prénom, âge, situation sociale, caractère, passé... — au moment de sa première apparition.

Le texte est un mélange de monologues, de dialogues, de parties versifiées et de longs passages chantés. Monologues et dialogues sont en langue vernaculaire. Les parties chantées sont la plupart du temps basées sur des airs connus ; leur fonction est d'arrêter momentanément l'action pour souligner et intensifier un sentiment ou une situation psychologique particulière — une décision héroïque à prendre, une séparation déchirante... Le chinois étant une langue à tons, les textes chantés sont difficiles à saisir pour qui ne les connaît déjà : aussi dans les théâtres modernes, projette-t-on les mots sur des écrans disposés de part et d'autre du proscenium.

Depuis un siècle environ, l'intérêt du public s'est détourné de l'action proprement dite pour se concentrer sur le mime, les performances vocales ou acrobatiques. Les personnages les plus marquants de l'histoire du théâtre depuis l'époque des Qing sont des acteurs célèbres, non des dramaturges. Les programmes se limitent bien souvent à une série d'extraits destinés à mettre en valeur les talents des vedettes de la troupe. Nous ne parlons pas ici, cela va sans dire, des tentatives chinoises pour créer un « théâtre parlé » à l'occidentale, ni des « opéras révolutionnaires » produits sous le régime communiste.

L'accompagnement musical est confié à des instruments à cordes (pincées ou frottées) et à une percussion qui inclut les cliquettes en bois, les gongs et les tambours. On y adjoint parfois des instruments à vent, notamment le hautbois chinois, et une flûte dont on a recouvert l'un des trous avec du papier de riz pour lui donner un timbre aigrelet. Le

Ci-dessus : Ces masques peints, de la taille d'un œuf, représentent divers personnages masculins du théâtre traditionnel, guerriers, dieux, clowns... Le maquillage et le costume se conforment à des modèles hautement standardisés.

À gauche : Les accessoires de scène étant réduits au minimum, toute l'attention du public est concentrée sur le jeu des acteurs. Ceux-ci sont immédiatement identifiables par leur costume et leur maquillage. Le métier d'acteur, acquis au terme d'une formation très sévère, inclut la réalisation du maquillage avant l'entrée en scène.

À gauche : Le Singe pèlerin crée la panique dans le Ciel est basé sur un épisode du *Voyage en Occident (Xiyonji)* de Wu Cheng'en (XVIe siècle). Dans le roman, le moine Xuanzang se rend en Inde, protégé par deux esprits tutélaires, un cochon et un singe. Véritable héros de l'histoire, ce dernier est devenu l'un des personnages les plus sympathiques et les plus populaires de la littérature et du théâtre chinois. Il s'apprête ici à semer la panique parmi les subordonnés de l'Empereur de Jade, avant d'être finalement maîtrisé par le Bouddha. Le théâtre traditionnel est condamné comme « propagande féodale » pendant la Révolution culturelle, et de 1966 à 1971 on ne joue plus que huit opéras révolutionnaires modèles. L'opéra traditionnel est à nouveau encouragé après la chute de la bande des Quatre (1976). Le cliché ci-contre a été pris à Shanghai en 1980.

À droite : Marionnette du théâtre d'ombres chinois. L'animation, extrêmement vivante, est réalisée au moyen de tiges fixées aux jointures.

rôle de l'orchestre est assez analogue à celui des musiques de film en Occident ; il fournit un arrière-plan sonore approprié aux émotions représentées sur la scène, non une musique ayant son intérêt propre. Dans les spectacles du tout-venant il ne s'agit guère que d'une sauce musicale oscillant entre l'aigre et le douceâtre.

La gestuelle se fonde sur un répertoire de mouvements codés indiquant soit des actions, soit des attitudes, soit des émotions avec une subtilité et un pouvoir d'évocation réellement extraordinaires. Les scènes de combat sont prétexte à des exercices de maniement d'étendards et à des démonstrations d'acrobatie qui relèvent autant de la gymnastique artistique et des arts martiaux traditionnels que de la haute voltige.

Le théâtre chinois pouvait aussi jouer, encore que de manière très allusive, un rôle de critique sociale et politique. C'est pourquoi les autorités impériales ont toujours considéré la scène avec une certaine appréhension et n'hésitaient pas à interdire les pièces qui risquaient de passer pour subversives.

L'empire du théâtre sur l'imagination populaire a été considérable, au point que la vie réelle et la scène en venaient parfois à se confondre. En 1899-1900, les Boxeurs s'expriment volontiers dans la langue du théâtre, rendent un culte à des personnages familiers de la scène (tel le Singe pèlerin), et s'attribuent des pouvoirs magiques renvoyant au fantastique théâtral le plus courant.

Il n'y avait pas que le théâtre commercial des villes. Les villages organisaient régulièrement des représentations en l'honneur de leurs divinités, ainsi que les guildes urbaines à l'occasion de diverses célébrations ; ce théâtre d'offrande rituelle était parfois destiné à conjurer les désastres, par exemple les invasions de sauterelles. Dans la région du bas Yangzi, on jouait même des pièces aux enterrements. L'attitude des membres de la *gentry* à l'égard du théâtre était pour le moins ambivalente : en tant que gardiens de la morale confucéenne, ils ne pouvaient qu'y voir un encouragement à la luxure, au crime, voire à la rébellion, mais à titre privé la plupart étaient des amateurs passionnés.

Les grandes pièces des Yuan et des Ming tournent autour de thèmes qui avaient un impact considérable sur le public. Celui de l'injustice commise en toute légalité, par exemple, avait le don de soulever l'indignation, mais le plus répandu sans doute, c'était les conséquences destructrices de la passion amoureuse. *Pluie sur le paulownia* de Bo Renfu, par exemple, narre l'engouement fatal de l'empereur Minghuang des Tang pour sa concubine Yang Guifei, et la façon dont sa coupable négligence des affaires de l'État conduisit à la rébellion d'An Lushan et à l'exécution de sa bien-aimée sous la pression des mutins de la garde impériale. *Le Pavillon de l'ouest (Xixiang ji)* de Wang Shifu — peut-être la pièce la plus célèbre du répertoire — raconte quant à lui comment un étudiant tombe malade d'amour après s'être vu refuser sa promise, mais réussit finalement à s'unir à elle grâce aux stratagèmes de sa servante, et guérit.

Agriculture, alimentation

La façon dont les Chinois du passé cultivaient la terre est tellement différente de ce que nous connaissons en Europe ou sur le continent américain qu'on ne peut se la représenter sans un réel effort d'imagination. Aujourd'hui encore cette différence demeure considérable.

L'agriculture chinoise prémoderne est proche du jardinage : exploitations minuscules, investissement énorme en travail, rendements très élevés. Le savoir-faire dérive non d'une approche scientifique des problèmes, mais de la connaissance concrète et approfondie des spécificités locales — sols, climats, types de plantes... Le paysan chinois traditionnel est prudent dans sa démarche, car les risques sont considérables en cas d'erreur, mais nullement conservateur ; il ne cesse d'expérimenter à petite échelle, de chercher à sélectionner de meilleures variétés végétales ou animales, et les innovateurs heureux sont rapidement copiés.

À l'époque médiévale, alors qu'il reste encore beaucoup à défricher en Chine intérieure, les grands propriétaires gérant directement une partie au moins de leurs domaines jouent, grâce aux ressources dont ils disposent, un rôle important de pionniers. C'est à partir du XVIe ou du XVIIe siècle que les petites exploitations deviennent globalement plus productives. Qu'il soit propriétaire ou fermier, l'exploitant individuel travaillant avec les membres de sa famille apporte aux façons de jardinage un soin qu'on ne peut exiger d'esclaves ou d'ouvriers agricoles, et, dans le contexte technologique prémoderne, cet investissement personnel fait plus que compenser les avantages d'échelle dont bénéficient les exploitants disposant d'une main-d'œuvre nombreuse. La grande majorité des propriétaires terriens trouvent plus profitable de louer leur patrimoine par parcelles n'excédant guère 1,5 ou 2 hectares.

Le seul domaine où la petite exploitation ne peut se suffire à elle-même est l'utilisation de l'eau. Le riz représente dès la fin de l'époque traditionnelle près de la moitié de la production céréalière chinoise. Pour être efficace, la gestion des ressources en eau nécessaires à la riziculture inondée doit être collective : il faut répartir équitablement la charge de la construction et de la maintenance des canaux, digues, réservoirs, barrages et écluses, désigner des responsables, régler les conflits. Dans le cas des très grandes installations — les digues du Yangzi en aval des « Trois Gorges », les dispositifs de drainage dans la vallée inférieure du fleuve Jaune, les digues maritimes du Jiangsu et du Zhejiang... —, la bureaucratie impériale prend la direction des opérations. Les dispositifs de moindres dimensions sont sous le contrôle des fonctionnaires locaux, de membres de la *gentry* ou d'associations de propriétaires et de fermiers. En d'autres termes, près de la moitié de l'agriculture chinoise repose sur une multitude de petites exploitations privées dont l'infrastructure hydraulique implique la participation d'institutions publiques de grande ampleur.

Cette agriculture, le gouvernement de la République populaire de Chine va la collectiviser intégralement dès le début des années cinquante. Les minuscules lopins privés laissés aux paysans représentent peut-être 5 p. 100 de la superficie cultivée totale. Si l'un des objectifs de la collectivisation est de détruire les bases socio-politiques de l'« ancienne société », on espère aussi en tirer un gain important de productivité. Les résultats n'ont guère été concluants. Les aménagements hydrauliques mis à part, la collectivisation n'est rentable que si l'on dispose des fonds nécessaires pour investir dans des moyens de production modernes. Ces fonds, la Chine est alors trop pauvre pour les dégager autrement que dans une infime minorité de cas, et, d'une manière générale, les façons agricoles n'ont que peu évolué sous le régime communiste ; la motivation individuelle et la mise en œuvre minutieuse des savoir-faire locaux continuent d'être essentiels au succès de ce qui reste une agriculture de jardinage. Depuis le début des années soixante, le fait est tacitement admis par les dirigeants chinois les plus pragmatiques, ce qui explique l'abandon progressif des unités collectives de grande dimension : la gestion quotidienne est d'abord passée des « communes populaires » de plusieurs dizaines de milliers d'habitants à des « brigades » correspondant à un petit village ; plus récemment, le « système de responsabilité » a fait des collectifs l'équivalent de propriétaires fonciers louant leurs parcelles aux exploitants indépendants ou à des

En haut : Différentes étapes de la culture du riz : de gauche à droite, le labourage, le repiquage et la moisson.
Ci-dessus à gauche : Moisson et battage du riz.
Ci-dessus au centre : Troupeau de yaks sur la lande tibétaine.
Ci-dessus à droite : Décorticage du maïs dans les collines de loess du Shanxi. Le maïs a été importé d'Amérique au XVIe siècle.
Ci-contre : Élevage de canards dans une commune populaire du sud de Pékin. Le « canard laqué » est une spécialité culinaire de la capitale.
Ci-contre à droite : Paysan baignant son cochon dans la Li, près de Guilin, avant d'aller le vendre sur le marché.

À gauche : Membres d'une commune populaire travaillant sur une aire de battage près de Lhasa. L'orge est la céréale de base au Tibet. Après 1959, le gouvernement chinois a entrepris de lui substituer le blé, mais avec des résultats décevants.

petits groupes de familles. Environ 95 p. 100 des terres arables sont aujourd'hui cultivées sous ce régime, et l'on peut dire que l'agriculture chinoise a été pratiquement décollectivisée. En revanche, les systèmes de contrôle hydraulique ont encore gagné en échelle ; dans beaucoup de cas, ils sont désormais confiés à des administrations spécialisées englobant le territoire de plusieurs collectifs.

Il faut encore souligner deux spécificités importantes de l'agriculture chinoise traditionnelle : la très faible quantité de gros bétail, et la quasi-absence de terres communales. Dans les deux cas, la principale raison est l'accroissement irrésistible de la population, qui a conduit à la mise en culture de la moindre parcelle exploitable. L'impact sur le paysage a été considérable. Depuis plusieurs siècles, la Chine se caractérise par la rareté, voire l'absence complète de pâtures communes et de forêts (certaines propriétés claniques faisant peut-être exception) ; le paysage traditionnel est une accumulation vite monotone de petites parcelles non clôturées, dont l'empreinte est restée sur le terroir collectivisé de la République populaire. Cochons et animaux de basse-cour sont nourris de déchets et constituent l'essentiel de la population animale. On ne trouve de véritables troupeaux (chevaux, bovins, moutons, chèvres, chameaux, yaks...) qu'en Chine extérieure.

L'agriculture chinoise ancienne était-elle « primitive », comme on l'affirme souvent ? Il ne s'agissait certainement pas d'une agriculture scientifique — pas plus que ne l'était l'agriculture européenne avant le XIXe siècle —, mais la réalité est malgré tout plus complexe. En termes de rendements à l'hectare, la Chine était probablement sans rivale avant 1800, et elle reste aujourd'hui encore dans le peloton de tête. En termes de rendements à l'heure de travail, par contre, sa performance est extrêmement basse si on la compare à celle des agricultures occidentales mécanisées, et la surpopulation ne fait qu'aggraver le problème. Une comparaison effectuée dans les années trente en Chine du Nord entre les rares exploitations cultivées par une main-d'œuvre salariée et les exploitations familiales « classiques » montrait que la *moitié* environ de la force de travail effective aurait suffi pour produire les mêmes récoltes. En revanche, si l'on compare l'énergie gagnée sous forme d'aliments à celle dépensée pour produire ces mêmes aliments, le rapport apparaît plus favorable dans le cas de la ferme chinoise traditionnelle que dans celui de l'exploitation nord-américaine type, dépendante des hydrocarbures qui font tourner ses machines et permettent de fabriquer engrais et pesticides.

Les produits

La Chine antique se nourrissait de millet. Le blé devient une céréale importante vers le milieu du premier millénaire, grâce aux progrès des appareillages de mouture. L'expansion de l'agriculture irriguée dans la vallée du Yangzi et en Chine du Sud assure un peu plus tard la prépondérance du riz. Enfin, vers la fin du XVIe siècle, un certain nombre de plantes nouvelles d'origine américaine sont introduites en Chine par l'intermédiaire du réseau commercial espagnol transpacifique : le maïs, la patate douce et la pomme de terre irlandaise, l'arachide, le tabac. Vers 1700, l'agriculture chinoise a atteint sa configuration prémoderne définitive : le blé est la céréale la plus importante dans le Nord et le riz domine dans le Sud, tandis que les sols plus pauvres des régions de collines et des versants montagneux produisent diverses céréales de moindre rendement.

Jusqu'au XIVe siècle environ, les Chinois ordinaires étaient vêtus de tissus de chanvre ou de fibre de ramie ; la soie était réservée aux riches. À partir de cette époque, le coton, introduit depuis l'Inde ou l'Asie du Sud-Est (peut-être les deux), devient le textile dominant : plus chaud et plus absorbant que les anciennes fibres, son rendement est aussi nettement plus élevé à l'hectare.

En sus de ces produits essentiels, les Chinois disposaient d'un éventail spécifique de cultures commerciales : la châtaigne d'eau, le pois mangetout, la courge amère et le chou chinois, ou encore, pour citer des fruits ne se trouvant guère ailleurs, les litchis et les longans (« yeux de dragon »). D'une importance extrême également, l'arbuste à thé ; l'arbre *tong,* dont l'huile servait à fabriquer des enduits étanches et des insecticides ; le soja, matière première du fromage *doufu,* de diverses sauces, et des tourteaux d'engrais ; l'arbre à laque ; enfin le bambou, dont les pousses sont comestibles et dont la tige sert à fabriquer une infinité d'articles, depuis la tuyauterie jusqu'aux échafaudages.

La généralisation du tabac date du XVIIe siècle. Le pavot à opium, dont le jus servait à préparer un analgésique depuis plus d'un millénaire, est utilisé pour la fabrication de la drogue au début du XVIIIe siècle. Sa très grande valeur par unité de poids en fait la seule culture commerciale rentable dans certaines régions reculées ; il joue un rôle certain dans l'essor économique du Sud-Ouest et de la Mandchourie au XIXe et au début du XXe siècle.

Le manque chronique de terres arables était une raison suffisante pour s'efforcer de multiplier le nombre annuel de récoltes partout où c'était possible. Les variétés de riz à maturation rapide, originellement introduites du Vietnam, autorisent deux récoltes dans les régions à climat chaud : deux de riz dans l'extrême Sud, une de riz et une de blé dans la vallée du Yangzi, avec parfois une troisième récolte de légumineuses. Les rotations évitent l'épuisement du sol et empêchent les insectes nuisibles de s'installer. La jachère est virtuellement inconnue à la fin de l'époque traditionnelle. Parmi les façons les plus sophistiquées, on citera la culture en symbiose (planter des haricots autour des mûriers pour les « aider »), et les récoltes intercalaires (semer une légumineuse, qu'on récoltera après coup, entre les rangées de plants de riz).

Sols, engrais et façons culturales

La plus grande partie du terroir cultivé en Chine a été aménagée grâce à l'industrie humaine. Le fait est particulièrement visible dans le cas des rizières en terrasses, parfaitement horizontales, qui dans certains paysages escaladent les versants comme des degrés géants. Les terrains cultivés sans interruption conservent leur fertilité grâce à l'application continue d'engrais ou à l'amendement par épandage de chaux. Les méthodes traditionnelles d'entretien des sols sont extrêmement laborieuses : à la limite, on n'hésitera pas à échanger à la main la terre qui entoure les mûriers contre celle des rizières.

En principe, la préparation des champs pour le repiquage du riz incluait l'application successive de la charrue, de la herse lourde et de la herse à dents fines, mais la pénurie d'animaux de trait obligeait souvent le paysan à faire tout le travail à la houe. Les principaux engrais étaient les tourteaux obtenus par pressage de diverses graines (notamment de soja), les engrais verts, tel le trèfle, qu'on retournait directement dans le sol, les cendres de roseaux ou d'herbes, la boue extraite des canaux et des rivières au moment du dragage, et les préparations à base d'excréments humains ou animaux. L'utilisation de l'engrais humain favorisait la propagation de certaines maladies, comme la bilharziose, que les paysans contractaient en travaillant pieds nus dans les champs ; ce fléau semble avoir été généralement éliminé ces dernières années.

La qualité des rendements reposait sur la régularité du désherbage, qu'il fallait parfois accomplir à quatre pattes, les doigts protégés par des bouts en métal. Les herbes arrachées étaient enfouies dans le

À droite : Les Chinois utilisent depuis toujours l'engrais humain pour fertiliser le sol. On voit ici une charrette à purin circulant dans les rues de Xi'an.

Ci-dessous : La pompe à pédalier sert encore à faire monter l'eau dans les champs. Les pompes électriques la remplacent de plus en plus.

À gauche : Attelage de bœufs tirant une charrue dans les collines de l'Ouest, près de Pékin. Ce modèle de charrue très simple est en usage depuis des siècles.

Ci-dessous : La pêche traditionnelle au cormoran se pratique encore sur la rivière Li, en Chine du Sud. Les oiseaux sont attachés aux embarcations par une corde ; on les empêche d'avaler les poissons qu'ils attrapent en leur enserrant le cou dans un anneau.

En bas : Membres d'une équipe de production travaillant dans une ferme collective.

sol pour servir d'engrais vert. La mécanisation de telles opérations sans perte de rendement à l'hectare est évidemment problématique.

L'eau

Les aménagements hydrauliques traditionnels servaient soit à l'irrigation, soit à la protection contre les inondations. Ces deux fonctions, auxquelles correspondaient des modes d'organisation différents, pouvaient d'ailleurs se combiner : ainsi dans les polders qui parsèment encore les régions deltaïques et certains bords de lacs, où les champs et les habitats sont entièrement entourés de digues et se trouvent, au moins une partie de l'année, plus bas que le niveau de l'eau.

Les systèmes d'irrigation fluviale les plus simples requièrent le creusement de canaux de distribution et la mise en place de dispositifs de répartition de l'eau ; l'aménagement de réservoirs est en outre nécessaire là où la variabilité du débit des rivières est élevée. Dans le cas des systèmes se jetant dans la mer, il faut construire à l'aval des barrages munis de vannes pour empêcher l'eau salée de remonter dans les canaux à marée haute. Tous ces dispositifs doivent être périodiquement asséchés, section par section, pour extraire les alluvions accumulées.

Dans les systèmes fluviaux la circulation de l'eau se fait par simple gravité. Il en va de même dans les régions montagneuses où le courant des rivières permet d'élever l'eau jusqu'aux champs par des systèmes de noria. En revanche, les systèmes de pompage sont indispensables dans les régions de polders et dans les zones basses qui doivent être drainées en permanence. Le dispositif traditionnel le plus répandu est la « pompe aux os de dragon » (voir l'illustration p. 198), consistant en une rigole de section rectangulaire dans laquelle l'eau est élevée par une chaîne de palets actionnée soit par un pédalier, soit par une roue à laquelle sont attelés un ou plusieurs animaux, soit encore par un moulin à vent. Les progrès les plus significatifs de l'agriculture chinoise moderne résultent, pour une large part, du remplacement progressif de ces dispositifs traditionnels par des pompes à moteur, des tubes métalliques et des canaux d'irrigation en béton : dans ce cas la modernisation technique était simple à concevoir, et la profitabilité immédiate.

Le monde animal

La Chine extérieure était le domaine des grands troupeaux. La viande, le lait, les fibres, les peaux et la force de transport provenaient d'un large éventail de races naturelles ou croisées parfaitement adaptées aux conditions locales d'altitude, d'aridité, etc. En Chine intérieure, au contraire, le gros bétail était élevé par unités isolées ou en petits groupes, et fournissait essentiellement l'énergie nécessaire aux labours, au fonctionnement de divers appareillages (meules, pompes...), et au transport. Le bœuf (ou « vache jaune ») prédominait dans le Nord ; le buffle d'eau, supportant bien et même appréciant l'humidité et la boue, dans les pays du Yangzi et en Chine du Sud. Les transports mobilisaient aussi chevaux, ânes et mulets, encore qu'en nombre relativement restreint. Le porc fournissait l'essentiel de la viande consommée, mais on mangeait aussi, dans le Sud et le long de la frontière coréenne, d'une sorte de chien Pariah.

Dès le début de l'époque moderne, les croisements avec des races importées ont modifié sensiblement la nature du cheptel traditionnel : beaucoup de races « chinoises » ont aujourd'hui disparu sous leur forme pure. La rapidité de tels changements reflète le même talent pour la variation et la sélection qui avait déjà permis aux Chinois de créer le poisson rouge à partir de la carpe et de faire évoluer le chien pékinois de telle sorte qu'il ressemble au lion tutélaire du Bouddha. Il n'est pas impossible que la petitesse des troupeaux et la dispersion des animaux aient été le principal obstacle à l'amélioration systématique du gros bétail dans les villages de la Chine prémoderne.

La pénurie d'énergie animale était un des maillons faibles de l'économie rurale traditionnelle. Son application conditionnait la productivité et la prospérité d'une exploitation ; elle ne permettait pas seulement de mieux labourer les sols difficiles et de défricher les nouvelles terres, elle était également essentielle à nombre d'industries rurales, tel le broyage de la canne à sucre, dès lors qu'il n'y avait pas d'énergie hydraulique disponible à proximité. Dans certaines régions, les « propriétaires de bœufs » louaient leurs bêtes de la même manière que des propriétaires fonciers affermant leurs terres. La propriété animale était cependant plus précaire que celle de la terre, en raison notamment de la fréquence des maladies dues à une hygiène insuffisante. La perte des animaux de trait pouvait mener une famille à la faillite, ou même ruiner un village.

Dans le cas des porcins, des ovins, de la volaille, du poisson et du ver à soie, les méthodes traditionnelles d'élevage avaient pour caractéristique commune la création d'un environnement artificiel contrôlé pendant une partie au moins du cycle vital ; il n'est pas abusif ici de parler d'une approche prémoderne de l'élevage industriel. Les incubateurs à œufs de poule et de cane sont un bon exemple : il s'agissait de jarres de terre à double paroi dans lesquelles on introduisait des braises pour maintenir la même température ; les plus grandes contenaient jusqu'à un millier d'œufs, et le contrôle des niveaux de température nécessitait une dextérité particulière. La pisciculture faisait également appel à des aménagements sophistiqués : étangs de profondeur variée, îles artificielles... Mais l'art le plus raffiné de tous était sans conteste la sériciculture. L'élevage du ver à soie se faisait dans des bâtiments dont la température, l'humidité et l'éclairage étaient strictement contrôlés ; les bombyx, préalablement sélectionnés et appariés, déposaient leurs œufs sur des feuilles de papier fort qu'on stockait jusqu'à l'hiver, avant d'éliminer les œufs les moins résistants en trempant les feuilles dans la saumure ou en les exposant au-dehors ; au moment de l'éclosion, on recueillait les chenilles sur des clayonnages en bambou où elles étaient nourries de feuilles de mûrier ; au terme de cet élevage, on les déposait sur des bottes de paille pour qu'elles tissent leur cocon. Une part importante des cocons étaient tués et conservés pour être filés plus tard, le reste étant immédiatement plongé dans l'eau bouillante et dévidé avant que les bombyx ne sortent en déchirant la soie. Les risques étaient si nombreux — maladies, déprédations des rongeurs, pénurie de feuilles de mûrier — que tout le processus était entouré de tabous et de superstitions. Les appareils de mesure modernes et l'électricité permettent un contrôle plus précis de l'environnement, et le dévidage mécanique donne un fil plus homogène ; mais les opérations essentielles restent pareilles à ce qu'elles ont toujours été.

L'alimentation

L'absence d'industrie alimentaire nationale et de systèmes de réfrigération explique la survivance presque intacte des spécificités régionales en matière d'alimentation. Le contraste majeur oppose le Sud, où le régime quotidien est à base de riz, au Nord et au Nord-Est, où les céréales de base sont le blé, le maïs et le millet. On notera cependant que le Sud possède plus de spécialités culinaires connues dans tout le pays que n'importe quelle autre région. La cuisine cantonaise est réputée pour sa variété ; bien que généralement douce, elle compte un certain nombre de préparations au goût plus fort, qu'elles soient à base d'ail, de haricots noirs, de poivre rouge ou de sauce d'huître. La consistance des plats a une grande importance — les ailerons de requin sont un exemple connu —, et on rencontre quelques ingrédients inhabituels tels que la viande de serpent. La majorité des préparations sont sautées rapidement dans une huile très chaude. La cuisine du Fujian est célèbre pour la délicatesse de ses poissons et de ses crabes, pour ses soupes, et pour ses assaisonnements dont le plus connu est la sauce de soja. Dans la vallée inférieure du Yangzi, les temps de cuisson sont plus longs, et on fait largement usage d'une sauce rouge à base de soja, de sucre et de vin. Les spécialités shanghaïennes sont particulièrement grasses.

La cuisine de l'Ouest — Hunan et Sichuan —, très épicée, fait un généreux usage du piment, emprunté à l'Amérique centrale et signalé en Chine à partir de la fin du XVIIe siècle. Les préparations les plus sophistiquées combinent plusieurs saveurs : épicée, fruitée, aigre et salée, par exemple. La cuisine du Nord est plus simple et consiste principalement en plats sautés à la poêle, consommés avec des pains cuits à la vapeur ; nouilles et crêpes sont également caractéristiques.

Les spécialités régionales dépendent aussi de la disponibilité des ingrédients. Certains fruits ne sont utilisables que dans leur région de production. La cuisine uigur, dans le Nord-Ouest, rappelle celle de l'Iran. La cuisine mongole est à base de mouton, consommé avec du yogourt et du lait de jument fermenté ; l'emploi des produits laitiers est une particularité qu'on retrouve dans la cuisine des Tibétains, dont le mélange favori est fait de farine d'orge et de thé additionné de beurre de yak rance.

À droite : Préparation des nouilles dans une rue de Shanghai. Pour la grande masse de la population chinoise, 85 p. 100 de l'apport calorique est d'origine céréalière, le reste provenant de légumes comme le chou et des préparations à base de soja. Les graisses et les protéines sont rares, et l'on ne mange de viande que dans les grandes occasions.

À l'extrême droite, en haut : La productivité des minuscules lopins privés concédés aux paysans (5 p. 100 au plus de la superficie cultivée totale) s'est avérée beaucoup plus élevée que celle des terres collectives. Avant la récente décollectivisation, ces lopins arrondissaient notablement le revenu des membres des communes populaires et constituaient une source irremplaçable de légumes frais pour les citadins.

À l'extrême droite, au milieu : Préparation de raviolis farcis. La pâte est soigneusement repliée autour d'une farce de bœuf épicée avant la cuisson à la vapeur. Dans les repas de fête, chaque convive pourra en avaler jusqu'à trente ou quarante !

À droite : Le pain de blé constitue l'aliment de base dans le Nord-Ouest. Les miches, plates, sont cuites dans un four du type de celui qu'on voit représenté ici, photographié à Turfan. La qualité et le procédé de fabrication sont les mêmes que dans toute l'Asie centrale, et jusqu'en Iran ou en Égypte.

À l'extrême droite : Le menu typique d'une cantine comme celle qu'on voit ici inclut plusieurs pains cuits à la vapeur ou deux grands bols de riz, accompagnés de légumes sautés et d'un bol de soupe. Les déchets sont recrachés directement sur la table, ou par terre. On boit parfois de la bière, introduite en Chine à la fin du XIXe siècle par les Allemands installés au Shandong. La bière de Pékin est légère et particulièrement rafraîchissante.

La vie familiale

La famille a presque toujours été au centre de la vie sociale, affective et intellectuelle des Chinois. Chaque homme se considérait comme intégré à une chaîne héréditaire remontant de génération en génération jusqu'à la nuit des temps, et qu'il était de son devoir de perpétuer. Il serait à peine exagéré d'assimiler la foi dans l' « immortalité » de la famille à une sorte de croyance religieuse.

Les Chinois archaïques étaient persuadés de l'interdépendance des morts et des vivants : les ancêtres avaient besoin des sacrifices que leur offraient leurs descendants, et ces derniers ne pouvaient se dispenser de leur protection. À l'origine très proche, le lien entre les ancêtres et la divinité suprême (« Dieu », plus tard le Ciel) s'est progressivement distendu ; alors que la divinité était toujours plus révérée, les ancêtres influençaient beaucoup moins la vie quotidienne et le destin de leurs descendants.

Les femmes étaient moins directement concernées par le souci de la lignée dans la mesure où le mariage les faisait passer de celle de leur père à celle de leur mari. Probablement se sentaient-elles plus préoccupées par leur entourage familial immédiat, qu'elles avaient contribué à créer en donnant le jour à leurs enfants ; beaucoup de veuves dont le mari était mort sans descendant mâle consentaient de gros efforts pour élever un fils adoptif destiné à assurer la continuité de sa lignée.

La notion de l'individu seul face à l'univers n'avait cours que dans certains milieux marginaux. L'adepte taoïste et l'alchimiste pratiquant la macrobiotique recherchaient leur propre immortalité physique. Le moine bouddhiste abandonnait ses obligations familiales pour atteindre à l'illumination et à la dissolution du moi. Même ce dernier choix était justifié en termes familiaux : en accumulant les mérites, le moine garantirait une meilleure réincarnation à ses parents après leur mort.

Les vertus qui comptaient le plus pour les Chinois se définissaient presque toutes par rapport à la famille. La principale était la piété filiale *(xiao)*. Tel était le poids de leurs obligations que les fils devaient en fait attendre la mort de leurs parents pour mener une vie sociale indépendante. Le folklore abonde en miracles et en histoires édifiantes ayant la piété filiale pour thème, et l'État s'en faisait le plus ferme soutien : le père, ou, s'il n'était plus, la mère, pouvaient exiger la mort d'un fils indigne (plus tard, seulement le bannissement). Un crime commis contre un aîné était puni plus sévèrement que si la victime était un étranger. L'État honorait les parangons de piété filiale en leur décernant des diplômes et des distinctions qui les signalaient à leurs concitoyens.

La vertu cardinale d'une épouse était la fidélité, même posthume : le remariage n'était pas illégal, il était même très répandu pour des raisons économiques, mais, moralement, il était mal jugé. Certains ouvrages détaillant les châtiments de l'enfer bouddhique montrent des démons en train de scier verticalement les veuves remariées, afin que leurs fantômes puissent servir ceux de leurs deux maris. Le culte des « veuves chastes », qui a pris un essor considérable après le XIe siècle et a donné lieu à toute une littérature hagiographique, était encouragé par un système de récompenses impériales : arcs de triomphe cérémoniels, tablettes et bannières portant des inscriptions honorifiques...

La cohabitation de toutes les branches et de toutes les générations d'une même famille était également considérée comme un idéal. Avant les Ming, ces énormes maisonnées qui conservaient leur patrimoine en indivision et prenaient leurs repas en commun faisaient parfois l'objet de distinctions impériales. La légende veut que dans l'une d'elles les chiens eux-mêmes, touchés par la vertu de leurs maîtres, se soient refusés à prendre leur nourriture autrement qu'en commun et au grand complet ! Le fondateur des Ming, en revanche, n'a pas cherché à encourager la prolifération de ces groupes lignagiers difficiles à contrôler, dont certains entretenaient des armées privées, se battaient entre eux, défiaient les collecteurs d'impôts et imposaient leur loi.

Le système chinois était fondé sur la subordination des générations cadettes aux générations aînées, des plus jeunes aux plus âgés à l'intérieur d'une même génération, et des femmes aux hommes. Le degré de proximité à l'intérieur de la parentèle déterminait avec précision l'intensité des relations et la nature des obligations qui y étaient attachées. Le diagramme ci-contre permet de visualiser la gradation de ces obligations sur quatre générations et dans toutes les directions à partir d'un individu donné. Les relations de parenté étaient spécifiées avec un luxe de détails inconnu en

Ci-dessus : Dames du palais baignant leurs enfants. Détail d'une peinture Song exécutée dans le style académique du XIIe siècle ; encre et couleurs sur soie.

À droite : Tous les codes promulgués depuis les Han ont contribué à renforcer les liens et les obligations à l'intérieur de la famille, laquelle se trouve depuis les origines au centre de la morale confucéenne. On voit sur cette page d'album les membres d'une famille en train de faire leurs dévotions au sanctuaire familial. On notera que seuls les hommes participent à la cérémonie, qu'observent la mère et sa fillette derrière un écran.

En bas à droite : Il existait un terme chinois spécifique pour *chacune* des relations indiquées dans ce diagramme, ce terme définissant les comportements requis des personnes impliquées dans la relation. Les liens passant par les femmes des générations postérieures à celle d'*ego* avaient aussi leur terminologie propre : ainsi appelait-on les enfants de la fille « petits-fils extérieurs » et « petites-filles extérieures ». On les a omis pour éviter la surcharge du tableau. Il convenait de prendre le deuil pour la mort de toute personne située jusqu'à une distance de quatre degrés (on n'en a représenté ici que trois), tant horizontalement que verticalement, ou les deux à la fois. La langue parlée usait en général de termes d'adresse différents, parfois plus simples, et variant d'un dialecte à l'autre.

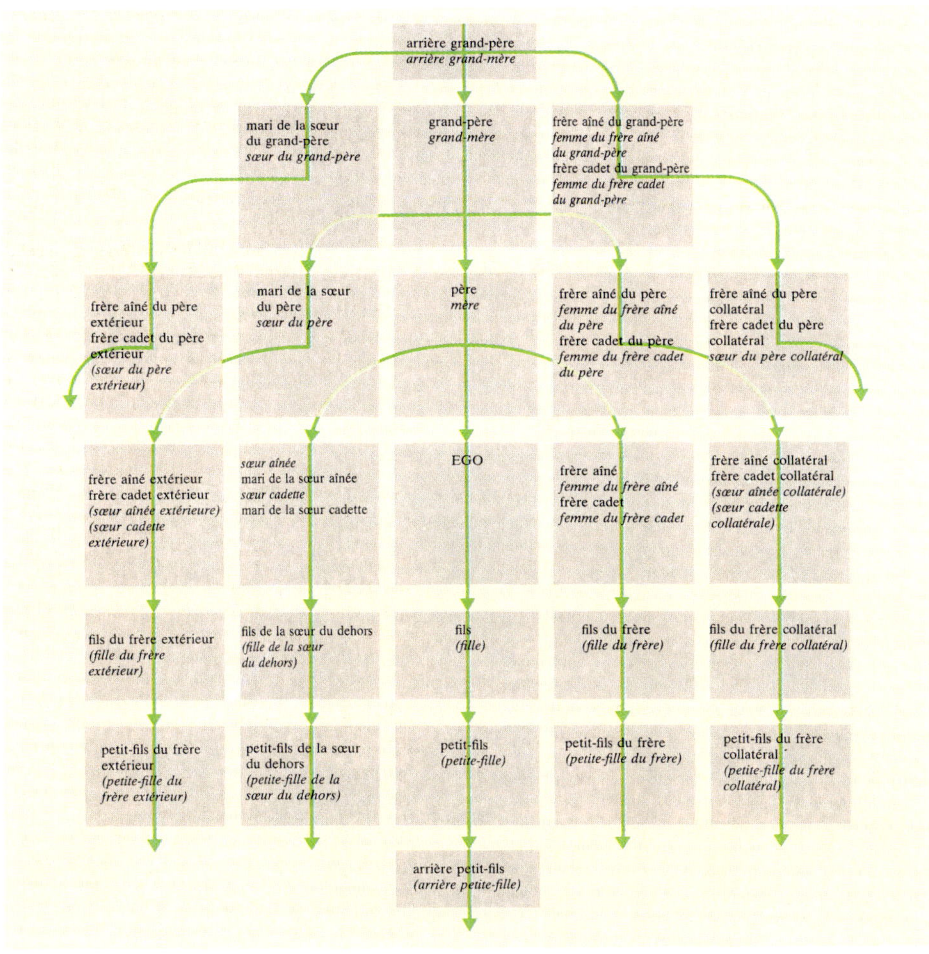

Occident. On faisait par exemple la différence, en termes d'autorité exercée et d'obéissance due, entre l'oncle paternel et l'oncle maternel. Pour marquer ces distinctions, le vocabulaire de la parenté comptait vingt-trois termes de base, plus dix modifiants pour les variantes.

Ce système n'est pas né d'un seul coup. Il semble que la prépondérance de la relation père-fils ne se soit pleinement imposée que sous les Zhou orientaux, alors qu'à l'époque des Shang le groupe constitué par les frères avait plus d'importance. En outre, le système chinois s'est parfois trouvé en compétition avec des conceptions radicalement différentes. Ainsi, certains régimes « barbares » régnant en Chine du Nord au milieu du premier millénaire admettaient parfaitement le remariage d'une veuve avec un parent de son mari défunt, même d'une génération différente, ce qui, du point de vue chinois, est une hérésie.

D'une manière générale, les femmes « barbares » jouissaient d'une liberté beaucoup plus grande que les Chinoises. Ce n'est que dans les temps de forte influence barbare, ainsi au début des Tang, que l'on voit des dames chinoises se livrer à des activités « libérées » comme l'équitation. On n'a pas encore trouvé d'explication satisfaisante à la pratique cruelle des pieds bandés : apparue dans le milieu des danseuses de cour à l'époque des Song, puis imitée en dehors de l'aristocratie, celle-ci a fini par atteindre toutes les couches de la société, sauf les plus humbles, et à l'exception de l'extrême-sud de l'Empire. S'agissait-il de mieux différencier le comportement modeste de la femme chinoise des façons honteusement libres de ses sœurs barbares ? Ou, comme l'affirment les connaisseurs, d'accroître le plaisir sexuel en imposant une posture qui comprimait le vagin ? Quoi qu'il en soit, le champ des activités ouvertes aux femmes s'en est trouvé considérablement réduit. Alors que sous les Song et au début des Yuan on rencontrait encore des femmes exerçant le métier de marchand ambulant, ou même des « entrepreneuses » — ainsi la nonne Huang à qui est attribué le démarrage de l'industrie cotonnière dans le bas-Yangzi —, de tels exemples disparaissent sous les dynasties suivantes.

Avec l'essor des États de l'époque des Printemps et des Automnes s'est posé le problème de savoir qui, de l'État ou de la famille, devait l'emporter dans l'ordre des loyautés. Pour Confucius, la primauté du dévouement aux parents va de soi, et un fils a le devoir de protéger son père si celui-ci a commis un crime. Shang Yang, premier ministre du Qin, est le seul à avoir explicitement tenté de briser la cohésion de la famille au profit de l'État. À partir des Han, le pouvoir impérial admettra toujours la primauté théorique de la famille, contraignant par exemple les fonctionnaires à prendre un congé de vingt-sept mois pour porter le deuil de leurs parents. D'une certaine manière, leur droit à gouverner découlait de leur rôle de garants de l'ordre social, lequel reposait sur la préservation des relations familiales.

En revanche, le droit successoral chinois affaiblissait la famille. Les héritiers mâles étaient obligés de se répartir l'héritage de façon à peu près égale, ce qui avait pour effet de disperser rapidement les grandes fortunes. Les lignages contournaient jusqu'à un certain point la difficulté en constituant des propriétés collectives administrées par des gérants, mais la préservation d'un patrimoine important entre les mains d'une succession d'héritiers uniques était impossible.

Les rites de passage

Les garçons étaient tenus en beaucoup plus haute estime que les filles : élever une fille revenait à investir dans une force de travail destinée à quitter la famille, ou encore, suivant le proverbe, à « labourer le champ d'autrui ». Un certain nombre de fillettes étaient noyées à la naissance, et il y avait toujours pénurie de filles à marier : le taux de nuptialité féminine était proche de 100 p. 100 ; seules faisaient exception les rares femmes qui gardaient le célibat pour prendre soin d'un parent âgé ou pour entrer en religion. L'adoption de fillettes-fiancées, très répandue, permettait d'économiser les frais d'un mariage dans les formes, de garantir une épouse au fils de la famille, peut-être aussi d'assurer la future belle-mère de la docilité de sa bru. Il arrivait aussi que la rareté des fiancées disponibles permette aux familles n'ayant que des filles d'inviter un gendre à venir résider sous leur toit, et donc à travailler pour elles.

Les filles étaient mariées jeunes : la moyenne ne doit pas avoir été très supérieure à dix-sept ans. L'âge du mariage des garçons était plus variable et dépendait des circonstances économiques. La polygamie était réservée aux riches ; dans ce cas, les épouses secondaires et les concubines étaient subordonnées à l'épouse principale.

Jusqu'à l'âge de six ans, l'éducation des garçons était confiée à la mère et aux femmes de la famille, et l'on avait tendance à tout leur permettre sous prétexte qu' « ils ne comprennent pas encore les choses ». Vers sept ans, ils passaient sous la férule du père et du maître d'école et se trouvaient soumis sans transition à une stricte discipline qu'il leur fallait généralement quelques années pour accepter. Peut-être ce type d'éducation explique-t-il une certaine dualité de la psychologie chinoise : d'un côté les fantasmes taoïstes de toute-puissance infantile, où la nature apparaît comme une sorte de mère bienveillante, et de l'autre l'exigence confucéenne du devoir et du perfectionnement de soi-même. Les filles étaient traitées avec moins d'indulgence que leurs petits frères, et le choc le plus rude intervenait plus tard dans leur vie : c'était le mariage, pratiquement toujours arrangé par les parents et conçu comme une alliance entre familles plutôt qu'entre individus. Ni l'État ni l'Église (bouddhiste ou taoïste) n'intervenaient dans les rites du mariage ; et il était rare qu'une jeune fille ait l'occasion de voir son futur mari ou ses futurs beaux-parents avant le jour des noces.

Les querelles entre les frères et entre leurs épouses étaient monnaie courante ; c'est la raison pour laquelle la plupart des familles se divisaient et partageaient l'héritage à la mort des parents. Bien que considérée comme l'idéal, la famille étendue restait l'exception.

Les funérailles en Chine étaient une opération coûteuse, spectaculaire et bruyante, dont une des fonctions était de bien marquer la situation sociale de la famille endeuillée. La forme, parfois la couleur des vêtements de deuil indiquaient la relation spécifique de celui qui les portait avec le défunt. Les funérailles étaient donc une occasion de redéfinir ces relations : endosser le deuil réservé aux fils, par exemple, signifiait qu'on revendiquait une part de l'héritage.

En Chine du Sud, on célébrait deux cérémonies de funérailles, l'une provisoire et l'autre définitive. La géomancie voulait en effet que le site permanent choisi pour la tombe d'un ancêtre ait une influence sur le bien-être de ses descendants — mais pas nécessairement la même influence pour tous : aussi les frères se querellaient-ils parfois sur le choix de l'emplacement.

Par contraste avec le caractère conflictuel des manipulations dont les ossements des morts pouvaient ainsi être l'objet, le culte des ancêtres mettait l'accent sur ce qui unissait les membres d'une même famille. On sacrifiait chez soi aux tablettes portant le nom des défunts des quatre dernières générations, et, au moins une fois par an, au printemps, la famille se rendait sur les tombes des ancêtres. Les lignages consacraient parfois des cérémonies plus formelles aux ascendants importants ; seuls les hommes y prenaient part.

Les hauts lignages compilaient des tableaux généalogiques donnant le détail de toutes les branches

Ci-dessus : La famille chinoise reste très unie. Ses membres vivent tous ensemble, et les grands-parents servent naturellement de *babysitter*.

À gauche : Le bandage des pieds date des Song du Sud. Il s'est répandu au fil des siècles dans presque toute la population et a eu pour effet de limiter sévèrement les déplacements des femmes et de les confiner pratiquement à la maison. Les épouses des missionnaires protestants ont été particulièrement actives pour en réclamer l'abolition, qui est aujourd'hui chose acquise : la femme que l'on voit ici est un des rares exemples de pieds bandés qu'il soit encore possible de rencontrer.

En haut : Famille modèle en train de prendre son repas sous l'œil bienveillant du président Mao, flanqué de peintures paysannes représentant un monde idéalisé et radieux. Cette photographie date d'avant la campagne « un seul enfant par famille ».

Ci-dessus : Croquis exécuté d'après une gravure sur bois porte-bonheur promettant cinq enfants mâles, tous en bonne santé, riches, et promis au plus bel avenir. Aujourd'hui encore, la préférence va aux garçons ; dans les zones rurales, la politique de limitation des naissances n'empêche pas les couples dont le premier enfant est une fille de faire une nouvelle tentative pour avoir un fils.

reconnues. Un membre qui avait commis un crime pouvait être exclu du lignage, et son nom effacé de la généalogie.

Le statut de la femme et la famille moderne

Nous avons déjà fait allusion à quelques antécédents du mouvement féministe (voir p. 160-161). Les rebelles Taiping ont été les premiers à défendre un certain égalitarisme (dérivé en partie du christianisme), qui les conduisit par exemple à interdire la prostitution et les pieds bandés, à laisser une beaucoup plus grande liberté de déplacement aux femmes, à leur donner les mêmes droits de propriété foncière qu'aux hommes, et même à créer des régiments féminins. D'un autre côté, l'héritage confucéen continuait de peser lourd, comme l'attestent le puritanisme des Taiping et l'insistance très traditionnelle sur la propriété des relations familiales, sur l'obéissance féminine et sur la chasteté (ce en dépit du mauvais exemple donné par leur chef Hong Xiuquan, qui entretenait un vaste harem et consacrait une bonne partie de son temps à ses plaisirs).

En tant qu'hommes de l'extrême Sud les Taiping n'éprouvaient qu'antipathie pour les pieds bandés : ils n'hésitèrent pas à mettre aux travaux forcés des femmes capturées dans la vallée du Yangzi, sous la supervision de leurs propres femmes, dans de véritables camps de concentration féminins.

C'est à la fin du XIXe siècle que les missionnaires protestants lancent des campagnes pour abolir les pieds bandés et ouvrir les écoles aux filles, campagnes auxquelles les Chinois ne tardent pas à adhérer à leur tour. Vers la même époque, deux des penseurs chinois les plus radicaux se livrent à une attaque frontale contre la famille en tant qu'institution. Tan Sitong réclame son abolition au nom de la liberté et de l'égalité entre individus (mais il envisage aussi l'absorption de la conscience individuelle dans une sorte de totalité sociale unifiée). L'utopie décrite par Kang Youwei dans son *Livre de la Grande Unité (Datong shu)* prévoit des contrats de cohabitation à court terme, et la mise en place d'institutions pour prendre en charge les enfants et les vieillards : le culte de l'État bienfaiteur remplacerait la piété filiale. Mais les seuls à avoir tenté d'éradiquer le sentiment familial dans leur pratique quotidienne sont des anarchistes qui se refusaient, par exemple, à utiliser leurs patronymes.

Une fois au pouvoir, le parti communiste a cherché à affaiblir les loyautés familiales et claniques. La prohibition de la géomancie, l'interdiction des dépenses extravagantes pour les mariages et les funérailles n'ont pas toujours rencontré une totale adhésion. Et si l'on est allé jusqu'à contraindre les enfants de dénoncer leurs parents lorsque ceux-ci étaient soupçonnés d'attitudes contre-révolutionnaires, les liens familiaux n'en restent pas moins, aujourd'hui encore, extrêmement forts.

La famille chinoise a récemment connu des évolutions contrastées. Dans les campagnes de la République populaire, la plupart des habitations restent propriété privée, ce qui laisse un pouvoir non négligeable à la vieille génération dans la mesure où le bon fonctionnement de l'économie familiale est un élément essentiel de la qualité de la vie. Le choix des époux reste largement l'affaire des parents, mais les jeunes ont désormais un droit de veto. La relation entre belle-mère et belle-fille a subtilement évolué : la seconde reste dépendante de la première pour s'occuper des enfants lorsqu'elle participe au travail collectif, mais le supplément de pouvoir d'achat qu'elle tire de ce travail lui donne un poids beaucoup plus grand qu'avant. Paradoxalement, le fait de confier l'éducation des enfants aux grands-parents tend à leur inculquer les valeurs du passé.

Dans les villes, en revanche, les couples vivent rarement auprès des parents du mari, et partagent les frais de leur logement. Les fiancés se choisissent eux-mêmes, mais leurs parents et les cadres de l'unité où ils travaillent conservent un certain droit de regard. Les générations sont largement indépendantes les unes des autres sur le plan économique, et les enfants passent leurs journées dans des crèches collectives, d'où une structure affective orientée vers le groupe d'âge, et non vers les aînés comme à la campagne.

Depuis une dizaine d'années, l'État exerce une pression grandissante pour limiter le nombre d'enfants. La politique d' « un enfant par famille », qui sanctionne les contrevenants de diverses manières, notamment en les privant de prestations sociales, en est la conséquence extrême. Les femmes travaillant en usine peuvent même se voir imposer l'année où elles auront le droit de mettre au monde leur unique enfant. Si cette politique réussissait (on notera que des assouplissements ont été récemment consentis), elle porterait un coup sérieux à ce qui subsiste encore de la mystique de la lignée mâle, puisque la moitié des familles seraient sans héritier de sexe masculin. C'est d'ailleurs pour cette raison qu'elle rencontre de violentes résistances, et est à la source d'une recrudescence de l'infanticide féminin.

Les traditions familiales restent fortes à Taiwan et dans les communautés d'outre-mer, même si la valeur des études et des carrières féminines est de plus en plus reconnue. Loin de briser les liens traditionnels, la modernisation économique en a souvent tiré parti, les membres d'un même lignage mettant en commun ou échangeant informations, savoir-faire, crédit et appuis ; dans certains cas, les réseaux familiaux en sont sortis renforcés.

L'architecture domestique

Les résidences des riches, tant à la campagne que dans les villes, présentaient la même disposition que les palais ou les grands édifices religieux ; le nombre de cours et de pavillons était fonction de la fortune et du rang. Le bâtiment principal, où logeait le chef de famille, regardait vers le sud et se trouvait au nord du terrain enclos de murs ; la parentèle habitait dans les pavillons moins importants disposés de part et d'autre de l'axe nord-sud, et les domestiques vivaient le long du mur sud, près de l'entrée. Celle-ci était masquée par un « mur des esprits » protégeant l'intérieur des mauvaises influences et des regards des passants. Dans le Pékin d'aujourd'hui, les résidences de ce type sont soit partagées entre plusieurs familles, soit affectées à des institutions publiques. La maison individuelle ordinaire comporte une seule cour, avec un corps de bâtiment situé au nord, éventuellement des communs sur les côtés.

Les provinces présentent certains types moins courants d'architecture, parfois propres à telle ou telle minorité nationale. Dans le Sud, les maisons aux murs de torchis couvertes de chaume ou de tuiles sont serrées les unes contre les autres. On trouve dans les montagnes de l'Anhui des maisons blanchies à la chaux avec des pignons décorés, et au Shanxi des habitations troglodytes creusées dans les falaises de loess. Les maisons tibétaines sont en torchis blanchi à la chaux ou peint en ocre. Les nomades de Mongolie et du Xinjiang vivent dans des tentes circulaires (yourtes) faites de peaux tendues sur une armature démontable, garnies à l'intérieur de tapis et de couvertures de feutre.

Ci-dessus : Village de la minorité nationale yi près de Kunming, province du Yunnan.

À droite : Scène de rue typiquement cantonaise.

À l'extrême droite : Ferme recouverte de chaume dans les faubourgs de Kunming (Yunnan). Noter au premier plan le lopin privé soigneusement entretenu.

Ci-dessous : Habitations troglodytiques creusées dans le lœss (province du Shanxi).

Ci-dessous à droite : Maison tibétaine. Les bannières dressées à l'extérieur indiquent qu'une partie de la bâtisse est occupée par un sanctuaire. Beaucoup de maisons tibétaines sont repeintes chaque année au moment des fêtes du nouvel an. Le toit en bois est assemblé par emboîtement, sans aucun clou.

Ci-dessous au milieu : Tente de pasteur nomade dans le Tianshan (« Montagne céleste »), au nord-ouest du Xinjiang.

La Chine et l'Occident

Les Chinois du passé se voyaient au centre du monde civilisé. Cela ne les a pas empêchés, jusqu'à l'époque des Tang et des Song, de se montrer incontestablement ouverts aux influences étrangères. Pour ne donner que deux exemples, le bouddhisme et une bonne partie de la musique dite « chinoise » ont été importés d'Asie centrale. Le traumatisme de l'occupation mongole, aux XIIIe et XIVe siècles, est apparemment à l'origine de la composante xénophobe qu'exprimait déjà la fermeture des frontières par le fondateur des Ming, et que l'on a vu ressurgir périodiquement en Chine.

Les premiers Européens à entrer en contact avec les Chinois ont été essentiellement des commerçants (ainsi les Portugais qui s'installent à Macao au XVIe siècle) et des missionnaires (en particulier les jésuites, relativement bien reçus à Pékin au XVIIe et au XVIIIe siècle). D'une manière générale, l'Europe apparaît à cette époque beaucoup plus impressionnée et influencée par la Chine que l'inverse — les récits des jésuites n'y sont pas pour rien. Alors que la « chinoiserie » exerce un impact assez considérable sur les arts de l'Occident, ces derniers n'ont pratiquement d'influence qu'à la cour des Qing, notamment pendant les quelques années où le jésuite Castiglione (*alias* Lang Shining) y exerce les fonctions de peintre officiel.

Le XVIIIe siècle finissant et la première moitié du XIXe marquent une phase d'incompréhension et même d'hostilité montante. C'est là, très certainement, une conséquence du fossé qui s'élargit entre une Europe en voie de modernisation rapide et une Chine en train de perdre sa prépondérance intellectuelle et sa position dominante.

Les emprunts culturels et intellectuels de la Chine à l'Occident depuis le début de ce siècle ont été très sélectifs. Par exemple, les Chinois se sont essentiellement intéressés à l'Europe moderne, mais guère à l'Antiquité, et pas du tout au Moyen Âge. Il y a eu aussi des épisodes de rejet, pour ne pas dire d'allergie : la Révolution culturelle, fameuse pour ses attaques contre Beethoven et Shakespeare, en est l'exemple le plus notoire.

Ci-dessus à droite : Les « chinoiseries » les plus élaborées et les plus ambitieuses du pavillon de Brighton, construit entre 1815 et 1821, sont dues à John Nash. Les papiers muraux et les œuvres d'art ont été importés de Chine. L'extérieur « indien » du pavillon ne jurait pas vraiment avec son intérieur « chinois » dans la mesure où l'un et l'autre procédaient d'une même idée générale de l'Orient. Le fauteuil qu'on voit à gauche est en bambou ; la commode à droite, de fabrication anglaise, est en bois sculpté à l'imitation du bambou.

À droite : gravure représentant les jardins et les fontaines du Palais d'été construit à l'extérieur de Pékin sur les plans de Castiglione. Ce bel ensemble de style baroque sera saccagé par les troupes françaises et britanniques en 1860.

Ci-dessous à gauche : Les figurines chinoises qui surmontent la boutique Twinings du Strand, à Londres, datent de 1787. C'est seulement dans les années 1830 que Robert Fortune réussit à dérober en Chine des plants de thé et à les ramener en Inde, où ils sont confiés au jardin botanique de Calcutta. Le développement de l'industrie du thé en Inde et à Ceylan est parti de là.

Ci-dessous à droite : Le *Mahonia bealii,* décrit en 1855 dans le *Botanical Magazine,* est l'un des nombreux végétaux chinois rapportés en Europe par les missionnaires et les voyageurs du milieu du XIXe siècle.

Au milieu à droite : Les décors européens des porcelaines de Bristol ont été méticuleusement recopiés par les artistes chinois de la fin des Qing pour la fabrication de pièces destinées à l'exportation.

Au milieu à gauche : Figurine de porcelaine « chinoise » fabriquée en 1750 dans les ateliers de Benjamin Lund à Bristol.

À droite : Maria Nemeth dans le rôle titre de *Turandot,* l'opéra « chinois » de Puccini. Le costume est une version complètement occidentalisée des robes de cour chinoises.

Ci-dessous : La race artificielle des « pékinois » fut pendant des siècles réservée à l'agrément exclusif de la famille impériale. Ce chien miniature, très populaire à l'Ouest, a été ramené en Europe par les Anglais après le pillage du Palais d'été en 1860. Il a aujourd'hui disparu de Chine.

Ci-dessus : Danse du dragon célébrant le nouvel an chinois dans la communauté chinoise de Sidney.

À droite : Cabine téléphonique dans le quartier chinois de New York. Les couleurs et la forme du toit sont typiquement chinoises.

LISTE DES ILLUSTRATIONS

Abréviations : *h* = haut, *b* = bas, *g* = gauche, *d* = droite, *c* = centre, *hg* = en haut à gauche, etc. ; H = hauteur, L = longueur, l = largeur, d = diamètre.

BIBLIOGRAPHIE

Les travaux les plus sérieux et les plus détaillés sur l'histoire et la civilisation des Chinois sont, en général, d'un niveau de spécialisation qui peut dérouter le lecteur non sinologue. À l'inverse, la majeure partie de la littérature dite « pour grand public » risque fort d'être dépassée, superficielle, voire simplement trompeuse. Il nous a donc paru nécessaire d'inclure dans cette bibliographie un certain nombre de titres relativement techniques, en essayant toutefois de choisir ceux qui sont accessibles au non-sinologue, et dont la lecture peut apporter mieux qu'une simple moisson d'informations factuelles.

Orientations générales

J. Gernet, *le Monde chinois* (éd. révisée, Paris, 1983), est sans conteste le meilleur ouvrage général sur l'histoire et la civilisation de la Chine. Il en existe plusieurs autres : W. Eberhard, *Histoire de la Chine* (Paris, 1952), ingénieux et concis, mais passablement dépassé ; J. Fairbank et O. Reischauer, *East Asia, the great tradition* (Boston, 1958) ; R. Dawson, *Imperial China* (Londres 1972) ; et O. Hucker, *China's imperial past* (Stanford, 1976), tous extrêmement utiles et se complétant heureusement. Pour une introduction concise et attrayante à la culture chinoise, voir R. Dawson (éd.), *the Legacy of China* (Oxford, 1964). M. Elvin, *the Pattern of the Chinese past* (Stanford, 1972), s'intéresse aux développements socio-économiques dans le long terme. Sur les problèmes de la parenté, la présentation la plus compacte est H. Baker, *Chinese Family and Kinship* (Londres, 1979). Il n'existe pas d'ouvrage comparable sur les problèmes de classe et de statut social, mais il faut mentionner P. T. Ho, *the Ladder of success in imperial China : aspects of social mobility, 1368-1911* (New York, 1962), qui est une bonne introduction au phénomène du « mandarinat ». I. Miyazaki, *China's examination hell* (New Haven, 1981), décrit de façon aussi divertissante qu'érudite le système d'examens par lequel on accédait à cette caste.

L. Sickmann et A. Soper, *the Art and Architecture of China* (Harmondsworth, 1956), et M. Sullivan, *An introduction to Chinese art* (Berkeley, 1961), sont de bonnes introductions à l'histoire des arts. W. Willetts, *Chinese Art* (2 vol., Harmondsworth, 1958), insiste également sur les techniques. Signalons enfin l'ouvrage de V. et D. Elisseeff, *la Civilisation de la Chine classique* (Paris, 1979), qui accorde une large place aux arts et dont l'illustration est de qualité.

Il n'existe pas d'introduction satisfaisante à l'histoire des idées. Cependant, pour une bonne initiation aux courants de pensée, on lira les ouvrages suivants : A. Waley, *Three Ways of thought in ancient China* (Londres, 1939) ; H. Wilhelm, *Change* (Londres, 1960) ; F. Cook, *Hua-yen buddhism* (Philadelphie, 1977) ; P. Demiéville, *Entretiens de Lin-tsi* (Paris, 1972) ; A. Graham, *Two Chinese Philosophers* (Londres, 1958) ; K. Schipper, *le Corps taoïste* (Paris, 1982) ; J. Gernet, *Chine et Christianisme, action et réaction* (Paris, 1982). Sur la religion, voir H. Maspero, *les Religions chinoises* et *le taoïsme* (Paris, 1967), ainsi que la superbe introduction au bouddhisme de P. Demiéville dans l'*Encyclopaedia Universalis*. Enfin, l'on trouvera quantité d'informations dans les trois volumes publiés sous la direction d'A. Wright *et al.* : *Confucianism in action, the Confucian Persuasion*, et *Confucian Personalities* (Stanford, 1959, 1960 et 1962).

Pas de synthèse non plus dans un domaine où les recherches spécialisées abondent pourtant, celui de la littérature. Ajoutons que les traductions propres à séduire le non-spécialiste ne sont pas légion. Peut-être le mieux est-il d'ignorer dans un premier temps les études *sur* la littérature, et d'aborder directement les textes suivants : A. Waley, *Chinese Poems* (Londres, 1946) ; P. Demiéville, *Anthologie de la poésie chinoise* (Paris, 1962) ; Shi Nai'an et Luo Guanzhong, *Au bord de l'eau* (trad. J. Dars, Paris, 1978) ; Cao Xueqin, *le Rêve dans le pavillon rouge* (trad. Li Tchehoua et J. Alezaïs, 2 vol., Paris, 1981) ; *Fleur en fiole d'or* (trad. A. Lévy, Paris, 1985) ; Shen Fu, *Six Récits au fil inconstant des jours* (trad. P. Ryckmans, Bruxelles, 1966), et Lu Xun, *la Mauvaise Herbe* (Paris, 1970). Concernant les travaux d'histoire littéraire, on mentionnera d'abord Lu Hsun (Zhou Shuren), *A brief history of Chinese fiction* (trad. H. et G. Yang, Pékin, 1959), qui livre les opinions de l'écrivain le plus important de la Chine du XXe siècle. P. Hanan, *the Chinese Vernacular Story* (Cambridge, Mass., 1982), est sans doute le meilleur ouvrage en langues occidentales sur le sujet (mais on mentionnera les traductions d'A. Lévy, notamment *l'Amour de la renarde*, Paris, 1970). Voir aussi le riche *Inventaire analytique et critique du conte chinois en langue vulgaire* publié sous la direction d'A. Lévy (3 vol. parus, Paris, 1978-1981). Encore qu'un peu aride, J. J. Y. Liu, *the Art of Chinese poetry* (Londres, 1962), est riche d'informations. Sur l'historiographie, le manuel classique de C. Gardner, *Chinese Traditional Historiography* (éd. révisée, Cambridge, Mass., 1961), est aussi clair que factuel, mais gagnera à être complété par les études réunies dans W. Beasley et E. Pulleyblank (eds.), *Historians of China and Japan* (Londres, 1961) ; en dépit de ses aspects polémiques, C. C. Dzo, *Sima Qian et l'historiographie chinoise* (Paris, 1978), est une bonne introduction à l'inventeur de l' « histoire dynastique » et à son œuvre.

Pour terminer, signalons deux séries dont les volumes voient lentement le jour au fil des ans : J. Needham *et al.*, *Science and Civilization in China* (Cambridge, 1954—) ; et J. Fairbank et D. Twitchett (eds.), *the Cambridge History of China* (Cambridge, 1978—). Nombre de thèmes et de périodes pourront être abordés avec profit en consultant le volume ou le chapitre qui s'y rapporte dans l'une ou l'autre de ces collections.

La terre et les hommes

En dépit de ses aspects dépassés, G. Cressey, *China, the land of the 500 million* (New York, 1955), demeure une introduction exceptionnellement claire et utile. Concernant la première moitié du XXe siècle, *China Proper* (3 vol., 1945, à présent déclassifié) de la British Naval Intelligence Division, est irremplaçable ; il n'y a malheureusement pas d'équivalent pour la période contemporaine. L'encyclopédique guide Nagel (*Chine*, Genève, 1970, et mises à jour) reste le meilleur ouvrage du genre et renferme une quantité étonnante d'informations de toutes sortes, y compris les plans de nombreuses villes. L'Institut de géographie de l'Académie des sciences soviétique a édité deux denses volumes intitulés *Physical geography of China* (New York, 1969), basés sur un travail de terrain très poussé, qui ont l'inconvénient de ne pas comporter de cartes originales (du moins dans cette édition) ; en revanche, nombre d'aspects généralement négligés dans les ouvrages de géographie s'y trouvent traités.

Sur la vie quotidienne et son évolution à travers les âges, les trois volumes suivants offrent d'utiles points de repère : M. Loewe, *Everyday Life in early imperial China* (Londres, 1968) ; Jacques Gernet, *la Vie quotidienne en Chine à la veille de l'invasion mongole* (Paris, 1959) ; A. Watson, *Everyday Life in Communist China* (Londres, 1975). Les sources littéraires sont également précieuses (voir par exemple les traductions de romans mentionnées plus haut, ou encore, sur la vie quotidienne à l'époque des Ming, les célèbres romans policiers de R. Van Gulik — qui se déroulent sous les Tang — consacrés aux enquêtes du juge Ti). De même les descriptions publiées par divers voyageurs étrangers : R. Lévy (d'après E. Reischauer), *Ennin, journal d'un voyageur en Chine au IXe siècle* (Paris, 1959) ; R. Latham, *the Travels of Marco Polo* (Harmondsworth, 1958) ; C. R. Boxer (ed.), *South China in the sixteenth century* (Londres, 1953 : il s'agit des récits de voyage de Pereira, Da Cruz et de Rada) ; les quatorze volumes de comptes rendus envoyés en France par les missionnaires jésuites, publiés entre 1776 et 1814 sous le titre *Mémoires concernant les Chinois* ; R. Fortune, *Three Years wandering in the Northern provinces of China, including a visit to the tea, silk and cotton countries...* (Londres, 1847) ; E. Huc, *Souvenirs d'un voyage dans la Chine* (Paris, 1960, originellement *l'Empire chinois*, Paris, 1853-1854) ; parmi les innombrables récits de voyages au XXe siècle, on privilégiera ceux d'O. Lattimore : *High Tartary* (Boston, Mass., 1930), *Pivot of Asia* (Boston, Mass., 1950), *Manchuria, cradle of conflict* (New York, 1932), et d'autres encore.

Pour une introduction générale sur les villes chinoises, voir M. Cartier, « Une tradition urbaine : les villes dans la Chine antique et médiévale », *Annales ESC*, 4 (1970) ; pour la période ancienne, P. Wheatley, *the Pivot of the four quarters* (Édimbourg, 1971) ; M. Elvin, « Chinese cities since the Sung », in P. Abrams et E. Wrigley (eds.), *Towns in societies* (Cambridge, 1968) ; et pour plus de détails, les trois volumes publiés par Stanford University Press : W. Skinner (ed.), *the City in late imperial China* (1978), M. Elvin et W. Skinner (eds.), *the Chinese City between two worlds* (1974), et J. Lewis (ed.), *the City in Communist China* (1972). R. Murphey, *the Outsiders* (Ann Arbor, 1977), offre une superbe analyse des « ports ouverts », considérés dans une perspective comparative.

Sur l'histoire de la population : J. Durand, « the Population statistics of China, A.D. 2-1953 », *Population studies* 13 (1960), reste le recueil de statistiques le plus complet en langues occidentales. M. Cartier et P.-E. Will, « Démographie et institutions en Chine : contribution à l'analyse des recensements de l'ère impériale (2 apr. J.-C.-1750) », *Annales de démographie historique*, 1971, insistent sur les conditions dans lesquelles étaient élaborées les statistiques. Voir aussi H. Bielenstein, « the Census of China during the period A.D. 2-742 », *Bulletin of the Museum of Far Eastern Antiquities*, 19 (1957) ; P.T. Ho, « An estimate of the population of Sung-Chin China », *Études Song*, 1 (1970), et, du même, le classique *Studies on the population of China 1368-1953* (Cambridge, Mass., 1959). Sur la période contemporaine, M. Cartier, « les Leçons du troisième recensement chinois », *le Courrier des pays de l'est*, 282 (1984).

Sur l'expansion coloniale chinoise, voir H. Wiens, *China's march toward the tropics* (Hamden, 1954) ; C. FitzGerald, *the Southern Expansion of the Chinese people* (Londres, 1972) ; O. Lattimore, *Inner Asian frontiers of China* (New York, 1951) ; J. Davidson, *the Island of Formosa, past and present* (New York, 1903) ; C. Lombard-Salmon, *Un exemple d'acculturation chinoise : la province du Guizhou au XVIIIe siècle* (Paris, 1972). Les deux chapitres de J. Fletcher dans J. Fairbank (éd.), *the Cambridge history of China*, vol. 10, *Late Ch'ing, 1800-1911, part 1* (Cambridge, 1978), ont considérablement renouvelé l'image qu'on se faisait des périphéries continentales de l'Empire et de leurs rapports avec le pouvoir central. Pour les périodes plus récentes, voir A. Whiting, *Sinkiang, pawn or pivot?* (East Lansing, 1958), et G. Moseley, *the Consolidation of the South China frontier* (Berkeley, 1973).

Sur le commerce d'outre-mer : G. Wang, « the Nanhai trade », *Journal of the Malayan Branch of the Royal Asiatic Society*, 21 (1958) ; J. Kuwabara, « On P'u Shou-keng, a man of the Western regions », *Memoirs of the Research department of the Toyo Bunko*, 2 (1928) et 7 (1935) ; J. Mills, *Ying-yai sheng-lan : the overall survey of the Ocean's shores* (Cambridge, 1970) ; W. Schurz, *the Manila Galleon* (New York, 1939) ; L. Dermigny, *le Commerce à Canton au XVIIIe siècle*, 3 vol. (Paris, 1964). Sur les communautés chinoises d'outre-mer, V. Purcell, *the Chinese in Southeast Asia* (Londres, 1951), reste une introduction classique. Il existe à présent de nombreuses monographies spécialisées ; W. Skinner, *Leadership and Power in the Chinese community of Thailand* (Ithaca, 1958), est l'une des plus intéressantes.

Les fondements d'une culture

Pour deux introductions d'accès aisé, voir W. Watson, *China before the Han dynasty* (Londres, 1961), et C. Li, *the Beginnings of Chinese civilization* (Seattle, 1957). P.T. Ho, *the Cradle of the East : an inquiry into the indigenous origins of techniques and ideas of neolithic and early historic China, 5000-1000 B.C.* (Chicago, 1975), propose une interprétation controversée mais convaincante des origines de la civilisation chinoise. Notre connaissance de la protohistoire et de la haute Antiquité doit pratiquement tout à l'archéologie : K. C. Chang, *the Archaeology of ancient China* (éd. rév., New Haven, 1968) ; T.K. Cheng, *Archaeology in China*, 3 vol. (Cambridge) : *Prehistoric China* (1959), *Shang China* (1960), et *Chou China* (1963). Dans *Anyang* (Seattle, 1977), C. Li donne un récit richement illustré de la naissance de l'archéologie chinoise, dont il a été l'un des protagonistes. M. Loehr, *Chinese Bronze Age Weapons* (Ann Arbor, 1956), est d'une importance capitale pour l'étude de la technologie militaire sur laquelle s'appuyait la civilisation chinoise ancienne.

Si l'on aborde l'Antiquité à travers les sources historiques, H. Maspero, *la Chine antique* (éd. rév., Paris, 1965), quoique dépassé à bien des égards, demeure un classique. Pour qui a la patience de le lire, le *Zuozhuan (les Chroniques de Zuo)* offre un panorama fascinant de la vie politique à l'époque des Printemps et des Automnes (trad. française de S. Couvreur, *la Chronique de la principauté de Lou, Tch'ouen-ts'ieou et Tso-tchouan* [Ho-kien-fou, 1914, réimpression Paris, 1951]). Nettement plus lisible, J. Crump (trad.), *Chan-kuo-ts'e* (Oxford, 1970), est un recueil d'anecdotes et de discours datant de la période des Royaumes combattants. Il existe de multiples traductions du *Sunzi,* le classique de la pensée militaire chinoise.

L'art néolithique

On peut commencer par le panorama qu'offre J. Rawson, *Ancient China, art and archaeology* (Londres, 1980). Le problème des techniques est abordé par M. Medley, *the Chinese Potter* (Oxford, 1976), et l'on trouvera un exposé plus général dans M. Sullivan, *the Arts of China* (éd. rév., Berkeley, 1978). Pour plus de détails, voir Cheng, *Archaeology in China,* vol. 1, et Chang, *the Archaeology of ancient China.*

Parenté et royauté

K. C. Chang, *Shang civilization* (New Haven, 1980), est le meilleur point de départ pour aborder la complexité des problèmes de la société chinoise à l'aube des temps historiques. Les travaux japonais sur le sujet adoptent une perspective assez différente de celle de Chang, mais il n'en existe pas de compte rendu en langues occidentales. On peut aussi mentionner L. Chao, *the Socio-political Systems of the Shang dynasty* (Taipei, 1982).

Sur l'époque des Zhou, on consultera l'ouvrage classique de H. G. Creel, *the Origins of statecraft in China,* vol. 1 (Chicago, 1970). L. Vandermeersch, *Wangdao ou la voie royale* (2 vol., Paris, 1977-1980), est d'une importance fondamentale, mais d'accès difficile en raison de sa technicité et de son caractère massif. Le *Livre des odes (Shijing)* est une des sources de base sur les problèmes de la parenté et de la royauté : voir la traduction de B. Karlgren, *the Book of odes* (Stockholm, 1950), et les traductions magistrales de nombreux poèmes données par M. Granet dans *Fêtes et Chansons anciennes de la Chine* (Paris, 1919).

Les arts de l'âge du bronze

On trouvera de belles illustrations en couleurs dans W. Fong (ed.), *the Great Bronze Age of China, an exhibition from the People's Republic of China* (New York, 1980). Sur les problèmes de style, voir W. Watson, *Ancient Chinese Bronzes* (Londres, 1962), *Style in the arts of China* (Hardmondsworth, 1974), et *Art of dynastic China* (Londres, 1981). Sur les armes : M. Loehr, *Chinese Bronze Age Weapons* et W. Watson, *Cultural Frontiers in ancient East Asia* (Édimbourg, 1971), particulièrement intéressant sur le problème de l'héritage nomade en Chine. C. Li, *Anyang,* retrace de façon détaillée les fouilles du plus grand site Shang. Sur les jades : T. Lawton, *Chinese Art of the Warring States period, change and continuity, 480-222 BC* (Washington, 1982). Sur les laques : Sir H. Garner, *Chinese Lacquer* (Londres, 1979).

L'empire des Qin

Quoique un peu léger, A. Cotterell, *le Premier Empereur* (Paris, 1981), est clair et présente une belle illustration. Le « roman » de J. Levi, *le Grand Empereur et ses automates* (Paris, 1985), puise aux meilleures sources historiques; l'auteur s'en explique dans une postface. Plus anciennes, les biographies de D. Bodde : *China's first unifier* (Leyde, 1938), sur Li Si, et *Statesman, Patriot, and General in ancient China* (New Haven, 1940), sur trois personnages de moindre notoriété.

L'armée souterraine

On trouvera de bonnes illustrations en couleurs sur l'armée statufiée du tombeau de Qin Shihuangdi dans W. Fong (ed.), *the Great Bronze Age of China,* et dans H. Qian, H. Chen et S. Ru, *Out of China's earth* (Londres, 1981). Pour un exposé plus détaillé des arts à l'époque des Qin, voir A. Cotterell, *le Premier Empereur.*

Politique et pouvoir

Les ouvrages sur ce thème varient beaucoup quant à leur degré de spécialisation. On trouvera ci-dessous un certain nombre de titres suivant plus ou moins l'ordre chronologique des périodes couvertes. Sur les Han, la série d'articles de M. Loewe réunis sous le titre *Crisis and Conflict in Han China* (Londres, 1974) donne une idée vivante et précise de la vie politique sous les Han antérieurs. Les quatre longues études de H. Bielenstein intitulées « the Restoration of the Han dynasty », *Bulletin of the Museum of Far Eastern Antiquities,* 26 (1954), 31 (1959), 39 (1967) et 51 (1979), constituent une introduction particulièrement riche et démonstrative aux problèmes de pouvoir et de société dans la Chine du « premier Empire ». Du même auteur, *the Bureaucracy of Han times* (Cambridge, 1980), remarquablement précis et systématique, a l'inconvénient d'offrir une vue un peu trop statique du régime des Han ; on se fera une idée plus dynamique des luttes de pouvoir au sein du gouvernement central en consultant P. Y. Liu, *les Institutions politiques et la lutte pour le pouvoir au milieu de la dynastie des Han antérieurs* (Paris, 1983). Pour les relations extérieures, Y. S. Yü, *Trade and Expansion in Han China* (Berkeley, 1967). Sur la période de fragmentation interne postérieure à la chute des Han, on trouvera plusieurs études de qualité dans E. Balazs, *la Bureaucratie céleste* (Paris, 1968), et E. T. Z. Sun et J. de Francis (trad.), *Chinese Social History* (Washington, 1956), notamment sur le développement des grands domaines et la crise de la conscience politique. P. Ebrey, *the Aristocratic Families of early imperial China* (Cambridge, 1978), étudie en détail le destin d'un lignage éminent pendant un millénaire. W. Eberhardt, *das Toba-reich Nord Chinas* (Leyde, 1949), reste l'étude de référence sur une dynastie barbare qui a grandement influencé les institutions chinoises des périodes ultérieures. Sur l'interpénétration de la vie politique et de la vie littéraire sous les « dynasties du Sud », voir l'étude remarquable de J. Marney, *Liang Chien-wen ti* (Boston, 1976); de même, D. Holzman, *Poetry and Politics. The life and works of Juan Chi, A.D. 210-263* (Cambridge, 1976). A. Wright, *the Sui dynasty* (New York, 1978), propose un portrait lucide et exhaustif des empereurs qui ont reconstruit l'unité impériale après quatre siècles de fragmentation. Sur la première moitié des Tang, E. Pulleyblank, *the Background of the rebellion of An Lu-shan* (Londres, 1955), reste la meilleure étude. On trouvera nombre de renseignements dans D. Twitchett, *Financial Administration under the T'ang* (Cambridge, 1963), et dans les études réunies par A. Wright et D. Twitchett (eds.), *Perpectives on the T'ang* (New Haven, 1973), ainsi que J. Perry et B. Smith (eds.), *Essays on T'ang society* (Leyde, 1976). Bien que consacré à un sujet très spécialisé, P. Demiéville, *le Concile de Lhasa* (Paris, 1952), fourmille de détails passionnants sur la vie d'une frontière (la région de Dunhuang) à la fin des Tang. Sur la brève période de fragmentation précédant les Song, voir G. W. Wang, *the Structure of power in North China during the Five Dynasties* (Kuala Lumpur, 1963), érudit et factuel, et E. Schafer, *the Empire of Min* (Rutland, 1954), une étude riche et sophistiquée sur l'un des royaumes méridionaux de l'époque. Sur l'ensemble du premier millénaire, mentionnons l'ouvrage stimulant et controversé de W. Eberhardt, *Conquerors and Rulers : social forces in medieval China* (éd. rév., Leyde, 1965).

Sur les Song, on consultera les études réunies par F. Aubin, *Études Song—Sung studies in memoriam Etienne Balazs* (6 fascicules, Paris, 1970-1984). E. Kracke, *Civil Service in early Sung China* (Cambridge, Mass., 1953), demeure l'ouvrage de référence sur les origines du mandarinat recruté par examens. B. McKnight, *Village and Bureaucracy in Southern Sung China* (Chicago, 1971), montre que les changements intervenus sous les Song dans le domaine de l'administration locale ont été presque aussi importants que dans la bureaucratie régulière. De nombreux livres ont été consacrés à Wang Anshi ; le plus court est peut-être le plus utile : J. Meskill (ed.), *Wang An-shih, practical reformer* (Boston, 1963). Sur les voisins septentrionaux des Song, voir K. Wittfogel et C. S. Feng, *History of Chinese society : Liao* (Philadelphie, 1949), et J. S. Tao, *the Jurchen in twelfth-century China* (Seattle, 1976). Sur le règne mongol en Chine, l'étude la plus stimulante est J. Dardess, *Conquerors and Confucians* (New York, 1976). F. Mote, *the Poet Kao Ch'i* (Princeton, 1962), aborde de façon attachante quantité d'aspects de la vie politique et bureaucratique pendant la période de transition entre les Mongols et les Ming. Pour une vue synthétique de l'histoire des Ming, voir P.-E. Will, « Vie et Mort des Ming », *l'Histoire,* 78 (1985), et, très détaillé mais d'interprétation plutôt traditionnelle, A. Chan, *the Glory and Fall of the Ming dynasty* (Norman, 1982). Sur la période formatrice de la dynastie, E. Dreyer, *Early Ming China, a political history 1355-1435* (Stanford, 1982). O. Hucker, *the Traditional Chinese State in Ming times* (Tucson, 1961), est à la fois riche et dense ; pour plus de détails, voir Hucker (ed.), *Chinese Government in Ming times* (New York, 1969). En dépit de sa complexité, R. Huang, *Taxation and Governmental Finance in sixteenth-century Ming China* (Cambridge, 1974), est l'ouvrage le plus important sur le sujet. Du même auteur, *1587, le Déclin de la dynastie des Ming* (Paris, 1985), réussit à écrire avec brio la « biographie politique » d'une année. M. Cartier, *Une réforme locale en Chine au* XVI*e siècle : Hai Rui à Chun'an 1558-1562* (Paris, 1973), introduit avec clarté aux complexités de l'administration locale pendant une période de mutation. Sur les Qing, T. Metzger, *the Internal Organization of the Ch'ing bureaucracy* (Cambridge, Mass., 1973), analyse de façon brillante et profonde la vie professionnelle, idéologique et émotionnelle des fonctionnaires de la fin de l'Empire. Dans un registre plus détendu, A. Waley, *Yuan Mei, eighteenth-century Chinese poet* (Londres, 1956), retrace la carrière d'un fonctionnaire, littérateur et hédoniste parmi les plus remarquables de la période. T.T. Chu, *Local Government in China under the Ch'ing* (Cambridge, Mass., 1962), reste la description la plus classique des fonctions et des moyens de l'administration territoriale. J. Watt, *the District magistrate in late imperial China* (New York, 1972), est également à consulter. C. L. Chang, *the Chinese Gentry : studies on their role in nineteenth-century Chinese society* (Seattle, 1955), est l'une des références de base sur la classe dirigeante à la fin de l'Empire. L'ouvrage massif de K. C. Hsiao, *Rural China : imperial control in the nineteenth century* (Seattle, 1960), décrit en détail les institutions « infra-bureaucratiques » à la fin de l'Empire. Huang Liu-hung (trad. C. Djang), *A complete book concerning happiness and benevolence* (Tucson, 1984), est l'un des nombreux manuels d'administration locale rédigés à l'usage des « magistrats ». Sur les problèmes financiers des administrations locales, voir l'étude très neuve de M. Zelin, *the Magistrate's tael* (Berkeley, 1984). P.-E. Will, *Bureaucratie et Famine en Chine au* XVIII*e siècle* (Paris, 1980), analyse les réussites et les difficultés de l'État Qing dans sa lutte contre les crises de subsistance. Sur les aspects juridiques, voir T.T. Ch'u, *Law and Society in traditional China* (Paris, 1961), et D. Bodde et E. Morris, *Law in imperial China* (Cambridge, Mass., 1967). Deux biographies d'empereurs retiendront l'attention : J. Spence, *Emperor of China* (Londres, 1974), une « autobiographie reconstituée » de l'empereur Kangxi (1662-1722) dont l'ingéniosité a suscité quelques critiques du côté des historiens ; et H. Kahn, *Monarchy in the emperor's eyes : image and reality in the Ch'ien-lung reign* (Cambridge, Mass., 1971), qui oppose mythes et réalités de façon aussi divertissante qu'érudite.

On mentionnera pour finir F. Kierman et J. Fairbank (eds.), *Chinese Ways in warfare* (Cambridge, Mass., 1974), qui couvre l'ensemble de la période considérée dans cette section. Et sur la plus énorme fortification de l'histoire de l'humanité, H. Delahaye *et al., la Grande Muraille* (Paris, 1982), qui, en dépit d'une présentation un peu confuse, fourmille d'images et d'informations.

Le Grand Canal

Gandar, *le Canal impérial* (Shanghai, 1894), donne une description minutieuse de l'ouvrage, de son histoire et des problèmes de fonctionnement qu'il soulevait. Voir aussi A. Hoshi (trad. M. Elvin), *the Ming tribute grain system* (Ann Arbor, 1969).

Les arts de l'ère impériale

Pour un exposé général et d'accès aisé : M. Tregear, *Chinese Art* (Londres, 1980); également M. Sullivan, *the Arts of China.* W. Watson, *Arts of dynastic China,* est plus riche sur le plan de l'illustration ; on notera en particulier, dans la deuxième partie, une série de photographies en noir et blanc où l'image est analysée comme document, ainsi que la section sur l'architecture. Sur l'architecture chinoise, voir aussi M. Pirazzoli-t'Serstevens, *Architecture universelle : Chine* (Fribourg, 1970). Sur les fresques : *Murals from the Han to the Tang dynasty* (Pékin, 1974), et P. Pelliot, *les Grottes de Touen-houang* (6 vol., Paris et Bruxelles, 1925), ainsi que *Grottes de Touen-houang, carnets de notes de Paul Pelliot* (3 vol., Paris, 1981-1983). Sur la sculpture : O. Siren, *Sculpture from the sixth to the fourteenth century* (4 vol., Londres, 1925). Sur la céramique, voir l'exposé général de M. Medley, *the Chinese Potter,* et M. Sato, *Chinese ceramics* (New York et Tokyo, 1978). Pour plus de détails, M. Medley, *T'ang Pottery and Porcelain* (Londres, 1981), W. Watson, *la céramique Tang et Liao* (Fribourg, 1984), M. Tregear, *la Céramique Song* (Fribourg, 1984), M. Medley, *Yuan Porcelain and Stoneware* (Londres, 1981), et Sir H. Garner, *Oriental Blue and White* (Londres, 1954). L'ouvrage le plus concis et le plus facile d'accès sur la peinture est J. Cahill, *la Peinture chinoise* (Genève, 1960) ; parmi les travaux plus détaillés du même auteur : *Hills beyond a river* (New York et Tokyo, 1976), qui porte sur la peinture de la période Yuan (1279-1368). C. Gyss-Vermande, *la Vie et l'Œuvre de Huang Gongwang (1269-1354)* (Paris, 1984), est consacré à l'un des plus grands peintres de la période. Deux « beaux livres » enfin, où leurs auteurs ont mis toute leur science et leur passion : F. Cheng, *l'Espace du rêve. Mille ans de peinture chinoise* (Paris, 1980, et N. Vandier-Nicolas, *Peinture chinoise et Tradition lettrée* (Fribourg, 1983).

L'évolution de la société

Une grande partie de la bibliographie relative à cette section a déjà été mentionnée dans la section « politique et pouvoir ». Les thèmes plus particulièrement traités ici sont la technologie, les institutions et les pratiques économiques, les problèmes de statut et de classe, et les systèmes de parenté.

Quoique « sinologiquement » dépassé, M. Granet, *la Civilisation chinoise* (Paris, 1929), reste riche d'intuitions stimulantes et d'une lecture passionnante. Autre exemple d'ouvrage ancien toujours à lire : K. Wittfogel, *Wirtschaft und Gesellschaft Chinas* (Leipzig, 1931), très supérieur à l'autre « somme » du même auteur, *le Despotisme oriental* (Paris, 1964), à laquelle on a pu reprocher son systématisme et l'importance excessive accordée aux grands travaux hydrauliques. Pour une vue plus réaliste de la place du contrôle hydraulique dans le système politico-social de la Chine, voir C. T. Chao, *Key economic areas in Chinese history as revealed in the development of public works for water-control* (Londres, 1936) ; M. Elvin, « On water control and management during the Ming and Ch'ing dynasties », *Ch'ing-shih wen-t'i*, III-3 (1975) ; et P.-E. Will, « State intervention in the administration of a hydraulic infrastructure : the example of Hubei province in late imperial times », in S. Schram (ed.), *the Scope of state power in China* (Londres, 1985). Sur le même thème, et quelques autres, voir les quatre essais de L. S. Yang réunis sous le titre *les Aspects économiques des travaux publics dans la Chine impériale* (Paris, 1964). Les idées de Max Weber sur la Chine, quoique reposant trop souvent sur une base factuelle inadéquate, n'en continuent pas moins de susciter des réflexions fructueuses chez les spécialistes. Voir par exemple *the Religion of China* (Londres, 1964), ou « the Chinese Literati », in H. Gerth et C. Mills (trad.), *From Max Weber* (New York, 1946). Pour une critique récente et « sinologique » de ces idées : W. Schluchter (ed.), *Max Weber Studie über Konfuzianismus und Taoismus* (Francfort, 1983).

Sur la société des Zhou orientaux, Hsü Choyun, *Ancient China in transition* (Stanford, 1965), reste d'une grande utilité. T. T. Chu, *Han social structure* (Seattle, 1972), appuyé sur une sélection de documents traduits, est irremplaçable. Sur les Tang, voir l'ouvrage magistral de J. Gernet, *les Aspects économiques du bouddhisme dans la société chinoise du ve au xe siècle* (Saïgon, 1956). Sur les Song, Y. Shiba (trad. M. Elvin), *Commerce and Society in Sung China* (Ann Arbor, 1970). Sur les Yuan, B. Vladimirstov, *le Régime social des Mongols : le féodalisme nomade* (Paris, 1948). Sur les Ming, E. Rawski, *Agricultural change and the peasant economy of South China* (Cambridge, Mass., 1972), et H. Beattie, *Land and Lineage in China* (Cambridge, 1979), sont riches d'informations en dépit de certaines insuffisances. Voir aussi M. Elvin, « The last thousand years of Chinese history, changing patterns in land tenure », *Modern Asian studies,* IV-2 (1970). Bien que construit autour d'un événement historique d'importance limitée, J. Dennerline, *the Chiating Loyalists : Confucian leadership and social change in seventeenth-century China* (New Haven, 1981), propose un tableau saisissant des transformations sociales et de la vie politique à la fin des Ming. Sur l'économie à l'époque des Qing et au XXe siècle, on dispose de deux excellents volumes collectifs : W. Willmott (ed.), *Economic Organization in Chinese society* (Stanford, 1972), et D. Perkins (ed.), *China's modern economy in historical perspective* (Stanford, 1975). Sur les sciences et les techniques : Sung Ying-hsing (trad. E. T. Z. Sun et S. C. Sun), *T'ien kung k'ai wu : Chinese technology in the seventeenth century* (Philadelphie, 1966) ; de J. Needham, outre les volumes de *Science and Civilization in China,* on peut mentionner deux recueils d'articles traduits en français : *la Science chinoise et l'Occident* (Paris, 1973), et *la Tradition scientifique chinoise* (Paris, 1974).

Quelques ouvrages sur des thèmes particuliers : L. Lanciotti (ed.), *la Donna nella Cina imperiale e nella Cina repubblicana* (Florence, 1980) ; W. Eberhardt, *Social Mobility in traditional China* (Leyde, 1962) ; J. De Groot, *Sectarianism and religious persecution in China* (Leyde, 1901), encore utile en dépit des critiques justifiées du savant japonais Suzuki Chusei quant à la sous-estimation du facteur politique ; E. Ahern, *Chinese Ritual and Politics* (Cambridge, 1981), parfois obscur mais très intéressant ; et les ouvrages d'un des pères fondateurs de l'anthropologie du monde chinois, M. Freedman : *Lineage organization in Southeastern China* (Londres, 1958), *Chinese lineage and society* (Londres, 1966), et *the Study of Chinese society* (Stanford, 1979). Citons enfin la célèbre série d'articles de W. Skinner, « Marketing and social structure in rural China », *Journal of Asian studies,* XXIV-1 (1964), XXIV-2 (1965), et XXIV-3 (1965).

Les arts à la fin de l'Empire

Sur l'architecture de Pékin, voir O. Siren, *the Walls and Gates of Peking* (Londres, 1924), et *the Imperial Palaces of Peking* (3 vol., Paris et Bruxelles, 1926) ; le premier ouvrage, en particulier, qui inclut 109 gravures d'après des photographies de l'auteur et 50 dessins d'architecture dus à des artistes chinois, donne une bonne idée de ce qu'était la ville avant la démolition des remparts. Voir aussi C. Malone, *History of the Peking summer palace under the Ch'ing dynasty* (Urbana, 1934). Sur les tombeaux des Ming, voir A. Paludan, *the Imperial Ming Tombs* (New Haven, 1981), superbement illustré. Sur les jardins : O. Siren, *Gardens of China* (New York, 1949), avec des illustrations en noir et blanc, et M. Keswick, *the Chinese Garden, history, art and architecture* (Londres, 1978), dont une partie de l'illustration est en couleurs. Sur la peinture à la fin de l'Empire, voir R. Whitfield, *In pursuit of antiquity* (Princeton et Tokyo, 1972) ; J. Cahill, *Painting at the shore, Chinese painting of the early and middle Ming dynasty, 1368-1558* (New York et Tokyo, 1978), *the Distant Mountains, Chinese painting of the late Ming dynasty, 1570-1644* (New York et Tokyo, 1982), et *the Compelling Image* (Cambridge, Mass., et Londres, 1982), ce dernier consacré aux problèmes de la nature et du style dans la peinture du XVIIe siècle. Pour une introduction générale sur les aspects techniques et esthétiques de la calligraphie chinoise, se reporter à Chiang Yee, *Chinese Calligraphy* (Londres, 1938). Voir aussi P. M. Hsiung, *Zhang Xu et la calligraphie cursive folle* (Paris, 1984). C. et M. Beurdeley (trad. M. Bullock), *Giuseppe Castiglione* (Londres, 1972), donnent d'intéressantes indications sur ce peintre jésuite qui travailla à la cour de Pékin au XVIIIe siècle. L'impact des styles orientaux sur les beaux-arts et les arts décoratifs en Occident est traité par O. Impey, *Chinoiserie* (Londres, 1977).

La splendeur et l'impasse

M. M. Sze, *the Tao of painting... with a translation of the « Mustard seed garden manual of painting »* (New York, 1956), introduit parfaitement à l'ambiance d'immobilisme et de perfectionnisme qui dominait les arts en Chine à la fin de l'Empire. Sur les subtilités de la pensée esthétique, voir le magistral ouvrage de P. Ryckmans, *les « Propos sur la peinture » de Shitao* (Bruxelles, 1970) ; du même auteur, *Su Renshan* (Paris, 1970), est une monographie mettant bien en lumière les limites de l'originalité dans la peinture chinoise du XIXe siècle. J.-F. Billeter, *Li Zhi, philosophe maudit* (Genève, 1979), analyse avec talent les difficultés rencontrées par un lettré en rupture d'orthodoxie. L. C. Goodrich, *the Literary Inquisition of Ch'ien-lung* (Baltimore, 1935), demeure la référence classique sur la censure exercée par les Mandchous à l'encontre des ouvrages jugés subversifs. Enfin, sur le « piège de l'équilibre à haut niveau » dans le domaine économique, voir M. Elvin, *the Pattern of the Chinese past.*

Le film des événements

Il n'existe pas d'histoire générale de la Chine moderne qui puisse être considérée comme entièrement satisfaisante. J. Chen, *China and the West* (Londres, 1979), n'en est cependant pas loin. Sur le plan factuel, J. Fairbank, E. Reischauer et A. Craig, *East Asia, the modern transformation* (Boston, 1965), reste très utile. Voir également, sur le XXe siècle, L. Bianco, *les Origines de la révolution chinoise* (Paris, 1967), toujours précieux en dépit des réserves aujourd'hui formulées par l'auteur lui-même ; Y. Chevrier, *la Chine moderne* (Paris, 1983) ; et A. Roux, *le Casse-Tête chinois. Trente ans de Chine socialiste vus par un communiste français* (Paris, 1980), dont les cent premières pages sont consacrées à l'époque républicaine.

Sur l'ouverture de la Chine, J. Fairbank, *Trade and Diplomacy on the China coast* (Cambridge, Mass., 1953), demeure la référence classique. Il existe de nombreux ouvrages sur les rébellions du milieu du XIXe siècle, dont : F. Michael et C. L. Chang, *the Taiping Rebellion* (3 vol., Seattle, 1966-1971) ; S.Y. Teng, *the Nien Army and their guerrilla warfare* (Paris, 1961) ; et W. D. Chu, *the Moslem Rebellion in Northwest China* (La Haye, 1966). J. Reclus, *la Révolte des Tai-ping 1851-1864 : prologue de la révolution chinoise* (Paris, 1972), propose un récit d'accès aisé et plein de sympathie.

Les efforts des réformateurs et les difficultés rencontrées font l'objet d'un exposé général dans S. Y. Teng et J. Fairbank, *China's response to the West* (Cambridge, Mass., 1954), et sont traités de manière plus monographique par M. Wright, *the Last Stand of Chinese conservatism : the T'ung-chih restoration, 1862-1874* (Stanford, 1957), L. Eastman, *Throne and Mandarins* (Cambridge, Mass., 1967), M. Cameron, *the Reform movement in China 1898-1912* (Stanford, 1931), et J. Fincher, *Chinese Democracy* (Londres, 1981). Sur les transformations de la société : M. Bastid, *l'Évolution de la société chinoise à la fin de la dynastie des Qing, 1873-1911* (Paris, 1979), et M.-C. Bergère, *la Bourgeoisie chinoise et la révolution de 1911* (Paris, 1968). Sur les problèmes suscités par les missionnaires, P. Cohen, *China and Christianity* (Cambridge, Mass., 1963). Sur les ultra-conservateurs, M. Elvin, « Mandarins and Millenarians », *Journal of the anthropological society of Oxford,* X-3 (1979), s'en prend à quelques mythes. M. Wright (ed.), *China in revolution. The first phase, 1900-1913* (New Haven, 1968), constitue une bonne introduction aux interprétations récentes de la révolution de 1911. On aura une idée des nombreuses recherches en cours sur le sujet en consultant le numéro spécial, peut-être un peu trop polémique mais fort stimulant, que *Modern China* (II-2, 1976) y a consacré. Le célèbre publiciste et réformateur Liang Qichao a fait l'objet de deux études qui se complètent heureusement : H. Chang, *Liang Ch'i-ch'ao and the intellectual transition in China, 1890-1907* (Cambridge, Mass., 1971), et P. Huang, *Liang Ch'i-ch'ao and modern Chinese liberalism* (Seattle, 1972). Pour un panorama concis des courants intellectuels sous-jacents à l'époque, voir M. Elvin, *Self-Liberation and Self-Immolation in modern Chinese thought* (Canberra, 1978). Sur le problème de la continuité et du changement intellectuel et mental des Chinois « modernes », la grande trilogie de J. Levenson, *Confucian China and its modern fate* (3 vol., Berkeley, 1958-1965), commence malheureusement à dater. Y. Chevrier, « Chine, "fin de règne" du lettré ? politique et culture à l'époque de l'occidentalisation », *Extrême-Orient Extrême-Occident,* 4 (1984), étudie la transition qui mène du lettré à l'intellectuel moderne et révolutionnaire. Enfin, sur la formation intellectuelle et idéologique des premiers communistes, voir les témoignages (à lire d'un œil critique) de Peng Shuzhi : C. Cadart et Y. Cheng, *Mémoires de Peng Shuzhi. L'envol du communisme en Chine* (Paris, 1983) et Zhang Guotao : K. T. Chang, *the Rise of the Chinese communist party* (2 vol., Lawrence, 1971-1972). Le premier président de la République de Chine a suscité deux ouvrages : J. Ch'en, *Yuan Shih-k'ai* (Londres, 1961), et E. Young, *the Presidency of Yuan Shih-k'ai* (Ann Arbor, 1977). Plusieurs monographies ont été consacrées à des seigneurs de la guerre, dont : D. Gillin, *Warlord : Yen Hsi-shan in Shansi province, 1911-1949* (Princeton, 1967), et J. Sheridan, *Chinese, Warlord : the career of Feng Yü-hsiang* (Stanford, 1966). Sur les mouvements populaires, voir en général J. Chesneaux *et al., Mouvements populaires et sociétés secrètes en Chine aux XIXe et XXe siècles* (Paris, 1970) ; L. Bianco, *les Origines de la révolution chinoise,* et « Peasant movements », *in* J. Fairbank (ed.), *the Cambridge history of China,* vol. 13, *Republican China, 1912-1949,* 2e partie (Cambridge, 1986) ; R. Hofheinz, *the Broken Wave. The Chinese communist peasant movement, 1922-1928* (Cambridge, Mass., 1977) ; J. Chesneaux, *les Syndicats chinois 1919-1927* (Paris, 1965) ; A. Roux, « L'art de la grève en Chine », *Extrême-Orient Extrême-Occident,* 2 (1983). Sur le mouvement révolutionnaire et ses prolongements « bureaucratiques », L. Bianco et Y. Chevrier, *Dictionnaire du mouvement ouvrier international. La Chine* (Paris, 1985), est une mine d'informations. R. Myers, *the Chinese Peasant Economy* (Cambridge, Mass., 1970), s'attaque à certains mythes fort répandus sur la concentration foncière, ce que fait également C. M. Hou, *Foreign Investment and Economic Development in China* (Cambridge, Mass., 1965), en ce qui concerne l' « impérialisme économique ». Sur l'essor conjoint des partis nationaliste et communiste, voir le récent et remarquable ouvrage de D. Jacobs, *Borodin* (Cambridge, Mass., 1981) ; l'interprétation trotskiste de H. Isaacs, *la Tragédie de la révolution chinoise, 1925-1927* (Paris, 1967), a le mérite de la passion. Sur le gouvernement nationaliste, voir L. Eastman, *the Abortive Revolution* (Cambridge, Mass., 1974), et *Seeds of destruction : Nationalist China in war and revolution 1937-1949* (Stanford, 1984). Nous recommandons également, pour leurs analyses exceptionnellement pénétrantes, les deux articles suivants de P. Cavendish : « The "New China" of the Kuomintang », *in* J. Gray, *Modern China's search for a political form* (Londres, 1969), et « Anti-imperialism in the Kuomintang », *in* J. Chen et N. Tarling (eds.) *Studies in the social history of China and Southeast Asia* (Cambridge, 1970). Plusieurs études récentes s'attaquent avec succès au mythe de l'alliance entre la bourgeoisie chinoise et le parti nationaliste : M.-C. Bergère, « the Chinese Bourgeoisie, 1911-1937 », *in* J. Fairbank (ed.), *the Cambridge history of China,* vol. 12, *Republican China 1912-1949,* 1re partie (Cambridge, 1983), et *l'Âge d'or de la bourgeoisie chinoise, 1911-1937* (Paris, 1986) ; P. Coble, *Shanghai capitalists and the Nationalist government, 1927-1937* (Cambridge, Mass., 1980) ; et J. Fewsmith, *Party, state, and local elites in Republican China : merchant organizations and politics in Shanghai, 1890-1930* (Honolulu, 1985).

Deux histoires générales du parti communiste chinois : J. Guillermaz, *Histoire du Parti communiste chinois, 1921-1949* (Paris, 1968) et *le Parti communiste chinois au pouvoir, 1er octobre 1949-1er mai 1972* (Paris, 1972) ; et J. Harrison, *the Long March to power. A history of the Chinese communist party, 1921-1972* (Londres, 1972), un peu indigeste mais très riche et sûr. Pour plus de détails et d'interprétation, voir C. Johnson, *Nationalisme paysan et pouvoir communiste. Les débuts de la révolution chinoise, 1937-1945* (Paris, 1969) ; L. van Slyke, *Enemies and Friends. The united front in Chinese communist history* (Stanford, 1967) ; et J. Lewis, *Leadership in communist China* (Ithaca, 1963). Il existe deux bonnes biographies du « Grand Timonier » : S. Schram, *Mao Tse-tung* (Londres, 1967), et J. Ch'en, *Mao et la Révolution chinoise* (Paris, 1968). Sur la pensée de Mao, l'ouvrage de référence est *Mao Tsé-toung,* textes traduits et présentés par S. Schram (Paris, 1963), que l'on pourra compléter par R. Wylie, *the Emergence of Maoism* (Stanford, 1980). Sur la mise en pratique de ces idées, voir par exemple C. Hua, *la Condition féminine et les communistes chinois en action : Yan'an, 1935-1946* (Paris, 1981), qui s'attaque utilement au mythe de la « ligne de masse ». E. Snow, *Étoile rouge sur la Chine* (Paris, 1965), est un magistral reportage sur la vie du parti communiste chinois aux temps héroïques de Yan'an. On mentionnera aussi le témoignage du (futur) maréchal Zhu De, recueilli par A. Smedley, *la Longue Marche. Mémoires du général Zhu De* (2 vol., Paris, 1969). Pour un témoignage direct sur l'enthousiasme avec lequel ont été accueillis dans certaines régions les débuts de la réforme agraire, voir W. Hinton, *Fanshen. La révolution communiste dans un village chinois* (Paris, 1971). Sur la guerre civile dont est issue la République populaire : S. Pepper, *Civil War in China : the political struggle, 1945-1949* (Berkeley, 1978). Il est impossible ici de rendre compte, si schématiquement que ce soit, de l'immense littérature publiée sur la Chine populaire. Mentionnons néanmoins l'encyclopédique R. MacFarquhar, *the Origins of the cultural revolution* : 1. *Contradictions among the people, 1956-1957* (Oxford, 1974) ; 2. *The Great Leap forward, 1958-1960* (New York, 1983), qui constitue à ce jour la meilleure histoire événementielle de la période couverte. Pour une introduction aux événements des vingt dernières années, on consultera avec profit les ouvrages de S. Leys (P. Ryckmans), notamment *les Habits neufs du président Mao* (Paris, 1971) et *Ombres chinoises* (Paris, 1974), qui ont fait beaucoup pour combattre les illusions complaisamment entretenues par une intelligentsia à l'époque fort aveugle sur les réalités du maoïsme. Dans la même veine (mais plus technique), C. Aubert *et al.* (eds.), *Regards froids sur la Chine* (Paris, 1976). Enfin l'on ne peut négliger le témoignage de J. Pasqualini, *Prisonnier de Mao* (Paris, 1975). Les nouvelles de J. H. Chen (trad. S. Leys), *le Préfet Yin et autres histoires de la Révolution culturelle* (Paris, 1980), évoquent de façon très remarquable la vie pendant cette époque difficile. Parmi les meilleurs ouvrages sur la Chine d'aujourd'hui, nous mentionnerons F. Butterfield, *Chine. Survivant dans la mer d'amertume* (Paris, 1983) ; M. Frolic, *le Peuple de Mao. Scènes de la vie en Chine révolutionnaire* (Paris, 1982) ; et le numéro spécial de la revue *Europe* (avril 1985), « Chine, une nouvelle littérature », où l'on trouvera une série de traductions et d'essais sur la littérature du début des années quatre-vingt. Enfin, la récente décollectivisation de l'agriculture a été analysée par C. Aubert, « La nouvelle politique économique dans les campagnes chinoises », *le Courrier des pays de l'Est* (juillet-août 1984).

Les arts à l'époque moderne

On trouvera de brèves introductions au sujet dans les ouvrages généraux mentionnés plus haut. L'ouvrage qui ferait la synthèse de l'histoire des arts en Chine au XXe siècle reste à écrire.

La société et ses symboles

Une bonne partie des thèmes couverts dans cette section sont traités par les auteurs cités dans les sections précédentes. On se contentera ici d'ajouter un nombre limité de références présentant un intérêt particulier.

Langue : P. Kratochvil, *the Chinese Language today* (Londres, 1968), offre aux non-spécialistes un utile panorama de la langue actuelle. Voir également A. Rygaloff, « le Chinois », dans *le Langage* (Encyclopédie de la Pléiade, Paris, 1968). Sur l'évolution historique du chinois, on recommandera de même B. Karlgren, *the Chinese Language* (New York, 1949).

Écriture : Y. Chiang, *Chinese Calligraphy*, joint l'utile à l'esthétique. V. Alleton, *l'Écriture chinoise* (Paris, 1970), est d'accès aisé et couvre brièvement tous les aspects du sujet.

Médecine : P. Huard et M. Wong, *la Médecine des Chinois* (Paris, 1967), est une introduction bien informée et de lecture aisée. F. Mann, *Acupuncture. The ancient Chinese art of healing* (Londres, 1962), est l'œuvre d'un praticien et s'adresse au grand public. Pour une analyse scientifique et détaillée : J. Needham, *Celestial Lancets* (Cambridge, 1980). Et voir P. Unschuld, *Medical ethics in imperial China* (Berkeley, 1979), ainsi que M. Porkert, *the Theoretical Foundations of Chinese medicine. Systems of correspondence* (Cambridge, Mass., 1974).

Géomancie : remarquable étude de S. Feuchtwang, *An anthropological interpretation of Chinese geomancy* (Vientiane, 1974).

Mathématique : U. Libbrecht, *Chinese mathematics in the thirteenth century* (Cambridge, Mass., 1973) ; J. Hoe, *les Systèmes d'équations polynômes dans le Siyuan Yujian (1303)* (Paris, 1977).

Technologie : en sus des différents volumes de J. Needham, *Science and Civilization in China*, voir R. Hommel, *China at work* (Cambridge, Mass., 1973), qui traite de l'outillage et de la machinerie de façon détaillée et abondamment illustrée.

Musique : lumineuse introduction de L. Laloy, *la Musique chinoise* (Paris, 1910) ; L. Picken, « Music of Far Eastern Asia. 1 : China », *in New Oxford dictionary of music*, vol. 1 (Londres, 1957). K. DeWoskin, *A song for one or two. Music and the concept of art in early China* (Ann Arbor, 1982), est une remarquable étude sur les fondements historiques et philosophiques de la musique chinoise ; on y trouve aussi une importante section sur l'art du *qin*.

Théâtre : A. C. Scott, *the Classical Theater of China* (Westport, 1957), traite des acteurs, des rôles, des costumes et des techniques. Mêmes types de renseignements dans J. Pimpaneau, *Promenade au jardin des poiriers. L'opéra chinois classique* (Paris, 1983), qui traite également du répertoire. Sur ce dernier, voir plus particulièrement W. Dolby, *A history of Chinese drama* (Londres, 1970).

Agriculture : les contributions réunies dans R. Barker et R. Sinha (eds.), *the Chinese Agricultural economy* (Boulder, 1982), couvrent pratiquement tous les aspects du sujet.

Alimentation : qui n'a son livre préféré de cuisine chinoise ? Le nôtre est C. et A. Lee, *the Gourmet Chinese regional cookbook* (Secaucus, 1980). Voir aussi le fascinant recueil d'études réunies par K. C. Chang (ed.), *Food in Chinese culture : anthropological and historical perspectives* (New Haven, 1977) ; F. Sabban, « Le système des cuissons dans la tradition culinaire chinoise », Annales E.S.C., 1983 (2).

La famille : pour M. Wolf, *Women and family in rural Taiwan* (Stanford, 1972), les femmes en Chine ont une conception de la famille autre que celle des hommes. A. Wolf et C. S. Huang, *Marriage and adoption in China* (Stanford, 1980), combinent l'anthropologie et la démographie dans ce qui est la meilleure étude spécialisée sur le sujet.

La Chine et l'Occident : W. Franke, *China and the West* (Oxford, 1967), est la meilleure introduction à ce vaste sujet. On recommandera également l'ouvrage très remarquable de D. Lach, *Asia in the making of Europe* (3 vol., Chicago, 1965, 1970 et 1978).

Divers : citons ici ce chef-d'œuvre d'observation aiguë qu'est *Chinese Characteristics* (New York, 1894), dû à un missionnaire de l'époque victorienne, A. Smith.

Ouvrages de références

La fascinante bibliographie de H. Cordier, *Bibliotheca sinica* (5 vol., Paris, 1904-1924), couvre la totalité de la littérature consacrée à la Chine en langues occidentales des origines à 1920 environ. C. Hucker, *China : a critical bibliography* (Tucson, 1962), était il y a quelques années encore la meilleure introduction générale à la littérature spécialisée ; la croissance récente des études sinologiques en fait malheureusement un ouvrage dépassé. Sur la période allant du milieu du XVIIe siècle à nos jours, W. Skinner (ed.), *Modern Chinese Society : an analytical bibliography*, vol. 1, *Publications in Western languages* (Stanford, 1973), est indispensable. Pour les travaux récents, on peut consulter la bibliographie annuelle du *Journal of Asian Studies* (travaux en langues occidentales), et les volumes de la *Revue bibliographique de sinologie*, qui ont l'immense avantage de fournir des résumés analytiques des ouvrages et articles parus en chinois ou en japonais.

Bien qu'aujourd'hui assez dépassé, A. Herrmann, *Historical and Commercial Atlas of China* (Cambridge, Mass., 1935, et nombreuses rééditions), reste très utile. Plus récents sont P. Geelan et D. Twitchett, *the Times Atlas of China* (Londres, 1974) ; et l'atlas de la CIA, *People's Republic of China, Atlas* (Washington, 1971), d'une très grande qualité. Les sources cartographiques sont répertoriées dans J. F. Williams, *China in maps... A selective and annotated carto-bibliography* (East Lansing, 1971).

Il existe toute une série d'excellents dictionnaires biographiques : H. Giles, *A Chinese biographical dictionary* (Londres, 1898), un peu vieillot, mais qui a l'avantage de couvrir l'ensemble des temps historiques ; H. Franke (ed.), *Sung biographies* (3 vol., Wiesbaden, 1976) ; L. Goodrich et C. Fang (eds.), *Dictionary of Ming biography* (2 vol., New York, 1976) ; A. Hummel (ed.), *Eminent Chinese of the Ch'ing period* (2 vol., Washington, 1943) ; H. Boorman et R. Howard (eds.), *Biographical dictionary of Republican China* (4 vol., New York, 1967-1971) ; D. Klein et A. Clark (eds.), *Biographic dictionary of Chinese communism* (2 vol., Cambridge, Mass., 1971) ; L. Bianco et Y. Chevrier, *Dictionnaire biographique du mouvement ouvrier international. La Chine.*

De nombreuses revues spécialisées sont consacrées, au moins en partie, à la Chine : *T'oung-pao, Études chinoises, Extrême-Orient Extrême-Occident, the Journal of Asian Studies, the Harvard Journal of Asiatic Studies, Bulletin of the School of Oriental and African Studies, China Quarterly, Modern China, Philosophy East and West.*

INDEX GÉOGRAPHIQUE

L'ordre alphabétique est basé sur la transcription pinyin des noms chinois ; celle-ci est suivie des transcriptions de l'EFEO et de Wade-Giles, toutes deux en *italique*.

INDEX

Les chiffres *en italique* renvoient aux légendes des illustrations ou des cartes.

彭蠡湖
屏風山
筆架山
山川壇
湖口
大孤山
太虛亭
東石山
湖口縣
上鐘山
水師營
下鐘山
皇亭
武曲港
馬當
山川壇
縣學
八里江